개정판

10가지 접근

# 다문화사회의 이해

권금상 · 김성일 · 선우현 · 성용구 · 엄수영 · 이광규 · 이용승 · 조광제 · 차성란 · 남춘모

태영출판사

# 머리말

지구상의 180여 개 국가 중 대부분이 다민족국가를 형성하고 있다. 몇 개 안 되는 단일민족국가인 대한민국은 반만년의 역사 속에서 순순혈통주의를 지켜 오다가 다일민족국가의 틀이 허물어지기 시작하였다. 그것은 대외적으로 볼 때 세계의 경제적 · 사회적 질서체계가 하나로 연결되는 global society의 변화로 지구촌이 하나가 되는 세계화의 시대로 접어들었기 때문이다. 이러한 대외적인 국제질서의 재편과 더불어 한국의 국내 여건이 변화하기 시작하였는데, 한국사회가 다문화사회로 접어들게 된 것은 여러 가지 요인에 기인한다.

첫째, 중국과의 국교가 정상화되면서 조선족 동포에 대한 고국방문이 추진되고 친척들과의 상봉과 교류가 점차 늘면서 조선족 동포들이 우리나라에 유입하기 시작한 것이다.

둘째, 급격한 이농현상으로 결혼이 어려워진 농어촌 총각들에게 짝을 맺어주기 위하여 베트남이나 필리핀 등 동남아의 처녀들과 국제결혼을 하게 된 것이다.

셋째, 한국의 근로자들이 기피하는 3D 업종의 근로현장에 노동력을 보충하기 위한 외국인 연수생 제도가 근로이주자들을 양산하게 하는 계기가 되었다.

넷째, 심각한 경제난으로 북한을 탈출하여 남한으로 이주해 오는 탈북이주민들과 그 동반 이주민들이 늘어나기 시작하였다.

이러한 국내외적 요인이 서로 맞물리면서 상승작용을 하여 한국사회는 다민족국가로 변신해 가는 초기적 상황이라고 말할 수 있다.

한국사회의 다민족적 변화 속에서 사회의 각 부문에 사고와 이념뿐만 아니라 정책과 생활 전반에까지 많은 변화의 바람이 불게 되었다. 그리하여 정부나 민간 분야를 막론하고 다민족, 다문화사회로의 변화에 관심을 기울이지 않으면 안 되는 상황으로 접어들게 된 것이다.

그러나 우리나라에서는 계획적이고 체계적인 다문화사회의 대비책도 없었고 뚜렷한 철학이나 실질적인 컨트롤 타워도 없는 실정이며 이에 대한 체계적인 연구도 부족한 실정이다.

따라서 한국의 다문화사회로의 변화를 둘러싸고 접근하여야 할 여러 측면들을 이론적이며 실천적인 입장에서의 다면적인 접근이 필요하다. 본 서에서는 이러한 문제의식에 기초하여 다문화사회의 문제와 이를 둘러싼 해석을 돕기 위하여 다양한 위치에서 종사하는 10명의 저자들이 나름대로 접근하려 하였다. 10가지 접근을 한쪽 방향으로 모으기보다는 각자의 관점에서 각기 다르게 이해하려고 하였다. 그런 점에서 10가지 접근들 사이에 주장이나 견해의 방향과 맥락이 서로 다르더라도 독자들께서 이해하여 주시기 바랍니다.

이 책이 나오기까지 어려운 상황에서도 수고를 아끼지 않고 도와주신 태영출판사 김현태 사장님과 직원분들의 노고에도 감사드립니다.

2017. 2.

저자 일동

# 차 례

## 제1부 다문화란 무엇인가? / 9

# 제1부 다문화란 무엇인가?



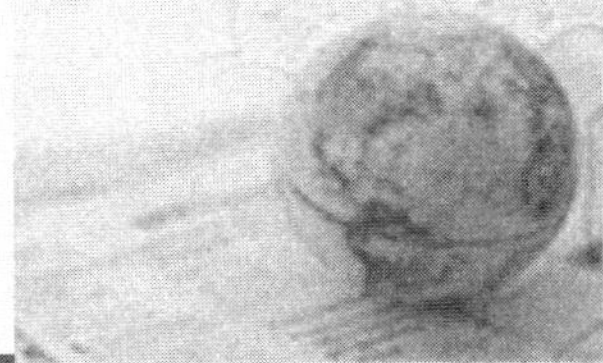

제1장

# 다문화: 같음과 다름



〈학습 목표〉

1. 같음(동일성)과 다름(차이)을 철학적으로 이해한다.
2. 어떻게 해서 차이가 동일성보다 근본적인가를 이해한다.
3. 동일성과 차이가 종합되는 논리를 이해한다.
4. 동일성과 차이라는 개념을 활용해 다문화에 관련된 문제들을 생각할 수 있도록 한다.

# 요약

다름(차이)이 없이는 같음(동일성)은 철학적 사유에서 정말 기초가 되는 두 개념이다. 다문화의 문제에 접근함에 있어서 철학적 사유를 한다고 할 때, 이 두 개념은 필수적이다. 같음을 바탕으로 다름을 생각하기 쉽지만, 그게 아니다. 그 반대로, 다름이 없이는 같음이 성립할 수 없다. 현실을 살아간다는 것은 본질의 문제가 아니라 현존의 문제이다. 현존은 근원적으로 차이를 통해 성립한다. 언제든지 자기 자신을 벗어나는 것이 현존이기 때문이다. 지배적인 공동체의 동일성을 통해 여러 다양한 차이를 거부하고 없애 버리려고 하는 것은 폭력이다. 그러한 폭력은 급기야 지배적인 공동체의 동일성마저 파괴하고 만다. 내가 아닌 타자를 통해 내가 성립하기 때문이다.

## 1. 물음과 한정

철학적 사유를 한다고 할 때, 무조건 모든 것들을 대상으로 삼는 것은 아니다. 일정한 대상 영역을 선정해야 한다. '일정한 대상 영역'이라는 말에는 '한정되어 있다'는 것이 전제되어 있다. 한정이 되어야 일정하게 되기 때문이다. 어떻게 한정할 것인가. 이것에 따라 철학적 사유의 대상 영역이 갖는 성격도 달라지고 철학적 사유의 성격도 달라질 수밖에 없다.

예컨대 "존재하는 이 모든 것들은 도대체 무엇이란 말인가?" 하는 물음을 철학적 물음이라 해 보자. 그리고 이를 지칭의 편의상 '존재 물음'이라 해 보자. 이 존재 물음에서 이루어지는 한정은 어떤 것인가? 이 존재 물음은 "물리적인 입자란 무엇인가?"라든가 "심리적인 상태란 무엇인가?"라든가, "신이란 무엇인가?"라든가 혹은 "인간이란 무엇인가?"라는 물음들과 뭔가 다른 것 같다. 어떻게 다른가? 이 물음들은 존재 물음에 비해 훨씬 더 구체적인 것 같다. 그러니까 존재 물음은 이 물음들에 비해 훨씬 더 추상적이고 일반적이다. 존재하는 것들 전체를 싸잡아서 묻는 물음이기 때문에, 언뜻 보기에 존재 물음은 자칫 전혀 한정된 것이 아닌 것이 아닌가 하고서 생각하기 쉽다. 하지만, 구체적인 이 물음들에 비해 존재 물음이 추상적이고 일반적이라는 것은 존재 물음에 한정이 전제되어 있음을 오히려 정확하게 드러낸다. 어떤 방식으로건 존재한다고 할 수 있는 조건만을 남기고 그 외의 조건들은 원칙상 배제해 버린 상태에서 이루어진 것이 존재 물음이다. '배제해 버린다'라는 것은 '한정한다'라는 것이다.

존재하는 일체의 것들에 대해 이 모든 것들이 무엇이냐고 묻는, 어쩌면 가장 포괄적인 물음조차도 그 바탕에는 한정이 이미 작동하고 있다는 것을 말하는 까닭이 무엇일까? 오늘의 주제인 동일성과 차이에 관한 물음에도 역시 그러한 한정이 작동하고 있다는 것이고, 그렇다면 '동일성과 차이'라고 하는 철학적 물음의 대상

영역은 어떠한 한정을 바탕으로 해서 성립하는가를 생각하지 않고서는 정확하게 접근하는 것이 불가능하다는 것을 말하기 위한 것이다.

모든 물음에는 한정이 들어 있다. 철학적 물음이라고 해서 예외는 결코 아니다. 그렇다면 오늘의 주제인 동일성과 차이는 그 바탕에 어떤 한정을 깔고 있는 것일까? 동일성과 차이의 문제는 대단히 추상성이 높은 문제이다. 추상성이 높다는 것은 복잡한 구체적인 실질적 · 존재적인 사안이 아니라 오히려 단순한 형식적(논리적) · 인식적 사안이라는 것이다. 간단하게 표현하면, 동일성과 차이는 인식논리적인 사안이라는 것이다. 달리 말하면, 인식논리적인 판면으로 한정시키지 않을 경우 동일성과 차이라는 사안을 다루는 데 대단히 큰 혼란이 온다는 것이다.

동일성과 차이는 인식 논리적인 근본 범주인 셈인데, 인식논리적인 근본 범주란 어떤 인식을 하건 간에 인식을 함에 있어서 벗어날 수 없는 근본적인 구조임을 의미한다. 인식[함]은 인간 삶에 있어서 기초적인 수단이다. 그렇기 때문에 인식 논리적인 근본 범주를 잘못 이해하게 되면, 인간 삶을 엉뚱한 방향으로 이끄는 오류를 범할 수도 있다. 사유를 한다거나 그렇게 해서 담론을 형성한다거나 하는 데서 오류를 범하게 되는 것은 말할 것도 없다.

하지만, 조심해야 할 것은 인식이란 것이 항상 어떤 의미에서건 존재하는 것들에 대해 이루어진다는 것이다. 한 단계 더 깊이 들어가 말하면, 인식함 자체도 비록 양태가 특수하긴 하지만 존재하는 것에 속한다고 할 수 있다. 그렇기 때문에 인식의 판면은 그 활동성에 있어서 존재의 판면에 대해 미치는 영향이 제아무리 크다고 할지라도 존재의 판면 자체를 대신할 수는 없다. 인식의 판면은 분명 존재의 판면을 바탕으로 해서 그 위에서 이루어지는 것임에 틀림없다. 그러나 인식함 자체도 존재의 판면에 속하기 때문에 많은 경우 인식함 자체가 존재의 판면을 흔들기 일쑤이다. "그렇게 존재하기 때문에 그렇게 인식할 수밖에 없다."라는 것이 기본이 되겠지만, "그렇게 인식하다 보니 그렇게 존재하는 것으로 나타난다."라는 것도 결코 무시할 수 없다. 인식함은 구분함이다. 어떻게 구분하는가에 따라 존재가 분리되는 것은 결코 아니지만, 그 존재의 본질적인 의미는 그러한 구분에 따라 충분히 달라질 수 있다. 문제는 인식함의 구분에 따라 존재에 있어서 분리가 일어난다고 잘못 생각하는 것이다.

통일된 인간을 어떻게 구분하는가에 따라 얼마든지 인간의 본질적인 의미가 다르게 구성될 수 있다. 구분할 때에는 기준이 중요하다. 예컨대 물리학적인 기준으로 보면, 인간의 제반 활동들을 오로지 물리적인 작용과 반작용의 결과라고 할 수 있다. 그럴 때 인간은 그저 물리 물질적인 덩어리에 불과한 것이다. 그와 달리 생물학적인 기준으로 볼 수도 있고, 인격성을 기준으로 해서 볼 수도 있다. 그렇게 되면 인간의 제반 활동들은 전혀 다른 성격을 띤 것으로, 즉 전혀 다른 본질적인 의미를 띤 것으로 나타난다. 물론 이 세 가지 기준 모두를 동시에 적용할 수도 있고, 또 다른 기준, 예컨대 신학적인 기준을 적용해서 구분할 수도 있을 것이다.

그런데 탐구를 하는 이른바 학자라는 인물들은 자신이 적용하는 구분의 기준과 구분 기준들 간의 위계를 진실한 존재에로 돌입해 가는데 가장 적합하고 유력하다고 여기는 경향이 강하다. 그러니까 철학사상의 역사는 곧 진실한 존재에로 돌입해 가는데 가장 적합하고 유력하다고 여기는 구분의 기준과 구분 기준들 간의 위계에 대한 새로운 창안의 역사라고 해도 과언이 아니다. 보편자에 대한 실재론/유명론의 대결, 근본적인 존재에 대한 관념론/유물론의 대결이나 다원론/이원론/일원론의 대결, 인식원천에 대한 합리론/경험론의 대결, 인식내용에 대한 관념론/실재론의 대결, 인식대상의 근원에 대한 원자론/전체론의 대결 등은 모두 다 구분의 기준과 구분 기준들 간의 위계에 대한 서로 다른 경향의 대결이라 할 수 있다.

이를 감안하게 될 때, 더욱 근본적인 문제는 역시 구분의 기준과 구분 기준들 간의 위계에 대한 생각 자체가 과연 어디에서 연유했는가 하는 것이다. 인식함도 존재의 특수한 양태라고 했다. 이는 존재의 상황이 어떠하냐에 따라 인식함의 기본틀이 바뀔 수 있다는 것이다. 그런데 인식함이 존재에 속한다고 하는 것은 존재 상황을 형성하는 데 인식함도 한몫을 한다는 것을 말하기 때문에, 그리고 그러한 존재 상황을 제대로 인식하고자 하는 것이 또한 인식함이기 때문에, 어디에서부터 존재의 판면이 끝나고 인식의 판면이 시작되는지를 정확하게 구분한다는 것은 원리상 불가능하다. 두 판면은 암암리에 마치 뫼비우스 띠처럼 서로 송환되는 방식으로 한데 얽혀 있는 셈이다.

앞에서 우리는 동일성과 차이가 인식논리적인 근본 범주라고 했다. 하지만,

이렇게 인식의 판면과 존재의 판면이 뫼비우스 띠처럼 서로를 송환하는 구조로 되어 있음을 감안하면, 동일성과 차이를 그저 인식논리적인 근본 범주라고 말하는 것으로 만족할 수 없게 된다. 동일성과 차이를 마치 인식의 판면을 넘어서서 그 아래로 내려가 존재의 판면에서 이루어지는 것처럼 여기기도 하는 것은 이 때문이다. 다만, 동일성과 차이가 분명히 존재의 판면보다 인식의 판면에서 시발하는 것이고, 따라서 만약 존재의 판면에서 동일성과 차이가 성립한다고 여겨진다면, 그것은 동일성과 차이가 인식의 판면으로부터 존재의 판면으로 이관된 것임을 염두에 두어야 한다는 것이다.

## 2. 동일성과 차이의 뫼비우스

자, 이를 염두에 두면서 본격적으로 동일성과 차이에 대해 생각해 보기로 하자. 먼저 동일성에 대해 생각해 보기로 하자.

### 1) 동일성에 관하여

우선 다음과 같은 질문들을 해 보자.

① 예컨대 똑같은 제품들을 대량으로 생산해 낼 때, 그 제품들에 대해 우리는 그것들은 '동일한' 제품이라고 말할 수 있다. 그런데 이 '동일한' 제품들은 공간적으로 서로 분리되어 있다. 공간적으로 서로 분리되어 있는 두 개 이상의 것들을 일컬어 서로 동일하다고 할 때, 그 동일성은 무엇을 대상으로 삼아 동일하다고 하는 것일까?

② 또한 하나의 옷을 사서 5년 정도 입고 나면 상당히 헐게 된다. 엄격하게

말하면, 조금이라도 시간이 흐르면 그 옷은 다른 상태가 된다. 그런데도 우리는 바로 그 '동일한' 옷이라고 한다. 하나의 특정한 개체를 두고서 일정한 시간이 흐른 뒤, 방금 전의 그것과 동일한 바로 그것이라고 할 때, 그 동일성은 무엇을 대상으로 삼아 동일하다고 하는 것일까?

③ 방금 뚜껑을 연 '레종' 담뱃갑이 있다. 그 속에는 20개의 담배 개비가 들어 있다. 이 20개의 담배 개비는 똑 같다고 할 수 있다. 그런데 그 중 한 개비를 꺼내어 불을 붙여 피운다. 이 담배 길이가 반으로 줄어들었다. 이 담배 개비와 담뱃갑 속의 19개의 담배 개피가 같다고 할 수 있을까?

④ 논리적인 상상을 통해 사유의 실험을 해 보자. 길이가 없다고도 할 수 있을 정도로 지극히 짧은 한순간에 나에게 의식된 어떤 하나의 단위로 된 뭔가가 있다고 해 보자. 그것에 대해서도 동일성을 지녔다고 말할 수 있나?

먼저 질문 ④에 대해 생각해 보자. 지극히 짧은 순간에 나타났다가 사라진 것에 대해 그것이 동일하다고 말하는 순간, 어떤 일이 벌어지는가? 그 순간이 왠지 제아무리 지극히 짧다고 할지라도 어쨌든 일정하게 길이를 가진 것으로 여겨지지 않은가? 제아무리 짧다고 할지라도 일정하게 지속이 이루어지지 않고서는 '동일하다'고 말할 수가 없기 때문이다. 존재하지 않는 것에 대해 동일하다고는 할 수 없을 것이다. 존재한다고 하려면 적어도, 제아무리 극미한 순간이라 할지라도 일정하게 지속을 바탕으로 하지 않으면 안 될 것이다. 지속한다는 것은 원리상 시간적인 길이를 갖는 것이고, 시간적인 길이를 갖는 것은 이전과 이후로 나누어질 수 있는 것이고, 이전의 상태(것)와 이후의 상태(것)를 구분할 수 있는 것이다. 동일하다고 말할 수 있으려면, 적어도 이렇게 지속되면서 존재하는 것이라야 하고, 지속되는 것인 한두 상태로 구분될 수 있는 것이기에, 동일하다고 말하는 데에는 분명히 적어도, 달리 말하면 반드시 '서로 구분'되는 바 '둘'이 있어야 하는 것이다. '서로 구분됨'이라는 사태를 잊지 말고 확실하게 기억해 두자.

이제 질문 ①에 대해 생각해 보자. 서로 분리된 두 개를 나란히 놓으면 쉽게 구분이 된다. 그런데 ①의 경우, 서로 동일하다고 하는 두 제품이 개별적으로 '서로 다른' 개체임을 쉽게 구분하게 된다. 극단적으로 생각해서, 두 제품이 어느

한 군데도 다른 것이 없이 완전히 '똑같다'고 해 보자. 그렇더라도 두 제품이 '서로 다른' 개체임은 도무지 부정할 수 없다. 여기에서 우리는 두 제품 사이에, 글쎄 '똑같음'과 '서로 다름'이 동시에 작동하고 있음을 알 수 있다. 말하자면, 동일성과 차이가 동시에 작동하고 있다는 것이다. 질문 ④에 관한 분석의 결론에서 '동일성'을 말하기 위해서는 반드시 '서로 구분됨'이 함께 작동해야 한다는 것을 잊지 말자고 하였다. 비록 차원이 다르긴 하지만, 어떤가? 공간적으로 분리된 두 개체에 대해서도 동일성을 말하려고 하니까 차이가 함께 작동하지 않으면 안 된다.

이제 질문 ②에 대해 생각해 보자. 사실 이 질문 ②는 질문 ③의 변종이라 할 수 있다. 거의 같은 질문이라는 것이다. 다만, 질문 ③이 질문 ②에 비해 더 근본적일 따름이다. 질문 ③은 어떻게 되는 건가, 어떤가? 질문 ①과 질문 ②를 결합한 것임을 알 수 있다. 이제 정돈을 위해 또 다시 질문을 하게 된다.

⑤ 동일성은 분리된 둘이든 구분된 둘이든, 혹은 달리 말해 공간적으로 분리된 둘이든 시간적으로 구분된 둘이든 적어도 둘을 생각해야만 성립하는 것인가, 아니면 그런 둘이 없어도 성립되는 것인가?

이 질문에 대해서 답이 바로 나온다. 동일성 운운하기 위해서는 어떤 종류의 것이든 둘이 있어야 한다. 이에 다시 또 질문을 한다.

⑥ 어떤 방식으로건 둘을 생각한다고 할 때, 그 둘에 대해 어떤 종류의 차이이건 간에 차이를 염두에 두지 않고서도 그 둘을 생각할 수 있을까?

이에 대해서도 답이 곧바로 나온다. 둘을 생각하려면 어떤 종류의 차이이건 도대체 차이를 염두에 두지 않을 수 없다. 질문 ⑤와 질문 ⑥에 관한 생각을 결합해 보자. 어떻게 되는가? 동일성을 생각하려면 적어도 차이를 전제로 하지 않을 수 없다는 결론이 나온다. 이는 일단 인식의 판면에서의 일이다. '생각하려면'이라든지 '전제로 한다'든지 하는 것은 인식의 판면에서의 일이기 때문이다. 그런데 이를 존재의 판면으로 이관시키면 이렇게 된다. "동일성이 성립하려면 차이가 전제되어야 한다."

이제 많은 철학자들이 왜 그렇게 차이를 중시하는지 어느 정도 감이 잡힐 것이다. 그저 동일성만을 중시해서 적어도 각기 나름대로 동일한 둘이 먼저 있어야 그 다음에 그 둘을 서로 비교함으로써 비로소 차이를 운위할 수 있는 것 아니냐 하는 생각은 대단히 순진할 뿐더러 제대로 깊이 있게 사유하지 못한 탓에 이루어진 잘못된 생각임을 이제 알 수 있다.

### 2) 차이에 관하여

이제 차이에 대해 생각해 보자. 동일성에 대한 생각보다 차이에 대한 생각이 더 어렵다. 동일성에 대해 생각하다 보니까 차이에 대한 생각이 나왔기에 차이에 대한 생각을 하려면 자꾸만 동일성이 떠오르기 때문이다. 사실인즉 동일성에 대한 생각 없이 차이만을 생각한다는 것은 인식논리상 대단히 어려운 일이다. 우선 다음과 같은 질문들을 생각해 보기로 하자.

⑦ 공간적으로 분리된 둘 사이의 차이는 '어떤 측면에서' 성립하는 차이인가?
⑧ 시간적으로 분리되는 둘 사이의 차이는 '어떤 측면에서' 성립하는 차이인가?
⑨ 공간적으로 분리된 둘이 서로 동일하다고 할 때, 그 둘 사이에서 성립하는 차이와 그 동일성 간의 관계는 분리된 것인가, 아니면 구분되는 것인가?
⑩ 시간적으로 분리되는 둘이 서로 동일하다고 할 때, 그 둘 사이에서 성립하는 차이와 그 동일성 간의 관계는 분리된 것인가, 아니면 구분되는 것인가?

이 질문들에 대해 직접 답하기 전에 먼저 '서로 다르다'라고 하는 문제를 생각해 보자. 어떤 둘이 서로 다르다고 할 때, 그 바탕에는 어떤 방식으로건 동일성이 깔려 있어야 하는 건 혹시 아닐까? 여기 강의하는 조광제의 얼굴빛과 여기 칠판의 색깔은 서로 다르다. 이때 다른 것은 색깔에 있어서 다른 것이다. 그러니까 이 둘 다 색깔이라고 하는 점에서, 말하자면 둘 다 색깔이라는 동일성을 바탕으로 해서 서로 다른 것이다.

이런 생각을 더 확대시켜 보자. 그 어떤 것이든 혹은 그 어떤 차원에서건 둘이 서로 다르다고 할 때, 그 '서로 다름'은 그 바탕에 어떤 방식으로건 동일성을 깔고 있어야 한다고 말할 수 있지 않겠는가. 무턱대고 서로 다르다고 하는 것은 완전히 무의미한 판단이 되고 말 것이다.

이제 질문 ⑦과 ⑧을 생각해 보자. 두 질문에서 '어떤 측면에서'라고 하는 대목에 동일성이 포함되어 있다. 이 '어떤 측면'이 바로 차이를 지닌 둘이 그 바탕에서부터 깔고 있어야 하는 '동일성'에 해당된다.

질문 ⑦의 경우, '동일한' 두 제품이 서로 다른 것은 서로 다른 개체라는 측면에서 서로 다른 것이다. 그런데 둘 다 개체라는 점에서 '동일한' 것이다. 그런데 조심해야 한다. 개체라는 점에서 '동일하다'라고 할 때의 동일성과, 질문 ①에서 두 제품이 '서로 동일하다'라고 할 때의 '동일성'은 서로 다른 종류의 '동일성'이다. '동일성'이라고 해서 말은 '동일하지만' 그 내용은 얼마든지 서로 구분될 수 있는 것이고, 그 점에서 '동일성'이라는 말 조차도 차이를 가진 것이다. 질문 ①에서의 '동일성'은 내용에 있어서의 동일성, 즉 본질의 판면에서의 동일성이고, 방금 질문 ⑦에 대한 대답을 하는 과정에서 나온 '동일성'은 '지금 · 여기'라고 하는 시공간적인 점유의 차원, 즉 현존의 판면에서의 동일성이다.

그러나 본질의 판면에서의 동일성이건 현존의 판면의 동일성이건 동일성을 운위하기 위해서는 그 바탕에 차이가 작동해야 한다. 차이를 바탕으로 한 동일성, 그 동일성을 바탕으로 한 차이가 층층이 위계를 이루고 있는 셈이다. 이래저래 머리가 아프다. 하지만 어떤가? 이렇게 촘촘하게 생각하게 되니 왠지 오히려 머리가 깔끔해지는 느낌이 들지 않는가.

이제 질문 ⑨와 ⑩으로 넘어가 보도록 하자. 먼저 질문 ⑨에 대해 생각해 보자. 공간적으로 분리되어 있는 두 '동일한' 제품들 간에 성립하는 동일성과 차이, 동일성은 본질의 판면에서의 동일성이고, 차이는 현존의 판면에서의 차이이다. 이 둘이 구분되는가, 아니면 분리되는가 하는 것은 존재론에 관련해서 핵심적인 사안으로 자리잡아 온 본질과 현존을 이해하는 데 대단히 중요한 사유의 실마리가 될 것이다.

두 동일한 제품들을 지칭의 편의상 '제품 1'과 '제품 2'라 해 보자. 제품 1은 현존에 있어서는 제품 2와 다르고, 본질에 있어서는 제품 2와 같다. 제품 2에 관련해서

생각하면서도 제품 1을 중심으로 해서 볼 때, 제품 1의 동일성과 차이는 제품 1에서 성립한다. 제품 1에서 동일성과 차이가 성립한다는 것은 이 동일성과 차이가 분리되는 것이 아니라 구분되는 것임을 말해 준다. 여기에서 우리는 두 가지를 확인할 수 있다.

첫째, 한 사물의 본질이든 현존이든 간에 그 한 사물이 다른 사물들과 관련되지 않고서는 성립할 수 없다는 것이다. 이는 한 사물의 본질과 현존이 차이가 없이는 성립할 수 없다는 것을 말해 주는 것이기도 한다.

둘째, 한 사물의 본질과 현존이 있다고 할 때, 존재의 판면에서는 본질과 현존이 따로 분리될 수 없고 구분될 뿐이라는 것이다. 이는 플라톤이 말하는 것과는 달리 순수 본질로서의 이데아(형상)가 지금 여기에서의 사물을 벗어나 따로 존재할 수 없다는 것을 말해 준다. 이 대목에서 또 다른 질문을 하게 된다.

⑪ 그런데 다른 사물과 관계하는 가운데, 한 사물의 본질이 성립하는 데 작동하는 차이와 한 사물의 현존이 성립하는 데 작동하는 차이 중에서 과연 어느 차이가 더 인식의 판면보다 존재의 판면에 가까운 것일까?

이 질문을 하는 까닭은 동일성과 차이의 문제를 최대한 존재의 판면에서 논의할 수 있는 지경으로 나아가기 위한 것이다. 이 질문에 답하기 위해서는 제품 1과 제품 2를 다시 비교해 보아야 한다.

본질의 판면에서 보면 둘은 구분이 되지 않는다. 말하자면 둘은 둘로서 서로 구분된다는 차원에서만 구분이 될 뿐, 따라서 둘을 둘이라고 하는 것, 두 제품 간의 차이는 이 본질의 판면에서는 거의 의미가 없다. 이와 달리 두 제품을 현존의 판면에서 보면 둘은 확연하게 구분이 된다. 말하자면 둘을 둘이라고 구분하지 않으면 안 되도록 하는 것은 바로 이 현존의 판면에서 성립하는 차이이다.

그렇기 때문에 본질 판면에서의 차이와 현존 판면에서의 차이를 서로 비교해 보면, 현존 판면의 차이를 바탕으로 해서 본질 판면에서의 차이가 성립한다는 것을 알 수 있다. 요컨대 공간적으로 서로 분리되는 두 사물의 경우, 현존의 차이가 본질의 차이를 뒷받침한다 하겠다.

이제 물음 ⑩을 생각해 보기로 하자. 시간적으로 구분되는 둘이 서로 동일하다고 할 때, 그 둘 사이에서 성립하는 차이와 그 동일성 간의 관계는 분리된 것인가, 아니면 구분되는 것인가? 하는 것이었다. 이는 '동일한' 한 사물이, 예컨대 하나의 제품이 시간의 경과에 따라 변하는 경우이다. 이 역시 마찬가지로 둘을 구분한 상태에서 생각해야 한다. 지칭의 편의상 변화 이전의 상태를 '상태 1'이라 하고, 변화 이후의 상태를 '상태 2'라고 해 보자.

상태 1과 상태 2를 서로 관련시키지 않고서는 차이뿐만 아니라 동일성 역시 운위할 수 없다. 상태 1과 상태 2는 같은 순간에 공존하는 것이 아니다. 그러니까 둘은 시간적으로 분리된 것이다. 한 사물에서 이루어지는 두 상태의 시간적인 분리는 본질 판면에서 이루어지는 것인가, 아니면 현존 판면에서 이루어지는 것인가? 만약 현존 판면에서 이루어지는 것이라면, 두 상태는 원리상 공간적인 분리를 허용하는 것이고, 공간적인 분리를 허용하는 것은 원리상 동시적인 공존을 허용하는 것이기 때문에, 원리상 공존할 수 없는 두 상태는 현존 판면에서 이루어지는 것이 아니다. 그러니까 상태 1과 상태 2의 시간적인 분리는 본질 판면에서 이루어진다고 해야 한다. 이는 본질 판면에서는 공존하지 않은 상태에서 둘이 성립할 수 있다는 것을 말해 준다.

그런데 상태 1에서 상태 2로 변했다고 말할 수 있으려면, 그 바탕에 동일한 그 무엇이 유지되어야 한다. 이때 동일한 것은 본질 판면에서의 동일성이라 할 수 없고, 현존 판면에서의 동일성이라 해야 한다. 그런 가운데, 상태 1에서 상태 2로 바뀌는 것이다. 현존 판면에서는 동일성을 유지하고, 본질 판면에서는 차이를 만드는 셈이다. 이때 동일성과 차이는 구분되는 것인가, 분리된 것인가? 이 경우, 공간적으로 분리된 '동일한' 두 사물과는 달리 어느 하나만을 중심으로 삼을 수가 없다. 두 상태 모두를 동일한 시야 속에 놓고서 생각하지 않으면 안 된다. 이때 우리가 보기에, 동일성은 시야의 심층에서 유지되고 있고 차이는 시야의 표층에서 유지되고 있다 하겠다. 하나의 사물이 두 상태로 시간적으로 분리되는 경우, 동일성과 차이 역시 분리된 것이라 할 수는 없다. 구분될 뿐이다.

문제는 이 때의 동일성과 차이의 구분이 시간의 경과와 얽혀 있어, 공간적으로 분리된 두 사물의 경우와는 달리 상당히 복잡하다는 것이다. 상태 1과 상태 2를

그 어느 것에도 중심을 두지 않고 이 둘을 동등하게 함께 아우르는 시각을 가져야만 동일성이든 차이든 생각할 수 있다는 것이다. 그런데 이 '둘을 동등하게 함께 아우르는 시각'은 '지금 · 여기'에서 이루어질 수는 없다. 지금 · 여기에서의 시각은 논리상 상태 2만을 직접 대상으로 삼을 수밖에 없기 때문이다. 그러니까 '둘을 동등하게 함께 아우르는 시각'을 갖는다는 것은 지금 · 여기에서의 현행적인(actual) 시각을 넘어서 있는 시각이다.

이 시각을 갖기 위해서는 기억을 동원해야 한다. 기억을 통해 상태 1을 가져와야 한다. 하지만 지금 · 여기에서 기억되는 상태 1은 지금 · 여기에서 직접 지각되는 상태 2와는 그 존재 방식이 '다르다.' 상태 1과 상태 2의 차이는 그저 본질 판면에서만 이루어지는 차이가 아니라, 존재 방식에서의 차이이기도 한 셈이다.

공간적으로 분리된 '동일한' 두 사물에서 동일성은 분명 본질 판면에서의 동일성이었고, 차이는 현존 판면에서의 차이였다. 그런데 시간적으로 분리되어 드러나는 두 상태의 차이는 본질 판면에서의 차이뿐만 아니라 존재 방식(넓게 보면 현존의 판면에 속함)에서의 차이를 포함한다.

그런데 이 두 상태를 바탕에서부터 관통하는 이른바 한 사물의 동일성 역시 두 상태라고 하는 둘이 없이는 성립할 수 없다고 하였다. 이는 질문 ④를 분석한 결론에서 나온 것이었다. 그런데 한 사물의 동일성을 떠받치는 이 근원적인 차이, 즉 두 상태라고 하는 둘을 통해 만들어 내는 근원적인 차이 역시 두 존재 방식(기억됨과 지각됨)에서의 차이를 포함하고 있다.

결과적으로 보면, 시간적인 분리에서 성립하는 차이는 본질 판면에서의 차이와 존재 방식의 판면, 즉 넓게 보면 현존 판면에서의 차이가 한데 결합된 차이라 할 수 있다. 이 차이에도 불구하고 시간 경과에 따라 두 상태를 전개하는 하나의 사물이 동일성을 갖는다고 해야 할 판국이다. 그렇다면, 이 하나의 사물이 갖는 동일성은 본질 판면에서의 동일성인가, 아니면 현존 판면에서의 동일성인가, 혹은 아니면 또 다른 판면에서의 동일성인가?

아무튼 이 동일성은 물음 ④의 분석에서 드러난 것처럼 근원적으로는(심층적으로는) 둘을 염두에 두지 않으면 안 된다는 점에서의 차이를 바탕으로 하면서 동시에 현실적으로는(표층적으로는) 두 상태 간의 차이를 분출해 내고 있는 바, 일종의 중간의 위치에 있다. 지칭의 편의상 앞의 차이를 '근원의 차이'라고 하고 뒤의 차이를 '현실의 차이'라고 해 보자.

근원의 차이는 원리상 본질 판면에서의 차이가 아니다. 그와 반대로 현실의 차이는 원리상 본질 판면에서의 차이이다. 그렇다면, 현실의 차이에 들러붙어 있는 존재 방식에서의 차이(기억됨과 지각됨)가 근원의 차이에도 들러붙어 있는 것인가, 어떤가? 이것은 대단히 중요한 문제이다. 만약 들러붙어 있지 않다고 하면, 근원의 차이가 인식과는 무관한 상태로 그야말로 순수한 존재의 판면에서 성립하는 것임을 말하는 것이고, 아울러 시간의 경과조차 순수한 존재의 판면에서 성립하는 것이라 말하는 것이 된다. 그 반대로 만약 들러붙어 있다고 하게 되면, 근원의 차이가 의식함과 별개로 성립할 수 없는 것으로서 인식의 판면에서부터 존재의 판면으로 이관된 것이라고 말하는 것이고, 아울러 시간의 경과조차 인식의 판면에서 존재의 판면으로 이관된 것이라고 말하는 것이 된다.

아무튼 동일성의 바탕에 근원의 차이가 작동하고 있다는 것은 무엇을 말하는 것일까? 그것은 동일성이 곧 현존적인 것임을 말해 준다. 달리 말하면 현존 판면의 동일성이 본질 판면의 동일성보다 근원적이라는 사실을 말해 준다. 아울러 본질 판면의 동일성은 현존 판면의 동일성에 대해 이차적이고 파생적이라는 것을 말해 준다.

현존 판면의 동일성이라는 것은 무엇을 의미하는 것일까? 순환논법처럼 보이지만 그 바탕에 근원의 차이가 작동한다는 것을 의미한다. 현존한다는 것이 바로 근원의 차이에 의거해서 성립한다는 것을 말하는 것이기 때문이다. 현존, 즉 'ek-sistence'는 자기 바깥에 위치한다는 것이다. '자기 바깥'은 벌써 근원의 차이인 둘을 함축하고 있다. 엄격하게 말하면, 근원의 차이에서는 '자기'라고 말할 수 있는 것조차 겨우 성립할 듯 말 듯하다. 아니 아예 '자기'가 성립하지 않는다고 말하는 것이 더 정확하다. 그것이 현존의 근본이다. 그러니까 근원의 차이는 현존 판면에서의 동일성을 떠받치면서도 그 자체 현존의 동일성이라고 해도 크게 무리가 없는 것이고, 이렇게 되면 동일성과 차이라고 하는 것을 구분하는 것조차 자칫 실패로 돌아가면서 그보다 더 심층으로 내려가지 않으면 안 된다는 사유의 압박을 받게 된다. 그래서 사유의 억지를 부리자면, "동일성과 차이의 차이는 없다."라는 기상

천외한 명제가 나오는 것이다. 이를 받아들이게 되면, 근원적으로 모든 인식 논리적인 사유가 붕괴되고 만다. 일체의 인식논리적인 사유는 동일성과 차이의 차이를 인정하는 데서 출발하기 때문이다.

## 용어해설

**현존** : 지금 여기에서 시간을 경과하면서 현재에서 엄격하게 존재하는 방식을 일컫는다. 우리의 진정한 삶은 항상 현존에 입각해서 성립한다.

**본질** : 현존은 본질과 크게 대립된다. 본질은 현존하는 것이 아니다. 본질은 인식적으로만 사유되는 것이다. 본질은 어떤 물건이 있을 때, 그 물건을 다른 물건들과 구분할 수 있게끔 하는 일체의 규정들을 일컫는다.

**동일성** : 동일성은 시간을 경과하면서 어떤 물건이 계속해서 그 물건일 때 성립하는 성격이다. 현존적인 동일성과 본질적인 동일성이 구분된다. 현존적인 동일성은 어떤 물건이 기능적인 내용이 바뀌더라도, 심지어 어떤 본질적인 기능이 바뀌더라도 바로 계속 그 물건일 때 성립한다. 본질적인 동일성은 어떤 물건이 계속해서 어떤 기능적인 본질을 유지할 때 성립한다.

**차이** : 어떤 한 물건이 다른 물건과 내용에 있어서 구분될 때에는 본질에 있어서의 차이이고, 이것과 저것 하는 식으로 시간과 공간에 있어서 분리될 때에는 현존에 있어서의 차이다. 현존에 있어서 차이가 있더라도 본질에서 같을 수 있다.

## 생각해 볼 문제

1. 문화에서의 차이가 서로 접변하는 문화를 어떻게 새롭게 만드는 힘을 발휘하는가를 생각해 보자.
2. 나와 네가 같은 경우, 무엇이 좋고 나쁜지를 생각해 보자. 그리고 나와 네가 다를 경우, 무엇이 좋고 나쁜지를 생각해 보자. 그런 다음 같음과 다름을 좋은 방향으로 가져갈 수 있는 길을 구체적인 예를 들어 생각해 보자.
3. 같건 다르건 어쨌든 서로 소통이 되어야 한다. 다르다고 해도 소통이 되어야 그 다름이 좋은 방향으로 힘을 발휘할 수 있을 것이다. 왜 그런지 생각해 보자. 그리고 소통을 위해서는 어떤 노력들을 해야 하는지 생각해 보자.

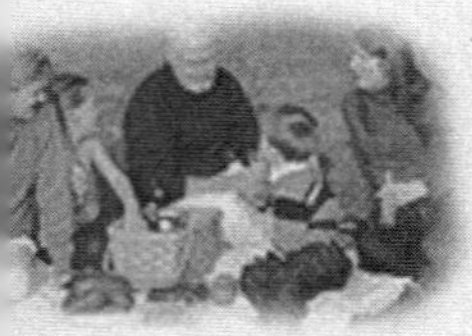



### 더 읽어 볼 책

문성원(2000). **배제의 배제와 환대.** 동녘.
한국철학사상연구회(2010). **인간을 이해하는 아홉 가지 단어.** 동녘.
Fanon, F., 이석호 옮김(1998). **검은 피부, 하얀 가면.** 인간사랑.

## 참고문헌

조광제(2012). **철학 라이더를 위한 개념어 사전**. 생각정원.
Deleuze, G., 김상환 역(2004). **차이와 반복**. 민음사.
Heidegger, M., 신상희 역(2006). **동일성과 차이**. 민음사.
Sarter, J. P., 손우성 역(1977). **존재와 무**. 삼성출판사.

제2장

# 다문화주의: 이념의 정당성과 사회통합의 현실성*

1. 다문화주의의 다의미성(多意味性)
2. 다문화주의의 등장 배경 및 조건
3. 다문화주의의 철학적 · 이념적 토대
4. 다문화주의의 의의와 한계
5. 다문화주의의 개념적 재규정: 철학적 이념체계와 정책적 입론의 통일(체)
6. '한국적 다문화주의'의 모색 및 구현 가능성

**〈학습 목표〉**

1. 다문화주의의 의미가 다양하게 통용되는 상황에서, 다문화주의의 실체와 본질을 제대로 이해한다.
2. '철학적 이념체계와 정책(적 입론)의 통일(체)'로서 다문화주의가 새롭게 재규정될 필요성을 확인한다.
3. 다문화주의가 지닌 중요한 철학적 · 규범적 함의와 지향점을 정확히 파악한다.
4. 다문화주의가 지닌 강점과 그 한계를 명확히 구분하여 드러낸다.
5. 우리사회의 다문화 실태를 제대로 진단할 '한국적 다문화주의'의 윤곽을 모색한다.

## 요약

다문화주의는 그것이 통용되고 적용되는 사회의 실정에 따라 상이한 의미를 드러낸다. '정책' 혹은 '정책 담론'으로서의 다문화주의도, 그것이 함유하는 구체적인 내용은 사회마다 다르게 나타난다. 한층 더 추상적인 수준에서 정립된 '철학적 논변체계'로서의 다문화주의도, 한편에서는 문화적 다양성과 차이성의 존중을 정당화하는 '문화철학적 입론'으로서의 의미가 전면에 부각되는가 하면, 다른 한편에서는 특정 문화집단 내 구성원들의 기본권을 우선적으로 천착하는 '정치철학적 논변체계'로서의 의미를 강하게 드러낸다. 또한 가치론의 차원에서 특정 사회와 그 개별 구성원들의 윤리 의식을 규제하는 '당위론적 규범체계'로서 기능을 수행하는 다문화주의도 발견된다. 나아가 신자유주의적 자본주의를 옹호하고 기업의 이윤 추구에 기여하는 '체제이데올로기'로서의 다문화주의의 의미도 읽어 낼 수 있다.

이 글은, 이러한 다문화주의의 '다의미적(多意味的)' 실태를 염두에 두면서, 다문화주의의 '본질'과 '실체'에 대한 철학적 해명을 통해, 독자들로 하여금 다문화주의를 좀 더 용이하게 이해할 수 있도록 하는데 일차적 목적을 갖고 있다. 이를 위해 현실적 '정책(적 입론)'으로서 다문화주의를 해석하는 관점, 그리고 현실과 일정한 거리를 두어 이론적 차원에서 정립된 '철학적 논변체계'로서 다문화주의를 이해하는 관점, 두 입장을 발전적으로 지양하여 '철학적 이념체계와 정책적 입론의 통일(체)'로서 다문화주의의 의미를 새롭게 재규정해야 한다는 점을 적극 개진해 보려 한다. 그 경우에만, 다문화주의가 지닌 철학적 · 규범적 함의와 지향점이 비로소 명확히 드러날 수 있으며, 다문화주의가 올바르게 구현될 실천 방안이 제대로 모색 · 강구될 수 있기 때문이다.

## 1. 다문화주의의 다의미성(多意味性)

(1) 오늘날 한국사회의 급격한 변화상(相)을 대변해 주는 핵심 키워드(key words) 가운데 하나는 '다문화주의(Multiculturalism)'이다. 이 말은 사회과학의 여러 분과학(分科學)들을 비롯하여 다양한 분야의 전문 학자 및 이론가들 사이에서 빈번하게 입에 오르내리고 있을 뿐 아니라, 다문화 관련 정책이나 운동 등 해당 실천 분야에 관여하고 있는 정책 입안자와 실무자, 시민단체 운동원 및 현장 종사자들 사이에서도 지속적으로 운위되고 있는 용어이다. 나아가 외래 이주민들이 적지 않게 거주하고 있는 도시 근교 공단이나 농어촌 부락뿐 아니라, 일상적 삶의 영역에 살고 있는 보통 사람들 사이에서도—가령 '다문화가정'이나 '다문화 교육'과 같은 빈번히 접하는 다문화 관련 용어들로 인해—이제는 친숙한 용어로 자리잡고 있다.

이렇게 된 데에는 무엇보다도 최근 들어 한국 사회 내에 유입해 들어온 이주노동자와 결혼 여성이민자, 이민 2세와 조선족 동포, 탈북자 등 다양한 인종과 종족[1]으로 이루어지진 '소수자' 집단들에 의해 형성된 '다문화 현상'이 주된 원인으로 작용하였다. 물론 '과연 오늘의 한국사회가 다인종 · 다민족으로 구성된 다문화 사회인가?'라는 물음에 대한 사회 구성원들 간의 동의는 좀 더 세밀한 논의가 요구되는 문제라 할 것이다.

하지만 그와는 별개로, 오늘의 한국사회가 다문화 사회의 특징과 징후를 보여주는 경험적 사례와 통계지표들이 이전에 비해 확실히 늘어나고 있는 점에 대해서는 별다른 이의가 제기되지 않고 있다. 한 예로 2000년 491,324명이었던 국내 체류 외국인은 2009년 5월 기준으로 일백 만을 넘는 대략 1,106,884명을 기록했다(행정

---

* 이 글은 필자의 논문 「다문화주의의 철학적 이해」(『교수 논문집』 48집, 청주교육대학교, 2012)를 책의 의도에 맞게끔 제목을 바꾸고 내용을 부분적으로 수정, 보완한 것이다.

1) 인종과 종족, 인종과 종족, 민족 간의 차이나 구분 등에 관한 상세한 논의는 김광억, 종족의 현대적 발명과 실천(2005), 19-25쪽 참조.

안전부, 2009)).

이와 관련하여, 현재 한국 사회는 소위 '동일한 혈통의 단일민족'으로 구성된 국민국가 형태에서 벗어나 빠르게 상이한 여러 인종과 종족 그리고 그들의 삶의 배경이 되는 다양한 문화들이 혼재·공존하고 있는 양상을 분명히 보여주고 있다. 이는 조만간 한국 사회 역시 다인종·다문화를 기반으로 한 호주 같은 '전형적인' 이민 국가들이 봉착했던 사회적 문제, 곧 다수(민족)집단과 주변부 소수(민족)집단, 주류문화와 소수문화들 간의 갈등과 대립의 문제에 직면하게 될 것이며, 그러한 상황을 타개하고 극복해야 할 새로운 사회적 과제를 떠안게 될 것이라는 점을 말해 준다.

사정이 이러하므로, 한국 사회에서의 다문화주의에 관한 담론들 역시 그러한 사회적 갈등과 대립, 분열의 징후를 사전에 방지하거나 사후에 치유하고 극복할 현실적 필요성에 따라, 실천적 대안론의 일환으로 등장했다고 볼 수 있다. 좀 더 적극적으로 해석하면, 다문화주의의 추구 및 구현이 시급한 사회적 과제이자 현실적 화두로 부상했던 1970년대 초반의 캐나다 같은 이민 국가들의 국내적 상황과 매우 유사한 배경적 맥락이 오늘의 한국 사회에도 형성되어 있다고 볼 수 있다.

(2) 이른바 '단일 민족'을 기반으로 한 국민국가의 등장과 맞물려 전개되기 시작한 근대화 흐름은, 이후 국가 간 경계를 넘나드는 빈번한 인적 · 물적 자원의 교류 증대로 이어지면서 '지역성'과 '국지성'이라는 전근대적 특성을 허물어뜨리고 마침내 '탈영역화'와 '탈경계화'를 초래하기에 이르렀다.

자본주의적 근대화의 초기부터 진행된 이러한 현상은, 일국적 경계를 뛰어넘는 초국적 자본의 흐름으로 인해 야기된 '식민화'와 '이민 현상' 등을 통해 특히 두드러지게 나타났다. 그 과정에서 다양한 문화적 배경, 즉 언어와 종족을 달리하고 상이한 문화적 정체성을 가진 여러 이질적인 집단들에 의해 다민족 · 다인종 국가가 형성되기에 이르렀다. 미국과 캐나다, 호주 등이 그 대표적인 사례라 할 수 있다. 이러한 국가들에서는 일찍부터 '다문화 현상'이 사회적 통합의 균열과 사회적 갈등 및 대립으로 귀착되면서 중대한 사회적 · 정치적 문제로 부상하였다. 이러한 상황 속에서 다문화주의는 인종이나 민족, 종족 그리고 문화적 특성에 관한 비판적 성찰에 기초한 '철학적 입론(立論)'으로 정립되지 못하고, '정책적 입론' 혹은 그러한 성격을 강하게 띤 '현실적 문제 극복 방안론'으로 개진되었다(진은영, 2008, 257쪽).

요컨대 오늘의 다문화주의는 다인종 · 다문화 현실에서 빚어지는 사회적 갈등과 분열을 최소화하면서, 각기 다른 인종과 문화, 집단들 사이의 조화로운 공존의 바탕 위에서 사회적 통합을 모색코자 시도되는 현실적인 '정책' 혹은 그에 대한 '기능적 · 정책적 입론'으로서 자리매김되고 있다. 더욱이 그러한 정책적 입론 혹은 정책으로서의 다문화주의 마저도, 각각의 다문화 사회가 처해 있는 특수한 사정에 따라 각이한 내용과 의미, 양상을 보이고 있다. 가령, 캐나다에서는 프랑스계 이민자 후손들이 주류를 이루는 퀘백(Quebec) 주와 영국계 주민들이 지배층을 형성하고 있는 다른 주들 간의 문화적 · 사회적, 아울러 정치적 대립을 해소하고 안정된 국민 국가적 통합을 지속하기 위한 전략적 의도에서, '포괄적 사회통합 정책'으로서의 다문화주의를 내세웠던데 비해, 벨기에나 스위스 같은 유럽 내 다문화 국가에서는 '다언어주의 정책'이 다문화주의의 핵심적 의미를 이루고 있다(구견서, 2003, 31-32쪽 참조).

게다가 이러한 '국민통합론' 내지 사회적 통합을 위한 기능적 정책(론)으로 제시된 다문화주의는 대다수 이민국가나 다(多)종족국가에서는 대체로 '우호적인' 것으로 수용되고 있지만, 독일과 같은 소위 '단일민족' 국가들에 있어서는 다분히 '부정적인' 시각으로 바라보는 경향이 강하다. 물론 동질적 민족의식과 단일 문화를 통해 강력히 통합된 국가들의 경우에도, 외래 이주민들의 유입 및 증가라는 '현실적 요인'으로 인해 다문화주의를 사회통합 정책 및 입론으로 수용하고 있다. 하지만 이는 소수의 외래 집단과 문화를 기존의 지배문화나 집단에 동화시키려는 정책적 의도에 따른 것일 뿐, 진정한 의미에서 다문화주의가 추구하는 규범적 목적이나 이념은 배제되어 있다. 그런 면에서, 민족적 · 문화적 이질성에 대해 다분히 폐쇄적이고 배타적인 민족국가들에 있어서, 이질성의 포용과 차이의 존중을 지향하고자 하는 (진정한 의미에서의) 다문화주의란, 사회적 결속과 연대를 훼손하고 국민국가적 통합을 무너뜨리는 대단히 부정적인 배척의 대상으로 간주된다

(김비환, 2007, 319-320쪽; A. Jaggar, 1999, 308-309쪽 참조). 이로부터 알 수 있듯이, 다문화주의는 사회적 통합을 위한 정책이나 정책적 입론으로서 그 의미를 드러내는 경우에도, 민족적 · 종족적 동질성의 정도나 문화적 · 사회적 결집의 수준 등에 따라 그 내용과 의미를 각이하게 표방하고 있다.

(3) 다문화주의는 그러나, 단순히 정책 혹은 정책적 입론으로서만 그 의미를 한정짓고 있지 않다. 문화와 그것의 향유 집단들 간의 우열은 '원칙적으로' 존재치 않으며 상호 존중받는 가운데 상호 공존해야 할 주체라는 취지의 '철학적 논변체계'로서, 다문화주의는 그 의미를 또한 드러내고 있기도 하다. 나아가 그러한 의미의 연장선상에서, 마땅히 추구하고 따라야만 할 이념적 지향점으로서의 다문화주의를 논리적으로 정당화하는 '규범적 입론'을 가리키기도 한다.

철학적 논변체계로서의 다문화주의는 지금과 같은 다문화주의에 관한 논의 열풍이 일기 시작한 일종의 기점이라 할 1970년대 초반을 거슬러 훨씬 이전에 '문화철학적 담론'의 형태로 등장하였다. 따라서 그와 같은 문화철학적 담론 형태로서의 다문화주의는 소수(민족)집단과 다수(민족)집단 간의 대립이나 충돌 같은 문제를 일차적인 논의 주제로 삼고 있지는 않았다. 또한 그 명칭도 다문화주의가 아닌 '문화다원주의(Cultural Pluralism)'라는 이름으로 세상에 첫선을 보였다. 주로 다루었던 문제도, 문화이론적 논쟁이나 문화현상 전반에 관한 문화철학적 주제들이 중심을 이루고 있었다. 거기에는 가령, 서구 문화와 제 3세계 문화 간의 우열을 따지는 문화적 풍토를 유럽 중심의 문화적 전횡으로 비판하는 '문화 제국주의' 논쟁 등이 포함되어 있었다. 아울러 그러한 문화(현상) 일반에 관한 다양한 주제들을 다루면서, 상이하고 이질적인 문화 및 문화 정체성들 간의 상호 존중과 인정, 다양한 문화 유형들의 다원주의적 공존을 주창하는 문화철학적 논의들도 또한 개진되었다.

한국사회에서도 다문화주의는 '문화다원주의'라는 문화철학적 담론의 한 형태로 그 모습을 처음 드러냈다. 1980년대에 본격적으로 운위(云謂)되기 시작한 문화다원주의, 물론 지금처럼 외부에서 유입되어 온 이주민들을 중심으로 한 소수(종족)집단과의 다수집단 간의 문화적 갈등이나 인종적 충돌과 같은 문제를 일차적 주제로 다루지는 않았다. 그보다는 다양한 문화 유형들의 특성 등에 초점을 맞추어, 추상적 · 이론적 수준에서 이루어지는 철학적 논의가 주된 내용을 구성하고 있었다.[2] 예컨대, '개고기 음식 문화' 같은 소재를 중심으로 한 '문화적 상대주의'에 관한 논쟁은, 문화다원주의(로서의 다문화주의)에서 전개된 대표적인 토론들 중의 하나였다(임종식, 2002, 13-24쪽 참조).

하지만 그렇다고 해서, 문화다원주의가 지금의 다문화주의가 집중적으로 다루고 있는 주요 사회적 · 문화적 문제들을 전혀 취급하지 않았거나 배제하고 있었던 것은 아니다. 비록 다문화주의라는 명칭을 사용하지는 않았지만, 문화다원주의(로서의 다문화주의)는 주류문화와 소수문화 간의 조화로운 공존과 상호 존중의 문제, 문화집단들 간의 갈등 해소 방안, 특정 문화권에 속한 공동체 내 개별 구성원의 인권 문제 등에 관해 지속적인 철학적 논의와 탐구 작업을 수행해 왔다.[3]

이러한 사정을 감안할 때, 오늘날 다문화주의가 '다문화주의 정책'의 의미로 주로 통용되고 있는데 비해, '철학적 논변체계'로서의 다문화주의는 문화다원주의에서 비롯된 것임을 추정해 볼 수 있다. 실제로 문화다원주의는 현재도—적어도 철학 분야에서는—다문화주의와 '거의' 동일한 의미로 혼용되어 사용되고 있기도 하다.[4]

그러므로 다문화주의가 지닌 의미의 '좁음'과 '넓음'에 주안점을 두어 이러한 실태를 해석해 보면, 오늘날 문화적 · 인종적 이질성에 대한 존중을 바탕으로 안정적인 사회적 연대와 질서를 구축하기 위한 '통합(동화)정책'으로서 개진된 다문화주의는 사실상 '좁은 의미'에서의 다문화주의라고 할 수 있다. 반면, '넓은 의미'의 다문화주의란 다름 아닌 기존의 문화다원주의(로서의 다문화주의)를 가리키는 것이라 볼 수 있다. 다시 말해, 넓은 의미의 다문화주의로서의 문화다원주의가 주요

2) 이에 대한 예로는 김여수, 진리와 문화주체성의 문제(1989); 김여수, 상대주의 논의의 문화적 위상(1991) 참조.

3) 가령, 박이문, 문화다원주의의 타당성과 그 한계(2002); 한국철학회(편), 다원주의: 축복인가 재앙인가(2003) 참조.

4) 일부 철학자들 사이에서 '다문화주의'와 '문화다원주의'는 지금도 거의 동일한 의미로 혼용되고 있다. 가령, 김혜숙, 여성주의 관점에서 본 다문화주의(2007), 204쪽; 박구용 · 정용환, 이주민과 문화다원주의(2007); 정미라, 문화다원주의와 인정윤리학(2005) 참조.

이민 국가를 비롯하여, 다문화 사회로 진입해 들어가는 특정 국가들의 현실에 적용되어 새롭게 이론적 · 실천적으로 재구성된 정책적 입론이나 정책으로서의 다문화주의가 '좁은 의미의 다문화주의'로 간주될 수 있는 것이다.

(4) 정책이나 정책 담론 혹은 철학적 논변체계와 같은 다문화주의의 의미 외에도, 최근에 새롭게 조망되고 있는 '다문화주의 의미'에 관한 해석으로는, 다문화주의를 후기 자본주의 체제의 '세계 시장 이데올로기'로서 파악하여 평가하는 입장을 들 수 있다(M. Hardt/ A. Negri, 2001, 150-154쪽 참조). 이러한 비판적 해석과 의미 부여는 『제국』과 『다중』을 통해 주목받고 있는 사회철학자 네그리(A. Negri)와 하트(M. Hardt)에 의해 주도되고 있다.

그에 의하면, 오늘날 다국적 기업들은 이전의 기업들에 비해 문화적 다양성과 차이에 대해 한층 더 유연하고 개방적인 태도를 보이고 있다. 그런데 그러한 태도 표명은 '규범적 관점'에서 문화적 차이에 대한 인정에 기인한 것이라기보다는, 철저하게 생산성과 경제성, 효율성과 수익성의 제고라는 자본주의적 기업 전략에서 비롯된 것이다. 요컨대, 다문화주의란 다국적 기업의 전략에 불과하다는 것이다(M. Hardt/ A. Negri, 2001, 152-152쪽, 200쪽; 진은영, 2008, 263-264쪽 참조). 그에 따라 다국적 기업을 위해 활동하고 있는, 기업 경영 및 기획 전략 수립 전문가들은 기업 내의 문화적 다양성, 즉 '다문화주의'가 지닌 경제적 효율성과 생산성, 가시적 성과를 지속적으로 강조하고 있다고 네그리 등은 주장한다(M. Hardt/ A. Negri, 2001, 153쪽; 진은영, 2008, 264쪽 참조). 실제로 이러한 주장에 부합하는 사례로, 1997년 '스웨덴 고용자 연합'은 세계화된 경제 체제 내에서 다문화적인 노동력이 만들어 낼 수 있는 이점을 인정한 바 있다(M. 마르티니엘로, 2002, 109쪽 참조).

이처럼 문화적 차이성 및 다양성에 대한 존중이 규범적 근거나 당위론적 관점에서 비롯된 것이 아닌, 순전히 기업 경영 전략이나 자본주의적 이윤 극대화 논리에 따라 개진되고 옹호되는 다문화주의가 '후기 자본주의의 옹호 이데올로기' 또는 '시장 다문화주의'라고 불리는 또 다른 의미의 다문화주의이다(M. 마르티니엘로, 2002, 108-110쪽 참조). 이는 겉으로는 규범적으로 바람직한 다문화주의의 외양을 취하고 있지만 내적으로는 은밀하게 '시장 논리'를 옹호하고 정당화하는 기능과 역할을 수행하고 있다는 점에서, 자본주의의 정당화 이데올로기로서의 다문화주의라고 비판받고 있다.

그처럼 이데올로기로서의 다문화주의라는 부정적 의미와 대비되어, 실천철학의 차원에서 다문화주의를 규범적으로 정당하며 그런 면에서 마땅히 수용하고 실천적으로 추구해야 할 '윤리적 규범체계'로서 해석 · 규정하고 있기도 하다. 이러한 의미에서의 다문화주의는 아무래도 정치적 제도와 절차 과정뿐 아니라 일상적 삶의 현장까지 실질적 민주화가 상당히 구현된 서구 선진사회, 즉 민주주의가 자연스런 삶의 방식으로 자리한 유럽의 '극히 일부' 사회에서 규범적 가치 체계로서 받아들여지고 있다.

(5) 이상으로 대략적이나마 살펴본 바와 같이, 다문화주의는 그것이 통용되고 적용되는 사회나 국가의 실정에 따라 각이한 방식으로 다양하고 상이한 의미를 드러내고 있다. 정책이나 그것을 이론적으로 뒷받침하는 정책적 담론으로서의 다문화주의의 경우에도, 그것이 함유하고 있는 구체적인 내용은 나라마다 다르게 나타나고 있다. 한층 더 추상적인 이론적 수준에서 정립된 철학적 논변체계로서의 다문화주의의 경우도, 한편에서는 문화적 다양성과 차이성의 존중을 정당화하는 '문화철학적 입론'으로서의 의미가 전면에 부각되는가 하면, 다른 한편에서는 특정 문화 집단 내 구성원들의 개인적 권리와 인권을 우선적으로 천착하는 '정치철학적 논변체계'로서의 그 의미를 강하게 드러내고 있다. 또한 가치론의 차원에서 특정 사회뿐 아니라 그 안에 살고 있는 개별 구성원들의 윤리 의식을 규제하는 '당위론적 규범체계'로서 기능을 수행하는 다문화주의도 살펴볼 수 있었다. 나아가 신자유주의적 자본주의 체제를 옹호하고 기업의 이윤 추구에 기여하는 '체제 이데올로기'로서의 다문화주의의 의미도 읽어 낼 수 있었다.

이렇듯 다문화주의가 지닌 의미와 내용은, 그것이 정립되고 수용되는 사회와 국가의 현실적 상황과 맥락, 그리고 그것이 수행하는 기능과 역할 등에 따라 각이하게 해석되고 읽혀지고 있다. 그에 따라 다문화주의의 의미에 관한 보편적이며 공통적인 이해 방식은 '아직도' 확고히 자리잡지 못하고 있는 실정이다. 다시 말해 다문화주의를 논구하고 해명하는 다양한 학문들의 특성이나 다문화주의를 실제 사회현실에 구현하려는 수다한 실천 운동들의 성격 및 여건에 따라 다문화주의의 의미는 '상대적으로' 규정되고 '상이하게' 통용되고 있는 상황인 것이다. 그로 인해 다문화주의를 처음 대면하는 이들은 그것이 드러내는 '다의미성(多意味性)'으로 인해 대부분 혼돈스러운 상태에서 그것의 의미를 접하게 됨으로써 다문화주의에 관한 명확하면서도 분명한 개념적 파악이 제대로 이루어지지 못하는 경우가 빈번하게 벌어지고 있다.[5)]

이러한 다문화주의의 '다의미적(多意味的)' 실태를 염두에 두면서, 이 글은 다문화주의의 '본질'과 '실체'에 대한 철학적 고찰과 해명을 통해, 독자들로 하여금 다문화주의를 좀 더 용이하게 이해할 수 있도록 하는데 일차적 목적을 갖고 있다. 이를 위해 이 글에서는, 한편으로는 현실적 '정책(적 입론)'으로서 다문화주의를 해석하는 관점, 다른 한편으로는 현실과 일정한 거리를 두어 이론적 차원에서 정립된 '철학적 논변체계'로서 다문화주의를 이해하는 관점, 두 입장을 발전적으로 지양하여 '철학적 이념체계와 정책적 입론의 통일체'로서 다문화주의의 의미를 새롭게 재규정해야 한다는 점을 적극적으로 개진해 나갈 것이다.[6)] 그럴 경우에만, 다문화주의에 내재한 중요한 철학적 · 규범적 함의와 지향점이 비로소 명확히 드러날 수 있으며, 나아가 다문화주의가 현실 사회에 올바르게 적용되어 구현될 실천방안이 제대로 모색 · 강구될 수 있을 것이다. 더불어 현재 우리사회에서 전개되어 나가고 있는 '다문화 실태'를 보다 더 객관적으로 진단하고 평가할 수 있는 '준거'로서의 역할 또한 성공적으로 수행해 나갈 수 있을 것이다.

---

5) 이와 관련하여, 다문화주의의 다양한 유형과 개념에 대한 상세한 설명을 제공하는 유익한 자료로는 D. T. Goldberg(ed.), *Multiculturalism: A Critical Reader*(1994) 참조.

6) 다문화주의는 편의상 '철학적 논변체계'로서의 다문화주의와 '정책 혹은 정책적 입론'으로서의 다문화주의로 갈라 볼 수 있다. 그런데 현실에서 접하는 다문화주의는 사실상 그 두 가지 '차원'이 서로 결합되어 있거나 혼재된 형태로 통용되고 있다. 그럼에도 이 글에서는 '정책의 측면'에 보다 강조점이 주어진 경우를 정책으로서의 다문화주의로, 반면 기능적 정책의 측면보다는 '다문화주의의 이념과 규범적 특성'에 주안점을 두어 이론화된 경우를 철학적 논변체계로서의 다문화주의로 잠정 간주하고자 한다.

## 2. 다문화주의의 등장 배경 및 조건

(1) 오늘날 다문화주의가 일국의 경계를 넘어 전 지구적 차원에서 중요한 문화적 · 사회적 아울러 철학적 · 정치적 화두(話頭)로 '새롭게' 부각되기 시작한 것은, 대략 1960년대 말에서 1970년대 초 무렵이다. 즉 다양한 인종과 문화로 이루어진 캐나다 같은 이민 국가를 중심으로, 자국 내 다수(민족)집단과 소수(민족)집단 사이의 대립 및 충돌을 해소하고 보다 안정적인 사회적 통합을 견지하기 위한 대안적 정책(론)으로 '다문화주의'를 개진하기 시작하면서부터이다.

하지만 좀 더 시야를 넓게 가져가면, 다문화주의는 사실상 인류사에서 근대화의 추진과 더불어 진행된, 소위 '단일 혈통'을 기반으로 한 근대적 국민국가의 형성 및 전개과정에서 등장한 — 문화적 다양성 및 상대성, 문화적 우열 여부, 소수문화의 고유한 가치 등에 관한 — 문화다원주의의 담론 형태들에서 그 기원을 찾을 수 있다. 그런 점에서 다문화주의는, 근대 민족국가가 그 윤곽을 드러내고 틀 잡아 나가던 시점인 16세기에서 17세기에, 다양한 유형의 문화다원주의 담론들이 처음 등장한 이래 오늘에 이르고 있는, 꽤나 긴 역사를 지닌 개념이라 할 수 있다. 요컨대 그 명칭은 처음부터 사용되지 못했지만, 명시적인 혹은 암묵적 유형의 문화다원주의적 입론 형태로 이미 근대 초기 민족국가의 출현과 함께 등장했으며, 그 중에는 국민국가 내부의 소수(민족)집단과 다수(민족)집단 간의 관계 설정 문제에 있어서 그 '해결을 위한 방안 담론'의 형태 또한 이미 등장해 있었다(박병섭, 2007, 207-212쪽 참조).

그런데 근대 국가가 단일 민족에 바탕을 둔 국민국가 형태로 구성되면서, 다수 집단이 사용하는 언어가 공식적인 학교 내 '교육언어'로 설정되었다. 그에 따라 제도권 교육기관의 공식 언어에서 제외된 언어 사용 집단들은 근대 국민국가 내의 소수집단으로 전락하게 되었다. 그러한 소수집단에는 일반적으로 '원주민'과 '소수민족', 그리고 '이주민 집단'이 속해 있었다(박병섭, 2011, 423쪽; W. Kymricka, 2007, 18쪽 참조). 말할 것도 없이, 이러한 소수집단은 역사적으로 다수(지배)집단에 의해 지속적인 차별 대우를 받아왔으며, 자신들이 속한 집단의 문화적 정체성이나 고유성은 제대로 존중받지 못하는 상황이었다. 소수집단에 속한 개별 구성원들 또한 사회 내 계급 질서 구조의 하층부에 위치하여 자신들의 정당한 권리마저 요구할 수 없는 상태에서, 부당하게 대우받는 삶을 살아갈 수밖에 없었다.

요컨대, 순수 단일 혈통에 기초한 민족과 그 문화를 본질적인 구성 요소로 삼아 형성된 근대 국민국가는, 소수집단과 그들이 향유하는 문화를 대우함에 있어서 그들의 집단적 · 개인적 인권이나 정체성을 세심하게 배려하고 고려하는 대신, 소수집단과 그 문화, 그리고 그에 수반하는 요소들을 사회적 갈등과 분열을 초래할 위험 요소로 바라보는 시각을 오랜 기간 견지하고 있었다. 그에 따라, 소수인종과 민족, 문화 등은 주류 다수집단 및 그 문화에 완전히 포섭되어야 할 대상으로 이해되었다. 동시에 그러한 동화에 저항하는 것은 일방적으로 제거되거나 추방되어야 할 대상으로 간주되기에 이르렀다.

이러한 실상을 고려할 때, 근대 민족국가의 등장과 함께 출현한 '초기(初期) 다문화주의'는, 소수집단의 인권과 문화적 정체성을 존중하고 배려하기 위한 담론으로 제기되었던 것이 아님은 분명하다. 오히려 그것은 민족국가 내 소수의 이질적인 민족집단과 그 문화를 사회통합의 저해 요인으로 규정하고, 그에 따라 사회적 분열 및 갈등을 치유하기 위한 '동화주의' 정책을 옹호하고 정당화하기 위한 '이데올로기적 논변체계'로서 개진된 것이라고 봐야 할 것이다. 요컨대, 이 시기의 다문화주의는 다양한 '종족과 문화의 공존' 그 자체를 근대 국민국가의 통합을 교란하는 내적 분열의 주된 요인으로 해석하면서, 그러한 분열을 극복하고 안정적인 통합과 질서 유지를 위한 현실적 전략으로서의 '동화주의 정책'을 이념적으로 뒷받침하는 이데올로기였던 셈이다.

이러한 의미에서, 초기 다문화주의는 단일 혈통에 기반한 국민국가를 이념적 차원에서 옹호하는 논리체계로서의 '민족(주의)' 담론을 측면에서 보완하는 '정당화 이데올로기 체계'라고 할 수 있었다. 여기서 민족(주의) 담론이란 각기 다른 인종이나 문화적 배경 등을 하나로 엮어 주어 통합적인 강력한 연대의식을 산출함으로써 문화적 · 인종적 다원성 그 자체를 제대로 인식하지 못하거나 무시하게 만드는 이념 체계를 말한다.

이와 관련하여, 국민국가는 자신의 틀을 보다 완결적인 형태로 구축하기 위해, 그 과정에서 국가 공동체 내부의 다양한 구성원들의 인종적 기원의 상이함이나 문화적 차이에도 불구하고 공동체에 대한 맹목적인 충성과 헌신을 불러일으킬 수 있는 통합의 구심점으로서 '상상의 공동체'로서의 '민족' 개념을 구성하였다(B. 앤더슨, 2003, 참조). 그리고 그것을 토대로 근대적 민족국가 프로젝트를 수립, 추진해 나갔다. 그 과정에서 그러한 프로젝트의 일환으로 도입된 다문화주의는 문화적 · 인종적 다원성과 차이성을 민족국가 발전의 저해 요인으로 간주토록 만드는 '오인(誤認)의 기제'로서 그 기능을 수행했던 것이다.[7] 그 결과 주류(민족)집단과 그 문화에 속하지 못한 소수민족과 그 문화는, 무시와 경시, 차별과 배제의 구도 속에서 이질적인 집단 내지 이방인으로 규정되어 오늘에 이르게 되었다. 이처럼, 초기의 다문화주의는 주류 문화에로의 편입과 통합을 정당한 것으로 인증해 주는 사회통합의 논리체계로서 주류집단에 의해 적극적으로 활용되었다. 반면, 이는 소수집단의 입장에서는, 주류집단과 소수집단 간의 상호 존중과 공존을 요구하는, 소수집단의 권리와 입장을 정당화하는 일종의 '저항 이데올로기'로서 기능하고 있었던 것이다.

(2) 하지만 근대화의 급속한 진척과 함께 이루어진 민주화의 진행과 그에 따른 인권사상 및 문화다원주의 담론의 확산으로 인해, 국민국가 내 소수(종족)집단 뿐 아니라 다수(민족)집단 내부에서도 소수집단과 그들의 권리 및 정체성 등에 대한 반성적 성찰과 자기 비판적 인식이 확산되어 나갔다. 즉 한편에서는 다수(민족)집단에 의해 일방적으로 지배받는 상황에서 차별적 사회현실에 대한 소수집단 구성원들의 비판적 성찰 의식이 고양되고 자아 정체성에 대한 자각이 싹트면서 자신들의 권리와 자유, 문화적 정체성의 인정에 대한 요구가 제기되고 있었다.

---

7) 오인이란, 쉽게 말해서, '정당성이 결여된 것'을 마치 '정당한 것인 양' 인식하게 만드는 것이다. 이 개념에 관해서는 P. 부르디외/ J. C. 파세롱, 재생산(2000), 21쪽; R. Jenkins, *Pierre Bourdieu*(1992), 104쪽 참조.

다른 한편에서는 소수집단과 그 문화에 대한 차별과 배제, 주류집단 및 문화에로의 일방적이며 강제적인 동화가 갖는 구조적 폭력과 모순에 관한 다수집단 내 구성원들의 치열한 자기 성찰과 자기비판 역시 빠르게 번져 나가고 있었다. 그에 더해 근대 민족국가 내부에서, 다수 지배집단에 의해 추진되었던 소수 인종 및 문화에 대한 강압적인 동화정책이 오히려 국가 공동체 내부의 갈등과 분란, 대립을 심화시키면서 국민국가 자체의 균열로 이어지게 되는 상황에 대한 반성적 통찰 또한 새로운 통합적 이념 및 정책의 필요성을 인식하게끔 만들었다.

사정이 이렇다면, 결국 다수(민족)집단 내에서는 두 차원에서 기존의 정치적 동화정책의 난점을 비판적으로 인식하는 흐름이 일어났다고 할 수 있다. 그 하나는 '규범적 · 문화철학적' 차원에서 동화주의의 한계를 반성하는 것이었다. 또 다른 하나는 '정치 공학적 · 전략적' 차원에서 기존의 동화 정책의 한계를 통찰하고 새로운 사회통합 방안을 모색하고자 하는 흐름이었다.

물론 지배적인 민족 집단에 의해 강행된 동화정책의 문제점에 대한 인식의 공유를 계기로, 초기 다문화주의와는 질적으로 다른 새로운 대안적 입론 형태로서 다문화주의가 개진되었지만, 그 밑바닥에는 여전히 주류집단의 문화나 가치관을 기준으로 삼아 가능한 한 소수집단의 저항이나 반발 없이 보다 세련되게 통합하고자 하는 전략적 관점이 자리하고 있었다. 그에 대한 대표적인 예가 전통적 이민국가인 미국에서, 1960년대 다문화주의 담론을 지배했던 동화주의를, 그것의 정책적 전략의 변경에 기대어, 새롭게 변형하여 재구성한 '문화다원주의'이다.[8] 이것은 일반적 의미의 문화철학적 담론이 아니라, 미국사회의 특수성에 부합하는 구체적인 '정책 입론'의 형태를 띠는 다문화주의의 한 유형으로서의 '문화다원주의'이다.

이것은 1980년대 중반까지 미국사회의 중심적인 다문화주의 담론으로서 기능했는 바, 미국사회를 이루는 다양한 인종과 종족들 그리고 그 향유 문화들 간에 서로를 이해하고 존중하는 풍토를 형성하면서 문화적 차이성과 상이성을 '통합'하는 것을 일차적 과제로 삼고 있었다. 실제로 문화다원주의는, '존중'보다는 '통일'에

---

8) 이것은 문화철학에서 사용되는, 문화의 다양성을 존중하자는 취지의 문화다원주의 개념과는 그 성격을 달리한다. 1960년대 미국사회에서, 중심적인 다문화주의 담론으로 기능했던 문화다원주의는 다문화주의 정책의 한 특수 유형이다. 이에 대해서는 하윤수, 「미국 다문화교육의 동향과 사회과 교육과정」(2009), 118-121쪽 참조.

역점을 두어, 미국 내 문화를 주류집단의 문화와 소수 주변부 집단의 문화로 '이원화'한 후, 후자를 전자에로 기술적으로 무리 없이 통합하는데 기여하는 논변체계로 기능하였다. 요컨대 당시 미국에서의 문화다원주의는, 미국사회 내 다양한 인종적 · 문화적 집단들 간의 다양성과 차이성의 조화와 공존을 지향하기보다는, 궁극적으로 상이한 집단들 간의 공통성과 통일성을 우선적으로 추구하는, 지배적 이데올로기 체계로서의 다문화주의 유형이었던 셈이다(김현미, 2008, 58쪽; 구견서, 2003, 34쪽 참조).

이에 비해 캐나나 등에서 개진된 다문화주의는 '정복 · 이민 국가' 내의 다수집단과 소수집단 사이의 차이성과 상이성을 인정하고 상호 공존하는 방식에 주안점이 두어진 정책적 담론으로 기능하였다. 곧 미국사회에서 그 역할을 수행했던 다문화주의의 한 특수 형태로서의 '문화다원주의'는 사실상 동화주의의 보다 더 '세련된' 형태였던 데 반해, 캐나다의 다문화주의는 실제로 동화주의를 대체할 현실적인 '정책적 대안 입론'으로 제시된 것이라 할 수 있다.

(3) 이미 알려져 있듯이 캐나다의 경우는, 오랜 기간 영국의 식민 통치를 거치면서 영국계  정복민 및 이주민이 정치와 경제의 주도권을 행사하는 가운데 원주민과 타 인종 이주민 집단을 영국식 문화와 생활방식으로 동화시키는 사회정책이 시행되어 왔다. 가령, 캐다나 영토의 본래 주인이었던 '원주민 인디언'들은 기독교계 학교 및 교육기관에서 전형적인 영국식 교육을 받도록 강제되었다. 그 결과 본래의 고유한 언어와 세계관을 지닌 '원주민'이 아니라, 서구식 가치관과 영어를 모국어로 사용하는 새로운 '정착민'으로서 자신의 정체성을 형성 · 유지하도록 강요받기에 이르렀다(김정규, 2010, 168쪽; 진은영, 2008, 258쪽 참조). 하지만 그러한 강압적인 동화정책과 그것을 정당화하는 이데올로기로서의 다문화주의는, 같은 이주민 집단이면서도 주변부에 머물러 있던 프랑스계 이주민들, 그리고 원주민들의 반발과 저항을 초래하여 급기야 정치적 분리 및 독립을 선언하는 사태까지 불러왔다.
이와 같은 국가 공동체의 분해 위기에 봉착하여, 영국계 다수(민족)집단은 마침내 프랑스계 이주민 집단이 주로 거주하고 있던 퀘백 주의 정치적 분리 및 독립 사태를 막기 위해, 이전까지의 동화주의 정책을 포기하기에 이른다. 이는 불어와 영어를 공용어로 사용하는 '두 언어 공용어'법의 제정으로 이어지고, 소수 이주민 집단을 포함하여 여러 소수집단들의 민족적 · 문화적 정체성과 권리를 인정하고 정책적 · 제도적으로 보장하는 '다문화주의 정책'의 실시로 귀착된다.

이처럼 전형적인 다인종 · 다문화 국가인 캐나다 등에서 시행되기 시작한 '실질적 의미'에서의 다문화주의 정책은, 오늘날 한국사회를 비롯하여 전세계적으로 다문화주의에 관한 다양한 형태의 논의를 새롭게 증폭 · 확산시키는 '직접적인 계기'로 작용하였다. 동시에 오늘날 다문화주의라고 할 때, 그것의 '일차적 의미'로 이해되는 것이 바로 그와 같은 다문화주의 정책이라는 사실을 많은 이들에게 각인시키는 결과를 낳았다. 나아가 캐나다 및 호주 등에서 시행된 그와 같은 다문화주의 정책은 이후 빠르게 다인종 국가뿐 아니라 다문화 현상을 겪고 있는 여러 나라들로 퍼져 나가기 시작하였다.

더불어 이러한 상황과 맞물려, 전 지구적 차원에서 전개된 세계화의 흐름과 냉전주의의 와해는 유럽을 중심으로 한 국가들로 하여금 전통적으로 고수되어 온 '단일 문화주의'로부터 '다원적 문화주의'로 이행해 나가는데 기폭제의 역할을 수행하였다. 그렇게 된 데에는 일차적으로 경제적 요인이 크게 한몫을 했다. 즉 자국 내 부족한 노동력을 메우기 위해 저비용으로 고용할 수 있는 숙련된 외국인 이주 노동자의 국내 유입을 허용하고 적극 권장한 이후, 외국인 노동자의 유입이 단기간에 그치지 않았을 뿐 아니라 일단 자국으로 들어온 이주 노동자들을 쉽사리 돌려보내기 어려운 현실적 조건을 맞이하게 되었다(김비환, 2007, 322쪽; Y. N. Soysal, 1994, 2쪽 참조). 그러면서 아예 그러한 사태를 기정사실로 정당화하기 위해, 경제적 손익 계산을 통해 제기된 정책적 담론이 바로 '다문화주의'의 외양을 띠고 출현하게 되었던 것이다. 말할 것도 없이 여기서는 민주화가 확산 · 심화되어감에 따라 서구 국가들 내 구성원들의 민주적 시민의식의 고양과 함께, 한편으로는 그 동안 증대되어 온 이주민 집단의 권리와 문화 등에 대한 인정 및 존중 의식이 사회 전체적으로 높아가기 시작했다는 점이 중요한 동인으로 작용하였다. 다른 한편으로는 소수집단 내 구성원들이 자신들의 인권과 문화적 정체성을 존중하고 인정해 줄 것을 요구하는 실천 투쟁이 지속적이고 점차 강력하게 전개되기 시작했다는 점도 중요한 계기를 제공해 주었다.

이상에서 살펴본 것처럼, 1970년대 이후 일부 서구 국가들에서 개진된 다문화주의는 기존의 동화주의 정책이 한계에 부딪히면서 새롭게 그 탈출구를 모색하는 과정에서 '불가피하게' 채택된 측면이 강하다. 즉 '사회윤리의 차원'에서 이루어진 치열한 자기반성과 자기비판에서 비롯되었다기보다는, 사회적 분열과 대립의 격화로 인한 사회적 통합 자체의 균열 위기 속에서 새로운 '대안적 동화정책'을 모색하는 과정에서 개진된 것이 오늘에까지 이어져 오고 있는 것이다. 이런 점에서, 오늘날 다문화주의란 규범적 · 철학적 이념체계로서의 의미보다는, 현실적 문제 해결을 위한 대안적 정책 입론의 성격과 의미가 전면에 드러난다. 이는, 다수집단과 소수집단 간 갈등과 대립을 해소하고 극복하는데 있어서, 현재의 다문화주의가 효용성과 실효성, 문제해결 능력을 갖춘 정책적 방안이 되지 못한다고 판단될 때에는 지체 없이 폐기 처분될 가능성 또한 늘 존재하고 있다는 점을 말해 준다. 실제로 최근 들어 호주는 1970년대 중반 이후 표방했던 다문화주의 정책에서 상당 정도 후퇴하는 양상을 보여주고 있기도 하다.[9]

물론 1970년대 이래 지금까지 이어져 내려오고 있는 다문화주의는, 비록 제한적이기는 하지만, 규범적이며 당위론적인 요소와 내용이 이전에 비해 점차 강화되는 과정을 거쳐 왔다. 하지만 그럼에도, 전체적으로는 규범적 · 당위론적 입론이라기보다는 — 정복 · 이민 국가들을 중심으로 한 — 다인종 · 다문화 국가들 각각의 내부 사정에 부합하여 문화적 · 인종적 다원성을 관리하고 통합하는 '정치적 개입 양식'의 색채를 강하게 띤 정책적 입론의 형태를 취해 왔다(김현미, 2008, 60쪽). 요컨대, 이른바 '무늬'는 다문화주의이지만 '실제 내용'은 동화주의 원칙에서 벗어나지 못한 채 '본질적으로' 여전히 그것을 고수하고 있는 것이, 작금의 서구 사회에서 통용되는 다문화주의의 '실체'라고 할 수 있다.

9) 2007년 당시 존 하워드(J. Howard) 총리가 이끌던 호주의 보수연합과 우익 세력은 '다문화주의가 호주의 정체성 위기를 초래했다'고 주장하면서 다문화주의에 대한 적대적 입장을 공공연히 드러내었다. 그러한 입장은, 2007년 1월 이민부의 공식 명칭이 '이민 다문화부'에서 '이민 시민권부'로 개칭된 사건에서 구체적으로 나타났다. 문경희, 「호주 다문화주의의 정치적 동학」(2008), 268쪽; 한승완, 「'다문화주의' 담론과 한국적 다문화주의의 정책 방향」(2007), 112쪽; 연합뉴스(2007년 1월 24일 자) 참조.

## 3. 다문화주의의 철학적 · 이념적 토대

다문화주의를 현실 문제의 해결을 위한 '정책 혹은 정책적 입론'으로 볼 것인가, 아니면 규범적이며 당위론적인 성격을 띤 '철학적 논변체계로'로 간주해야 할 것인가 하는 문제는 논란의 여지가 큰 어려운 문제이다. 전자로 보고자 하는 입장은 현실적으로 사회적 통합의 측면을 중시하겠다는 것이며, 후자로 해석하려는 것은 소수집단의 권리와 인권, 문화적 정체성 등을 존중하고 보장하겠다는 의도와 밀접히 관련되어 있다(김비환, 1996, 206쪽 참조). 물론 '현실의 장(場)'에서 다문화주의는 양자의 측면과 내용을 모두 지니고 있다. 그런 면에서 다문화주의는 순수한 철학적 논변체계로만 보기도 어려우며, 동시에 순전히 정책 혹은 정책적 입론으로만 볼 수도 없는 실정이다. 이는 오늘의 다문화주의가, 비록 겉으로는 '다문화주의 정책'의 외양을 취하고 있다 하더라도, 사상적으로 뒷받침해 주고 있는 이념적 뿌리를 자체 내에 함유하고 있다는 것을 말해 준다.

그렇다면 오늘날 다문화주의를 이론적으로 정초(定礎)하고 있는 철학적 토대의 내용은 어떤 것인가? 이 점을 이제부터 본격적으로 살펴보도록 하자. 다만, 이에 앞서 한 가지 정리하고 넘어갈 사항이 있다. 곧 여기서 고찰해 보려는 '철학적 토대'에 의해 뒷받침되고 있는 다문화주의는 최근의 다문화주의에 관한 논의 과정에서 '기본적 유형'이 되고 있는 '다문화주의 정책'을 특히 염두에 두고 '잠정적으로' 수용한 것이라는 점이다.

이렇게 정리할 경우, 오늘날 다양한 다문화주의의 의미들 가운데 가장 대표적인 것으로서 '정책적 입론' 또는 '정책적 프로그램'으로서의 다문화주의 역시 당연히 그것을 정당화해 주는 철학적 토대에 기반을 두고 있다. 그런데 그러한 사상적 토대로서의 역할을 수행하는 대표적인 '철학사상'으로는, 테일러(Ch. Taylor)의 '차이의 인정 철학'과 킴리카(W. Kymlicka)의 '다문화주의적 시민권 철학'을 들 수 있다.[10] 말할 것도 없이 이는 다문화주의(정책)를, 그것의 이념적 토대 부문과 현실에 적용할 실질적 정책 부문으로 나눌 때, 전자에 해당되는 철학사상을 가리킨다.

다른 한편, 이러한 구분과 별도로, 테일러와 킴리카 각각의 고유한 다문화주의 유형을 제시해 볼 수도 있다. 이 때 전자는 차이의 인정 철학에 기초한 '공동체주의적 다문화주의'로, 후자는 다문화주의적 시민권 철학에 기반한 '자유주의적 다문화주의'로 흔히 불려진다. 물론 두 철학자가 내세운 다문화주의 유형은 '철학적 이념체계와 정책적 입론이 상호 결합된 형태'로서의 다문화주의를 가리킨다.

사정이 이와 같지만, 일단 여기서는 일반적으로 사용되는 (다문화주의 정책으로서의) 다문화주의의 철학적 기초에 초점을 맞추어, 그 내용과 구체적 양태를 살펴보려고 한다. 다만 한 가지 더 언급할 점은, 다문화주의는 킴리카와 테일러 이외에도 여러 다른 철학자들에 의해 새롭게 그 이념적 · 사상적 토대가 재구성되고 있으며 그 내용 또한 확장되어 나가고 있다는 점이다. 그 중에는, 개인적 존엄성을 동등하게 보장하려는 취지에서 '절차적 보편주의'를 내세우면서도 그러한 절차 과정에서 배제되기 쉬운, 인종적 · 민족적 소수자와 같은 '이질적 타자에 대한 포용과 차이의 존중'을 내세우는 하버마스(J. Habermas)의 '의사소통의 철학'도 주목할 만한, 다문화주의의 철학적 토대로 자리하고 있다는 점을 지적해 두고자 한다.

### 1) 테일러의 차이의 인정 철학

다문화주의에 철학적 토대를 제공한 주요 철학자로는 공동체주의의 대표 주자로 널리 알려진 찰스 테일러를 먼저 들 수 있다. 그의 '인정의 정치' 혹은 '차이의 정치'에 관한 철학적 논변은, 오늘날 다문화주의(정책)의 철학적 기초를 이루는 중심 사상으로 자리하고 있다. 테일러는 그와 같은 철학적 논변을 통해, 개인은 존엄한 인격체로서의 권리와 자격을 동등하게 부여받고 있는 까닭에 각자의 잠재적 능력을 발휘할 기회 역시 평등하게 부여되어야 하며, 그런 점에서 국가나 정부

---

10) 이 점과 관련해서는, 박병섭, 다문화주의 정치철학이란 무엇인가?(2011), 420-422쪽; 진은영, 다문화주의와 급진적 인권(2008), 259-263쪽; W. 킴리카, 현대 정치철학의 이해(2010), 455-476쪽; Ch. Taylor, "The Politics of Recognition"(1994); W. Kymlicka, *Multicultural Citizenship*(1995) 참조.

는 이를 제도적 · 정책적으로 적극 보장해 주어야 한다고 주장한다.

그와 동시에 테일러는, 개인들 간의 동등한 존엄성에 기초를 두고 있는 '절차적 보편주의'의 입론에 대립적인 입장을 취한다. 그에 의하면, 하버마스로 대변되는 절차적 보편주의 역시 개별 사회 구성원들 누구에게나 권리와 자유, 그리고 자아 실현의 기회를 동등하게 보장하고 제공하고자 시도한다. 하지만 그러한 보편주의는, 개인이나 집단이 지닌 특수한 조건이나 상황, 환경 등을 세심하게 고려하지 않은 채, 절차적 공정성과 동등한 존엄성의 원칙을 무차별적으로 적용시킨 탓에, 개인적 재능과 능력 발휘의 기회의 경우도 오직 형식적으로만 제공될 뿐 실질적으로는 모든 개인들에게 동등하게 부여되지 못하는 한계를 드러낸다. 다시 말해 기회의 균등이 공정하게 절차적으로 작동한다고 해도, 그러한 절차 과정 속에서 인종적 · 종족적 상이함이나 성적 차이 등 여러 요인으로 인해, 배제되거나 무시되는 소수자나 소수집단의 발생을 언제나 초래하고 있는 것이다. 그와 같은 이유로 테일러는 그러한 과정에서 경시되거나 제대로 존중받지 못하는 개인이나 그가 속한 집단의 기본적 권리와 자율성, 고유하고 특수한 존엄성과 문화적 정체성, 생활양식 등을 그 자체 존중하고 인정해 줄 것을 강력히 주창하는 새로운 철학적 입론으로서 '차이의 인정 철학'을 내놓고 있다(선우현, 2003, 50-51쪽 참조).

차이의 인정 철학에 의하면, 집단을 구성하는 개별 구성원들에 대해서는 평등한 인격적 존재로서의 인정과 권리 보장의 수준을 넘어 그들 사이에 형성된 개인적 재능 발휘 결과들의 우열마저도 가려져서는 안 된다. 오히려 그러한 결과들 각각의 '내적 가치'를 그 자체로 존중해 주어야 한다. 나아가 그러한 논리의 연장선상에서, 개인의 자아 정체성 뿐 아니라 그가 속한 집단과 그 문화에 내재한 본래적 가치와 특수한 성격 또한 그 자체로 인정해 주어야 한다. 더불어 그러한 논거에서 이제껏 제대로 존중받지 못한 상태로, 다수집단과 그 문화 내로 일방적으로 통합되어 온 소수집단과 그 구성원들의 고유성과 정체성, 차이성을 본래의 상태로 되돌려 놓아야 한다고 테일러는 강력 주창한다(찰스 테일러, 1998, 57쪽; 진은영, 2008, 260쪽 참조).

테일러는 그와 같이 개인들 뿐 아니라 집단들 사이의 차이성과 상이성, 고유성과 가치를 인정해 줄 것을 강하게 주문하게 된 철학적 근거로, '진정성(authenticity)'

또는 '자기 충실성'이라고 불리는 도덕적 이상을 들고 있다. 그는 도덕적 이상으로서의 진정성을, '개인은 누구나 좋은 삶에 관한 각자의 인생관 및 신념을 추구할 권리와 자유를 지닌, 존엄한 존재'라는 의미의 칸트식의 자율성 이념이 아닌, '자신만의 고유한 가치와 정체성을 지닌 모든 개별 존재들은 그러한 자신의 본성에 부합하는 삶의 방식을 추구해야 한다'는 루소식의 관념과 연결짓는다. 곧 진정성은 '나 자신에게 진실하자'는 이상이자 인간적일 수 있는 특정한 방법을 가리킨다. 요컨대 모든 개인은 타자의 것을 모방하는 존재가 아니라 자기 자신의 고유한 인생을 살아가도록 소명받은 존재라는 것이다. 테일러는 바로 이 같은 진정성의 이념, 즉 '나 자신의 고유한 정체성의 발견'이라는 이념을 현실에 구현하여 제도적으로 보장하려는 의도에서(Ch. Taylor, 1994, 29-34쪽 참조), 무차별적이고 추상적인 차원에 머무는 '동등한 존엄성' 대신 '차이와 다름의 인정과 존중'을 새로운 정치철학의 근본 원칙으로 제시하고 있다.

이상에서 드러나듯이, 차이의 인정 철학은 모든 개인과 집단의 차이와 특수성을 존중할 것을 요구함으로써 그 어떤 종류의 차등이나 차별도 거부하고자 한다. 동시에 보편적으로 공유하고 있지 않은 '그 어떤 다른 것'을 승인함으로써 보편적인 것과 특수적인 것 모두에 대해 동등한 지위를 부여하고자 한다. 이 점에서 차이의 존중 철학은 강한 다원주의적 성격을 함유한 정치철학이라고 할 수 있다. 동시에 테일러는 기존의 '절차적 공정성으로서의 보편성' 또는 '동등한 존엄성으로서의 보편성' 대신에, '다양성과 차이의 인정을 토대로 한 새로운 보편성'을 정립하고자 시도하는 다원주의의 옹호자로 해석될 수 있다(선우현, 2003, 53쪽).

이처럼 모든 개인의 본래적 정체성을 존중할 뿐 아니라, 개인들이 속해 있는 다양한 집단과 그 문화의 차이성과 고유성을 인정하여 그것들에 동등한 가치를 부여하고 존중해 주어야 한다는 차이의 인정 철학과 그것에 기반을 둔 '다문화주의에 관한 논변체계'(Ch. Taylor, 1994, 41-42쪽 참조)는, 확실히 오늘의 다원주의적 흐름과 시대정신에 비추어 보더라도, 그 어떤 입론에 비해 규범적이며 진보적인 사상체계로 드러난다. 하지만 다원주의와 상대주의 사이의 경계를 위태롭게 넘나드는 양상은, 차이의 인정 철학을 평가함에 있어서 '해석학적 긴장감'을 불러일으키기도 한다.

이와 관련하여, 한편에서는 테일러의 철학적 입장은 다원주의의 경계를 뛰어 넘어 상대주의적 속성을 상당 정도 견지하고 있는 것처럼 보이지만, 이는 현상적 징후일 뿐 '문화 상대주의'나 '가치 상대주의'와 동일시될 수는 없다는 해석이 제기되기도 한다. 적어도 테일러는 '약한 보편적 규범을 담보로 한' 다문화주의를 역설하고 있기 때문이라는 이유에서다. 테일러 본인 또한 윤리적 판단을 힘의 논리를 통해 해명하고자 하는 이른바 '설익은 신-니체주의론'을 거부하면서 윤리적 주관주의 및 상대주의를 경계하고 있기도 하다(Ch. Taylor, 1994, 70쪽).

그러나 동시에 이 지점에서, 테일러의 철학은 아예 다문화주의의 경계를 벗어나 '문화 상대주의'의 영역으로 넘어가는 한계점을 드러내 보여주고 있다는 해석도 개진되고 있다. 무엇보다도 개인들 간의 우열뿐 아니라 상이한 집단과 그 문화들 사이의 우열 또한 가릴 수 없으며, 모든 집단과 문화에 동등한 가치를 부여해야 한다는 테일러의 추정은, 결과적으로 현실에서 가장 강력한 힘과 영향력을 갖춘 집단이나 문화가 그렇지 못한 문화와 집단을 흡수하고 지배하는 사태를 막을 수 있는 논리를 제시하지 못한 채, 용인해 버리고 있다는 이유에서다. 곧 차이의 인정에 기초한 테일러의 '강한' 다문화주의적 입장은 쉽사리 가장 위협적인 '문화 제국주의' 입론으로 변신할 수 있다는 것이다(김여수, 1991, 80쪽). 인종이나 민족, 소수자나 하위 집단을 가리지 않고 모든 입장과 문화를 존중하자는 주장은, 궁극적으로 '주관주의적 상대주의'로 귀착할 수밖에 없으며 그에 따라 그 고유한 가치를 인정받은 '특정 문화 내부'에서 벌어지는 차별적이며 비합리적인 요소들 모두 또한 승인해 버리는 결과로 이어질 수 있기 때문이다.[11]

### 2) 킴리카의 다문화주의적 시민권 철학

(1) 테일러가 다분히 이론에 치중하여 추상적 차원에서 다문화주의의 철학적 기반에 관한 논변을 주로 개진하고 있다면, 킴리카는 실제 '다문화적 문제 상황'

11) 가령, 이라크에 대한 침공 과정에서 미국 정부가 명분으로 내세웠던 '후세인 독재 체제로부터의 이라크 민중의 해방'이라는 표어는 사실상 가소로운 거짓에 다름 아니었지만, 그럼에도 테일러식의 다문화주의는 후세인 일가의 '신정적(神政的) 독재 체제'를 용인해 버릴 결정적 한계의 소지가 있다.

하에서 그 해결책과 대안을 모색해 보고자 시도하는, 한층 더 현실적이며 구체적인 정책 연관적인 철학적 논변을 제기하고 있다. 자유주의를 근간으로 다문화주의를 옹호해 보려는 킴리카의 정치철학적 기획은, 다문화주의를 철학적으로 정당화함으로써 특정 유형의 문화를 표방하는 소수집단에 속한 개별 성원들의 인권 및 자유권의 침해를 방지하고 이를 제도적으로 보장하려는 의도와 직결되어 있다.

이 점을 특히 고려할 때, 다문화주의에 관한 킴리카의 입장은 테일러의 그것은 다음과 같은 점에서 차별화된다. 즉 테일러의 경우는, 다양한 민족 및 종족 집단과 그 구성원, 그리고 그 문화적 정체성 등은 그것들 자체가 지닌 고유한 내재적 가치로 인해 마땅히 존중되고 인정받아야 한다는 입장이다. 그에 반해 킴리카는 그 어떤 경우에도 손상되어서는 안 될 '개인'의 권리와 자유, 자율성의 존중과 보장을 위해 그가 속한 다양한 집단과 그 문화가 존중받아야 한다는 논리를 구사한다(W. Kymlicka, 2010, 474-475쪽 참조).

이처럼 자유롭게 선택하고 결정할 수 있는 '자율적 개인'을 그가 속한 공동체나 문화권보다 우선시하는 전형적인 '개인주의적 자유주의'로부터 논의를 시작하는 킴리카는, 다문화주의에 관한 철학적 논변을 개진하기 위해 먼저 두 가지 기본 원칙을 제시한다. 그 하나는, 모든 개인들은 각자의 고유한 가치관과 인생관, 믿음에 부합하는 '좋은 삶'의 유형이나 방식을 '내부로부터' 자율적으로 선택하여 영위해 나갈 수 있다는 것이다. 다른 하나는, 개인들 각자의 관점이나 신념 그리고 그에 따른 선택은 잘못될 수 있으며, 그 경우 오류에 대한 성찰과 자기비판을 통해 자유롭게 선택을 수정하고 변경할 수 있다는 것이다(W. Kymlicka, 1995, 81쪽).

킴리카는 그러한 두 기본 원칙을 논의의 기초로 삼아 다문화주의를 옹호, 정당화하고자 한다. 그에 의하면, 개인이 자신의 인생관과 가치관에 합치하는 삶의 방식을 선택함에 있어 다양한 유형의 문화와 그 배경이 주어진다는 것은, 개인이 지닌 자율적 선택권을 실제로 행사할 수 있게 해 주는 필수 전제 조건일 뿐 아니라 그처럼 많은 문화적 대상들이 존재하는 만큼 개인의 자유로운 선택 폭 역시 확장된다는 점에서, 충분히 권장할 만한 것이다. 그리고 그런 점에서 이질적인 소수집단의 문화라 해도, 그것이 그 문화집단에 속한 개별 구성원들의 삶을 보다 바람직하고 행복한 삶으로 만들어 주는데 기여할 수 있다면, 그 문화는 허용될 뿐 아니라 존중받아야 한다고 주장한다(W. Kymlicka, 1995, 152쪽, 230쪽 참조). 요컨대, 킴리카에 따르면, 다양한 문화들의 존재는 개인의 자율성을 신장하고 좋은 삶에 이를 수 있는 가능성을 높여 주며, 다시 이는 개인이 지닌 자유와 권리를 한층 더 강화하고 보장해 준다. 그런 이유로, 이질적이며 상이한 다양한 문화들의 공존은, 개인의 자유권을 우선시하는 '자유주의 원칙'과 상호 결합하여 조화를 이룰 수 있으며, 그런 면에서 다문화주의는 철학적으로 정당화될 수 있다는 것이다.

이처럼 자유주의의 견지에서 다문화주의를 수용하고 그것을 옹호하려는 킴리카는, 자유주의자로서의 철학적 본성을 유감없이 드러낸다. 즉 개인들이 자유로이 선택하고 추구하는 좋은 삶은 그가 속한 공동체 등에 의해 '외부'로부터 주어지는 것이 아니라, 구성원들 각자의 인생관이나 삶의 철학에 따라 '내부'에서 결정되고 수용되는 것이다. 그런 연유로, 킴리카는 특정 문화를 표방하고 문화적 배경을 제공하는 집단은 그 어떤 경우에도 그 집단 구성원들 각각의 관점과 그에 따른 선택을 보장하는 자유주의 원칙을 준수해야 한다는 '단서 조항'을 부가한다. 그러므로 모든 문화와 문화집단, 특히 인종적 · 종족적 소수자들의 집단과 문화들의 경우도, 개인이 행복한 삶을 선택하고 살아가는데 도움을 주는 한 마땅히 존중받아야만 한다. 물론 그 때에도 그러한 집단 및 문화영역에 속한 개별 구성원들이 자유주의의 기본원칙에 의거해 각자의 생활관과 가치관에 따라 선택되고 변경될 수 있는 조건 하에서만, 그것들에게 존중받을 자격이 주어진다(김비환, 1996, 220쪽 참조).

이상의 논의에서 알 수 있듯이, 킴리카의 다문화주의적 시민권 철학에서 핵심 키워드는 '자율성'과 '문화'이다(설한, 2010, 61-65쪽 참조). 그러나 양자 사이의 관계는 동등한 관계가 아니다. 왜냐하면 적어도 킴리카의 철학체계 내에서 문화는 자율성의 보장 및 신장과 관련하여 그 가치를 존중받는다는 점에서 다분히 도구적 성격을 띠고 있기 때문이다. 다시 말해 다양한 문화 형태들의 존립은 개인의 자율성과 자유를 확장하고 보장한다는 점에서만 존중되고 옹호될 수 있는 것이다. 사정이 이러므로, 킴리카의 다문화주의에 관한 정당화 논변은 '개인주의적' 자유주의 색깔을 매우 강하게 띠고 있으며, 그 점에서 문화보다는 개인 및 개인의 자율성이 보다 근본적인 핵심으로 자리하고 있다.

(2) 이러한 자유주의적 특성은, 킴리카가 실제 다종족 · 다문화 국가인 자신의 모국 캐나다에서 소수 민족 및 종족 집단, 그리고 그 개별 성원과 문화를 존중하고 보호하려는 취지에서 제안한 다문화주의에 관한 철학적 옹호 논변에서도 여지없이 드러난다.

우선, 킴리카는 개인의 자유와 자율성은 외적 강제나 강요 없이 스스로 작동하는 것이라는 점에서 거기에는 '책임'이 일정 정도 수반되고 있다는 점을 강조한다. 이어 그러한 책임의 귀속 여부나 수준에 기대어 캐나다 내 소수집단을 크게 '소수민족집단'과 소수종족집단으로서의 '이민종족집단'으로 구분한다. 그에 의하면, 소수민족집단은 식민화나 제국주의 침략 전쟁으로 인한 '비자발적인 강제적인 합병'의 결과에서 비롯된 것이라는 점에서, 다수(지배)집단에 의한 일방적인 통합이나 동화에의 요구는 정당화될 수 없다. 다시 말해 이러한 소수민족집단의 구성원들은 본인들의 자유의지에 따라 지배(문화)집단의 일원이 되기를 선택한 것이 아니므로, 이들이 제기하는 법적 · 정치적 인정 및 존중의 요구는 정당한 것으로서, 차이에 대한 세심한 고려를 통해 수용되어야만 한다고 주장한다. 동시에 이러한 요구에 대한 응답으로서 킴리카는 그러한 소수집단에 대해 '자치권(self-government rights)'을 부여할 것을 정책적 차원에서 제안하고 있다(W. Kymlicka, 1995, 27-30쪽; 설한, 2010, 64쪽 참조).

그에 비해 소수의 '이민종족집단'은 자율적인 개인적 선택과 결단을 통해 이민을 오거나 이주해 온 결과로 형성된 '소수종족집단'이라는 점에서, 각자의 자유로운 결정에 따른 응분의 책임을 져야 한다는 점을 분명히 하고 있다. 곧 이민종족집단은 외적 강제가 아닌 자신들의 의지로 각자의 조국을 떠나 이미 존재하고 있던 '다른' 국가나 사회 집단의 구성원이 되고자 의도했다는 점에서, 앞서와 같은 자치권을 요구하는 것은 옹호되기 어렵다고 본다. 이러한 이유에서 킴리카는, 이민자 및 이주자집단은 원주민을 비롯한 소수민족집단과 비교하여 '차등화된' 제한적 권리만을 지닐 수 있다고 보았다. 그에 따라 그러한 이민종족집단에게는 '다종족적 권리(polyethnic rights)'[12]를 부여할 것을 킴리카는 제안한다.

12) 이에 관한 자세한 논의는 W. Kymlicka, *Multicultural Citizenship*(1995), 30-31쪽 참조.

물론 그러한 권리의 경우, 자치권에 비해서는 '권리 향유 수준'이 낮다. 하지만 그렇다 해도 다종족적 권리 역시 이민종족집단에 대한 존중과 배려의 차원에서 제시된 것이라는 점에서, 충분히 평가될 수 있는 것이다. 특히 거기에는 입법부나 정부자문 기구 등에서의 일정 의석의 할당, 반(反)인종적 교육 프로그램의 실행, 이주민 자녀를 위한 이중 언어 교육 프로그램의 시행 등이 포함되어 있다. 이는 여타 다종족 국가에서 시행 중인 다문화주의 정책들에 비해서는 월등히 앞선 수준의 것이라고 봐야 할 것이다.

다만 그럼에도 불구하고, 킴리카의 다문화주의에 관한 정책적 논변 속에는, 소수집단 내 개별 성원들의 권리와 자유에 대한 '존중 의도'만 놓여 있는 것이 아니라는 점에 유념할 필요가 있다. 곧 이러한 권리를 부여하는 본질적 목적이 이주자와 이주민 집단을 포함한 소수종족집단이 주류(지배)집단 내로, 보다 더 '공정한 조건 및 절차를 통해서'라는 단서 조항이 붙긴 하지만, 무리 없이 통합해 들어가는데 이바지하기 위해 개진된 것이라는 사실에 주목해야 할 것이다(설한, 2010, 66쪽).

이상의 논의에서 드러나듯이, 킴리카는 개인의 자유와 권리를 보장하고 신장하는데 기여하며 나아가 보다 더 나은 삶을 선택할 가능성을 높여준다는 점에서, 다문화주의를 옹호, 정당화하고 있다. 그런 까닭에, 다수집단의 문화이든 소수집단의 문화이든, 집단 구성원이 지니고 누리는 문화와 정체성이 개별 구성원 각자의 자유와 권리를 고양하는 한에서 당연히 존중받아야 하며, 소수집단의 문화라고 해서 함부로 무시되거나 배제되어서는 안 된다는 논리를 펴고 있다.

하지만 다문화주의에 대한 킴리카의 그러한 논법은, 문화나 문화적 배경을 단순히 개인의 자유와 권리를 증진하고 보장하는데 기여하는 '도구적 대상'으로 파악하는 문제점을 노정한다. 그에 따라 문화 자체가 지닌 고유한 본질적 가치, 그리고 문화들 각각이 지닌 고유한 의미성과 차이성을 진지하게 고려하지 못하는 한계를 드러낸다. 다소간 극단적으로 표현해서, 그 어떤 문화나 문화 공동체도 그것을 향유하거나 그에 속해 있는 개인의 자유와 권리, 행복을 영위하는데 실제로 기여하지 못한다면, 그것은 존중받을 가치나 자격이 없다는 주장으로 귀착될 수 있다(M. Moore, 1991, 685쪽 참조).

그런데 이러한 난점은, 사실상 개인의 자율성이나 자유를 중시하는 킴리카의 철학적 논의 체계 자체에 이미 내장되어 있다. 왜냐하면 킴리카에 있어서, 자율성의 이념은 그 자체로 내재적 가치를 지니고 있는 것이라기보다는, 개인들의 더 좋은 삶을 형성하는데 있어서 그 전제 조건이라는 점에서 중시되고 있기 때문이다. 하지만 문제는 단지 여기에 머물지 않는다. 킴리카의 다문화주의적 시민권 철학에서 핵심적 지위를 갖는 개인의 자율성과 권리는 그것이 행사되는 한 그에 따른 책임이 그것의 행사자 본인에게 주어진다는 논리적 귀결에 비추어 볼 때, 다양한 유형의 소수(문화)집단들에게 부여되어야 할 것으로 제안한 '문화적 권리'는 '자발성의 여부'에 따라 차등화 및 위계화됨으로써 특정 소수집단과 그 문화의 존립 자체를 와해시킬 위험성을 내포하고 있기 때문이다.

이를 좀 더 상세히 살펴보면, 먼저, 킴리카는 캐나다 내 소수종족집단에게 '차등화된 집단 시민권(group-differentiated citizenship)'[13]을 부여해야 한다고 제안함으로써, 소수집단 및 구성원, 그 집단의 문화적 정체성을 존중하고 인정한 바탕 위에서 다양한 민족적 · 종족적 집단들이 상호 조화롭게 공존하는 다문화 사회를 구축하고자 한다.[14] 그런데 차등화된 집단 시민권은 소수집단들 간의 문화와 권리를 서열화하여 그것에 대한 사회적 · 문화적 그리고 정치적 존중 및 인정의 강도를 각기 차등적으로 설정함으로써, 가령 자발적 선택을 통해 이주해 온 이민자 집단에 대해서는 문화적 권리를 제대로 보장해 주지 못하는 부정적 사태를 야기할 수 있다. 이는 "다문화주의나 다문화주의 정책이 소수 민족 및 종족 집단에 대한 선별적이며 부분적인 시혜에 그칠 뿐, 궁극적으로는 그들을 단지 통합의 대상으로 간주하고 있음을 드러내 보여주고 있는 것은 아닌가?"하는 강한 의구심을 불러일으키는 대목이다.

결국 이러한 사실은 다문화주의에 관한 킴리카식의 '철학적 토대 이론'이 갖는 결정적인 한계를 고스란히 보여주는 것이라 할 수 있다. 특히 이는 국가 차원에서 기획된 '이민 프로그램'에 따라 자국에 이민해 온 개인들과 그들로 이루어진 소수

---

13) 차등화된 집단 시민권의 3가지 형태, 즉 '자치권', '다종족적 권리', '특별 대표권'에 관한 설명은 W. Kymlicka, *Multicultural Citizenship*(1995), 26-33쪽 참조.

14) 이 점에 관한 보다 자세한 논의는 B. Bashir/ W. Kymlicka, "Introduction: Struggle for Inclusion and Reconciliation in Modern Democracies"(2008), 1-24쪽 참조.

집단에 대해, 자국의 문화와 법규, 전통 및 가치관을 준수하고 따라야 한다는 논리를 강요하는 상황에서 드러난다. 왜냐하면 그러한 일방적 준수와 추종은 비자발적으로 강제당하는 것임에도 불구하고, 그에 대해 아무런 문제제기도 할 수 없을 뿐 아니라 심지어 특정 소수집단의 문화적 권리나 정체성 등이 침해되고 훼손되는 사태를, 그 집단과 개별 구성원들의 책임으로 돌려 정당화시키는 모순적 상황까지 야기할 수 있기 때문이다.

단지 자신의 의지에 따라 자율적으로 결정하여 이주해 왔다는 이유만으로, '이주노동자'나 '결혼 이민 여성' 집단과 같은 소수 이민자 집단에 대해 가해지는—불법체류 이주민에 대한 강력 단속과 같은 각종 제재 및 통제를 통한—인권 침해나 차별 사태 등에 대해 킴리카의 '다문화주의적 시민권 철학'은 적절한 해명이나 해결책을 제시하지 못하고 있다. 오히려 반대로 그러한 탄압적 차별 사태를 아무런 문제가 없는 정당한 것으로 간주하거나 오인시킬 수 있는 이론적 기제로 활용될 수 있다. 다문화주의에 관한 킴리카식의 철학적 논변은, '소수 이민자 집단'에 대한 주류(지배)집단에 의한 차별과 억압, 배제의 문제는 다문화주의의 핵심 이념인 차이의 존중과 배려의 관점에서 제외되어 있는 것인 양 취급하고 있기 때문이다.

실상이 이렇다면, 킴리카의 정치철학적 입론은 한국사회처럼 원주민 집단이나 경쟁적인 소수민족집단이 전무하고 오직 이주 노동자나 국제결혼 여성 등과 같은 이주민 집단이 다양한 소수집단을 형성하고 있는 사회에 대해서는, 보다 바람직한 '다문화 사회'로의 이행을 가능케 하는 철학적 조언이나 메시지, 정책적 대안 등을 제공해 주기가 매우 어려운 철학적 입론이라 할 수밖에 없다(진은영, 2008, 263쪽 참조). 심할 경우 그것은 이른바 '한국적 다문화주의'에 관한 논의 자체의 지속을 어렵게 만드는 주된 요인으로 작용할 가능성도 있기 때문이다.

## 4. 다문화주의의 의의와 한계

이제까지 다문화주의의 철학적 기반에 관해 살펴본 바와 같이, 다문화주의는 적어도 윤리적 관점에서 부정하거나 회피하기 어려운 규범적 정당성과 도덕적 당위성을 지니고 있다. 이는, 심오한 철학적 논리나 도덕적 강제 의식이 아닌, 건전한 상식이나 이성적 직관에 비추어, 마땅히 추구되고 현실에서 구현될 필요성이 있다는 점에서 충분히 납득된다. 이 점에 관해서는 다문화주의를 논구하는 이론적 전문가들 뿐 아니라 일선 현장에서 발로 뛰는 다문화 관련 지원 단체 활동가와 자원봉사자들, 심지어 일반 시민들 사이에서도 충분한 공감대가 형성되어 있는 것처럼 보인다. 이렇게 된 데에는 여러 요인이 있다. 그 중에서, 최근 들어 우리 사회 내에 다양한 외래 종족집단이 대거 유입해 들어오면서 불거진, 소수(민족)집단에 대한 차별과 무시, 배제 등의 문제에 대한 '반성적 인식'이 주류집단으로서의 한국인들 사이에 차츰 확산되어 나가고 있는 상황이 특히 한몫 거들고 있다.

이 같은 사회적 분위기의 전환과 함께, 그 어떤 문화나 문화집단도 그것이 지닌 본래의 고유한 가치와 정체성이 존중받는 가운데 상호 조화롭게 공생해 나가는 것이 하나의 다원주의적 시대흐름임을 역설하는 새로운 '규범적 담론'으로서의 다문화주의가 한국사회 구성원들 사이에 수용되어야 할 이념이라는 점에 대한 공감대도 폭넓게 형성되고 있는 것처럼 보인다.

그러나 다문화주의가 한국사회 내 다수(민족)집단으로서의 한국인들이 마땅히 수용하고 따라야 할 당위론적 이념체계로서 자리잡으면서 현실에 적극적으로 구현되어야 하는가의 문제는 보다 더 세심한 논의와 분석, 평가가 요구된다. 왜냐하면 적어도 다문화주의는 그것이 지닌 규범적 정당성과 도덕적 우월성에도 불구하고, 그것을 현실에 적용하여 구현하는 과정에서 적지 않은 문제점을 야기할 가능성이 대단히 높기 때문이다. 그러한 이유로, 다문화주의에 관한 한 그것이 지닌 의의와 이점, 즉 '빛'뿐 아니라 그것이 야기할 수 있는 문제점과 한계, 곧 그것의 '그림자'에 대해서도 세밀히 점검해 볼 필요가 있다.

그렇다면 다문화주의가 지닌 의의와 의미는 어떠한 것인지에 대해 먼저 살펴보도록 하자.

첫째, 다문화주의는 다수집단에 의한 강압적인 동화정책에 맞서, '규범적 비판 담론'이자 '사회적 저항 담론'으로서 기능할 뿐 아니라 그 극복 대안을 제시하여 현실화하려는 '실천 운동의 논리체계'로서 그 역할을 수행하고 있다는 점에서,

그 일차적인 의의와 의미를 찾아볼 수 있다(곽준혁, 2007, 3쪽 참조). 여기서 비판적 극복 대상으로서의 동화정책은, 멀게는 근대 민족국가가 형성 · 전개되어 나가는 과정에서 제국주의 침략 전쟁 등에 의해 정복당한 식민지 내 원주민과 소수(민족)집단을 다수집단에 포섭하기 위해 오랜 기간 취해진 강압적이며 비인간적인 동화정책을 가리킨다. 아울러 가깝게는 '자본주의적 세계화'에 따라 급속히 그 유입이 증대된 이주 및 이민 종족집단에 일방적으로 가해지고 있는 보다 정교해진 '동화주의적 사회통합 정책'을 말한다.

둘째, 소수(민족)집단에 대한 비인간적이며 반민주적인 대우와 차별, 배제와 탄압 실태에 관한 비판적 인식과 자기 비판적 성찰을, 주류(지배)집단 내부 뿐 아니라 소수집단 구성원들 사이에도 또한 촉발시킴으로써(문경희, 2006, 619쪽 참조), 보다 민주적이고 차별 없는 다문화 사회 구현의 시대적 불가피성과 규범적 정당성을 확산시키는데 기여하고 있다는 점에서 그 의의를 확인해 볼 수 있다.

셋째, 국가들 간 인적 자원의 빈번한 교류에 따라 초래된 새로운 사회문제로서 문화적 · 종족적 갈등 및 대립을 극복하여 사회통합을 구현하는데 기여할 대안적 정책 및 정책적 입론으로서 본연의 역할과 기능을 수행하고 있는 점도 분명히 평가해 주어야 할 의미 있는 대목이라고 할 것이다.

넷째, 소위 '단일 혈통 및 순수 인종주의적 전통'에 기초한 민족주의의 폐해, 특히 이민족이나 외래 종족에 대해 배타적인 태도를 견지해 온 '폐쇄적 민족주의'의 결정적 한계에 대해 지배(민족)집단으로 하여금 반성적으로 자각토록 했다는 점도, 다문화주의가 지닌 중요한 의의 중 하나라고 할 수 있다. 이는, 보다 민주적이고 개방적인 민족주의의 모색과 건립을 위한 지침과 방향성을 제시해 주고 있다는 점에서, 특히 그러하다.

다섯째, 소수(민족)집단의 문화적 정체성과 내적 가치를 인정해 줌으로써 소수집단 구성원들의 문화적 자긍심과 자아존중감이 한층 더 고양되어 다수(민족)집단이 지배하는 주류 사회에 대한 적대감과 거부감을 줄여 주어 '사회적 통합'이 원활하게 이루어져 나가도록 하는데 중요한 역할을 수행하고 있다는 점에서도(설동훈, 2005, 528-533쪽 참조), 다문화주의의 '현실 연관적인' 기능적 · 정책적 의의와 역할을 평가해 줄 수 있다.

여섯째, 참정권을 비롯한 기본적 권리와 자유를 제약당한 채 일방적인 의무와 책무만을 강요받는 수동적 소수(종족)집단이 존재하는 사회란, 모든 사회 구성원들의 자유와 권리를 존중하고 보장해야 한다는 '민주주의' 이념에 어긋나는 비민주적 사회라는 사실을 비판적으로 폭로하는 '비판의 준거'로서 기능하고 있는 점도, 다문화주의가 갖는 핵심적 의의 중의 하나라고 할 수 있다.

일곱째, 다문화주의는 근대적 의미에서의 '획일주의적 보편주의'의 한계를 자각하고 다양성과 다원성이 갖는 사회 발전적이며 역사 진보적인 의미를 인식할 수 있도록 도와주는 이론체계로서의 역할을 수행하고 있다는 점에서도 그 주된 의의와 중요성을 확인해 볼 수 있다. 나아가 그러한 역할을 수행하는 과정에서, 기존의 보편주의의 한계를 뛰어넘는, 문화나 집단들 간의 이질성을 포용하고 존중하는 '차이의 인정에 기초한 약한 절차적 보편주의'를 새롭게 정립하는데 이바지하고 있다는 점에서도, 새로운 의의와 의미를 읽어 낼 수 있다.

이상으로 대략적이나마 다문화주의의 규범적 아울러 철학적 의의와 의미, 그리고 기능적이고 현실적 강점을 살펴보았다. 그렇다면 다문화주의의 긍정적 의의와 강점 못지않게, 유념해 살펴보아야 할 다문화주의의 이론적 · 실천적 한계와 난점에는 어떠한 것들이 있는지, 그에 대해 고찰해 보기로 하자.

우선, 다문화주의는 상이한 소수(종족)집단과 그들이 향유하는 문화를 존중하고 허용함으로써 적어도 '현상적으로는' 사회통합을 가능케 하여 다문화 사회로의 전환 및 발전을 가능케 할 것으로 기대된다. 하지만 '현실적으로는' 문화 및 가치 상대주의 상황에 직면케 하여 다수집단과 소수집단 간에 해소될 수 없는 대립 및 갈등 사태를 야기하고 심화시킴으로써(김욱동, 1998, 45쪽 참조), 사회적 연대의 균열로 이어져, 급기야 사회통합을 붕괴시키는 결과로 이어질 수 있다는 점에서 결정적 난점을 노정하고 있다.

그런데 이러한 비판적 진단과 전망은 '국수주의(ultranationalism)'의 한 유형인 '토착주의(nativism)'로부터 '자유주의 성향의 보수주의', '사회 민주주의', '온건 자유주의' 등에 걸쳐 다양한 방식으로 제기되고 있다(곽준혁, 2007, 5-6쪽 참조). 이에 의하면, 기존 사회 구성원들을 하나로 묶어 주던 공동의 기반으로서 '통일적 · 단일적 문화 정체성'이, 이질적인 여러 종족집단과 그들의 문화적 정체성을 동등하게 인정하는 다문화주의(정책)로 인해 조성된 강한 문화상대주의적 경향과 그에 따라 야기될 가치상대주의 사태와 맞물려, 심각히 손상되고 그 존립 자체가 위기에 처하게 됨으로써, 자칫 사회통합의 와해와 붕괴로 이어질 가능성이 높다는 것이다(김해성, 2009, 36쪽; 구견서, 2003, 49-50쪽 참조).

다음으로, 모든 소수(민족)집단과 그 문화를 동등하게 인정한다는 명분에 집착하는 대가로, 특정 소수집단 내 구성원들의 삶과 의식을 오랜 기간 장악하고 지배해 온 반민주적인 차별적인 문화까지 용인해 버림으로써, 소수집단에 속한 구성원들의 기본적 권리와 자유를 현저히 훼손 침해할 가능성을 열어 두고 있다는 점도, 치명적인 한계로 드러난다.15) 이러한 지적은 특히 '여성주의'의 관점에서 자주 제기된다. 그에 따르면, 다문화주의는 다수집단과 소수(종족)집단 간의 다름에 대한 인정을 바탕으로 소수집단의 고유한 가치와 문화적 특성을 존중해 주어야 한다고 강변함으로써, 특정 문화집단 내 여성 구성원들의 개인적 인권과 기본권을 치명적으로 훼손시킬 위험성을 노정하고 있다(S. M. Okin, 1999, 23쪽 참조).

나아가 이러한 지적과 맞물려 또 다른 비판이 제기되고 있기도 하다. 즉 사회정의와 공정성을 위해 사회 구성원 전체가 합심하여 노력해야 함에도 불구하고, 다문화주의는 특정 문화의 고유한 가치에 대한 존중을 내세워 특정 종족으로 이루어진 문화집단에 대해 예외적인 문화적 권리를 허용함으로써, 그러한 집단 내 개인들의 자유와 권리를 침해하는 문화까지 존중해 주는 '과잉 인정'을 자행하고 있다는 것이다. 그 결과 모든 사회 공동체의 공동의 가치라고 할 수 있는 사회정의를 허물어뜨리는 사태를 초래할 수 있다는 것이 그러한 비판의 핵심이다(곽준혁, 2007, 7쪽).

셋째, 다문화주의는 비록 소수문화와 그것을 향유하는 소수집단의 고유한 가치와 문화적 정체성을 존중해 줌으로써 문화 간 차이성과 불평등은 해소시켜 줄 수 있지만, 전통적으로 이어져 온 계급(층)적 차이나 불평등 문제는 그대로 방치해 버릴 뿐 아니라, 오히려 계층(급) 간 불평등을 심화시킴으로써 결국 사회적 통합을 저해하는 결과를 낳을 수 있다는 비판이 또한 제기되고 있다(M. 마르티니엘로, 2002,

---

15) 이 점은 특히 테일러의 차이의 인정 철학에 기초한 다문화주의 유형에서 더욱 두드러지게 나타날 가능성이 높다. 선우현, 「다원주의는 사회적 진보의 징표인가?」(2003), 54쪽 참조.

122-124쪽; 이용승, 2010, 27쪽; 곽준혁, 2007, 7쪽 참조). 곧 다문화주의는 상이한 종족집단들 간의 차별화나 개별 문화들 간 차이에 대한 배려와 존중에 치중한 나머지, 주류 집단 및 계층에서 벗어난 사회적 약자에 속한 소수(종족)집단의 불평등 현실에 대해서는 소홀히 처리함으로써 소수집단 구성원들의 빈곤한 경제적 삶을 한층 더 악화시키고 있다는 것이다.

더욱이 최근의 신자유주의적 세계화의 흐름을 쫓아 급격히 유입된 외국인 이주민 집단은 대부분 경제적 처지가 어려운 상황에 놓여 있는 까닭에 해당 사회의 빈곤계층으로 편입될 가능성이 매우 높다. 이는 그 사회의 양극화와 경제적 · 사회적 불평등의 간극을 한층 더 벌려 놓는 결과로 이어질 수 있다. 이런 점에서, 현재의 다문화주의와 다문화주의 정책은 적지 않은 한계와 난점을 지니고 있다는 것이다.

끝으로, 다문화주의의 또 다른 결정적인 문제점은, 그것이 표방하고 지향하는 '규범적 이념체계로서의 다문화주의'를 실제 사회에 구현하는 과정에서 직면하게 되는 여러 현실적 · 경험적 문제들로 인해 사실상 다문화주의의 이념적 이상은 제대로 현실화되기 어렵다는 사실이다(이용승, 2010, 46쪽 참조). 요컨대, 한편으로는 모든 문화 집단 내 구성원들의 개인적 권리와 자유의 보장이라는 '다문화주의의 이념', 다른 한편으로는 모든 문화적 소수자를 동등하게 존중하고 인정할 경우에 과연 사회통합이 실제 사회 내에서 실현될 수 있겠는가라는 '경험적 실현 가능성의 문제', 양자 사이에 내적 불일치를 드러내고 있다는 점이 현 다문화주의의 실질적인 한계라는 지적이다. 확실히 모든 문화 유형들의 본래적 가치를 존중하는 가운데 상호 조화를 이루며 공존 공생해 나가자는 다문화주의의 이념은, 민주주의의 정신 및 규범적 당위성에 부합하는 가장 진보적이며 혁신적인 정당한 관념 체계로서 평가받을 수 있다. 하지만 결정적인 난제는, 그것의 이념과 정신이 현실의 지평에 무리 없이 구현되기에는 그 현실화 가능성이 매우 낮으며, 또한 그 실현 과정에서 근대 국민국가 체제로서 오랜 기간 유지되어 온 국가 공동체를 와해시켜 버릴 위험성을 내장하고 있다는 점이 중요한 난점으로서 지적되고 있다.

## 5. 다문화주의의 개념적 재규정(再規定): 철학적 이념 체계와 정책적 입론의 통일(체)

(1) 1970년대 초반, 캐나다와 호주 등을 중심으로 '새롭게' 등장하기 시작할 무렵의 다문화주의는 대체로 '정책적 입론'이나 구체적인 '정치적 · 사회적 정책'의 형태로 개진되었다. 이후 그것을 이론적으로 합리화하고 정당화하는 '철학적 논변체계'로서의 다문화주의가 제시되는 순서를 대체로 밟아 왔다. 앞서 간략히 살펴본 바 있는 테일러의 차이의 존중 철학이나 킴리카의 다문화주의적 시민권 철학이, 그처럼 다문화주의를 철학적으로 체계화하여 정당화하는 논변체계들 가운데 가장 대표적인 유형이었다. 물론 테일러의 경우는, 현실과 어느 정도 거리를 둔 채, 보다 이론적이며 학문적인 수준에서 다소간 '이상적인' 형태로 다문화주의에 관한 철학적 논의를 전개하고 있다. 반면에, 킴리카는 대표적인 다문화 · 다인종 국가로서의 캐나다의 현실 상황을 실제로 타개할 정책적 대안 제시에 깊은 관심을 둔 채, 다문화주의에 관한 정치철학적 논변을 개진하고 있다. 이런 점에서, 양자 사이에 변별점이 자리하고 있다.

이와 같이 다문화주의는 애초 오랜 기간 지배적 다수집단에 의해 강제적으로 추진되어 온 동화주의나 동화정책에 대한 정치 사회적인 대안적 통합정책으로 제시되었던 탓에, 여전히 이민정책 및 통합방안에 관한 정치적 프로그램 혹은 그러한 방안을 뒷받침하는 정책적 입론으로서의 성격을 짙게 유지한 채 오늘에 이르고 있다. 이러한 사정은 최근 들어 다문화주의에 관한 이론적 · 실천적 담론이 폭발적으로 늘어가고 있는 한국적 상황에서도 쉽사리 확인해 볼 수 있다. 곧 2000년대 들어, 우리사회에서 본격적으로 운위되기 시작한 다문화주의 역시 '다문화주의 정책'과 거의 동일한 의미의 개념으로 빈번히 사용되어 왔으며, 일반 시민들도 대체로 그와 같이 인식하고 있는 실정이다.

물론 이러한 한계를 타개하고 보완하기 위해, 여러 학문 분야에서 다문화주의의 이념적 체계와 지향점, 철학적 및 당위론적 근거 등을 중심으로 보다 이론적이며 학술적인 정치철학적 담론들이 개진되는 등 아연 활기를 띠고 있기는 하다(곽준혁, 2007, 각주 3) 참조). 하지만 그럼에도 오늘의 한국적 현실에서 다문화주의는 '다문화 교육', '다문화 가정 지원', '다문화 관련 사업' 등 여전히 구체적인 현실 문제에 관한 경험적 · 실증적 분석과 그 해결 방안의 모색을 위한 '정책적 대안론'으로서 그 의미와 내용이 압도적으로 한정되어 논의되는 분위기와 경향을 '강하게' 드러내 보여주고 있다.

이러한 상황 탓인지, 다문화주의를 하나의 '사회 · 정치철학적 논변체계'나 '규범적 이론체계'로 규정하여 본격적으로 논구하고 있는 시도, 특히 철학적 작업은 거의 찾아보기 쉽지 않은 상태이다. 물론 사정이 이렇다고 해서, 철학이나 인접 학문 분야에서 다문화주의나 다문화 현상 등에 관한 전문적인 이론적 탐구나 논의가 전혀 없었다는 것은 아니다.[16] 다만, 그 경우에도 이주 노동자 등을 중심으로 한 소수집단과 그 구성원들의 권리와 정체성의 인정 문제, 그리고 다수집단으로서의 '한민족'에 의한 소수집단에 대한 차별과 배제 같은 문제들이 중심적인 '철학적 주제'로 심도 깊게 아울러 활발하게 다루어지고 있지는 못한 실정이다.[17]

이렇듯 현재 한국적 상황에서 다문화주의를 다루고 있는 논의 양상은, 한편으로는 '극소수'에 해당하는, 순수하게 이론적 · 철학적 차원에서 이루어지는 방식과, 다른 한편으로는 다문화 현상에 관한 실증적 분석에 의거한 정책 방안 마련에 주력하는 현실적 차원에서 이루어지는 방식으로 '양극화'되어 있는 실정이다. 물론 다문화주의에 대한 '철학적 이해'를 바탕으로 다문화 사회로의 이행에 따른 현실적 문제점에 대한 극복 방안을 모색해 보려는 시도—그런 한에서 이론과 실천을 융합하고자 하는 학술적 논구 작업—가 전혀 없는 것은 아니다. 하지만 전반적으로는—가령, 사회학이나 인류학, 정치학과 여성학, 교육학 같은 여러 사회과학 분야에서 전개되고 있는 다문화주의에 관한 논의 방식들에서 엿볼 수 있는 것처럼—정책적 입론에 일방적으로 치우친 양상을 보이고 있다. 그런 까닭에 다문화주의의 개념과 그 의미에 관한 정의나 해명에 있어서도, 정책적 차원에 경도되어 이루

16) 철학 분야에서의 사례로는 최성환(2009), 다문화주의의 개념과 전망, 참조.
17) 이런 가운데, 소수집단과 다수집단 간의 관계, 소수집단의 언어 등에 초점을 맞추어 본격적인 철학적 탐구를 시도하고 있는 작업으로는 박병섭(2011), 다문화주의 정치철학이란 무엇인가?, 참조.

어지고 있는 것이 오늘의 현실이다.

사정이 이와 같으므로, 지금부터라도 다문화주의에 관한 접근 및 논의 방식은 좀 더 이론적이며 철학적인 측면이 강화되어 이루어질 필요가 있다. 그리고 그에 대한 보다 이상적인 방식은, 다문화주의의 '철학적 기초에 관한 탐구'와 그것을 기반으로 보다 미시적이며 구체적인 다문화 상황에 적용하는 프로그램을 탐구 · 모색하는 '정책 방안 논구'가 상호 '변증법적으로' 통합되어 이루어져 나가는 방향으로, 다문화주의에 관한 논의 및 탐구 작업이 전개되어 나가야 할 것이다.

(2) 이상의 내용을 고려할 때, 다문화주의에 대한 보다 '객관적인' 개념 정의는, 거칠게 표현해서, 다문화주의에 관한 이념적 · 철학적 토대와 그에 의거한 현실적 정책 방안에 관한 논의 체계, 이 둘이 상호 '대립물의 통일'을 이룬 것으로 재규정될 필요성이 제기된다. 다시 말해 다문화주의는, '순수 이론적 입론'으로 제한되어서도 안 되며, 그때 그때의 상황에 맞추어 즉흥적으로 개진되는 '문제해결을 위한 정책 방안(론)'으로 귀착되어서도 곤란하다. 그것은 오직 '이론과 실천의 두 차원을 변증법적으로 통일한 개념'으로 재규정되어야 한다. 그렇지 못할 경우, 다문화주의는 '반편적(半偏的)'인 것에 그침으로써 본연의 역할과 기능을 제대로 수행하지 못하게 될 것이기 때문이다.

예를 들어, 현실적으로 다문화주의 정책을 펼치고자 하는 경우에도, 사상적 토대가 결여된 정책이란 그 이념적 방향성과 규범적 지향점 없이 이루어지는 임시 처방책에 지나지 않으며, 한갓 '정치적 수사(修辭)'에 그칠 수 있다. 동시에 현실적인 정책적 방안을 제시하지 못하는 '순전한' 이론적 체계로서의 다문화주의 역시 현실과 무관한 '공리공담의 학술적 논의체계'에 머무는 한계를 드러낸다. 이런 연유로, 현재의 다문화주의는 '철학적 이념체계와 정책적 입론의 상호 통일(체)로서'로서의 다문화주의로 새롭게 재규정되어야 한다.

물론 이러한 주장을 편다고 해서, 다문화주의가 전적으로 철학적 논변체계의 형태를 띠어서는 안 되며, 또한 현실 문제를 해결하는 순수한 정책 혹은 정책적 입론의 형태를 취해서는 안 된다는 것을 말하려는 것은 '결코' 아니다. 다문화주의는 주어진 환경과 조건에 따라 다양한 유형으로 기능하고 여러 의미로 사용될 수 있으며 또한 그래야만 될 현실적인 필요성도 있다. 동시에 오늘날 다문화주의가 '다문화주의 정책'으로서 주로 그 역할을 수행하고 있으며 그러한 의미로 사용되고 있다고 해서, 그것의 기초를 이루는 사상적 토대가 전혀 없다는 것을 주장하려는 것도 아니다. 비록 '완결된' 형태의 이념적 체계는 아니지만, 오늘날 다문화주의 정책의 경우도, 기본적으로 다문화주의의 이념(체계)을 기반으로 하여 형성된 것이라는 점에서, 최소한 그 '형식'에 있어서는 '이념과 정책의 결합체'의 양태를 취하고 있기 때문이다.

그럼에도 불구하고 그처럼 다문화주의를 철학적으로 새롭게 재규정해 보려는 것은, 적어도 하나의 이상적인 '다문화주의의 규범적 모델'을 제시해 봄으로써 다문화주의의 다양한 의미와 속성, 기능과 역할을 한층 더 명료하게 해명하고 드러내 보이고자 하는 '정치철학적 의도'에 따른 것이다. 동시에 다양한 형태의 다문화주의가 궁극적으로 지향해야 하는 '다문화주의의 이상적 모델'의 대략적인 윤곽을 제시해 보려는 '정치철학적 욕구'도 한몫 거들고 있다.

적어도 이와 같이 '잠정적으로 완결적 형태'의 다문화주의 개념이 새롭게 정립될 경우에, 그것은 다양한 의미와 유형으로 사용되고 있는 다문화주의의 강점과 난점, 의의와 한계를 제대로 짚어낼 수 있는 비판적 척도이자 규준으로서 그 역할을 수행할 수 있을 것이다. 즉 다문화주의라는 이름 아래 사용되고 있는 다양한 다문화주의의 유형 및 의미들의 장단점을 명확히 규명할 뿐 아니라, 외관상 다문화주의라는 외피를 둘렀지만 내부적으로 왜곡되고 변질된 다문화주의의 여러 '변형태'들을 비판적으로 폭로하는 기능 또한 수행해 나갈 수 있을 것이다. 그에 따라 정부나 관 주도로 이루어지고 있는 일방적이고 획일적인 아울러 비자발적인 '통합정책'의 일환으로서, 외견상 다문화주의를 표방하는 지금의 다문화주의 정책의 이데올로기적 허구와 문제점을 제대로 짚어 보고 바로잡을 수 있는 기회 또한 제공해 줄 수 있을 것이다.

나아가 이제껏 현실과 거리를 둔 채 '맥락 초월적이며 비역사적인' 방식으로 이루어진, 다문화주의에 관한 탐구 및 논의 과정으로 인해 '추상적 이론체계'의 형태에 머물렀던 다문화주의의 경우도, '보편적' 이론체계와 그것을 적용할 '구체적' 문제 상황 간의 연계성을 바탕으로 구축된 '실천적 이론체계'로서의 다문화주의로 거듭날 수 있는 통로가 확보될 수 있을 것이다. 더불어 지나치게 현실 연관적인 정책적 대안과 그에 관한 입론의 형태에 머물고 있는 다문화주의 정책의 경우도, 심도 깊은 철학적 기반을 확보한 상태에서 현실 문제해결의 대안을 모색하고 제시하는, '이론과 실천이 긴밀히 연결된 정책담론'으로서의 다문화주의 형태로 발전해 나가는데 적지 않게 기여할 수 있을 것이다.

말할 것도 없이, 그와 같은 역할과 기능을 수행할 다문화주의에 관한 개념 규정을 위해서는, 철학을 비롯한 인문학과 인접 사회과학 학문들 간의 '학제적 연대'와 '협업적 탐구 작업'이 요청된다. 그럴 경우라야, 다문화주의에 관한 이론적 탐구 작업과 그것의 성과를 기반으로, 한국사회가 직면한 다양한 다문화주의 관련 문제들을 정책적 · 제도적으로 해결하고 넘어설 방안의 제시가 이루어지는, 잠정적으로 완결될 형태의 다문화주의의 개념이 재정립될 수 있을 것이다. 그리고 그로부터 '진정한 의미'에서 '철학적 이념체계이자 실천운동의 논리'이며, 동시에 문화들 간 존중 및 공존을 위한 '정책적 입론이자 사회통합의 프로그램'으로서의 다문화주의가 제대로 현실에 안착할 수 있는 근본적 기반이 마련될 수 있을 것이다.

(3) 그렇다면 다문화주의 개념이 '철학적 이념체계와 정책적 입론의 통일체'로서 재규정되어야 한다고 할 때, 그것의 보다 '구체적인 윤곽'은 어떤 모습이 되어야 하는가? 여기서는 이에 대해 간략히 언급해 보고자 한다.

먼저, 다양한 학문 분야나 정책 담론들, 다문화 관련 현장 등에서 사용되는 여러 형태의 다문화주의 개념은 단지 '가족 유사성'만을 지니고 있는 까닭에, 그 정체가 모호하고 혼란스러우며 그 내용과 의미 또한 주관적으로 상이하게 해석될 여지를 크게 남기고 있다. 그러므로 새롭게 규정될 다문화주의 개념은 그것과 관련된 모든 학문 분야와 실천적 활동 영역 등에서 '공통분모'로 통용되고 이해될 수 있게끔, 그 개념적 경계와 의미가 '객관적으로' 명료하게 확정되도록 정립되어야 할 것이다.

다음으로, 다문화주의 개념은 '규범적 당위성'과 '현실에서의 구현 및 문제해결 가능성', 양자를 모두 아우를 수 있는 '실천적 이론체계'의 형태로서 재규정되어야 한다. 물론 이 때 문제해결 가능성이라는 것은, 특정 사회 현장에 적용하고 실현할

'세부적인 정책들 일반'까지 포함하는 것은 아니다. 그러한 미시적이며 세세한 구체적인 정책들은 다문화주의와 관련된 정부 부처나 실무 기관 등에서 실제로 기획하고 추진하는 제도적 장치나 프로그램들로서, 그것까지 다문화주의가 관여하여 제시하는 것은 아니다. 다문화주의는 '거시적 관점'에서 정책의 수립 및 추진과 관련된, 실천적 방향과 기본 틀을 제시해 주는데 그 역할이 한정된다. 이러한 의미라면, 다문화주의는 '다문화주의 철학'이라고 이름붙일 수 있을 것이다. 철학이란 본래 현실 분석을 위한 '이론적 체계'일 뿐 아니라 그러한 분석을 통해 현실 문제의 해결을 위한 거시적 차원에서의 지침을 제공하는 '실천적 논변체계'이기 때문이다.

새로운 개념 규정에 따라 재구성될 다문화주의 개념의 대략적인 윤곽이 이러한 양상을 취한다고 하면, 현재 존재하고 있는 다양한 유형의 다문화주의 가운데 어느 것이 대략 이러한 이상적 형태에 근접하는 것이라고 할 수 있는가? 이에 대한 답변은 사실상 다양한 관점에서 제시될 수 있을 것이다. 이 글에서 새롭게 재규정해 보고자 하는 '철학적 이념체계와 정책적 입론의 통일(체)로서의 다문화주의' 개념도 그야말로 단초적인 윤곽만을 제시하고 있는 것일 뿐, 그것의 보다 구체적이고 상세한 양태는 이후 또 다른 근본적 탐구 작업을 수행한 후에나 제시될 수 있는 것이기 때문이다.

다만, 그럼에도 다문화주의 담론이나 논의와 관련해, 이제껏 알려져 있는 다문화주의의 유형 가운데, '이념과 정책의 변증법적 지양체'라는 '기본적 구조'에 가장 근접하는 경험적 형태로는, 테일러의 차이의 인정 철학을 사상적 토대로 삼고 있는 '인정의 정치에 기초한 다문화주의'(또는 '공동체주의적 다문화주의')와 킴리카의 다문화주의적 시민권 철학을 기반으로 한 '자유주의적 다문화주의'를 들 수 있을 것이다.

앞서도 이미 살펴본 바와 같이, 테일러와 킴리카의 철학적 입장은 다문화주의의 가장 핵심적인 사상적 · 이념적 토대를 이루고 있다. 아울러 그러한 철학적 입장을 기반으로 한 '인정의 정치에 기초한 다문화주의'와 '자유주의적 다문화주의' 유형들은 모두 철학적 이념체계와 그에 의거해 기획된 정책적 입론, 양자를 통일적으로 결합한 논변체계 형태를 취하고 있다.

하지만 형식적인 유사성에도 불구하고, 차이의 인정 철학에 기초한 테일러식의 다문화주의 유형은, 현실 문제의 해결을 위한 정책적 방안을 제시하는데 치중하기보다는, '규범적 당위성'의 차원을 한층 더 존중하고 추구하려는 다문화주의라 할 수 있다. 그처럼 윤리적 당위성과 규범적 지향점에 훨씬 더 많은 무게중심이 놓여 있는 까닭에, 사회 현실의 장에서 정책이나 제도로 다문화주의 이념을 구현하는 데에는 적지 않은 어려움을 안고 있다.

그에 비해 킴리카식의 다문화주의 유형은, 규범적 당위성과 이념적 지향성을 추구하기보다는 오히려 현실 문제의 해결을 위한 극복 방안 제시와 그것의 제도화를 구현하는데 주력하는 다문화주의라 할 수 있다. 하지만 비록 '정책적 입론'의 형태에 상당 정도 기울고는 있지만, 그럼에도 다문화주의에 관해 철학적으로 정초된 이념체계와 그것의 실천 방안에 관한 논의체계가 상호 통일된 다문화주의 형태라는 점에서, 킴리카식의 다문화주의는 새롭게 규정될 다문화주의 개념에 '현재로서는' 가장 근접하는 모델이라고 '잠정' 평가할 수 있을 것이다.

## 6. '한국적 다문화주의'의 모색 및 구현 가능성

한국사회에서 전개되고 있는 다문화주의에 관한 다양한 형태의 논의 및 토론 과정에서 그 핵심 주제는 여전히 다문화주의 정책이다. 물론 이전에 비해, 일방적인 동화 및 통합 정책으로서의 다문화주의에 관한 논의 수준을 넘어, 외래 이주민들의 고유한 삶과 기본권 보장 등에 초점이 맞추어진, '규범적으로 한층 진일보한' 다문화주의 정책이 논의의 중심 대상이 되고 있다. 이러한 경향은 소수 이주민 집단의 구성원들이 마땅히 누려야 할 권리와 인권이 현저히 침해받는 '한국적 상황'에서, 그네들의 인격과 삶, 문화적 정체성이 존중되고 한국인과 동등한 조건하에 인간답게 살아가도록 보장해 줄 정책과 제도의 마련이 시급하다는 '성찰적 공감대'가 사회 전반에 차츰 형성되어 나가고 있는 점과 무관치 않다.

또한 이렇듯 다문화주의 개념이 주로 다문화주의 정책으로 이해되고 있는 상황은, 비록 한국사회가 '규범적 차원'에서 바람직한 다문화 사회로 이행해 가고 있는 것은 아니지만, 원하든 원하지 않든 '현실적으로' 다문화 사회로 전환되어 나가고 있는 사정과 연관되어 있다. 즉 다인종 · 다문화 사회로 이행해 가는 도정에서 직면하는 여러 문제들 — 가령, 문화적 다양화로 인한 사회적 갈등의 문제, 외국인 이주 노동자에 대한 차별 문제 등 — 을 합리적으로 해결하기 위한 정책적 · 제도적 방안의 모색과 관련하여, 다문화주의를 일차적으로 정책이나 정책적 입론으로 다룰 수밖에 없는 현실에서 비롯되었다고 볼 수 있다.

역으로 이러한 상황은, 다문화주의에 관한 담론화 과정에서 다문화주의의 이념적 토대를 구축하고 있는 문화철학적 및 정치철학적 원천과 논리에 관한 심도 깊은 천착과 토론이 제대로 이루어지고 있지 않다는 점을 가리키는 것이기도 하다. 곧 다문화주의에 관한 이념적 수준에서의 진지한 검토 및 논의 절차가 생략된 채, '임기응변적' 문제해결 방안의 개진에 급급한 수준에서 다문화주의가 논의되고 있다는 사실을 말해 준다(이용승, 2010, 19쪽 참조).

더욱이 정책(적 입론)으로 주로 통용되고 있는 다문화주의를 둘러싼 '담론화' 과정의 주도권을 '여전히' 정부가 행사하고 있다는 사실은, 현 한국의 다문화주의가 차이에 대한 존중과 이질성의 포용 등 다문화주의의 이념과 정신을 추구하기보다는 다분히 '동화정책'으로 기능하고 있다는 것을 가리킨다. 동시에 그러한 진실을 왜곡하고 은폐하는 '정치 공학적 통치 이데올로기'로서 다문화주의가 기능할 여지가 높다는 것을 또한 말해 준다. 이는, 다문화주의가 한국사회에 '보다 바람직한' 형태로 구현되는데 중대한 걸림돌이 될 수 있다는 우려감을 갖게 한다.

이러한 실상을 고려할 때, 한국사회의 특수한 문화적 · 사회적 지형 및 맥락에 부합하면서 다문화주의 자체의 본질적 이념이 성공적으로 안착되어 실현되는, 그러한 한국적 다문화주의가 모색, 정립되기 위해서는, 그와 관련된 몇 가지 걸림돌이 제거되거나 타개되어야 한다. 이를 간략하게나마 지적해 보면 다음과 같다.

첫째, 현 한국사회에서 다문화주의와 그에 대한 담론들이 지나치게 정책 일변도로 치우쳐 논구되거나 통용되는 상황에서 시급히 벗어나야만 한다. 이는 다문화주의가 지닌 다양한 차원과 양상, 의미에 관한 '부분적 이해'가 아닌, 전 면모를 보다 정확히 체계적으로 이해하기 위해서도 필요하다. 이를 위해서는, 무엇보다 다문화주의의 철학적 이념과 정당화 논리, 윤리적 당위성과 규범적 방향성 등에 관한 보다 심도 깊은 학술적 탐구와 논의가 활성화되어야 한다. 그러한 절차를 거쳐 획득된 성과물로서, 다문화주의의 사상적 토대에 관한 정치철학적 논변들을 바탕으로 해서만, 오늘의 한국적 현실에 제대로 '합치하는' 구현 가능한 현실적 정책과 대안들을 마련 개진할 수 있기 때문이다.

둘째, 다문화주의에 대한 '논의 지형'에서 정책으로서의 다문화주의가 마치 다문화주의의 본령인 양 자리잡게 하는데 절대적 영향력을 행사해 온 '정부'가 다문화주의의 담론화 과정을 주도해 나가는 작금의 상황이 전면적으로 혁신되어야만 한다. 무엇보다, 그간 이주자 정책을 수립 추진하는 과정에서 정부는 적지 않은 시행착오와 실패를 거듭해 왔다는 점에서, 정부가 다문화주의에 관한 논의를 '일방적으로' 선도해 나가는 것은 적절치 않아 보인다. 그러한 '관주도형 다문화주의'는 다문화주의 정책 등에 관한 다양한 비판적 견해와 건설적 제언(提言) 등이 제대로 수용되지 못할 가능성이 크며, 이는 다시 다문화주의가 보다 민주적인 형태로 구현되는데 부정적으로 작용할 가능성이 높기 때문이다. 실제로 그간 정부는 마치 '외관상'으로는 다문화주의의 이념과 정신을 추구하는 것처럼 다문화주의를 전면에 내걸었지만, 실제로는 이주민 집단 내의 분열을 촉진하는 일종의 '분할통치술'의 일환으로 구사되었다는 혐의를 지우기 어려운 것이 사실이다(오경석, 2007, 34-35쪽). 이를 넘어서기 위해서는, 다문화주의 담론을 선도하는 주체가 '다원화'되어야 한다. 특히 학계 전문가와 현장의 다문화 관련 사업 종사자들, 소수 이주자 집단의 구성원들이 정부와 더불어 '동등한' 주체로서 상호 협력적인 관계를 구축해 나가는 가운데, 담론화 과정의 절차적 구조가 재구축되어야 할 것이다.

셋째, 현재 한국사회에서 통용되고 있는 다문화주의 담론이나 정책들은 다양한 소수 이주민 집단의 실상을 제대로 반영하고 있지 못할 뿐 아니라, 그네들의 처지를 오히려 왜곡하고 악화시키고 있다는 점도 시급히 개선 · 극복되어야 할 대목이다. 가령, 정부는 외국에서 이주해 온 소수(종족)집단을 한국사회 내로 무리 없이 통합시킨다는 취지의 다문화주의 정책을 추진하는 과정에서, 가장 시급하고도 중요한 문제인 '미등록 이주노동자 문제'를 거의 방임하다시피 하는 잘못을 범하였다(김희정, 2007, 69쪽; 이선옥, 2007, 84-86쪽 참조). 그로 인해, 수많은 이주노동자들이 말로 표현할 수 없을 정도의 엄청난 고통을 받았다. 그런데 문제는 여기에 그치지 않았다. 그러한 정책적 잘못은, 다수(지배)집단으로서 많은 한국인들로 하여금, 그처럼 이주노동자들이 당한 차별적이며 억압적인 인권 유린 사태를 마치 '주변적인' 문제인양 오인시키는 보다 더 악성적인 결과를 초래했기 때문이다.

넷째, 상이한 문화 및 문화 집단과 그 개별 구성원들에 대한 존중과 배려를 바탕으로 소수(문화)집단들과 다수(지배)집단 간의 조화로운 공존과 융화를 지향해야 한다는 다문화주의 이념을 표방하면서도, 실제로는 일차적 이해관계 당사자인 소수집단으로서의 이주민의 입장과 이해관계를 철저히 배제하고 경시하고 있는 현재의 다문화주의의 '담론화 실태' 역시 전면적으로 재편되어야 한다. 곧 다문화주의의 당위론적 취지와 이념적 정당성에 공감하고 그에 입각해 보다 바람직한 '다문화 사회'로의 이행에 동의하면서도, 정작 그 운동 과정에서 최우선적 관련 당사자인 소수 이주민 집단의 '목소리'와 '참여'는 전적으로 배제되어 있는 상황은 근본적으로 개선되어야만 한다(오경석, 2007, 37-38쪽 참조). 다문화주의란 '(외래) 이주민 집단'과 '우리 (한민족) 집단'이 함께 참여하고 서로 대등하고 자유로운 관계 속에서 대화하고 논의하는 과정을 거치면서 현실에 실현되는 것이다. 그러므로 지금처럼 다수(지배)집단으로서 '우리만'이 참여하고 논의하는 '우리만의' 다문화주의로 전락해 버린 상황은, 철저한 반성 및 치열한 자기비판과 함께 근본적으로 타파되어야만 한다.

최소한 이상과 같은 배경적 · 조건적 걸림돌들이 제거되어야만, 소수(종족)집단이 함께 참여하는 가운데 '한국적 다문화주의의 모색 및 정립'에 관한 민주적이고 합리적인 열린 '공론장'이 구성되고 바람직한 담론화가 전개되어 나갈 수 있다. 아울러 그와 같이 평등하고 자유로운 논의 및 토론 절차를 통해—특히 다수(지배)집단으로서의 한민족 집단과 여러 소수(민족)집단들 간의 '민주적인 상호 의사소통 절차'를 통해—상호 이해와 동의에 의거하여 합의된 내용을 바탕으로 한국적 현실에 부합하는 '다문화주의 모델'을 도출해 내는 경우에라야, '한국적 다문화주의의 구현 기획'이 성공적으로 이루어질 수 있는 현실적 '기반'이 비로소 마련될 수 있을 것이다.

## 용어해설

**소수자** : 나이, 성, 인종 및 종족, 성적 취향, 경제력 등 사회적으로 통용되는 지배적 기준이나 가치 등에 비추어 차별과 편견, 배제와 무시의 대상이 되는 개인 혹은 집단을 가리킨다.

**종족** : 혈통, 언어, 종교, 의식주와 같은 물질생활의 전통, 신화, 역사의식, 생계경제의 유형, 대대로 살아오는 터전으로서의 영토적 경계 등에 의해 인식되는 문화적 구성물을 가리킨다. 인종은 생물학적 특성을 중시한다는 점에서, 그리고 민족은 국가와 연결된다는 점에서 종족과 구별된다.

**인권** : 규범적 · 당위적 차원에서 논의되는 일반적 의미에서의 인간의 기본적 권리를 의미한다.

**신자유주의** : 인간의 삶보다 자본의 논리를 중시하고 절차적 민주성보다는 효율성과 생산성, 도구적 합리성과 가시적 성과를 추구하며, 시장과 사적 영역에 정부가 개입하거나 관여하는 것을 반대하며, 대기업을 비롯한 부자들의 이익을 일방적으로 대변하는 이념 체계이다.

## 생각해 볼 문제

1. 실제 사회에 구현되는 과정에서 직면하는 다양한 경험적 문제와 현실적 난관으로 인해, 다문화주의는 사실상 실현되기가 어렵다는 지적에 어떻게 대응하고 논박할 것인가?
2. 비록 이념상으로는 정당하지만 그럼에도 다문화주의를 현실화하고자 '강하게' 밀어붙일 경우, 사회통합이 와해되거나 무너질 가능성은 없겠는가?
3. 규범적 정당성과 현실화 가능성, 양자를 모두 아우를 수 있는 이상적인 다문화주의의 유형은 과연 정립 가능할까?
4. 다문화주의가 현실에 올바르게 적용 구현될 수 있는 구체적인 실천 방안들로는 어떤 것들이 있을 수 있는가?

## 더 읽어 볼 책

마르티니엘로, M.(2002). **현대사회와 다문화주의**. 한울.

최협 외(2004). **한국의 소수자, 실태와 전망**. 한울아카데미.

킴리카, 윌(2010). **다문화주의 시민권**. 동명사.

한상진(편)(1998). **현대사회와 인권**. 나남출판.

Gutmann, A.(ed.)(1994). *Multiculturalism: Examining the Politics of Recognition*. Princeton University Press.

# 참 고 문 헌


구견서(2003). 다문화주의의 이론적 체계. **현상과 인식** 90호.

곽준혁(2007). 다문화 공존과 사회적 통합. **대한정치학회보** 15집 2호.

김광억(2005). 종족의 현대적 발명과 실천. 김광억 외(2005). **종족과 민족**, 아카넷.

김비환(1996). 포스트모던 시대에 있어 합리성, 다문화주의 그리고 정치. 사회과학 35권 1호, 성균관대학교 사회과학연구소.

김비환(2007). 한국사회의 문화적 다양화와 사회통합. **법철학연구** 10권 2호.

김여수(1989). 진리와 문화주체성의 문제. **철학** 32집.

김여수(1991). 상대주의 논의의 문화적 위상. **철학과 현실** 8호, 철학문화연구소.

김욱동(1998). 다문화주의의 도전과 응전. **미국학논집** 30집 1호, 한국아메리카학회.

김현미(2008). 이주자와 다문화주의. **현대사회와 문화** 26호, 연세대학교 사회발전연구소.

김해성(2009). 다문화시대 사회통합의 기초와 의미에 관한 연구. **시민교육연구** 41권 4호.

김혜숙(2007). 여성주의 관점에서 본 다문화주의. **철학연구** 76집.

김희정(2007). 한국의 관주도형 다문화주의, 오경석 외. **현대사회와 다문화주의**. 한울아카데미.

문경희(2006). 한국에서 다문화주의 모색: 국제결혼 이주여성을 중심으로. **한국국제정치학회 학술대회발표논문집**.

문경희(2008). 호주 다문화주의의 정치적 동학. **국제정치논총** 48집 1호.

마르티니엘로, M.(2002). **현대사회와 다문화주의**. 한울.

박구용 · 정용환(2007). 이주민과 문화다원주의. **범한철학** 46집.

박병섭(2007). 세계사와 한국사회에서 근대성, 자유주의 그리고 소수자들. **범한철학** 45집.

박병섭(2011). 다문화주의 정치철학이란 무엇인가?. **사회와 철학** 21집.

박이문(2002). 문화다원주의의 타당성과 그 한계. **철학과 현실** 52호, 철학문화연구소.

부르디외, P./ 파세롱, J.-C.(2002). **재생산**. 동문선.

선우현(2003). 다원주의는 사회적 진보의 징표인가?. **사회와 철학** 6집.

설동훈(2005). 이주노동자와 사회통합. **2005년 비판사회학대회(제8회) 대회보**. 한국산업사회학회.

앤더슨, B.(2003). **상상의 공동체**. 나남출판.

오경석(2007). 어떤 다문화주의인가?. 오경석 외. **현대사회와 다문화주의**. 한울아카데미.

이선옥(2007). 한국에서의 이주노동운동과 다문화주의. 오경석 외. **현대사회와 다문화주의**. 한울아카데미.

이용승(2010). 다문화주의의 이론적 검토와 정당화. **민족연구** 41호, 한국민족연구원.

임종식(2002). **개고기를 먹든 말든?**. 로뎀나무.

정미라(2005). 문화다원주의와 인정윤리학. **범한철학** 36집.

진은영(2008). 다문화주의와 급진적 인권. **철학** 95집, 한국철학회.

최성환(2009). 다문화주의의 개념과 전망. 문화콘텐츠기술연구원 다문화콘텐츠연구사업단 (엮음), **다문화의 이해**. 경진문화.

킴리카, 윌(2010). **현대 정치철학의 이해**. 동명사.

테일러, 찰스(1998). 승인투쟁과 인권: 차이의 정치를 향하여. 한상진(편). **현대사회와 인권**. 나남출판.

하윤수(2009). 미국 다문화교육의 동향과 사회과 교육과정. **사회과교육** 48권 3호.

한국철학회(편)(2003). **다원주의: 축복인가 재앙인가**. 철학과 현실사.

한승완(2007). '다문화주의' 담론과 한국적 다문화주의의 정책 방향. **정책연구** 여름호, 국가안보전략연구소.

행정안전부(2009). "〈2009년 지방자치단체 외국인주민 현황〉 조사결과발표" 보도자료.

Bashir, B., Kymlicka, W.(2008). "Introduction: Struggle for Inclusion and Reconciliation in Modern Democracies", B. Bashir/ W. Kymlicka(ed.), *The Politics of Reconciliation in Multicultural Societies*, Oxford University Press.

Goldberg, D. T.(ed.)(1994). *Multiculturalism: A Critical Reader*, Blackwell Publishers.

Hardt, M., Negri, A.(2001). *Empire*, Harvard University Press.

Jaggar, A.(1999). "Multicultural Democracy", *Journal of Political Philosophy*, vol. 7, no. 3.

Jenkins, R.(1992). *Pierre Bourdieu*, Routledge.

Kymlicka, W.(1995). *Multicultural Citizenship*, Oxford University Press.

Kymricka, W.(2007). *Multicultural Odysseys*, Oxford University Press.

Moore, M.(1991). "Liberalism and the Ideal of the Good Life", *Review of Politics*, vol. 53, no. 4.

Okin, S. M.(1999). *Is multiculturalism bad for women?*, Princeton University Press.

Soysal, Y. N.(1994). *Limits of Citizenship*, The University of Chicago Press,

Taylor, Ch.(1994). "The Politics of Recognition", A. Gutmann(ed.), *Multiculturalism: Examining the Politics of Recognition*, Princeton University Press.

제3장

# 세계화와 디아스포라

1. 세계화란
2. 디아스포라
3. 한국의 디아스포라
4. 한인 디아스포라의 공헌
5. 한인 디아스포라의 의미

**〈학습 목표〉**

1. 한국의 세계화와 디아스포라의 특징에 대해 이해한다.
2. 다른 민족과 더불어 사는 지혜를 이해한다.
3. 한국에 이주한 노동자와 결혼이민자의 문화에 대하여 이해한다.
4. 한국이 다민족국가, 다문화사회가 되기 위한 노력과 방법을 이해한다.
5. 한국에 이주한 노동자와 결혼이민자는 우리나라에서 어떤 역할을 하였는지 이해한다.

## 요약

세계화란 국경을 넘어 물류, 정보, 자본 그리고 인간의 교류를 말한다면 한국은 이미 해외에 750만의 해외동포를 가진 것과 같이 해외 한인들의 파견 그리고 근년 한국에 입국한 100만 명의 외국인노동자와 10만이 넘는 결혼이민자를 가진 나라로 세계화를 이루고 있다.

우리의 해외동포는 1860년대 이후 사방으로 분산되어 갔으며 그 이주의 시기에 따라 이주지역과 이주목적이 달랐다. 처음은 러시아의 연해주와 중국 연변지역으로 이주하였으니 이것은 북방으로의 유민이고 후에 우국지사들이 이주하여 독립운동을 전개한 곳이다. 두 번째 이주는 동쪽인 일본으로 향하였으며 이들은 단기 노동자로 돈 벌러 갔다. 다음은 해방 후 1965년 미국의 새 이민법이 발효되기 이전 국제결혼한 여성과 입양인 그리고 유학생이 미국으로 이주하여 갔다. 다음은 1965년 새 이민법에 따라 2만 명의 쿼터로 미국으로 이주하기 시작하였고, 이 때에 남미 여러 나라와 독일의 계약노동자와 간호사가 이주하여 갔다.

다음은 1975년 월남전이 끝난 후 5만 여 명의 한인들이 귀국하지 아니하고 동남아시아, 호주, 뉴질랜드 멀리 중동지역으로 분산되어 갔다. 그 후 IMF를 맞은 한국은 다시 새로운 이민을 보내되 여러 나라에 사방으로 분산되어 갔다.

이들 한국의 디아스포라의 특징이 있다면 한국이 힘들고 어려운 때 전력을 다하여 조국을 도와준 것이다. 재일동포는 새마을운동시, 재미동포는 한국이 중공업화를 할 때 두뇌를 가져다 주었고, 재중동포는 한국이 고도 경제 성장기에 노동력을 제공한 사람들이다.

한국에 이주한 외국인노동자와 결혼이민자는 한국에 유입한 외국의 디아스포라이다. 1980년에 시작된 외국인노동자의 입국을 한국인들은 한국에 외국인노동자가 이주하려 오려는 것을 생각하지 못하였다. 말하자면 한국이 내보내는 국제화는 잘 하였으나 받아들이는 국제화는 잘못하고 있는 것이다. 외국인노동자가 비록 2-3년 한국에 머물렀다 가더라도 그들은 분명한 한국 노동자이다. 특히 결혼 이주여성은 한국의 자녀를 낳아준 한국에 묻힐 한국인이다. 이들을 차별하고 이들에게 한국어를 강요하는 것은 진실한 의미의 세계화를 추진하는 것이 아니다. 한국이 다민족국가, 다문화사회가 되려면 이들의 문화도 우리가 배우도록 노력하고 그들의 문화를 존중하여 주는 것이 참다운 세계회인 것이다.

## 1. 세계화란

### 1) 정의

일반적으로 세계화란 국경을 초월하여 사물이 전파하여 가는 것을 말하지만 오늘날 상식화한 세계화란 과학과 기술의 발달로 지구적인 상호의존 관계로 되어 가는 현상을 말한다. 이런 세계화는 물질적인 이동만이 아니라 인간의 이동 그리고 화폐나 기술 그리고 지식과 정보의 이동도 포함한다.

국경을 넘는 사물이나 인간의 이동이라 할 때 이것은 산업혁명을 경과하고 산업사회가 시작되는 근대부터 시작되었다고 말할 수 있다. 이렇게 세계화를 현대사의 시작까지 소급한다면 산업혁명으로 방적기계를 만들어 견직물을 대량생산하고 전기기관차를 만들어 철도를 가설하여 운송수단의 혁명을 일으키고 상품시장을 해외에 구하고 원료를 구하여 해외에 식민지를 개척한 시기부터 세계화는 시작되었으며, 해외에 식민지를 갖는 것이 바로 세계화라고 말할 수 있을 것이다.

그러나 제국주의시대를 세계화라 하지 아니하고 토플러(Albin Toppler)가 말하듯(제3의 물결) 농업혁명, 산업혁명 그리고 지식혁명으로 이어지는 인간의 역사에서 제3의 혁명인 지식혁명 이후를 세계화라 한다. 이것에는 사물과 인간의 유동만이 아니라 지구가 일일생활권으로 되고 특히 전지구가 하나의 소비문화권으로 화한 이후를 말한다.

따라서 세계화란 정치, 경제, 사회, 문화 등 모든 영역에서 다중적이고 복합적 현상을 말한다.

### 2) 내용

이러한 세계화 현상을 정치적으로는 탈냉전, 탈이념을 말한다. 세계화를 이루기 전 정치적으로는 국가의 국민 또는 민족에 따라 자기 국민 또는 자기 민족의 자존심과 우월성을 강조하는 민족주의를 내세웠고 국민국가의 정치적인 이념을 강화하여 갔다. 이에 따라 민족주의를 개념화하는 이데올로기가 발달하였고 이데올로기가 극치에 달하면 전쟁으로까지 발달하여 갔으니 세계 2차 대전까지 인간은 많은 이데올로기 전쟁을 치러 왔다.

이데올로기에 의한 전쟁으로 인하여 희생당한 민족이 바로 우리 한민족이다. 해방이 되고 38선으로 양분된 것은 자유세계의 자유주의 이데올로기와 공산세계의 사회주의 이데올로기가 한반도에서 만났기 때문이다. 1950년 한반도에서 야기된 한국전쟁은 이데올로기 전쟁의 대표적인 예이다.

구소련이 붕괴된 이후 세계는 이데올로기로 인한 충돌과 전쟁은 누구에게도 이를 주지 않는 무모한 것이었다는 것을 깨닫고 냉전체제의 종식과 더불어 정치적으로 탈이데올로기 시대로 진입한 것이다. 말하자면 이념적인 세계화를 이룬 것이다.

세계화를 잘 보여주는 것이 경제계의 현상이다. 2차 대전까지 하나의 나라는 생산과 소비의 단위였다. 국민이 필요로 하는 것 만치 생산하고 국민경제가 소비의 단위를 이루어 생산과 소비의 유통인 도로와 철도의 교통만을 마치 사람의 몸의 혈관과 같이 비교하여 경제순환이라는 용어를 사용하였다.

오늘날 이러한 나라는 없다. 한국만하여도 식량의 70%를 외구에서 수입을 하여야 한다. 따라서 생산도 그러하지만 특히 생산품의 수출과 수입은 국경을 넘어 다국적화하고 세계화하여 갔으며 세계화는 물건만이 아니라 금융이 국경을 초월하여 유통이 되고 기술과 지식이 상품화되어 국경을 넘나들고 있다.

세계화 현상은 사회에서도 볼 수 있다. 오늘의 세계는 많은 사람들이 국경을 넘어 자유로이 왕래하고 자유로이 거주지를 옮기기도 한다. 심지어 직장생활도 다국적 회사에서 다민족 직원과 섞이어 일을 한다. 세계화한 사회는 다국적 국가이고 다문화사회라 한다.

### 3) 한국의 세계화

한국은 현대사회에서 예외적인 나라라고 말할 수 있다. 지구상에 있는 180여 개 국가 중에서 한국과 일본 등 몇 개 나라를 제외하고는 모두 다민족국가이다. 심지여 도시국가인 싱가포르만 하여도 3개의 민족이 같이 살고 있다. 말하자면 중국인, 말레이시아인 그리고 인도인 등 3개 민족이 싱가포르에 섞여 살고 있다. 미국과 같이 합중국은 말할 것 없고 모든 나라들이 여러 민족을 포함하고 있다. 이것에 비하면 한국은 예외적인 국가로 단일민족으로 이루어진 국가이고 특히 한 민족이 두 국가를 이룩한 민족으로도 특이하다.

한국이 최근에 들어 경제가 발달하면서 외국인노동자가 증가하여 수십만 명에 이르고 한국인과 결혼하여 온 배우자가 수십만 명에 달하여 다민족국가가 되어 세계화를 한 것이다. 이러한 국내 세계화 이전에 한국인들이 해외에 진출하여 한국은 오히려 "다국가민족"이라고 말할 수 있었다. 외국에서 한국에 와서 일하는 외국인노동자가 100만 명이고 한국에서 외국으로 나간 사람이 750만 명이라 한다. 이제 한국은 국내외로 세계화를 이룩한 것이 된다.

세계화는 사람에 의한 것보다 사람 이외에서 더 잘 증명된다. 한국은 이제 농업국이 아니다. 완전한 의미에 공업국이고 수출과 수입 없이는 살 수 없는 국가가 되었다. 앞서 말한 것과 같이 우리의 식량 자급률이 30%에 지나지 않는다. 따라서 식량의 70%를 수입에 의존하고 있다.

한국이 세계 7위의 수출국이 되었다. 한국은 수출 1조 달러를 향하여 전진하고 있다. 이것은 우리의 생산품이 그만치 외국에 팔리는 것을 말한다. 그리하여 한국은 공산품을 수출하고 농산품은 수입하는 나라가 된 것이다.

세계화는 산물만이 아니라 산업기술 내지 지식산업에서도 세계화가 이루어지고 있다. 지식은 학문과 같이 두뇌로 이루는 것이어서 이것에 가격이 없다. 그러나 오늘날에는 지식이 상품이 되어 지식산업이라는 용어가 생긴 것이다. 지식을 생산하고 지식을 판매하며 지식의 유출을 방지하고 지식을 전매하고 지식을 많은 돈을 주고 사기도 하며 지식을 방어하기도 한다. 한국의 지식도 상단 수준에 이르렀고 그간 한국은 산업화 과정에서 많은 금전을 지불하고 지식을 사오기도 하였다.

오늘의 한국을 G20 국가, 산업에서 10대 강국, 수출에서 제7위 국가로 불리는 것은 한국이 산업국가임을 말한다. 이러한 평가는 모두 산업사회의 기준으로 말하는 것이다. 산업국가의 기준은 철강, 자동차, 조선 등의 생산과 수출을 기준으로 한 것이다. 이러한 산업사회의 기준으로 한국이 세계 10위국인 것이다.

그러나 세계는 현재 후기 산업사회에 진입하고 있다. 후기 산업사회의 주된 산업이란 IT, BT, NT, CT를 말한다. IT란 Information Technology, 즉 정보산업을 말하고, BT란 Bio Technology, 즉 생명산업을 말하며, NT란 Nano Technology, 즉 나노산업을 말하고, CT란 Cultural Technology, 즉 문화산업을 말한다. IT는 삼성과 LG의 전자제품으로 한국이 미국, 인도와 경쟁하면서 세계 3위 안에 있다. BT는 황우석 교수로서 유명하여진 것으로 황우석 교수가 없어졌다고 한국의 BT가 없어진 것이 아니다. 우리의 수준이 미국, 영국과 더불어 역시 3위 내에서 진전을 보이고 있다. NT도 현재 여러 대학에서 나노기술을 개발하는 것이 세계적이고 이것은 미국, 독일 그리고 한국이 세계 첨단을 달리고 있다. CT란 바로 한류(韓流,)를 말한다. 오늘날 한국의 한류가 동남아시아, 중국, 일본은 말할 것 없이 뉴욕을 통해 미국으로 상륙하였고 불란서 파리를 통해 유럽으로 상륙하였으며, 이집트, 카이로를 통해 중동과 아프리카에 상륙하였다는 것은 이미 다 알려진 사실이다. 말하자면 후기 산업사회에서 한국은 10등 국가가 아니라 3등 이내에 있는 최첨단 국가인 것이다.

## 2. 디아스포라

### 1) 정의

디아스포라라는 말은 최근에 유행한 말로 이민을 말한다. 원래 디아스포라란 유태인이 이스라엘 땅에서 다른 나라에 거주하는 것으로 다른 나라로 이주하였다는 유태인 이민을 말하는 것이었다. 그러나 근년에는 이것이 유태인 이외의 민족에게도 적용되면서 타국으로 이주하여 간 것을 디아스포라라 한다.

이주 내지 이민을 디아스포라라 할 때 이에는 이주하여 나아간 자국민도 해당이 되지만 이주하여 들어온 외국인도 해당이 되는 것이다. 사람들이 거주지를 옮긴 것을 디아스포라라 할 때 이에는 나가고 들어 온 것만이 아니라 이주하여 간 동기, 이주하여 온 원인 등으로 여러 유형의 디아스포라 유형이 있을 수 있다.

### 2) 유형

디아스포라를 한 나라에서 다른 나라로 내어 보내는 송출력과 받아들이는 나라에서의 흡인력으로 나눌 수 있다.  보통 디아스포라는 송출력으로 이루어지는 것이 많다. 인간은 고향을 떠나지 않으려는 경향이 있으며 멀고 낯선 나라로 가기를 원하지 않는다. 그러나 전쟁이 나거나 살기 어려워져 자기 나라를 떠나 다른 나라로 간다. 이러한 나라의 송출력은 전쟁과 같이 위급한 사항에서 이루어지거나 기근 등 자연재해로 이루어지는 경우도 있다.  유태인들과 같이 강제로 이주를 당하는 것이나 추방을 당하는 경우도 있다.

디아스포라는 물이 높은 곳에서 낮은 곳으로 흐르는 것과 같이 힘들고 어려운 조건보다 생활하기 좋은 곳으로 이주하는 법이다. 말하자면 흡인력이 강하여 디아스포라가 이루어진다. 행선지는 살기 좋은 곳, 여유가 있는 곳, 희망이 있는 곳이 된다.

### 3) 한국의 디아스포라 유형

한국으로 이주하여 온 사람들은 크게 두 가지 종류가 있다. 하나는 노동자로 유입하는 것이고 하나는 국제결혼한 여자가 이주하여 오는 것이다. 한국은 노동이민을 받는 나라가 아니다. 따라서 노동자로 이민이 생기는 것은 처음 한국으로 노동자로 이주하여 와서 처음 3개월은 비자를 받고 정식으로 입국하여 일을 한다. 그 후 기한을 넘기고 불법체류자로 있다가 다시 정식으로 정착하는 식으로 몇 고비를 지나 정착한다.

다음 유형인 국제결혼은 한국 남자가 외국 여자와 결혼하여 이주하는 자가 대부분의 국제결혼이다. 그러나 한국 여자와 결혼하여 한국에 정주하게 된 남자의 국제결혼 이주자도 있다. 그러나 압도적으로 많은 것은 한국 남자와 결혼한 외국 여자들이다.

그러나 한국의 경우 여자가 외국인과 결혼하여 이주하여 나간 여성이 많다. 특히 한국전쟁 시 미국 군인과 결혼하여 외국에 나간 여자를 최근까지 국제결혼이라 하였다. 해외로 국제결혼하여 나간 여성은 미군이나 외국 남자하고 결혼한 사람만이 아니다. 한국은 특수하게 일본교포와 결혼하여 나간 여자도 국제결혼 범주에 속한다. 1965년 한일조약이 채결되고 한국과 일본의 왕래가 공식화되자 재일교포 노총각들이 대거 한국으로 몰려와 한국의 처녀와 결혼을 하고 일본으로 갔다. 이것을 교포혼이라 한다. 재일교포 남자와 한국 여자가 결혼하였기 때문에 이것은 동족혼이 된다. 그러나 재일교포는 이미 일본문화에 속하는 사람들이기 때문에 이러한 부부간의 갈등이 심하고 마치 일본 남자와 결혼한 것과 같거나 오히려 일본 남자보다 더 하여 동족혼이라고 말하기보다 이문화 사람들 간의 결혼이라 여겨지고 국제결혼의 범주에 넣는 것이 당연하다고 여겨진다.

이러한 재일동포와 결혼한 경우와 유사한 것이 한국 남자가 중국 조선족과 결혼한 것이다. 이들도 혈통으로 말하면 동족혼이지만 부부간의 문화 차이로 이것도 국제결혼 범주에 넣는 것이 당연하다. 따라서 중국 조선족 여자의 수가 감소하는 것과 반비례하여 외국 여자와 결혼하는 수가 증가하여 갔다.

한국의 해외로의 디아스포라는 처음 유민으로 시작된다. 처음 두만강을 건너 러시아의 연해주로 이주하여 간 것이 이민의 시작이다. 이 때는 국경도 분명한 것이 아니었고 통관이 있는 것도 아니고  아무 절차나 수속 없이 국경을 넘어 농사를 짓고 정착을 한 것이다. 이것이 대표적인 유민이다.

한국이 일본의 식민지가 되어 일본으로 이주하여 간 것이 있다. 이것은 오늘날에는 외국에 거주하는 디아스포라가 되지만 이주 당시는 같은 나라 안에서 이동하는 것이 되어 당시로서는 디아스포라가 아니었다. 그 후 해방이 되고  국적이 달라져 타의에 의하여 수동적으로 제외당하는 식으로 디아스포라가 된 특수한 경우도 있었다.

한국에서 정식으로 수속을 밟고 디아스포라가 이루어진 것은 1903년에서 1905년 사이 하와이로의 이주이다. 그리고 1965년 미국이 새 이민법을 공포하고 한국에 쿼터를 주어 한국에서 정식으로 이민 수속을 밟고 출국하게 된다. 정식이민도 미국의 경우와 독일의 경우는 달랐다. 독일의 경우 광부나  간호사가 3년의 계약노동자로 갔다가 기한이 넘었으나 독일에서 원하여 정주하게 된 경우도 있다.

이민의 목적과 이주 후에 신분이 달라진 예의 하나가 남미로의 디아스포라이다. 처음 한국을 떠날 때 모두 농업이민이었다. 그러나 한국인들은 남미에 도착하여 농지에 가서 농업을 할 수 없어 도시로 진출하여 농업 이외의 다른 직업을 갖게 된다.

한국의 특이한 이민의 하나가 입양인이다. 어려서 한국을 떠났기에 국적이고 이민 수속이고 하는 것은 있을 수 없었다. 서양 가족이 입양되어 어린 시절에 떠났으며 그 곳에서 양부모 밑에서 성장하였을 뿐만이 아니라 성이고 이름이고 모두 서양 양부모를 따랐고, 어려서 입양하였기에 한국어와 한국인의 의식, 한국 문화 등 모두 몰라 완전한 의미의 외국인이다. 그러나 혈통이나 외모는 완전한 한국인이다. 이들이 성년이 되어 한국의 부모를 찾아오는 것이다. 이들이 18만 명이 넘었으며 이들은 한국인이 아니라고 할 수 없는 것이 현실이다. 디아스포라라는 입장에서 이들은 특수한 형태로 분류하여야 한다.

한국의 이민사에 또 하나의 특수한 것이 있다. 그것을 이민이라는 말로 표현하자면 망명이민이다. 이들은 기우는 나라를 위하여 잃어버린 조국의 광복을 위하여 만주와 연해주에서 독립운동을 한 사람들이다. 이들은 국경을 건너간 유형으로 말하면 유민이고, 목적으로 말하면 우국지사이고 애국운동가가 된다.

따라서 우리나라의 디아스포라는 농민의 유민, 노동자의 이주, 일반인의 정식 이민, 계약 노동이민, 입양인의 유아 특수 이민, 그리고 독립운동을 하러 간 우국지사의 망명이민이 있다.

## 3. 한국의 디아스포라

한국의 디아스포라는 1860년에 시작된다. 그것은 이 때부터 기록이 있기 때문이다. 그리고 그 이전에는 디아스포라가 없었을 것이라 생각한다. 그것은 다음의 두 가지 이유에서이다. 그 하나가 고향불출 개념이다. 한국 전통문화에는 부모를 멀리 떠나거나 고향을 떠난다는 것을 생각하지 못하였다. 또 하나는 나라의 월경죄이다. 한국에서 다른 나라로 국경을 넘어가는 것을 금하고 이것을 범하는 자에게 큰 벌을 주었다. 이러한 이유로 한인들은 한국을 떠나지 않았다고 본다.

그러나 19세기 중엽 이후 조선조가 기울어져 월경자를 엄하게 처벌하지도 못하였으며 개인적으로도 함경북도의 산악지대에서 고생하는 것보다 두만강을 넘으면 넓은 들판이 있고 그 곳에서 농사를 지을 수 있어 유민이 시작된다.

한국은 디아스포라에 관한 한 잡다한 유형, 특수한 유형 등이 있다. 그리고 그 수는 750만에 달하여 수적으로는 중국, 인도, 이태리 등보다 적으나 본국의 거주하는 사람들과의 비례로 말하면 한국이 중국이나 인도보다 높을 것으로 알려져 있다. 현재 170여 개국에 디아스포라 한국인이 750만 명이다. 이 곳에서는 20만 명이 국제결혼하여 나간 여성이 제외되어 있고 18만 명에 가까운 입양인이 제외되어 있다. 따라서 이들까지 합하면 800만 명이 된다. 이들의 디아스포라의 역사를 보면 다음과 같다.

### 1) 북방진출 – 유민

한국의 디아스포라는 1860년 북쪽으로 이주한 것으로부터 시작된다. 북방이란 만주의 연변지역과 러시아 연해주 지방을 말한다. 만주의 연변은 과거 북간도라 하였다. 이민 1기에 해당하는 북쪽으로의 이민은 영농이민과 망명이민이 주된 이민이었다. 당시 북간도와 연해주로 처음 이주한 것이 농업이민이다.

이들 디아스포라의 시작은 연해주에서 보는 것과 같이 국방경비대에게 농사를 지어 농산물을 제공하고 경비대원들은 한국 농민에서 식량을 보급받는 대가로 한국 농민들을 중국의 마적 떼로부터 보호하여 주었다. 이리하여 국경지대에서 농사를 시작한 한인들은 계속 인구가 증가하고 증가된 인원들은 새로운 황무지로 개간을 일구며 북상하여 갔다.

이들은 토지도 없고 증명서류도 없는 유민이었기 때문에 많은 고생을 하였다. 황무지를 개간하여 논밭을 일구면 중국에서는 중국인, 러시아에서는 러시아인에게 토지를 빼앗긴다. 토지를 빼앗긴 한인들은 다른 곳의 황무지를 개척하거나 그렇지 않으면 그들의 소작인이 되어야 한다. 소작인이 되면 각가지 세금에 시달려야 했다. 세금은 토지세, 인두세는 물론 심지어 문지방세, 창문세, 연기세 등 별 세금을 다 거두어 가고 중국의 경우 지주의 집에 가서 머슴처럼 일을 하여 주어야만 했다. 중국에서는 중국식 복장과 중국식 머리를 하라는 강요까지 당하였다.

이러한 시달림에서 벗어나는 길은 귀화하여 시민권을 얻는 것이다. 그러나 이것이 쉬운 일이 아니다. 연해주의 예를 보면 러시아에 귀화하기 위하여서는 러시아 정교회의 신자가 되어야 하고, 신자가 되기 위해서는 교리문답을 공부하여야 했으며, 그러기 위해서는 러시아어를 배워야 했다. 그리고도 당시 은화 20량을 납부하여야 했다. 이것은 낫 놓고 기역자도 모르는 농민에게 쉬운 일이 아니다. 그리하여 중국이나 러시아의 소작인이 되어 고생을 하거나 새로운 황무지를 개척하였다. 다행한 것은 중국의 경우와 같이 밭농사를 주로 하는 한국인들은 중국인이 버린 강가의 습지를 개간하여 논을 만들어 논농사를 지었다. 당시 중국인은 논농사를 짓는 한국인을 물오리라 하였다.

이러한 와중에서도 한인들은 독립운동을 하는 의병들을 도왔다. 연해주나 북간도에 한인이 없었다면 그 곳들에서 의병활동을 할 수 없었을 것이다. 처음 이곳으로 온 우국지사들은 학교를 세워 어린 자녀들에게 애국심을 고취하였다. 처음 세워진 것이 이상설이 용정에 세운 "의전서숙"이다. 이것은 신학문을 배우고 애국심을 고양하는 학교였다. 그러나 이상설이 고종의 밀지를 받고 헤이그에서 열린 만국회의에 참석하러 갔다는 소식을 들은 일본이 의전서숙을 폐지시키고 만다. 그러나 의전서숙이 없어지자 바로 이어 한인들이 학교가 중국과 연해주 일대에 우후죽순처럼 건립되어 간다.

시간이 경과할수록 우국지사들의 활동이 심화되고 의병활동으로 변하여 간다. 일본 군경을 상대로 공격을 자행하고 국경지대를 혼란하게 하였으며 안중근 의사가 활동한 곳도 당시 연해주 일대였다.

1905년 을사조약으로 한국이 외교권을 빼앗겼을 때, 1910년 한국이 강제 병합을 당하였을 때 많은 우국지사들이 북쪽으로 이주하여 의병활동을 계속하였다. 특히 1919년 한국에서 만세사건이 발생하고 뜻을 이루지 못한 청년들이 대거 만주와 연해주로 이동하여 무력항쟁을 야기한다. 저 유명한 봉오동 전투나 청산리 전투가 모두 1920년에 일어난 의병활동의 절정기에 이루어진 것이다.

의병활동에서 가장 처참하게 당한 것이 1920년에 있었던 “신한촌 사건”이다. 연해주의 블라디보스톡의 동북쪽에 한인들이 모여 사는 “신한촌”이 있었다. 1917년 러시아에서 혁명이 야기되고 프롤레타리아 정권이 들어서자 미국, 영국, 불란서 그리고 일본 4대 강국이 연해주를 위시한 동부 시베리아에 파병하여 이른바 시베리아전쟁을 일으킨다. 다른 연합국은 다음 해 바로 철수하였으나 일본군은 1922년까지 군대를 연해주 일대에 주둔시키고 있었다. 이에 러시아 게릴라부대가 일본 진영을 습격하였고 이에 한인들이 가담하여 일본 군영을 습격한 사건이 일어난다. 이에 대한 보복으로 일본군이 러시아에 대하여는 6개 도시를 공격하였고 한인들에 대하여는 신한촌을 습격한다. 대낮에 신한촌을 습격한 일본군은 시가에서 닥치는 대로 살해하였고 가택수색을 하여 많은 한인들은 잡아갔으며 공공건물에 불을 지르는 등 신한촌을 크게 파괴하고 떠난다.

중국에서는 1920년 청산리 전투에서 한인 의병대가 크게 이긴다. 청산리라는 골자기에 의병을 몰아넣고 공격하면 전멸시킬 수 있다고 판단한 일본군 1개 여단이 공격하여 왔다. 지세를 잘 아는 한국 의병은 홍범도 장군의 휘하에 일치단결하여 일본군을 맞이하여 1주일을 계속 싸웠으며 한국 의병이 일본군 여단을 몰살시키는 대승을 올리었다. 그리하여 이것을 청산리대첩이라 한다. 이것에 대하여 일본군은 한인촌 수십 개를 습격하여 방화하고 양민을 살해하여 큰 피해를 주니 이것을 경신년 참사라 한다.

만주나 연해주는 물론 세계 한인의 디아스포라에서 가장 처참한 사건이 1937년 연해주에서 중앙아시아로 강제이주를 당하는 사건이다. 1937년 일본이 중국을 공약하는 중일전쟁이 시작되자 러시아 통치자 스탈린은 일본과의 일전을 각오하고 연해주를 위험시하여 그 곳에 거주하는 한인들을 모조리 중앙아시아로 강제이주를 시킨다. 화물차에 실려 간 강제이주의 과정은 인간비극의 극치였다. 약 16만 명의 한인이 강제이주를 당하였고 그에 앞서 2,500여 명의 지도급 인사들이 처형을 당한다. 실려 간 중앙아시아는 현재의 우즈베키스탄, 카자흐스탄 등의 반 사막지대였다. 시베리아 철도로 강제이동을 당하면서 그리고 첫 겨울을 나면서 한인들의 약 5분의 1이 죽었다고 한다. 이것으로 한인들이 굶주림과 추이에 얼마나 고생을 하였는가를 짐작할 수 있다. 황무지에 버려진 한인들은 무서운 겨울을 나고 봄이 되면서 강을 찾아 운하를 파고 논을 일구어 농사를 짓기 시작하였다. 그리하여 3년이 경과하면서 정상을 회복하고 현재는 중앙아시아에서도 모범적인 소수민족이 되었다.

페로스트로이카 이후 구소련이 와해되면서 중앙아시아 나라들이 독립을 하고 언어와 역사를 찾는 운동이 전개되면서 그 곳의 한인들이 살기 어려워 그 곳을 떠나 제2의 고향인 연해주나 서쪽으로 볼고그라드(Volgograd)로 이주하여 새로운 삶을 마련하는 사람들이 증가하여 간다.

중국에 거주하는 한인들은 일제시대 항일운동으로 시달렸으며 만주에 만주국이 성립되면서는 한반도에서 사는 한인들과 같이 창씨개명, 강제징용, 강제노동 등에 시달림을 당한다. 해방이 되어서는 바로 장개석과 모택동 군대가 싸우는 이른바 해방전쟁에 휘말리어 많은 고생을 한다. 대부분의 중국동포들은 모택동을 위하여 희생을 하였다. 그것은 모택동의 공산당이 소수민족을 우대하였고 소수민족에게도 중국인들과 같이 토지를 나누어 주었기 때문이다.

1949년 해방전쟁이 끝났으나 그 후에도 중국은 사회주의 개혁을 통하여 사회주의 국가를 건설하는 과정을 경과하였고 이럴 때마다 인민들의 고충과 희생은 막대한 것이었다. 말하자면 반우파운동, 대약진운동, 그리고 문화대혁명을 통하여 국민들의 희생이 막중한 것이었다. 특히 문화대혁명이 시작되기 전 중국을 후원하던 소련 기술자가 퇴각하고 때마침 대흉년이 들어 수만 명이 굶어 죽었다고 한다. 소수민족인 조선족도 이러한 고난에서 예외일 수 없었다.

중국은 1970년대 문화대혁명을 끝내고 개혁 개방을 통하여 경제부흥을 도모하고 있다. 특히 1990년 한 · 중 수교 이후 중국 조선족은 조국인 한국을 방문하여 많은 혜택과 경험을 하게 된다. 무엇보다 중국으로 몰려간 한국 기업인들과 협력하여 중국 내에서 빠른 경제와 사회적 성취를 이루어 가고 있다.

## 2) 일본 방향 – 노동 이주

일본으로 간 한국인은 당시 식민지이었던 한국에 대하여 일본은 본토였기에 일본으로의 디아스포라를 이주라 하였다. 일본에 한국인들이 가기 시작한 것은 한일합방 전후의 유학생들이다. 한국의 개화를 일본에서 배우려는 무리의 젊은이들이 일본에 유학하였으며 당시 일본은 보다 자유로이 한국의 독립이나 한국의 미래에 관하여 의견을 발표할 수 있었고 일본 학자들도 이러한 토론과 연구에 가담하여 주었다. 그러하여 1919년 한국에서 3.1운동이 일어나기 전 2월 8일 동경의 한국 YMCA에 모인 한국유학생이 2.8 독립선언문을 낭독하는 사건이 발생하기도 한다. 그리고 3.1운동을 기하여 많은 유학생들이 귀국하였고 일본에서도 한국의 독립에 관하는 토론이나 의견 개진이 금지되었다.

유학생과는 별도로 1910년 한일합방부터 한국의 노동자가 일본 공장에 취업하여 갔다. 당시 한국인들을 유인하기 위하여 일본에서 멋쟁이 신사복을 입은 사람들이 한국에 와서 일본에서 몇 년만 일하면 이런 모습으로 귀국할 수 있다고 선전하여 한국인들을 유인하였으나 초기에는 이에 응한 사람이 많지 않았다. 이들은 보통 방직공장, 기계공장 등에 취업하였으나 일정한 기한이 지나면 귀국하거나 일본 도시에서 노동자나 점원으로 일을 하였다. 한국인의 일본 도시에서의 노동자는 시간이 갈수록 증가하여 갔으나 이들은 중국으로 간 이민들과는 달리 일본에 영주할 목적으로 가는 것이 아니라 2-3년 돈을 벌어 귀국하여 한국에서 논밭 등을 살 목적으로 단기 체류를 한 사람들이다. 그러나 한국으로 돌아와야 별 일도 없어 일본에 갔던 사람이 다시 가고 1930년대부터는 일본 체류가 장기화하기 시작한다. 한편 일본은 오사카의 운하를 파는 작업 등 대토목공사에 한국의 노동자를 유인하여 도로, 운하, 항만 공사를 진행하여 이런 곳에 한국인들이 많이 모여들기도 하였다.

재일 한국인에게 잊을 수 없는 사건이 1923년에 있었던 관동대지진이다. 요꼬하마 부근에서 강도 7의 대지진이 발생하여 당시 대부분의 일본집이 목재건물이었기 때문에 동경 시내로 불이 번지여 전 도시가 2-3일 계속해 타버렸다. 이때 이상한 유언비어가 나돌아 한국인이 우물에 독을 탔다느니 한국인이 방화하였다느니 한국인이 쳐들어온다느니 하는 말이 돌고 일본인은 집단 노이로제에 걸려 마을마다 자위대를 편성하고 한국인들을 죽이기 시작하더니 남녀노소 구별 없이 한국인임을 확인하면 처참하게 죽여 버렸던 것이다. 민단 집계로는 며칠 사이에 약 6천명이 사살당하였다고 한다. 오늘날에도 민단에서는 관동대지진 시 희생된 한국인들의 넋을 달래는 위령제를 지내고 있다.

한국인이 고생을 하는 것은 1937년 중일전쟁 이후의 일이다. 중일전쟁이 발발하자 일본의 남자들이 전선으로 징집당하고 그 자리를 한국인으로 충당하여 한국인들은 군수공장, 도로 · 항만 공사, 군수산업체에 동원된다. 그 후에는 군속으로 징집당하고 마지막에는 군인으로 징집하여 갔다. 20만에 가까운 처녀가 정신대로 끌려가는 것도 이 시기이다. 일본은 이 시기 창씨개명을 강조하고 일본어 사용을 강제하며 신사참배를 강조하는 등 한국의 민족을 말살하고 모두 황국신민으로 만들려 노력하였다. 당시 동남아시아 전선에 끌려간 한국인, 탄광과 강제노동에 끌려가 죽은 사람이 수십 만 명에 달하였다.

1945년 해방이 되었을 때 일본에는 약 200만 명의 한국인이 있었다. 해방이 되자 이들은 귀국을 서둘렀다. 일본을 점령한 미국은 한반도에서 일본인을 일본으로 수송하고 오는 길에 한국인들을 실어 나르는 것이었다. 이것을 기다리지 못하여 작은 개인 배로 현해탄을 건너다 죽은 이들도 많았다고 한다. 미군이 귀국계획을 정식으로 발표하면서 한 가족당 1천엔 이상을 지참치 못하게 하여 결국 귀국을 망설이게 되고 귀국선 작업이 끝난 후 한국인의 3분의 1인 60만 명이 일본에 남게 되었다. 이들이 말하자면 재일교포가 되는 것이다.

일본은 한국을 해방시킨 것이 아니라 한반도를 미국에게 빼앗긴 것이다. 따라서 해방되지 않은 사람들이 있다면 그것은 일본에 거주하는 재일교포일 것이다. 일본은 한국인들에게도 일본인과 같이 세금을 내게 하면서도 세금에 의한 혜택은 하나도 주지 않는 것이었다. 국적을 이유로 모든 공적인 혜택에서 제외되고 이에 더하여 일본인들의 편견은 감당하기 어려운 것이었다. 그리고 한국인에게 외국인 등록을 하게 하고 항시 검문에 응하여야 하였으며 외국인 등록증이 없으면 바로 체포되어 오무라 수용소로 보내진다.

해방 후 한국인이 일본에게 당한 가장 큰 사건이 1947년 오사카와 고베 일대에서 이러난 "한신교육사건"일 것이다. 오사카와 고베의 약자를 따서 한신이라 한다. 이 지역이 한인들이 가장 많이 집결하여 사는 곳이다. 일본은 이해 교육령을 발표하고 일본의 모든 학교는 교육령의 지시를 따르게 하였다. 이에 따르면 우선 한국어를 배울 수 없다. 당시 일본에는 541개의 초등학교, 7개의 중학교, 학생이 6만 2천여 명 그리고 교사가 1천 5백여 명이 있었다. 이들을 일본 교육 규정을 따르게 하고 이를 위반하였을 때는 폐교하게 한 것이다. 이것에 대하여 한인들이 부청에 몰려가 항의를 하고 이것을 일본인들은 소방대를 동원하여 물대포로 저지하더니 마침내 계엄령을 선포하고 지도급에 있는 한인들을 체포하였으며 학교를 폐교시켰다.

1952년 일본은 샌프란시스코에서 강화조약을 맺고 군정에서 풀려나는 동시에 한국인에게 일본 국적을 박탈하여 버린다. 한국에 거주하는 한인들에게는 일본 국적을 갖는 것이 문제가 아니었으나 일본에 거주하는 그리고 일본군에 참전하였다가 부상당한 사람들은 국적 조항에 의하여 전혀 구제가 되지 않으며, 일본에 거주하는 한인들은 국적으로 인하여 심한 차별대우와 불이익을 당하게 된다. 공적인 기관에 취직은 말할 것도 없으며 심지어 개인적인 사사로운 회사에서도 일본 국적이 없다 하여 차별대우를 받고 학교 진학에서 차별을 받았으며, 일본인들과 같은 세금을 내면서도 일본인이 받는 혜택은 하나도 받지 못하는 것이었다. 이것보다 더 심한 것은 일본인의 차별의식이다. 집을 계약하는 것은 물론 심지어 셋방도 한국인이라면 얻을 수 없었다.

이러한 숨막히는 생활 속에서 숨통이 트기 시작한 것이 1970년에 있었던 "히다지(日立) 사건"이다. 히다지 회사 입사시험에 합격한 박종석군이 한국인이라는 이유로 입사를 거절당한다. 박종석은 일본에서 출생하여 초등학교와 중 · 고등학교를 일본인들과 같이 수료하였기 때문에 한국인이라고 일본회사에서 거부당한 것을 일본 학우들은 이해하지 못하는 것이다. 그리하여 일본 동급생들이 "박종석군을 둘러싼 모임"을 결성하여 한국 청년들, 일본 청년들, 양심 있는 일본인들이 단합하여 히다지를 상대로 고소를 하고 일본사회 여론에 억울함을 고발하였다. 히다지 지부가 있는 대도시에 박종석을 지키는 모임이 확산되고, 한국에서 히다지 제품 불매운동이 일었으며, 이것이 미국에까지 전파되어 결국 히다지는 패소하고 만다. 3년이라는 지루한 싸움에서 한국계 청년이 이긴 것이 된다.

박종석군 사건을 계기로 한국인 단체들이 지방자치단체에 호소하고 문제를 제기하여 공공사업에서 혜택을 보게 된다. 예컨대 시립이나 도립 아파트 입주권을 획득한 것, 아동수당과 노인수당 등을 획득한 것이다. 이러한 몇 개 분야에서 혜택을 보지만 세금을 내는 일본인이 받는 200여 개의 혜택에 비하면 극소수에 불과하다. 이것도 한국인이 요구하면 마지못해 주는 것이었다. 현재 지방 참정권을 요구하기 20년이 가까워 오는데도 일본의회는 한국인의 지방 참정권을 줄 기미가 없다.

이러한 조건과 환경에서도 한국인들은 열심히 생활하면서 한인의 3대 민족사업을 전개하여 간다. 재일 한국인의 3대 시업이란 한인들이 다수 종사하는 업종을 말하여 그것은 야기니구라는 불고기 식당, 빠칭코라는 오락 산업, 그리고 샌달이라는 캐미털 슈즈를 만드는 것이다. 일본에 있는 1만여 개의 불고기집은 한국인이 독점하고 있으며 동경의 명월관, 오사카의 식도원 등은 대식당기업으로 유명하다. 빠칭코 업계의 80% 이상을 한국인이 경영하고 있다. 빠칭코 업계에서 유통되는 금액이 일본 자동차 회사 5개사가 합한 것과 같다고 하니 그 규모를 짐작할 수 있다. 산달은 말하자면 신발의 일종으로 한국인이 거의 독점을 하고 있는 것이다.

시간이 경과하면서 한인들에게는 일본에 귀화하는 사람도 늘고 일본인과 결혼하는 국제결혼도 증가하여 간다. 일본에서는 귀화를 하면 한국인이 바로 제명시켜 버린다. 그것은 일본에서의 귀화는 일본에 항복하는 것을 의미하기 때문이다. 그러나 부득이 귀화를 하는 것은 귀화를 하여야 일본은행이 돈을 빌려 주기 때문이다. 일본에서 사업을 하려면 귀화하지 않을 수 없다. 그러나 한인사회가 직각 제명시키기 때문에 귀화한 한인들이 "성화회"를 만들어 따로 무리를 이루고 있다.

일본에서는 한국 남자가 일본 여자하고 결혼을 하던 한국 여자가 일본 남자와 결혼을 하던 모두 일본인이 되어 버린다. 그것은 일본법이 부모의 한쪽이 일본인이면 자녀는 일본인이 되기 때문이다. 그리고 일본에서는 가능하면 차별대우를 받기 싫어 일본인 행세를 하는 사람이 많다.

이러한 환경에서 최근 새로운 경향이 생기었다. 그것은 한국성을 가지고 귀화하여 귀화하고도 한국계임을 떳떳하게 여기는 사람이 증가하는 것이다. 그리고 일본에서도 최고 갑부인 손정의는 일본에서 가장 존경받는 기업인이다. 강상중은 동경대학 교수로 일본의 사상계를 주도하여 가고 있다.

1980년대부터 일본에도 새로운 한국에 이주하여 가는 사람들 말하자면 "뉴컴어"가 증가하고 있다. 이들은 전에 있었던 재일동포와 달리 일본말을 능숙하게 하지 못하는 것을 창피하게 생각하지 않으며 한국인으로서 당당하다. 따라서 동경 신주쿠 오오쿠보도오리와 쇼쿠안도오리에 한인타운을 이루고 사는 이들은 당당하고 가게에 모두 한국 간판을 달았으며, 오히려 오오쿠보역에서 일본인을 구제하다 사망한 이수연군 사건으로 일본인의 존경의 대상이 되고 있다.

### 3) 미국 – 정식이민

미국으로의 한인 디아스포라는 크게 3기로 나눌 수 있다. 첫째는 1903년에서 1905년까지 하와이로의 초기 이민이고, 둘째가 1945년에서 1965년까지 20년간 미국으로의 이민 아닌 이민이 있었으며, 세 번째는 1965년 미국이 새 이민법을 발표하면서부터이다.

1903년 하와이로 103명이 겔릭호를 타고 도착한 것이 한국 정부의 여권을 가지고 출국한 첫 번째 이민이 된다. 이들은 하와이 사탕수수밭에서 노동자로 이주하여 갔다. 그리고 1905년 한국이 일본에게 외교권을 빼앗기고 일본이 한국인의 해외 진출을 중지시켜 이것으로 하와이 이민이 끝이 난다. 도합 8천여 명이 당시 하와이로 갔다.

하와이에서의 생활은 사탕수수밭에서 종일 작업하는 것으로 말하자면 노예와 같은 힘들고 어려운 생활을 하였으며 작업 이외의 생활 조건도 말이 아니었다. 그리고 당시 하와이 한인들은 총각이 대부분이었고 외국인과 결혼할 수 없었다. 이에 한국에서 사진신부라 하여 남자들이 보낸 사진을 보고 결혼을 결심하고 간 여자들이 1910년에서 1925년까지 계속되고 약 2백여 명의 신부가 이주하여 간다.

이들 여자가 하와이에 오면서 한인들의 생활이 달라진다. 노동하고 여가가 있으면 도박이나 하고 불우하였던 생활이 청산되고 또한 다른 지역으로 이주하여 새로운 환경에서 새로운 직업을 갖게 되는 것이다. 대부분 도시로 진출하여 근로자, 정원사, 점원 등으로 일하며 돈을 벌어 세탁소, 양복점 등으로 진출하였고 개중에는 캘리포니아로 나아가 큰 농장을 하는 사람도 나오게 된다.

당시 이들 하와이 이민들이 큰 공헌을 한 것은 불리한 조건에서 몇 센트 되지 않은 월급을 쪼개어 독립운동 자금으로 만주나 연해주에 보낸 것이다. 이들의 도움이 말하자면 당시에 상당히 중요한 후원금이 되었다

당시 하와이와 캘리포니아 등지에 한인들이 분포되어 있었으며 유명한 지도자가 있었다. 서재필 박사 이외의 한 분은 안창호, 한 분은 박용만 그리고 한 분은 이승만이었다. 안창호는 교육을 통하여 민족의식을 강화하였고, 박용만은 직접 군대를 양성하는 사업을 전개하였으며 이승만은 외교를 통한 국가의 독립을 호소하였던 것이다. .

이러한 지도자가 활동하며 한인회를 조직하고 간행물을 출판하고 계몽운동을 전개하여 갔으나 이러한 지도자 이외에도 스티븐스 사건에 용감하게 사건을 야기한 정명운과 장인환 의사 같은 분들도 있었다. 스티븐스 사건이란 한국의 외교고문으로 있던 스티븐스가 귀국길에 샌프란시스코에 들려 미국 여론에 한국은 독립의 능력이 없어 일본에 병합하는 것이 당연하다고 주장한 사람이다. 이에 대하여 의분을 금할 수 없었던 장인환과 정명운이 호텔을 나오는 스티븐스를 권총으로 쏘아 살해한 사건이다.

초기 이민은 전 미국에 1만 명이 되지 않았으나 뉴욕 등지에서 유학을 하고 2차 대전이 발발하자 의용군을 조직하여 맹호부대라 하였고 간호사로 지원하여 미군을 돕기도 하였다. 직접 전쟁에 참가하지는 못하였으나 한인의 존재와 한인들의 강한 조국광복의 의지를 만방에 호소하기에 충분하였다.

해방이 되면서 이승만이 귀국하여 대한민국 초대 대통령이 되고 그를 도와 내각에 참가하거나 건국에 도움을 준 사람들이 미국에 살던 한인 교민들이었다.

1945년 한국에 주둔하던 미군은 한국의 건국 후 철수하였으나 1950년 한국

전쟁이 발발하자 한국을 돕기 위하여 많은 미군이 전쟁에 참가하게 된다. 한국전쟁 당시 한국에서 미국으로 올 수 있었던 사람들은 미군과 결혼한 한국 여성, 미국 가정에 입양되어 오는 전쟁고아, 그리고 유학생들이 있었다. 이들이 1965년 새로운 이민법이 공포되기까지 약 20년 미국으로 이민 아닌 이민으로 온 사람들이다. 미군과 국제결혼한 여성이 6천 4백여 명, 고아가 5천 3백여 명 그리고 유학생이 3천 2백여 명 도합 약 1만 5천명이 미국으로 이주하여 온다. 유학생은 수업을 끝낸 후 대부분 미국에 남아 교민들이 된다. 이들보다 중요한 사람들이 국제결혼한 한국 여성들이다. 다음에 정식 이민이 취업이민보다 초청이민이 대부분이었고 이들 한국인을 초청한 사람들의 많은 사람들이 국제결혼한 여성이기에 그들의 재미교포 형성에 큰 연향을 주는 것이다.

현재 230만 재미동포의 주류를 이루는 것은 세 번째 이주인 1965년 이후에 도미한 사람들이다. 미국은 종래 이민법을 바꾸어 태평양과 대서양 연안국에 나라마다 2만 명의 쿼터를 주는 새 이민법을 발표한다. 이에 따라 한국에서도 매년 2만 명의 정식 이민이 가능하게 된다.  정식으로 이민을 갔어도 고생하기는 전과 같았다. 그것은 당시 한국에서 출국하는 사람들에게 1천 달러 이상을 가져가지 못하게 하였기 때문이다. 따라서 가족들이 맨손으로 새로운 환경에 적응하여야 했다.

다행이 한국에서 미국으로 이주하여 간 사람들의 학력이 높은 사람들이고 연고가 있어 새로운 환경에 적응하기가 용이하였다. 무엇보다 한국인들이 부지런하고 역경을 성실로 극복하려는 강한 의지를 가진 사람들이기 때문에 이주한지 수년만에 생활에 안전을 찾고 사업에 성공하게 된다.

한국인들이 미국에서 모든 분야에서 사업을 전개하고 있으나 특히 한국인이 많이 종사하는 이른바 민족사업(Ethnic Businesses)이라 하는 3개의 업종이 있다. 그것은 그로소리라는 잡화상, 세탁업, 그리고 흑인용 미용재료상의 3가지 직종이다. 잡화상은 큰 자본 없이 부지런하여 이룩한 구멍가게이다 이것은 저녁 늦게까지 가게를 열 수 있어 부지런한 한국인이게 적합한 것이었다. 그리고 부부가 같이 일을 하거나 바쁠 때는 자녀들도 도움을 줄 수 있어 "가족사업"(Family Business)이라고도 한다. 세탁소는 중국인이 하던 손빨래를 유태인이 기계빨래로 점유하였던 것을 한국인이 차지하게 된 것이다. 특이한 것이 뷰티 서플라이라고 하는 미용재료상이다 이것은 흑인용 머리 미용재료를 파는 것으로 한국에서 가발 붐이 일어난 것과 상관이 있다. 1960년대 말 한국인이 유태인들로부터 흑인용 머리기름이나 샴푸를 파는 가게를 물려받을 무렵 흑인 인권운동이 전개되어 흑인의 자존심을 드높일 때 한국에서 한국만이 독점하던 가발이 미국으로 몰려가 한인들이 흑인에게 가발을 팔면서 많은 돈을 벌 수 있었고 이것이 정착된 것이 한인들이 운영하는 흑인들의 뷰티 서플라이 가게가 된 것이다. 현재 전 미국에는 8천여 개의 이러한 점포가 있으며 이것의 90%를 한인이 운영하는 가게인 것이다.

이러한 한국인의 민족 산업을 기반으로 근년에는 실리콤 벨리에서 컴퓨터 산업에서 성공하여 미국 굴지의 재벌급에 오른 이종문, 황규빈, 김태영 같은 사업가도 나오고 있다. 시간이 경과하면서 1.5세 2세들에서는 더 많은 대사업가도 나오고 특히 한국인들이 선호하는 변호사, 의사, 과학자, 교수직 등에서 최근 한국계 변호사가 1만 명이 넘는다고 한다.

그리하여 미국에서 한국인을 성공한 이민 중간자 소수민(Middleman Model Minority)이라 한다. 그러나 이것이 오히려 화근이 되어 1992년 한인들이 흑인폭동의 표적이 되기도 하였다. 말하자면 흑인들이 자기들보다 뒤에 온 것이 자기들을 추월하여 백인과 흑인 사이에 있게 된 것이 질투의 대상이 된 것이다. 부지런한 것이 죄일 수 없다. 다만 LA 사태 이후 부모에게서 멀어져 가던 2세들이 부모를 돕는 방향으로 전환한 것, 그리고 한인들도 다른 민족 특히 유색인종과 더불어 사는 지혜를 가져야 하겠다는 생각을 하게 된 것이다.

### (1) 남미

미국으로의 정식 이민이 시작될 무렵 남매인 브라질과 아르헨티나로의 디아스포라가 시작된다. 한국에 이민공사가 설립되고 남미 나라들에 농업이민 교섭이 성사되어 면목상 농업이민을 떠난다. 그러나 남미 농장의 규모나 농업방법을 알고 가는 사람이 없었으며 무엇보다 농민이 이주한 것이 아니다. 따라서 4차, 5차의 이민단이 브라질 등 남미 나라에 가서 목적지로 정한 농장 근처도 가지 못하고 도시로 진출한다.

남미로 이주한 한인들은 스페인어와 포르트갈어를 사용하는 곳이기 때문에 어학의 어려움을 미리 알고 평생 입을 옷을 가지고 갔다. 도시 빈민가에 정착한 한인들은 말을 못하고 가져간 옷을 보따리 장사로 가가호호 다니면서 팔기 시작하였다. 옷을 다 팔고 난 후 구멍가게를 시작하는 사람도 있었으나 원주민이 한국인을 만나면 옷을 왜 가져오지 않느냐는 말을 듣고 도매상에서 옷을 가져다 팔았다. 그리고 집에서 재봉틀을 놓고 옷을 만드는 사람도 생기었다. 처음 재봉틀 한 대었던 것이 두 대로 늘고 원주민을 고용하기도 하면서 사업을 확대하여 나아갔다. 여기서 다시 돈을 모아 공장을 확대하여 갔으며 급기야 도매상으로도 진출하여 브라질 상파울루의 경우 유태인들의 의류도매상가로 유명한 봉해치로 거리, 그리고 아랍상인들이 독점하여 오던 브라스 거리를 한인 상인들이 완전히 점령하여 버렸다. 그리하여 한인 의류상은 도매상에서부터 제조업, 소매상 그리고 단추와 같은 부품 제조업까지 한인들이 독점하는 업종이 되고 말았다.

이들 남미의 의류상은 브라질과 아르헨티나만이 아니라 볼리비아, 우루과이, 파라과이 등 남미의 여러 나라 그리고 중미의 여러 나라까지 확산되어 중남미 한국인 하면 그것은 의류상의 대명사가 되었다. 특히 이들은 미국 LA의 의류도매시장인 “자바 마켓”과 연결이 되어 미국과 남미의 한국인의 네트워크가 잘 되어 있다. 이것은 다시 한국의 섬유도였던 대구 그리고 현재 의류도매상가로 유명한 서울 동대문 의류상가와 연결되어 이른바 한인의 “섬유 벨트”를 형성하고 있다.

### (2) 독일

미국으로의 디아스포라가 시작될 1960년대 중반 한인들의 한 가닥이 독일로 간다. 한국과 독일 간에 광산근로자 계약이 체결되어 명목은 한인들이 기술 연수라 하였지만 사실은 독일 광산에서 근무하는 것이었다. 1963년 시작된 광산근로자 파견은 1977년까지 사이에 약 8천3백여 명이 3년 계약으로 독일로 이주하여 간다. 이들 한국인 광부들도 한국에서 광부가 간 것이 아니라 고등교육을 받은 도시인이 대부분이여서 이들을 “학사광부”라고도 한다.

이것과 유사한 시기에 한국에서 간호사가 독일 병원으로 역시 3년 계약으로 가게 된다. 1965년부터 1977년까지 1만 3백여 명의 간호사가 간 것이다. 남자인 광부들도 고생을 하였으나 여자인 간호사들의 고생은 더 심하였다. 언어를 배우는 일이 힘이 들었으며 한 푼이라도 돈을 더 받기 위하여 수당이 많은 야간 근무를 하거나 독일 간호사가 싫어하는 시체를 닦는 일을 하면서 한 푼이라도 더 벌어 한국에 보내는 것을 낙으로 살아갔다.

당시 한국이 가난하여 독일의 광산근로자와 간호사가 보내는 돈이 요긴하게 쓰였을 뿐만이 아니라 국가 산업 자금으로도 유효하게 사용되어 당시 대통령 박정희가 독일을 방문하여 이들 광산근로자와 간호사를 모아 놓고 격려의 연설을 하였고 광장에 모인 한국인들이 눈물바다를 이루었다고 한다.

모두 3년 계약으로 이주하여 광부의 경우 3년 후에 귀국한 사람도 있으나 대부분 한국 간호사와 결혼하여 독일에 영주하게 된다. 그 이유는 한국 간호사가 부지런하고 상양하며 특히 노인을 공경하는 한국인 특유의 성향을 충분이 발휘하여 독일병원에서 모두 기한을 연기하며 영주하게 하여 간호사인 부인 덕에 남자도 독일에 남게 되어 오늘의 독일 교민이 되었다. 그리고 이들의 일부가 유럽 다른 나라로 이주하여 그곳의 교민이 된 것이다.

오늘날 독일 교민이 된 광부나 간호사가 모두 안정된 생활을 영위하고 있으나 개중에는 독일에서 공부를 계속하여 고등간호사가 되거나 연구원 교수가 된 사람도 있으며 개중에는 독일 남편을 의사로 만든 한국 여인도 있다.

독일을 위시하여 유럽 여러 나라들은 이민을 받아들이는 나라가 아니다. 따라서 이들 독일교포들이 한국에서 형제나 일가를 초청하는 법이 없어 독일이나 유럽 나라들의 이민은 자기가 출산한 자녀로서 이루어진 것이다. 또 하나의 부류는 상사 직원이 정착하는 경우다. 영국을 제외한 유럽 나라들은 자기들의 나라말인 독일어나 불란서어, 스페인어 등을 사용한다. 한국의 지상사에 오래 근무하여 자녀들이 고등학교를 졸업한 후 한국에 돌아오면 대학 진학에 어려움이 있어 귀국을 망설이게 된다. 수년 근무하면서 사업의 요령을 터득한 사람들이 현지에서 정착을 하게 되면 한국에서도 환영하고 거주국에서도 환영을 한다. 따라서 현지

근무 지상사 직원들이 거주국에 정착한다.

이들 독일을 포함한 유럽 교민들의 특성의 하나가 그 나라에 국적을 취득하지 않는 것이다. 그 곳에서 출생하여 독일어 밖에 몰라도 독일인이 독일인으로 받아들이지 않기 때문에 그들은 한국의 국적을 포기하지 아니하고 패스포트를 갖고 있다. 이들에게 여권은 한국인의 상징인 것이다.

유럽 국가에도 한국 입양인이 많다. 유럽 나라들 중에서도 북구에 있는 스웨덴, 노르웨이, 덴마크 등지에 입양인이 많고 독일, 불란서로 내려오면서 입양인이 적어지고 이태리, 스페인 같은 남부 유럽으로 오면 입양인이 더욱 적어진다. 유럽에 있는 입양인은 모두 5-6만 명이 된다.

유럽에도 국제결혼한 한국 여자들이 수천 명이 있다. 이들은 독일 남자와 결혼한 한국 간호사가 있으며 스위스에는 한국에 휴전감시단으로 와서 근무하던 장교들과 결혼한 여자들이 있다. 유럽에 있는 국제결혼한 여자들은 미국의 병사와 결혼한 여자와 다르게 한인회에서도 활발하게 일을 하고 있다.

이들 미국과 캐나다, 남미 여러 나라, 그리고 유럽 여러 나라에 거주하는 한인 디아스포라는 한국 이민의 4기에 해당된다는 공통점을 갖고 있으면서 또 하나의 공통된 특징은 비록 디아스포라의 방향은 북미, 남미, 그리고 유럽이라는 넓은 범위로 분산되었으나 이들이 모두 백인문화권에 속한다는 특징이 있다. 이것이 중국이나 CIS 그리고 일본으로 이주한 디아스포라와는 크게 다른 점이다. 말하자면 이들은 백인문화권으로 이주하였기 때문에 이른바 문화충격이 심하였던 것이다.

### 4) 동남아 기타 지역 - 사업이민

한국 디아스포라 역사에 획을 긋는 것이 월남에서 전쟁이 끝나는 1975년이다. 월남전이 끝날 당시 월남에는 5만여 명의 한국인들이 있었다. 이들은 군인이 아니라 월남에 진출한 한국 기업 또는 미국 회사에 근무하던 기술자와 노동자였다. 월남전이 끝나면 바로 한국으로 철수하여야 하지만 이들은 한국으로 귀국하지 아니하고 동남아시아 일대, 멀리는 호주와 뉴질랜드 그리고 중동지역으로까지 분산되어 나아간다.

이들의 특성은 지역적으로 동남아시아와 호주, 뉴질랜드 그리고 중동과 같은 지역으로 퍼져 나갔다는 지역에 특성이 있고, 다른 하나는 이들이 해외로 이주하기 시작하는 시기를 전후하여 한국에서 여행자유화가 추진되어 동남아시아로 진출한 교민들이 여행과 관련된 사업에 종사한다. 말하자면 숙박업, 여행사, 식당, 기념품상회 등에 종사하게 된다. 따라서 이들을 “사업 이주민”(Business Migration)이라 한다.

동남아시아나 호주, 뉴질랜드 교민사회의 특색의 하나는 이주시기에 따라 신포와 구포로 나누거나 중간에 하나를 더하여 신포, 중고, 구포로 나누기도 한다. 이들은 신포 · 구포에 따라 생업에도 차이가 있으나 무엇보다 두드러진 차이는 의식구조와 생활의 태도가 다른 것이다. 신포는 구포보다 한국인으로서 당당한 의식을 갖고 있다. 이러한 차이는 위에서 본 일본에서도 같다. 동남아시아 거주 신포와 구포 사이에 이러한 큰 차이는 없다 하여도 구포보다 신포가 당당하다. 그것은 교포들이 한국을 떠날 때 한국의 위상이 어떠하였는가와 깊은 관계가 있는 것이다. 구포가 한국을 떠날 때 한국은 가난하였기 때문에 구포는 거주국에서 저자세이지만 신포는 한국이 보다 잘 살 때 이주하였기 때문에 떳떳하다.

동남아시아 나라에서도 잘 적응하여 사업에 성공하여 큰 갑부가 된 사람도 있다. 인도네시아의 승은호 회장, 말레이시아의 권병하 회장 등이 그 대표적인 사람들이다. 승은호 회장은 목재업에서 살림조성, 제지업 등에서 큰 사업체 몇 개를 소유하고 한국인들이 많이 하는 운동화 제조업에서도 큰 영역을 담당하고 있다. 말레이시아의 권병하 회장은 건축재제에서 크게 성공하여 그의 제품이 동남아시아는 물론 멀리 중동에까지 판매를 하고 말레이시아의 재벌로 작위까지 받은 분이다.

다른 하나의 획을 그을 수 있는 디아스포라는 1998년 한국이 IMF 위기를 맞은 이후가 된다. 이 시기의 특성은 이주하여 가는 방향이 일정하지 않고 사방으로 나가는 것이다. 그리하여 미국, 일본, 중국은 물론 동남아시아 중동 심지어 아프리카에까지 분산되어 간다. 아프리카로 이주하여 가는 사람들은 미국에서 배운 흑인용 가발과 머리치장품을 가지고 가며 특히 사진 현상가게가 잘 된다고 한다. 흑인 자신 얼굴을 덜 까맣게 하여 주면 좋아하여 사진현상업이 잘 된다고 한다.

이 시기의 또 하나의 특성은 중국 조선족이 한국인이 이주한 모든 지역으로 따라가는 것이다. 마치 제2의 디아스포라 물결과 같이 중국 동포들이 한국인을 따라 세계 도처에 분산되어 한국인이 안 간 CIS지역, 고려인들이 사는 지역에 중국 상품을 갖고 중국시장이라고 하는 곳에 진출하여 장사를 하고 있다.

## 4. 한인 디아스포라의 공헌

한국인이 외국에 거주하는 자체가 한국을 위한 것이다. 그들의 일거수일투족이 한국을 대표하는 행위로 비치기 때문이다 그러나 집단적으로 가시적으로 교포들이 한국에 공헌한 것이 있다.

### 1) 재일동포의 공헌

한국이 1960년대 한국전쟁의 폐허에서 일어나 농업국에서 공업국으로 발돋움할 시기 향도이농이 격심하였을 때 당시 재일동포들은 조국인 한국을 도와 온 정성을 다하였다. 이것이 새마을운동의 시기였다. 당시 새마을운동을 전개하자 재일동포들은 자기 고향에 새마을회관, 양노원 등을 지어 주고, 거리를 수선하고, 다리를 노아 주고, 심지어 농촌학교에 풍금을 기증하였으며, 지붕개량운동, 변소수리 운동에 많은 희사를 하였다.

경상북도가 섬유의 도가 된 것도 경상북도 출신의 재일교포 사업가의 덕이고 경상남도가 신발 운동화의 도가 된 것도 그러하다. 무엇보다 제주도가 귤의 생산지가 된 것은 제주도가 따듯하여 귤이 자생한 것이 아니라 제주도 출신 재일동포들이 묘목을 가져다 주고, 묘목 기르는 법을 가르쳐 주었으며, 비료를 사다 주고 열심히 후원하였기 때문에 제주도가 귤의 도가 되고 가난에서 벗어날 수 있게 된 것이다.

우리가 잊어서는 아니 될 일이 재일동포들이 일본에 있는 9개의 영사관과 대사관 건물을 전부 지어준 것이다. 현재 주일 한국 대사관저가 서갑호라는 분이 개인 재산을 희사한 것이고 토지를 구입하고 영사관 건물을 지은 것도 모두 재일동포들이 선금으로 이룩된 것들이다.

### 2) 미국동포의 공헌

1960년대 2회에 걸친 5개년 계획에서 한국은 경공업을 발전시켰고 1970년대 들어 3차 5개년 계획부터 중화학 공업화를 시작하였다. 당시 미국이나 일본의 기술자도 왔지만 미국에 있는 한인 동포들의 기술자, 과학자, 교수들이 한국에 와서 크게 공헌하였다. 당시 박정희 대통령이 이들 교포 인재를 모으기 위하여 애를 썼지만 특히 재미동포 과학자, 기술자들이 자진하여 한국의 중화학 공업화에 크게 이바지하였으니 말하자면 그들은 두뇌를 제공한 것이 된다. 짧게는 몇 개월 길게는 몇 년씩 한국에 머물면서 중화학 분야 모든 영역에서 공헌을 하였다. 이들의 인원이 약 8천명이며 이것의 연장이 한국에 카이스트와 포항공대이다.

### 3) 중국동포의 공헌

한국이 중화학 공업화에 성공하고 경제적인 고도성장을 이룩할 때의 상징이 일산과 분당을 건설한 것이다. 이때 재중동포들이 노동력을 제공하였다. 보통 이들 중국교포들이 한국에 와 남자는 건축의 건설 현장에서 여자는 중류 식당의 종업원으로 싼 노동력을 제공하여 주었다. 이들 중국 노동자나 식당 아줌마는 자기들의 돈 벌이를 한 것이라 생각하는 사람이 많다. 그러나 이들이 싼 노동력 그리고 건전한 노동력을 제공하여 주었기 때문에 우리는 고도성장기의 건설사업을 빠른 시일 내에 이룩할 수 있었던 것이다. 말하자면 중국동포는 우리에게 노동력을 제공하여 준 귀중한 동포들이다.

일본동포의 경제적인 후원, 미국동포들의 두뇌 지원, 그리고 중국동포들의 노동력 제공이 있었기에 우리는 어느 나라 못지않게 빠르게 근대화에 성공한 나라가 된 것이다. 금전, 두뇌, 노동력 이 세 가지 조건이 모두 산업화에 필요한 자산인 것이며 이 모두를 우리는 교포들로부터 신세를 진 것이다.

## 5. 한인 디아스포라의 의미

### 1) 디아스포라와 세계화

한국을 떠나 외국에 거주하고 외국에서 삶을 영위하는 것이 바로 세계화를 실천한 것이다. 해외 거주 동포들은 한국인의 생활공간을 넓인 것이 된다. 한국은 반도 국가이고 무엇보다 인구밀도가 높은 나라이다. 따라서 한 사람이라도 해외에 나가 거주하는 것이 애국자라고 할 수 있다.

한인 디아스포라는 거주국에서 개인적 외교관이다. 그들의 일거수일투족이 한국을 대표하는 행위가 된다. 그들이 가진 한국 제품이 한국 상품이기에 그들은 한국 상품의 외판원이 된다. 그리고 그들은 한국문화의 선전원이고 전파원이 된다. 그들의 가옥 치장이 한국 문화를 대표하는 것이며, 그들이 먹는 한국음식이 한국음식을 세계에 선전하는 것이 되고, 그들이 입는 한복이 바로 한국의 전통복식을 구체적으로 보여주는 것이 된다. 동포는 사회생활에서 약속을 잘 지키면 한국인 모두가 약속을 잘 지키는 것이 되고, 외국인과의 약속을 지키지 못하면 한국인 모두는 신용 없는 사람들이 되는 것이다. 한인들 태도나 말씨 모든 것이 한국을 대표하는 것이 된다. 말하자면 디아스포라는 한인 세계화의 구체적인 증거물이다.

우리가 디아스포라를 이해하고 그들의 가치를 존중하는 것 또한 세계화인 것이다. 750만 아니 800만의 우리 디아스포라는 어느 나라에 거주하던 모두 심한 고생을 하고 역경을 성실로 극복한 사람들이다. 그리고 어느 나라에 거주하건 디아스포라이기에 집단적인 고통도 당하였다. 러시아 교포의 신한촌 사건과 강제이주 사건, 중국 교포의 경신년 사건, 일본 교포의 관동대지진 사건,  심지어 자유로운 나라인 미국에서 마저 흑인 폭동의 대상이 되는 것과 같은 폭동의 시련을 겪었다. 이러한 사건을 우리는 우리 모두가 당할 사건을 교포들이 대신 당하였다고 생각하여야 한다. 특히 LA폭동이 그러하다. 단일민족의 경험이 너무 길고 다른 민족과 더불어 사는 지혜가 없었기 때문에 우리 민족이 다민족국가 · 다문화사회로 진입하는 신고식을 재미동포가 대신하여 준 것이다. 우리 해외 디아스포라란 우리 모두가 경험하여야 할 과업을 대신하여 준 사람들이라는 우리의 인식이 필요하다.

### 2) 세계화와 다문화사회

세계화란 바로 다문화사회를 만드는 것이 된다. 사람들이 다른 나라의 사회에 진입하여 사는 것이 세계화라면 이것이 바로 다문화사회이고 다민족국가인 것이다. 다민족사회는 다른 인종 다른 사람들이 그냥 섞여 있는 것이 아니라 다른 문화를 가진 사람들이  더불어 살기 때문에 이것이 다문화사회가 된다. 다문화사회, 다민족국가는 다른 사람의 인격을 존중하듯 다른 사람이 가진 문화를 이해하고  존중하는 데서 가능하다.

우리는 해외 디아스포라를 보았다. 그들이 경험한 것이 우리의 소중한 자산인 것과 같이 우리나라에서 고생하는 외국인을 이해하는 것 또한 세계화를 이해하는 것이 된다. 한국에 거주하는 외국인으로 하여금 우리 민족이 해외에서 고생한 것을 되풀이하지 않도록 노력하는 것이 바로 세계화의 지름길이며 이래야 우리나라가 진실한 다문화사회 · 다민족국가가 되는 것이다.

외국인노동자의 입장에서 말하면 그는 한국뿐만이 아니라 일본, 대만 또는 미국으로 일하러 갈 기회가 있었다. 그러나 누구의 알선이건 누구와의 관계에서이건 한국으로 노동을 하러 왔다. 그들이 훗날 본국으로 돌아가 자기가 다른 나라에 가지 않고 한국에 가서 일한 것이 잘 되었다는 의식을 갖게 만들어야 한다. 한국의 노임이 일본이나 미국보다 싸다. 따라서 한국이 고마웠었다는 생각을 갖게 하는 것은 한국인이 그들을 따뜻하게 대하여 주는 것 밖에 없다. 이것이 한국이 세계화

하는 옳은 길일 것이다. 그리하여 그 사람이 친한파가 되었을 때 우리는 동지를 하나 더 얻은 것이 되고 그가 사는 곳이 한국의 다문화사회가 되는 것이다.

### 3) 내외 디아스포라

한국인이 외국에 거주하는 시기가 길었고 거주하는 수가 많아 우리는 이것을 디아스포라라고 하면 당연히 해외로 진출한 우리 민족만을 생각하기 쉽다. 그러나 다른 나라로 이주하는 것을 디아스포라라 한다면 현재 한국에는 많은 외국인이 거주하여 한국 내에도 디아스포라가 이루어지고 있다.

1980년대 갑자기 한국 내에 한국인과 다른 얼굴이 보이기 시작하였다. 당시만 하여도 한국은 외국에 노동자를 보내는 나라, 특히 불법체류자를 일본이나 미국에 보내는 나라라 생각하였다. 따라서 한국에 외국인노동자가 그것도 불법체류자가 있다는 것을 이해하지 못하였다. 그리고 이런 사람들은 내쫓으면 되는 것이지 우리나라가 외국인노동자를 필요로 하는 나라라 생각하지 않았다.

그러나 시간이 갈수록 외국인노동자가 증가하고 외국인 불법체류자가 증가하여 갔다. 이러는 사이에 중국동포들이 같이 들어와 한국인들은 우리 동포를 외국인 노동자와 같이 취급하였고 오히려 한국어를 알기 때문에 외국인보다 더 많은 사기피해를 주었다. 1999년에 새로 공포된 재외동포법에서도 중국동포를 동포로 취급하지 아니하였다. 따라서 시민단체들이 심하게 당국에 항의하여 겨우 중국동포들이 동포법에 적용되었으나 아직도 시행령이나 출입국관리국에서는 다른 지역의 동포보다 차별대우를 하고 있다.

특히 한국 남자와 국제결혼하여 한국에 이주한 외국인 여성도 이상한 눈으로 바라보거나 무시하여 왔다. 그러나 그 수가 10만 명이 넘어 다수가 되고 무엇보다 그들이 출산한 자녀가 한국어를 잘못하여 학교에서 적응을 못하는 문제가 야기되자 갑자기 외국인 여자와 결혼한 부부가 사회문제시되어 시민단체가 항의를 하고 학자들이 연구하기 시작하였다.

현재 문제는 외국인 여성에게 한국어를 가르치고 한국문화를 익히는 것만 주력하고 있다. 그러나 소수의 목소리로 나오기 시작하였지만 그들의 모국어도 한국에서 배우고 그들의 문화를 한국인들이 배워, 특히 그 자녀들이 아버지 언어인 한국어와 어머니 국어인 그 나라 말을 동시에 배워 이중 언어를 완전히 구사할 수 있는 자녀를 기르면 머지않은 장래에 한국에 큰 공헌을 할 것이라는 의견이 나오고 있다.

### 4) 현실과 의식

우리는 단일민족으로서의 경험이 너무 길었다. 4천년의 역사가 단일민족으로서의 경험만을 강조하여 왔으며 근세에 이르러 나라를 상실하였을 때 더욱 민족의 단결을 호소하였다. 우리는 식민지에서 해방이 되고 새로운 국민국가를 형성할 때 더욱 단일민족을 강조하였다. 따라서 우리는 다른 민족과 더불어 사는 지혜가 몹시 부족한 국민이 되었다. 1960년 산업화를 추진하면서 농업국이 공업국으로 변신할 때도 우리는 단일민족임을 자랑하여 왔다. 그리고 1980년에 비로소 단일민족국가가 자랑거리가 아니라는 것과 다문화사회 · 다민족국가라는 명제에서 가장 뒤떨어진 민족임을 알게 되었다. 말하자면 사회 현상을 우리의 의식이 따라가지 못한 것이었다.

우리나라의 사회현상은 국민이 미처 깨닫지 못하는 사이에 미리 닥쳐 왔고 그것도 새로운 사항을 인식하고 그것에 대처할 생각을 갖기 전에 또 다른 현상이 닥쳐왔다. 새로운 현상을 이해하는 의식이 성립되기 전에 또 다른 새로운 현상이 야기되고 있는 것이었다. 따라서 우리는 30년이 한 세대가 아니라 10년이 한 세대라 하며 현재 수 세대가 같이 살고 있다고 한다.

농경사회에 태어나 산업사회를 경과하고 후기산업사회에 진입하였는 데도 아직 농경사회 의식을 가진 사람이 많다. 우리나라가 이미 다문화사회 · 다민족국가가 되었으나 아직도 이것을 이해하지 못하는 사람이 대부분이다. 우리는 해외교포 750만을 갖는 “다국가민족”이며 100만의 외국인을 가진 다민족국가이지만 다민족국가의 의식을 가진 사람이 아직 소수이다.

다민족국가 · 다문화사회의 의식은 다른 민족과 더불어 살고 다민족이 가진 문화를 소중히 여김으로써 자기도 존경을 받는다는 원리를 깨닫는 것이다. 우리나라는 저출산, 고령화 사회로 진입한지 오래이며 이미 고령화 사회가 아니라 고령사회가 되었다. 이러한 현상을 타개하기 위하여 우리는 여성의 출산을 장려할 생각을 하고 이에 대한 정책을 세우느라 정신이 없으나 우리나라 자녀를 출산하여 주는 외국인 여성에 대하여는 아무 말이 없다. 우리 여성의 출산을 장려하는 것 못지않게 한국 자녀를 낳아주는 외국인 여성을 보호하고 건강을 걱정해 주어야 한다. 그리하여 우리의 저출산을 막고 자녀를 증산하는데 힘을 써야 한다. 말하자면 우리 자녀를 낳아주는 외국인 여성은 참으로 우리에게 귀한 존재라는 것을 인식하고 이에 적합한 정책을 만들어 내야 하는 것이다.

3D에 종사하는 외국인노동자도 우리의 귀중한 자산이다. 한국인들은 노숙생활을 할망정 3D업종에 발을 들여놓을 생각을 하지 않는다. 따라서 현재 우리의 3D업종에서 일하는 외국인노동자를 국적과 관계없이 우리 노동자와 같은 대우를 하거나 더 우대하여야 한다. 그리하여 그들이 마음 놓고 한국에서 성실하게 일할 수 있는 환경을 조성하여 주어야 한다. 이들이 국적은 달라도 한국기업을 살려가는 사람들이다.

다문화사회 · 다민족국가에서 국적은 아무 의미가 없다. 한국에 거주하고 한국에서 일하는 외국인은 외국인이 아니라 우리 사람들이다. 이들을 보호하고 우대하여 좋은 작업환경, 좋은 생활환경을 만들어 주는 것이 다문화사회 시민들이 할 일이고 다민족국가가 베풀어야 할 시책인 것이다. 우리나라와 같이 영토가 좁고 자연자원이 부족한 나라에서 살 길은 빨리 다민족국가 · 다문화사회로 진입하여 다문화사회의 선진국이 되는 것이다.

## 용어해설

**세계화** : 물질, 정보, 금융, 인간 등이 국경을 넘어 교류하고 협력하여 세계가 하나의 상호의존관계로 되어 가는 현상이다.

**디아스포라** : 해외로 이주하여 가는 것

**다민족국가** : 여러 민족이 한 나라 안에 거주하는 나라

**다문화사회** : 한 사회 내에 여러 문화가 공존하는 사회

**국제결혼** : 다른 국적을 가진 사람들의 결혼, 즉 이민족간의 결혼

**교포혼** : 한국의 경우 재일동포와 한국인의 결혼, 중국 조선족과 한국인의 결혼은 동족간의 결혼이지만 다른 문화적 배경을 가진 자들의 결혼이기에 국제결혼에 포함시킨다.

**유민** : 한인 이민 초기의 이민과 같이 비자 없이 국경을 넘어 유입된 사람들

**망명 이민** : 한국의 독립을 위하여 이민 간 사람들

**청산리대첩** : 한국의 항일투쟁에서 가장 성과를 올린 전투. 청산리에서 일본군 일개 여단을 전멸시킨 대전투이고 이곳에서 크게 승리하여 대첩이라고도 한다.

**1937년 강제이주** : 1937년 연해주에서 중앙아시아로 16만 명의 한인이 강제이주를 당한 사건. 한인 이민사에 가장 처참한 사건이였다.

**일본 히다지 사건** : 1970년 박종석군이 히다지 회사 입사시험에 합격하였으나 한인이라는 것으로 입사거부를 당함. 이것을 계기로 박종석군을 지키는 모임을 갖고 히다지와 투쟁을 하여 3년 만에 승소한 사건. 이것이 재일동포의 큰 전환점이 되었다.

**스티븐스 사건** : 한국 외교고문 스티븐스가 샌프란시스코에서 한국이 일본의 통치를 받게 되는 것이 당연하다는 망발을 하여 한국인 정명운과 장인환 열사에 암살을 당한 사건. 재미동포가 단결하는 계기가 되었다.

**한인의 섬유 벨트** : 브라질과 아르헨티나 등 남미 거주 한인들과, LA 자마 마켓, 한국의 대구와 서울 동대문 의류도매상가가 하나의 연결고리를 갖고 한인들의 섬유 산업을 육성하여 가는 것

## 생각해 볼 문제

1. **우리의 해외 동포** – 우리는 해외 170여 개국에 750만 해외동포를 가진 나라이다. 이들은 해외에 진출하여 모두 심한 고생을 하고 한국인의 특유한 근면성으로 현지에 정착하여 성공한 모범적인 소수민족이 되었다. 이들은 우리나라 건설에 크게 이바지한 동포들이다. 재일동포는 새마을운동 시 경제적인 도음을 주었고, 재미동포는 중공업화에 두뇌를 가져다 주었으며, 재중동포는 우리의 고도 성장기에 노동력을 가져다 주었다. 국제화라는 차원에서 우리의 해외동포와는 반대로 한국에 와 있는 외국인 노동자나 결혼 이민자가 있다. 해외동포를 생각하여 우리나라에 와 있는

외국인들을 포용하고 돌보아 주어야 한다.

2. **한국에 와 있는 외국인 노동자** – 한국인이 노숙생활을 할망정 3D업종에 종사하려 하지 않는다. 3D업종에 종사하는 외국인 노동자가 없다면 우리 산업은 유지되지 못할 것이다. 이런 의미에서 이들 외국인은 더 이상 외국인이 아니라 우리나라의 한 구성원이고 특히 노동력을 제공하는 귀중한 존재들이다.
3. **한국에 거주하는 결혼 이민자** – 한국에 결혼하려 온 동남아시아의 여성들은 더 이상 외국인이 아니다. 그들은 한국인 자녀를 낳아준 한국인의 어미니이고 한국사회에 몰입된 한국인이다. 이들이 한국어를 배우고 한국문화에 적응하는 것이 필요하지만 이들의 언어를 우리가 배우고 이들의 문화를 이해하도록 노력하여 한국이 명실상부한 다문화사회를 만들어야 한다.
4. **한국이 다문화사회인가** – 외국인 노동자와 결혼 이민자를 완전한 의미에서 포용하고 이해하지 못하는 한 우리는 다문화사회를 이룬 것이 아니다. 이들 외국인의 문화와 언어를 배우고 읽히도록 노력하여 이들 외국인이 아무 불편 없이 그리고 그들이 자기의 문화를 자랑하는 사회가 되었을 때 우리는 다문화사회를 이룩한 것이 된다.
5. **한국이 다민족국가인가** – 한국은 단일민족의 경험이 너무 긴 나라이다. 따라서 다민족이 한국사회에 거주하고 있으나 이들의 존재를 인정하지 않으려 한다. 이들 외국인의 존재를 인식하고 그들과 더불어 사는 지혜를 가질 때 비로소 다민족국가가 되는 것이다.

## 더 읽어 볼 책

고승재(1973). **한국이민사연구**. 장문각.

윤인진(2004). **코리안 디아스포라**. 고려대출판부.

이광규(1992). **세계 속의 한민족 선택받은 한민족**. 한일문학사.

______(2000). **해외동포**. 서울대출판부.

# 참고 문헌

권태환(1996). **세계 속의 한민족**-중국편. 통일원.

권희영(1996). **세계 속의 한민족**-독립국가연합편. 통일원.

김동화(1988). **연변 청년 운동사**. 연길: 연변인민출판사.

윤병석(1990). **국외 한인 사회와 민족운동**. 일조각.

이광규(1996). **세계 속의 한민족**-총론. 통일원.

______(1996). **세계 속의 한민족**-유럽편. 통일원.

이구홍(1979). **한국이민사**. 중앙신서.

이문웅(1996). **세계 속의 한민족**-일본편. 통일원.

전경수(1996). **세계 속의 한미족**-중남미편. 통일원.

______(1996). **세계 속의 한민족**-중동, 아프리카편. 통일원.

최협 · 박찬웅(1996). **세계 속의 한민족**-미국, 캐나다편. 통일원

한경구(1996). **세계 속의 한민족**-아시아, 태평양편. 통일원.

현규환(1976). **한국유이민사**. 상하권. 서울: 대한교과서주식회사.

황유복(1996). **조선족 사회와 문화의 연구**. 복경: 민족출판사.

제4장

# 중국 다문화정책

1. 중국 고대의 다문화교육정책
2. 중국 근현대의 다문화교육정책
3. 중국의 소수민족교육정책과 다문화교육
4. 사례로 보는 중국 조선족의 다문화교육정책

**〈학습 목표〉**

1. 중국 다문화교육의 역사에 대해 조명한다.
2. 중국 다문화교육의 발전단계와 문화적 다양성에 대해 탐색한다.
3. “다원통일”에 대한 중국의 사회적 통념을 심층적으로 논의한다.
4. 중국 다문화교육과 소수민족교육에 대해 비교 · 대조한다.
5. 중국 조선족 다문화교육의 언어, 문화와 공헌, 정형화된 이미지에 대해 개관한다.

# 요약


모든 국가는 자신의 문화적 전통을 기반으로 민족 문화의 깊은 심리적 구조를 형성하고 그것으로 사람들의 지식, 신념과 가치관에 지대한 영향을 주고 있다.

전통문화의 관점에서 볼 때 중국은 중화민족의 오랜 역사 발전과정에 이루어진 독특한 문화적 사고방법, 특수한 지리적 환경, 특별한 생산모드 때문에 세계 유일의 "융합(融合)형 문화"를 형성하고 있다. 구체적으로 보면 "중국 한문화"를 중심으로 경내의 소수민족 문화와 경내로 이주 온 경외 문화를 부단히 흡수하고 통합을 실행하였다. 이 과정에서 "중국 문화"는 여러 가지 문화의 우수성을 배워 자기 문화의 단점을 보완하면서 자체의 우수한 문화적 스타일과 정신을 유지하는 동시에 문화의 전파와 홍보를 통하여 기타 문화에 대한 적극적인 영향력을 과시하였다. 따라서 중국의 "융합(融合)형 문화"는 기본적으로 "유연한 융합(融合)형식"이라고 할 수 있다.

역사의 발전과 더불어 때로는 다양한 문화교육이 주류로 되어 민족 대융합과 대발전을 도모하였으며 때로는 통일교육이 주류를 이루어 국가의 대통일과 대단결을 이끌기도 하였다. 이렇게 다문화교육과 통일교육은 일정한 역사 시기에 외적인 발전과 잠재적인 발전이 교차적으로 나타나면서 상호의 발생과 발전에 조건을 창조해 주었다. 근대에 들어서서 여러 민족 문화교육은 다원통일의 관계를 유지함에 있어서 국가적인 정체성에 중시를 하게 되었으며 특히 외래의 침략에 대항하면서 이러한 통일적인 응집력을 과시하였다.

그리고 지속적인 경제 및 사회의 번영과 안정, 중국의 정치 및 경제 시스템 변화, 인구 구조의 변화 또한 이민자 교육과 특정 문화 집단의 교육문제 등으로 인하여 융합형 문화유형은 시대발전 변화에 적합한 방식으로 근본적인 전환에 대한 정책적인 사고를 끊임없이 진행하면서 발전하였다. 적응과 발달의 과정은 중국 문명의 긴 진화적인 발전의 과정에서 여러 민족문화의 상호 교류와 통합, 봉건사회의 다원일체의 자유실체로부터 현대사회의 다원일체의 자발적 실체로 발전하여 중국 특색의 다민족사회 패턴을 구성하고 다문화주의의 과학적 개념인 다원통일론을 확립하였다. 주체문화인 한문화는 여러 소수민족의 문화를 흡수하고 여러 소수민족 문화도 한문화의 깊은 문화적 특색을 나타내면서 서로의 우월성을 공유하는 융합의 양상을 보이고 있다.

새 중국이 건립된 후 중국에서는 민족평등정책을 실시하였으며 민족자치정책 실행과 함께 다문화교육을 발전시키고 현대 학교교육을 통하여 통일교육을 촉진하였으며 민족교육과 현대교육을 병행함으로써 중국 특색의 다문화교육체계를 형성하였다.

오늘날, 중국의 다문화교육은 소수민족교육과 여성교육, 빈곤학생교육 등 다양한 문화교육영역에서 어깨 나란히 병렬 형태로 존재하면서 중국의 실제 상황에 맞게 문화적 다양성을 강조하는 동시에 화합과 조화로운 발전을 추진하고 있다. 중국 정부는 소수민족의 문화적 다양성을 강조하는 동시에, 국가의 민족 정책, 서로 다른 민족문화와 관습, 언어, 예절, 그리고 민족단결 등 교육 콘텐츠가 포함된 모든 학생들을 위한 다문화교육 과정을 개발하고 다문화교육을 실행할 것을 적극 강조하고 있다.

현재 중국의 다문화교육 연구는 오랜 역사적 기반을 가지고 있음에도 불구하고 체계적인 이론연구는 많이 부족한 상황이다. 다문화교육에 대한 연구는 페이쑈퉁(費孝通), 완밍깡(万明鋼), 왕짼(王鑒) 등 부분적인 학자들의 연구가 비교적 계통적이다. 본 문의 많은 연구는 이 세 분의 많은 저서와 이론을 기초로 저자가 일부내용을 보충 및 재편집한 내용임을 밝힌다.

# 1. 중국 고대의 다문화교육정책

어떠한 사물이든 모두 형성 · 발전하는 과정이 있다. 중국의 다문화교육도 예외는 아니다. 비록 체계적 의미에서 말하는 다문화교육은 20세기 후반에 발전하였다고 하지만 사회적 현상으로서의 다문화교육은 하루 아침에 불시로 이루어진 것이 아니라 오랜 시간 동안의 잠정적인 역사적 발전 준비과정을 거쳐 형성 · 발전되었다. 민족문화와 교육의 탄생 및 발전의 역사과정과 발원지를 따라 거슬러 보면 그 역사적 근원을 찾을 수 있다. 중국의 다문화교육은 오랜 동안의 발아기, 형성기와 발전기를 거쳐 오늘의 중국 특색의 다원통일의 다문화교육체계를 형성 · 발전시켰다.

## 1) 중국 고대의 다문화교육과 통일교육의 발아기

왕쨴, 완밍깡(王鑒, 万明鋼, 2004)의 연구에 의하면 중국의 다문화교육은 "중화민족"의 오랜 역사와 문화적 개념을 통하여 엿볼 수 있다고 한다. 그들은 "중화민족"이라는 언어 자체는 근세의 개념이지만 오래 전에 이미 중국영역에서 살고 있는 여러 민족을 통칭하여 이르는 말로 사용해 왔다고 한다. "중화(中華)"라는 말을 가장 처음으로 사용한 것은 〈당률명례사이역이 (唐律名例疏议释义)〉에서 찾아볼 수 있다. "중화(中華)"의 "중(中)"은 가운데라는 뜻으로 "자기중심"이라는 의미를 가지고 있으며 이는 "밖에 사람"과 대응되는 의미를 가지고 있다. "중화(中華)"의 "화(華)"는 문화를 가진 민족이라는 뜻이다. 챈무(钱穆)선생은 『민족과 문화』라는 책에서 "중화민족은 문화를 주요로 하며 민족관념보다 문화 관념을 중요시한다고" 주장한다. 이는 중국의 유구한 문화 속에는 다문화교육의 맹아사상이 싹트고 있었다는 것을 말해 준다. 중화문명 그 자체도 단일민족의 문화와 문명이 아닌 다양한 민족의 문화와 민족 지혜의 융합이라고 할 수 있다.

중국 갑골문의 기재에 의하면 중국의 노예사회의 비교적 안정한 국가였던 인나라(殷朝) 때 벌써 주변 국가의 많은 학생과 여행객들이 인나라에 모여들었다고 한다. 이는 노예사회였던 인조의 통치자들이 이미 주변국가와 서로 다른 민족 간에 사람들의 왕래를 허용하는 등 비교적 개명한 정치를 하였다는 것을 보여줄 뿐만 아니라 이역(异域)의 문화사상이 본국의 문화교육에 객관적인 영향을 줄 것이라는 것을 받아들이고 서로 다른 문화와 사상의 상호 교류를 허용하였음을 보여 준다. 또한 이는 중국문화의 다문화 존재형태가 노예사회 내부에서 이미 자라(孕育)나고 있었다는 것을 보여 준다. 그 후 봉건사회의 오랜 역사 발전은 대통일의 교육사상의 영향하에 봉건사회의 정치 경제적 개혁을 진행하고 발전 · 변화를 일으켰다. 그러는 동안 중국의 다문화교육은 다원화 발전과 대통일의 교체발전 속에서 자율적으로 발전하였다.

춘추시기에 들어서서 각국은 분쟁에 휩싸였고 중국의 문화교육은 무정부 상태에 들어갔다. 이러한 정부의 무정부 상태는 중국문화의 다양화를 촉진시켰다. 중국의 다문화교육은 여러 문화가 분화되고 다시 조합하는 새로운 시기를 맞이하게 되었다. 문화가 다양하게 발전하고 여러 학자들이 서로 자기 관점을 주장하고 쟁론하는 백가쟁명(百家争鳴)과 백화제방(百花薺放)하는 다양한 문화교육 현상이 만발하는 가운데 문화융합의 역량도 자라고 있었다. 천하통일은 무정부 상태에서 생활하는 여러 민족 모두가 사회질서에 대한 마음 속 깊이에서 우러러 나오는 갈망이었을 뿐만 아니라 여러 민족이 문화적 정체성을 수립하려는 강렬한 요구이기도 했었다.

공자는 그의 저서인 『논어』에서 "가르침에는 종류가 없다"고 주장하였으며 가르침은 공부를 통하여 얻는 문화라고 하였고 유형은 본질상의 구별을 말한다고 했다. 공자는 夏夷의 지식과 문화는 차이가 있으며 가르침을 통하면 夷가 夏로 될 것이나 가르침을 통하지 않으면 夏가 夷로 된다고 했다. 이는 춘추시기에 이미 다원화교육의 발전 속에서 전통적이고 통일된 교육관이 "士"계급에서 시행되고 있었고 전통적인 통일교육이 발아계단에 들어섰음을 말한다. 이러한 다문화가 공존하는 원칙을 유지하도록 할 수 있었던 것은 유가의 언어, 풍속, 경제와 교육 등 요소를 포함하는 예락(禮樂)이었다. 춘추시기의 다문화와 다민족의 교류와 융합을 거쳐 전국시기에는 이미 화하(華夏)를 핵심으로 하는 고대 민족 공동체인 화하족이 형성되었다. 이 시기의 화하족은 다민족 · 다문화가 응결되는 대통일의 특성을 지니고 있었다. 조기에 출현한 문화 다원의 특점과 발전 추세는 오랜 시간의 겸병(兼并)과 융합과정을 거쳐 종족으로부터 국가로의 전환을 점차 완성하였다. 진(秦)나라의 통일은 문화에서 획기적인 의미를 가지고 있으며 중화문화 공동체의 형성과 중국 국가통일교육제도의 건립을 의미한다. 한(漢)나라는 진나라의 제도를 이어받아 발전시켰다. 이 시기 한(漢) 민족의 형성은 여러 민족의 〈화하통일(華夏統一)〉의 이상(理想)을 현실로 되게 하였다. 진한시기 천하 통일사상의 영향하에 다문화교육은 내부적인 다원화의 존재로부터 외부적인 발전을 가져왔으며 주변국가와의 교류를 통하여 민족의 대융합을 촉진시켰다. 춘추전국 시기의 다민족 · 다문화 공존 발전과 달리 진한시기에는 국가통일교육이 외적 발전을 나타내는 첫 시대에 진입하였다.

### 2) 중국 고대 다문화교육과 국가통일교육의 교체 발전

중국의 위, 진, 남, 북조와 수당 5대의 800여 년 간의 민족관계의 주요한 특점은 대전이, 대충돌, 대융합이다. 위진 시대에 들어서서 북방의 소수민족이 대량으로 중원에 이주하여 중원을 점령하였으며 황하이북에 열여섯 개의 지방정권을 세웠다. 남북조 시기에 와서 선비족이 중국북부 대부분 지역을 점령하고 남방과 대치하는 북위정권을 세웠다. 북방민족이 대규모의 내지전입과 동시에 많은 중원의 한족들도 내전으로 하여 중원을 떠나 외지로 이주하였다. 정권의 분할과 민족의 혼전은 정통성(正統性)에 대한 추구와 화이분쟁을 더욱 악화시켰다 하여 중국의 다문화국가는 또다시 분열의 국면을 맞이하게 되었고 다문화교육은 잠재적 발전 단계로부터 제2의 외적인 발전시기를 맞이하였다. 이는 수나라와 당나라의 국가통일교육의 발전에 기초를 마련해 주었다. 대통일사상의 영향하에 중원에 살고 있던 여러 민족은 화하선왕(華夏先王)의 후예(后裔)라고 자칭하였으며 민족의 족원(簇源)을 한족과 동일시하면서 한문화를 접수하고 한족교육과 한화정책을 실시하는 것을 통하여 문화적으로 한문화와의 융합을 형성하였다. 그리고 중원에서 북방으로 이주한 많은 한족들은 북방민족이 건립한 정권에 참여하였을 뿐만 아니라 한족문화교육을 적극적으로 제창하고 북방민족들의 문화교육 수준을 제고하는데 공헌하였다. 위, 진, 남, 북조의 민족 대융합을 통하여 북방의 여러 민족들은 한(漢) 민족 간의 교류를 발전시키고 다문화교육 공존의 사회적 실체를 형성하였으며 민족공동체의 국가통일교육의 발전이 여러 민족 생존의 공동수요로 되는 과정을 촉진하였다.

수당시기 중원정권은 주변 소수민족과 자국의 상호 교류관계를 진일보 강화하였다. 특히 당나라는 소수민족과 기타 국가의 문화적 · 교육적 연계를 중요시하였다. 특히 당나라의 불교문화는 주변 국가와의 문화적 교류관계를 발전시켰으며 중국의 통일교육의 다문화적 특색을 진일보 발전시키는데 매우 큰 공헌을 하였다. 당나라의 다문화교육 특색은 고구려, 신라와의 상호 민족문화 교류의 역사적인 관계에서도 찾아볼 수 있다. 당나라는 고구려, 신라와의 상호교류를 발전시킨 동시에 주변의 토번, 남조, 발해국 등 소수민족 국가와 장기적이고 안정된 문화교류 관계를 유지하였다. 수나라와 당나라는 강대한 국력을 후속력으로 또한 북방 여러 민족의 대융합을 토대로 적극적으로 한화정책을 실시하고 본토화(本土化)한 교육체계를 세우고 다문화교육을 실시하였으며 주변 여러 나라와의 교류와 전쟁을 통하여 한문화와 중화예의(中華禮儀)를 가르치고 호한(胡漢) 문화교류를 위주로 실행하였으며 광범위하면서도 절제(节制)적으로 외래문화를 받아들이고 개방적인 극성(極盛) 시기를 형성하였다. 또한 다양한 문화와의 접촉과 교류를 통하여 통일된 가치관을 형성하고 통일적인 교육방법을 통하여 다문화교육의 발전을 진일보 공고화하였다.

### 3) 중국 고대 다문화교육과 국가통일교육의 융합

중국의 송(宋), 료(遼), 서하(西夏), 금(金), 원(元), 명(明), 청(清) 시기는 북방 여러 민족정권과 한족정권이 병립(并立)하고 북방민족이 중원으로의 대규모 진입과 다민족국가의 통일을 특색으로 한다. 중화민족 다문화교육사의 각도에서 보면 다원화교육과 통일교육이 가장 치열하게 부딪치는 시기이기도 하다. 송나라는 국력이 약화되었으나 화하(華夏)의 후예라고 주장하면서 국가의 대통일과 통일교육을 적극적으로 주장하였다. 동시에 북방의 료나라와 금나라 등 소수민족정권은 한화정책을 적극적으로 실행하면서 중원의 송나라와 국가통일을 통하여 정통(正統)왕의 지위를 다투었다. 료나라, 서하와 금나라의 자국민에 대한 한화교육과 한족정체성의 인정은 중화문화의 내재적 통일을 촉진시켰다. 특히 민간인들의 대거 전이와 잡거는 민족 간의 융합과 문화교육의 교류를 발전시켰으며 중국문화의 독특한 료문화, 서하문화와 금문화를 형성하였다. 그리하여 이 시기에 여러 소수민족 문화들은 한(漢)문화를 대량으로 흡수하였을 뿐만 아니라 한문화도 많은 소수민족 문화를 흡수하였다. 때문에 겉으로 보기에 국가적인 문화가 다원화 발전 중에 있어 보였으나 실질적으로 문화융합의 새로운 현상이 나타나고 있었으며 그 속에서 국가통일교육은 잠정적인 발전을 통하여 "화이통일관(華夷統一觀)"을 형성하고 있었다. 료나라, 송나라, 서하와 금나라 등 여러 민족의 융합과 민족문화 정체성은 원나라 대통일의 화로 속에서 단련을 거치면서 중화민족 다원통일교육관으로 발전하기 시작했다.

이 시기의 다문화교육은 소수민족이 주동적으로 한(漢)문화를 학습하고 중화민족 정체성 문화교육으로 융합되는 중요한 시기였다. 금원(金元) 두 나라는 민족학교를 설립하고 비교적 완정(完整)한 민족교육체계를 건립하였으며 민족교육사업을 발전시켰다. 금나라는 중앙에서 지방에 이르는 민족교육 학교체계를 건립하였으며 민족교육사업을 발전시켰다. 뿐만 아니라 금나라는 완정(完整)한 여진족 교육체계와 당나라와 송나라를 모방한 한족 교육체계가 병존하는 다문화교육 체계를 건립하였다. 교과과정에서 여진족 문자를 가르칠 뿐만 아니라 한족교육의 전통적 교과내용을 위주로 강의하였다. 당시 여진족 사회는 노예사회 발전단계에 있었고 정치, 경제 문화교육이 비교적 낙후했다. 따라서 봉건사회의 한족문화를 학습하고 "한화" 교육을 통하여 본 민족인재를 배양하고 교육하는 것이 자기통치를 유지하고 발전시키는 가장 좋은 방식이었다.

1164(大定四年)년에는 중국 역사상 처음으로 정부가 사용하는 소수민족문자로 된 "여진대소자역 ≪상서≫"--〈금사 · 선거지〉 "以女眞大小字譯 ≪尙書≫", (≪金史 · 选擧志≫ (卷五十一, ≪志≫ 第三十二))의 한문판이 번역되었다. 또한 원나라에서는

국자학(國子學)을 대표로 하는 전문적인 다문화교육체계를 건립되었으며 문자교육을 특색으로 하는 학교의 다문화교육이 빠른 속도로 발전하였다. 원나라 학교에서는 한자와 몽골글자를 가르쳤을 뿐만 아니라 위얼족글(畏兀儿字)을 교과내용으로 가르치고 정부에서는 회회국자학(回回國子學)을 세우고 전문 인력을 배정하여 포스(波斯)문자를 연구하고 공부하였다. 원나라는 몽골, 색목(色目), 남인 등 여러 민족 및 서역의 여러 나라와의 교류를 발전시켰으며 이로 하여 원나라의 다문화교육이 번영기를 맞이하였을 뿐만 아니라 명나라와 청나라 다문화교육의 진일보 발전에도 기초를 닦아주었다. 명청시기 중국에 진입한 외국학생 규모는 진일보 확대되었으며 명나라에서는 중앙에 사역관(釋譯管)을 설치하고 외국문화에 대한 연구 학습을 강화하였다. 동시에 소수민족이 집거한 지역에 "선우사유학("宣慰司儒學")"과 "안부사유학"("安撫司儒學")을 설립하고 한(漢)문화교육을 진행하였으며 교과내용도 한족(漢族)지역의 부, 주, 현유학(府, 州, 縣儒學)의 학습내용과 비슷하게 하도록 하였다. 청나라는 학제를 중앙과 지방 두 곳으로 나누어 중앙에는 국자감(國子監), 팔기자제들을 위한 팔기관학(八旗官學)과 이학(義學), 왕친들을 위한 종학(宗學)과 각라학(覺羅學), 내무부삼기(內務府三旗) 자제들을 위한 경산관학(景山官學), 함안궁관학(咸安宮官學) 그리고 호군관병(護軍官兵) 자제들을 위한 원면원관학(圓明園官學), 외화기영관학(外火器營官學), 건예영관학(健銳營官學) 등이 있었고 산술학(算學)과 러시아문관(俄羅斯學館) 같은 전문적인 학문영역을 위한 학제도 설치하였고 지방에는 주요 부학(府學), 주학(州學), 현학(縣學)과 위학(衛學)을 실행하였다. 19세기 중반 이후, 서방과학의 진입으로 하여 청나라에서는 외국문화, 즉 러시아학과 유구학(琉球學) 등 전문적인 문화연구기구를 설치하였다. 이러한 연구기구들은 외국의 문화를 학습하고 다문화교육의 발전과 교류에 중요한 역할을 일으켰다. 청나라 정부는 외국문화 학습을 중시하고 외국과 일본에 학생을 파견하여 유학공부를 시킴으로써 외국문화 교육경험의 전입과 중국 다문화교육 발전의 속도를 가속화시켰다. 이 학생들이 귀국 후 대부분 교육사업에 종사하고 중국 다문화교육의 형성의 원동력으로 되었다. 청정부가 다문화교육을 발전시키기 위한 다른 성공적인 정책적 노력은 소수민족 교육형식으로서의 만족팔기자제(满族八旗子弟) 교육에서도 보여 준다. 정부는 청년들이 만족문화를 학습하는 동시에 한문화를 학습하는 것을 고무 · 격려하였다. 또한 "팔기근본은 말타기와 활쏘기가 우선이고 청나라 언어가 본업이며 한어를 겸하여 배우고 한어의 문장을 통달하고 번역할 수 있어야 한다"는 교육목표를 제기하였는데 이것은 다문화교육이 주장하는 교육목표와 매우 근접하였다.

## 2. 중국 근현대의 다문화교육정책

중국의 근현대 다문화교육과 통일교육은 자발적인 발전을 특색으로 한다.

### 1) 중국의 근대 다문화교육과 통일교육의 발전

19세기 말 20세기 초, 정치, 과학, 종교와 정보기술의 발전으로 세계는 식민지와 반식민지, 동화와 반동화, 압박과 반압박으로 구성된 복잡한 정치 · 경제 문화환경이 형성되었으며 상호 부딪치고 교류하는 과정에서 문화의 다원화 양상은 더욱 두드러졌다. 두 차례의 세계대전은 인류의 문화교육 발전에 큰 상처를 남겼으며 대부분의 국가들은 문화적 다양화가 가져다 준 여러 가지 문제들을 마주해야 했고 이로 하여 세계교육은 사상으로부터 체계에 이르기까지의 전반적인 혁신이 필요했다. 세계 여러 나라의 상호 의존적 발전은 사실화되었다. 또한 인류의 내왕은 정보기술과 교통수단의 발달로 하여 더욱 빈번하고 자연스러워졌다. 따라서 자기 문화적인 지식과 연구를 초월한 다문화교육이 사회발전의 필수적인 추세로 나타났다. 다수의 사람들이 인류의 이익은 각각의 완정체로서 나눌 수 없다고 생각하게 되었으며 이것은 다원문화교육의 발전에 밑거름으로 되었다. 동시에 자본주의의 빠른 발전으로 인하여 사람들은 다문화교육이 가지는 도구적 가치를 더욱 중요시하게 되었으며 교육의 경제에 대한 추진력과 자신의 사회적 지위를 바꿀 수 있다는 점에서 다문화교육을 더욱 갈망하게 되었다.

이 시기의 중국의 다문화교육은 외국에 유학생을 파견하는 등 교육형식을 통한 문화교류, 여성교육의 진일보 발전, 소수민족 교육의 발전 및 화교(華僑)교육으로 나눈다. 청나라 후기 정부는 일본에 계속하여 유학생을 파견하는 동시에 유럽 여러 나라에도 계속하여 유학생을 파견하였다. 1905년에는 전통적인 과거제도를 폐지하고 서방교육을 발전시켰다. 20세기 30, 40년대에는 교환유학생을 위한 상호교육 교류프로그램을 실시하여 폴란드, 이탈리아, 독일과 인도 및 미국 등 나라에 유학생을 파견하였을 뿐만 아니라 이러한 국가의 유학생들도 중국에 와서 공부함으로써 이문화(跨文化)교류와 연구를 발전시키고 다문화교육 발전의 기초와 경험적 토대를 마련하였다.

여성교육 문제에서는 1897년에 벌써 양계초(梁啓超)가 광서황제에게 올리는 정치적 제안서에 봉건통치를 강화하기 위해서는 여성교육이 필수적으로 진행되어야 한다고 여성교육의 중요성을 제안하였다. 그리고 1907년 청정부는 ≪학부주정 여자 소학당규범(學部奏定女子小學堂章程)≫과 "학부주정 여자 사범학당규범(學部奏定女子師范學堂章程)" 등 여성교육의 제도화와 규범화하는 제도를 제정하였다. 신해(辛亥)혁명 후 여자교육은 더욱 빨리 발전하여 여자소학, 중학과 여자 사범학교 등 체계를 갖추고 체계적인 발전시기에 들어섰으며 1925년 9월에는 여자대학을 건립하였다. 소수민족 교육방면에서 1907년에 청정부는 ≪육군귀위학당시범규대(陸軍贵胄學堂試辦章程)≫를 반포하였다. 이런 귀위(贵胄) 학당에서는 만족과 한족 두 가지 민족 학생들이 있었고 만족과 한족교사들이 교과과정의 수업을 진행하였다. 1908년에 청정부는 ≪만문과 몽골문 고등학당(满蒙文高等學堂)≫을 건립하기 시작하고 만족과 몽골족 문자교육을 진행할 수 있도록 학생을 모집하였을 뿐만 아니라 장족문(藏文)과 장족문화(藏文化)에 대한 교수와 연구를 진행하였다. 신해(辛亥)혁명 후 1913년 교육부에서는 몽장(蒙藏)학교규범을 반포하고 몽장(蒙藏)문화교육을 진일보 발전시켰으며 "몽장청해 사람들의 학식을 개발하고, 몽장청해 사람들의 문화를 발전시키자 (開發蒙藏青海人民學識、增進蒙藏青海人民文化)"는 규칙을 제정하였다. 이러한 학교에서 모집한 학생들은 민족과 종족을 구별하지 않는 진정한 의미의 민족적인 다문화교육을 받았다.

1941년 국민당 정부 교육부에서는 "변경지역시범학교실행방법요강(邊緣區域示范學校暫行辦法)"을 발표하고 "민족융합 역사 사실을 해석하는 것을 중요시하고 민족적 감정을 상하게 하는 내용들은 모두 삭제하여야 한다."고 규정하였으며 언어교육 방면에서는 "지방의 필요한 국문 이외 비교교육언어학을 증설하였다." 이는 다문화교육의 세부적인 발전을 보여 준다. 또한 입학범위에 대해서는 학적은 본 지역에 한하며 민족을 구분하지 않고 혼합교과과정을 실행하도록 하였다.

20세기 전기 중국이 세계다문화교육에 대한 공헌은 중국만의 특수교육 형태인 화교(華僑)교육이다. 20세기 상반기, 유학과 이주, 교육 등 원인으로 해외에 거주하는 중국인이 일정한 규모를 차지하였다. 그들은 거주지에서 지시를 받거나 체계적인 교육을 받지 못하는 등 처우를 받고 있었기에 그들의 생존상황은 매우 어려웠다. 국내의 많은 지식인들과 상인들은 해외 중국인들에 대한 화교교육의 중요성을 느끼고 자발적으로 이국적인 문화교육을 진행하였다. 이국에서 진행하는 문화교육내용은 중국문화의 역사와 경험에 대한 교과내용과 거주국 문화적응을 위한 교과내용이 포함되었다. 1907년 청정부학부(學部)는 정부에서 미국 등 지역에 관원을 파견하여 교민흥학사항 ("僑民興學事宜")들을 처리하였으며 이로부터 체계적인 화교교육이 시작되었다. 1914년 국민정부 교육부에서는 화교자제들이 귀국하여 공부하는 규범들을 반포하였다. 또한 1915년 교육부에서는 화교사무사항들을 조사하고 미국, 중국, 캐나다, 중미 여러 나라와 남양의 여러 섬 및 대양주 등 여러 나라에 거주하는 중국인 교육상황에 대해 상세하게 조사함으로써 화교교육의 필요한 준비와 발전을 위해 기초를 마련하였다.

다문화교육의 끊임없는 발전으로 중국 다문화교육의 시야가 부단히 넓혀졌고 더는 정치와 경제 사회의 저소득계급의 혁명, 여성해방운동의 흥기의 원인이 아닌 사회생활의 현실적인 의미에 대한 중시로 바뀌었으며 다문화교육도 더는 민족문제를 해결하기 위한 도구적인 역할에만 제한되지 않았다.

## 2) 중국의 현대 다문화교육과 통일교육의 발전

중화인민공화국이 건립된 후 민족교육은 제도적인 수요와 개조를 맞이하게 되었고 새로운 중국 민족교육체제의 건립이 중요한 임무로 주어졌다. 1949년 〈중국인민정치협상회의 공동강령〉에서는 "중화인민공화국경 내의 모든 민족은 평등하다." 인민정부는 여러 소수민족 인민대중 자신의 정치, 경제, 문화교육의 건설사업을 발전시키도록 도와주어야 한다." 등 원칙과 제도를 반포하였으며 이 원칙의 지도하에 소수민족교육의 방침을 제정하였다. 즉 "소수민족교육의 내용은 반드시 신민주주의 내용, 즉 민족적, 과학적, 대중적인 교육내용이여야 한다. 교과개혁에서 국민당의 낡은 교육을 폐지하고 우민(愚民)적이고 노예적인 교육은 교육에서 철저히 소멸되어야 한다. 또한 중국역사와 중국의 현황 및 민족문제와 민족정책은 장기적인 정치교과의 기본내용이며 모든 민족학교에서는 공동강령의 정신을 발양하여 대민족주의 경향과 협애한 민족주의 경향을 극복하고 민족 간에 상호 존중하고, 평등, 단결, 우애와 협동하는 작풍을 배양하여야 한다."

제1차 전국민족교육대회에서는 소수민족교육의 형식, 특색, 교과과정 설치와 교과서 편집 등 사항들에 대해 구체적으로 규정하였으며 소수민족교육은 "소수민족 민족형식을 따르고 민족특색을 고려하여야 하며 여러 민족 실제와 잘 결합되어야 한다."고 지적하였다. 동시에 "소수민족 교육의 내용과 형식문제 교과과정 교과서 문제에서 소수민족의 특점을 고려해야 할 뿐만 아니라 국가교육의 통일성을 홀시해서도 안 된다. 소수민족학교의 교과계획(교과과정계획), 교과내용은 교육부의 규정을 기초로 여러 민족의 구체상황과 결부하여 영활성(灵活性) 있게 보완하여야 한다."고 지적하였다. 그리하여 20세기 50년대부터 중국 내의 각 소수민족학교에서는 당지 소수민족의 수요와 자원의 특색을 고려하는 원칙하에 한어문(漢語文) 교과과정을 설치하였다. 민족학교에서 한어문, 민족 언어 교과의 기초 위에서 점차 두 가지 언어교과이론과 실행모식을 탐구하기 시작하였다. 1956년 6월 교육부에서는 베이징에서 제2차 전국민족교육회의를 개최하고 소수민족교육 수준을 한족수준으로 제고하고 소수민족 지역에서 점차적으로 문맹퇴치사업을 발전시키고 초등학교 의무교육을 보급하기로 하였다. 또한 회의내용에 따라 민족학교의 교과과정을 개혁하였다. 주요하게 한어교과과정을 개설하고 민족 언어를 교과과정에서 사용하도록 하는 등 문제들에 대한 제도적인 지원을 강화하였다. 각 민족지역의 중소학교와 사범학교는 번역본 또는 전국통일교과서를 사용하거나 혹은 자기로 편집한 민족 언어 교과서와 민족학교 한어교과서 및 보충교재를 사용하도록 하였다. 그리고 비교적 완정한 민족문자교과서와 교과참고서 및 번역본을 출판하였다. 문화혁명 시기에 들어서 소수민족교육사업을 다른 교육과 함께 심각한 좌절을 겪었다.

1974년 9월에 국무원 교과부에서는 소수민족언어교과 사업좌담회를 열고 소수민족교육의 교과내용과 교과서 문제를 토의하였다. 그리고 소수민족교과서의 번역편집, 출판 및 인쇄 등 문제에 대해 구체적으로 규정했다. 회의 정신에 따라 팔성구몽골문합작(八省區蒙古文協作), 오성구장족어합작(五省區藏文協作), 삼성구하문합작(三省區哈文協作), 동북삼성조선어합작(東北三省朝文協作) 사업을 진행하였다.

80년대 이후 민족교육사업은 더욱 빨리 발전하였다. 1980년에 〈민족교육사업에 관한 의견〉의 규정에 따라 본 민족 언어문자가 있는 민족은 본 민족 언어로 수업하며 본 민족 언어를 잘 배우는 동시에 한어문을 함께 배울 것을 요구하였다. 민족교육의 교과과정은 단일한 언어교과과정을 설치하던데로부터 언어교과과정과 문화교과과정을 결부하고 교과서도 최초의 민족어와 한어문의 편집으로부터 모든 교과서 편집에서 민족 언어와 내용을 결합하여 편집하도록 하였다. 두 가지 언어수업은 본 민족의 문화내용을 접하여야 하며 두 가지 언어를 형식과 교과수단으로 민족문화를 계승하고 창조할 것을 지시하였다. 따라서 80년대 이후 중국의 소수민족교육은 이미 교과내용과 시스템영역에서 다문화 공존하의 소수민족교육 발전의 본토화한 새로운 길을 탐색하기 시작하였으며 다문화교육을 형식과 방법으로 소수민족교육사업의 발전을 촉진하였다. 1986년에는 장족어, 조선어, 몽골어 교과서 심사위원회를 건립하고 민족문자교과서 심사평의 사업규정과 방침을 제정하였다. 1992년에는 9년제 의무교육 교과과정계획을 반포하고 교과과정을 국가가 배정한 교과과정과 지방교과과정으로 나누고 국가교과과정의 통일성과 영활성(灵活性)을 충분히 구현하였으며 국가의 요구와 지방의 다양화를 결부하는 원칙을 제출하였다. 민족지역 교과과정의 다원통일의 층차적 교과과정의 설치 및 실시를 위하여 충분한 이론적 근거와 현실적 기초를 마련하였다.

## 3. 중국의 소수민족교육정책과 다문화교육정책

중국의 다문화교육은 문화의 다양성과 교육의 평등을 실천하는 오직 한(漢)문화의 주체를 위한 교육이 아닌 여러 민족의 융합과 공존을 기반으로 한 "다원통일성"의 발전을 추구하는 교육이다.

중국의 다문화교육 이론은 다원통일론의 다음과 같은 특성과 일치한 경향을 나타내고 있다. 첫째, 여러 민족 문화는 상대적인 독립성을 띠고 있다. 각 민족 문화는 오랜 역사 발전과정에서 그들의 독특한 생산과 삶의 과정을 통해 점차적으로 형성된 것으로 모든 문화에는 특정 민족문화의 흔적과 특색을 지니고 있으며 다양한 발전 양상을 보인다. 또한 이러한 자체문화의 다양성 발전은 민족자치정책의 보호를 받는 동시에 다른 문화 집단의 존중을 받고 있다. 둘째, 서로 다른 문화는 문화 발생의 기초나 추구하는 목표 등 여러 가지 요소에 있어서 매우 많은 공통점을 나타내기도 한다. 예를 들면 경제 발전, 사회 조화와 인간의 신체적, 정신적 건강 문제 등은 한 민족의 목표뿐만 아닌 모든 인류의 공동의 목표이기도 하다.

### 1) 중국의 소수민족교육정책과 다문화교육

중국의 다문화교육을 말하면 언제나 저명한 사회학자, 민족학자와 인류학자인 페이쑈퉁(费孝通, 1910-2005) 선생의 문화와 민족의 평등을 주장하는 "중국대화원"(中國大花園) 이론을 예로 들게 된다. 그는 자발적인 민족 실체로써 중화민족은 근대 백여 년 간의 타국침략을 반대하는 저항과정에서 나타났으나 자연적인 실체로서의 중화민족은 수천 년 전에 이미 형성되었다고 주장하였다. 1935년에 청화대학 연구생원을 졸업한 그는 1936년부터 1938년, 2년간 영국에서 유학생활을 하면서 영국의 사회학자 마린노브스끼의 인류학 박사과정을 수료하였으며 출국 전 광서 지역에서 진행한 인류학 조사연구를 기초로 「강촌경제(江村經濟)」라는 사회학박사 논문을 완성하였다. 1938년에 중국에 돌아온 그는 선후로 운남대학, 청화대학에서 강의하면서, 서방 학술저서에 대한 번역사업을 하였다. 1949년 새 중국이 건립된 후 그는 국내의 민족사업에 참여하였으며 민족연구, 향촌연구, 사회학 및 인류학 연구를 기반으로 『중화민족의 다원 통일구조』라는 저서를 발표하였다. 그는 저서에서 중국은 자고로 다민족 · 다문화국가로서, 중국역사의 역대의 왕조와 정치가들은 모두 다민족 · 다문화 관계를 중요시하였으며 풍부하고 다양한 민족정책과 방법들을 실행함으로써 중국만의 전통적 민족관계의 독특한 관념과 방법론을 형성하였다고 주장한다. 즉 중국의 다문화교육은 오랜 역사 동안 주변 국가와 소수민족과의 상호 내왕과 교류를 통하여 형성된 것으로 서방의 다문화교육과 서로 다른 특색을 나타내고 있다. 페이쑈퉁이 주장하는 중화민족의 다원통일 구조적 이론의 특점이 가장 좋은 이론적 근거를 제시한다.

(1) 중화민족 다원통일의 구조에는 하나의 응집된 핵심이 있다. 화하족 집단을 주체로 점차-융합된 새로운 구조는 다원의 기초상에서 통일된 한족을 형성하였다.

(2) 전국의 절반 면적을 넘게 차지하고 있는 소수민족은 한족과의 오랜 동안 집거와 자기민족의 집거 등 형태를 유지하면서 한족과의 일정한 응집력을 과시하였으며 이는 여러 민족이 단결하고 통일체를 이룰 수 있는 조건을 제공하였다.

(3) 언어상에서 일부 소수민족, 예를 들면 회족과 만족 등은 이미 한어를 자기민족의 공통 언어로 사용하고 있으며, 일부 소수민족은 자기의 언어를 가지고 있을 뿐만 아니라 보편적인 한어를 구사할 수 있으며 문화교육과 교류의 공통 언어로 사용하고 있다.

(4) 중화민족의 구성원은 다양하며 통일의 과정은 점차적으로 진행되었다. 역사상 중화민족은 삼단계의 다원통일의 국면을 거쳐 발전하였으며, 다원통일 구조의 다원화의 특색을 나타내고 있으나 시종 주체가 있었으며 오늘날 한족을 주체로 하는 통일된 다민족국가를 형성하였다.

고대 중화민족문명의 다양한 발원형태로부터 노예사회, 봉건사회, 근대의 반봉건 반식민지사회를 거쳐 오늘에 이르기까지 특히 오늘의 중화인민공화국이 건립되기까지 중국의 여러 민족들은 자신의 문화교육체계를 형성하였을 뿐만 아니라 서로 다른 역사시기와 시대에 국가의 통일된 교육을 형성하기도 하였다. 통일교육은 다양한 문화가 공존하는 사회에서 점차 형성 · 발전하였으며 역사적인 발전과정에서 문화적인 축적을 이루었다. 錢穆先生이 말한대로 "민족이 문화를 형성하였고 문화가 민족을 융합시키는 것이 중화민족만의 특색이다."고 결론을 내릴 수밖에 없다. 중국의 여러 민족교육은 다원(多元) 중의 일원(一元)으로서 56개 민족문화의 다원이 융합되어 하나의 중화민족의 핵심을 이루었다. 또한 56개 민족문화교육 모두가 국가의 통일적인 교육을 인정하고 국가 통일교육 또한 여러 민족 문화교육의 발전을 보호하고 지원함으로써 다원 발전의 양상을 나타내고 있다.

중국의 다문화교육이 발전 변화의 역사와 여러 나라 학자들의 다문화교육의 주장들을 비교할 때 중국의 소수민족교육은 다문화교육의 중요한 한 부분임을 알 수 있다. 우선 다문화교육은 다양한 문화교육을 추구하는 교육으로서 주체민족의 문화뿐만 아닌 다양한 문화의 결정체로서 모든 문화 속의 사람들이 이문화 적응능력을 발전시켜 모든 문화 집단에 대한 존중을 증진하고 자기문화와 자국문화뿐만 아니라 기타 문화에서도 생활할 수 있는 상호 문화적인 생활능력, 태도와 지식을 발전시켜 모든 문화 집단이 동등한 교육 기회를 체험할 수 있도록 하는 것이다. 이러한 점에서 중국의 소수민족교육은 충분히 다문화교육의 특점들을 보여주고 있다. 그러나 오늘날 중국의 소수민족교육은 서방의 다문화교육과는 다음과 같은 서로 다른 특성들도 나타내고 있다.

### (1) 교육대상과 교육 형식이 다르다.

다문화교육의 교육대상은 다양한 문화적 배경을 가지고 있을 뿐만 아니라 취약그룹과 영재그룹을 포함하는 모든 학생을 말한다. 그러나 중국의 소수민족교육의 대상은 소수민족학교에서 공부하는 소수민족 학생으로 제한된다.

독립적인 소수민족학교는 중국 소수민족교육의 주요한 교육 형식인 반면에 다문화교육은 여러 인종과 민족이 함께하는 학교가 교육의 주요 형식이다.

#### (2) 교육의 방식에 있어서 중점이 다르다.

다문화교육은 문화의 적절성을 중요시하고 다양한 문화적 배경의 학생에게 해당하는 다양한 교수법을 구현하는 것을 중요시하는 반면에 중국 소수민족교육은 민족교육의 정책적 경향성과 제도적 방식을 중요시한다.

#### (3) 전통문화에 대한 태도와 정책이 다르다.

중국의 소수민족교육은 소수민족의 전통문화를 유지하고 발전시키는 것을 정책적인 제도로 강조한다. 다문화교육은 다른 민족의 전통문화에 대한 존중을 강조하지만 그것을 소수민족 학생 등에게 교육을 진행하는 필수적인 조건으로만 간주한다

시대의 발전과 인류교류 정도의 심화와 함께, 문화 간의 공통점은 점점 증가할 것이며 중국 문화의 다양성과 통일성 특성은 부단히 발전할 것이다. 따라서 중국의 소수민족교육도 다문화교육의 중요한 한 부분으로 문화적 다양성을 강조하는 동시에, 국가의 민족 정책, 서로 다른 민족 문화와 관습, 언어, 예절, 그리고 민족단결 등 교육 콘텐츠가 포함된 모든 학생들을 위한 다문화교육 과정을 개발하고 다문화교육을 실행할 것을 적극 강조하고 있다. 다문화교육 또한 소수민족교육의 오랜 역사와 경험 및 전통을 토대로 교육의 다양화, 통일성 및 정체성을 추구하고 인류문화 전체의 발전을 위한 노력을 강화하여야 한다.

### 2) 중국 다문화교육의 현황

다문화교육은 다양한 인종, 민족, 성별, 사회 계급, 장애자 등을 서로 다른 문화집단으로 나누어 자기집단의 수요와 능력에 맞는 교육을 받게 함으로써 모든 문화집단에 대한 존중을 증진하고 모든 문화 집단이 동등한 교육 기회를 체험하게 하여 모든 집단의 교육평등을 실현하는 것이다. 또한 이문화 적응능력을 발전시켜

자기문화 뿐만 아니라 기타 문화에서도 생활할 수 있는 상호 문화적인 생활능력, 태도와 지식을 발전시키는 것이다. 다문화교육 이론의 핵심은 한 마디로 문화적 다양성과 교육평등이다.

따라서 다문화교육의 실천은 서로 다른 문화 집단에서 공부하고 생활하는 학생들의 문화적 차이점과 이러한 차이점이 학교교육에 주는 영향을 중요시해야 한다. 또한 취약 그룹의 학문적 자신감을 향상시키고 여러 가지 관점을 이해하는 능력을 증장시키고 기타 집단의 관점에서 문제를 전망하는 능력을 개발하여야 한다.

오늘날, 중국의 다문화교육은 소수민족교육과 여성교육, 빈곤학생교육 등 다양한 문화교육 영역에서 어깨 나란히 병렬 형태로 존재하면서 중국의 실제 상황에 맞게 문화적 다양성을 강조하는 동시에 화합과 조화로운 발전을 추진하고 있다.

중국의 다문화교육의 이론 및 실천은 학생을 위한 다문화교육, 여성교육과 빈곤학생 교육 등의 영역에 시사점을 두고 있다. 따라서 중국 정부는 소수민족의 문화적 다양성을 강조하는 동시에, 모든 학생들을 위한 다문화교육 과정을 개발하고 다문화교육을 실행할 것을 적극 강조했다. 국가의 민족 정책, 서로 다른 민족문화와 관습, 언어, 예절, 그리고 민족단결 등 교육 콘텐츠가 포함된다.

우선, 민족단결 활동을 수행한다. 중국교육부와 국가 민족 사무위원회에서 20세기 90년대 실행한 민족지식교육실험교육 실천에서 시작되어 점차적으로 전국가적인 민족단결 교육 활동으로 발전했다. 이 활동의 내용은 중국 56 민족의 축제, 의식주, 영웅인물 및 기타 민족문화 지식을 학습하고 이해하는 기초상에서 나라의 민족정책이론을 배우고 이해하는 것이다. 활동에는 한족을 포함한 모든 민족이 참가하고, 모든 학생들이 어려서부터 다른 민족의 문화를 상호 존중함으로써 여러 민족의 단결을 도모하는 것이다.

또한 민족단결 교육활동을 통하여 학생들로 하여금 어려서부터 다문화교육 이념을 받아들이고 다른 문화를 존중하고 감상하며, 민족평등 의식을 수립하고 다문화 적응 능력을 키우는 것이다.

둘째, 여성교육을 중시한다. 여성교육은 다문화교육 부분의 중요한 구성 요소이다. 다문화교육 학자들의 연구에 의하면 성별 차이는 생리학적 요인보다는 사회적 요인에 의해 더 많이 나타난다고 한다.

학교 교과과정은 여성의 국가 발전에 대한 기여와 관련된 개념을 반영함으로써 학생들이 긍정적인 여성 이미지를 형성하도록 한다. 학생들에게 남성과 여성의 부동한 관점에서 세계를 관찰하고 이해함으로써 모든 학생들이 그들의 잠재력을 충분히 실현할 수 있는 기회를 제공한다. 교사는 교수를 통하여 남학생과 여학생들이 모두 수업주체가 되어 동시에 학급 토론 및 기타 활동에 참여할 수 있도록 하며 여학생에게 적합한 교수방법을 모색하는 것에도 관심을 가지도록 한다.

중화인민공화국이 건립된 이래 여성의 권리의 보호와 남녀 평등의 실행은 큰 발전을 달성하였지만 진짜 평등을 달성하기까지는 아직도 일정한 차이가 있다. 서방 국가의 성별 불평등은 중국에서도 일정한 범위에 존재하고 있으며 특히 일부 소수민족의 지역과 사회에서 문제가 많이 나타나고 있다. "가부장" 관념으로 하여 여자애들의 낮은 등록률과 높은 중퇴율 등 현상이 존재하고 있다. 따라서 중국의 소수민족교육은 다문화교육의 이론과 실천경험을 학습함으로써 여성교육의 발전에 관심을 두어야 한다.

셋째. 빈곤가정 학생들의 교육을 중요시한다.

다문화교육 학자들이 지적한 바와 같이 빈곤가정 출신의 학생은 중산층 가정 출신의 학생보다 교육 자원을 불충분하게 공유하고 있는 동시에 기아, 열악한 가정학습 환경과, 낮은 교사의 기대치 등 이유로, 퇴학률이 높고 학업성취도가 낮은 등 현상을 보인다. 시장 경제 시스템으로, 중국학생 가정의 빈부 격차는 확대되었고 일부학생은 경제적인 이유로 인해 학교에 다닐 수 없게 되었다. 이러한 문제가 소수민족 지역과 소수민족 학생에게 특히 두드러진다. 중국 정부는 시골 가난한 가정자녀의 교육에 관심을 갖고 조치를 취하고 있다.

중국정부는 농촌교육을 강화하여 도시교육과의 격차를 좁히는 정책을 체결하였다. 정부, 지역사회와 학교가 함께 빈곤가정의 아이들이 교육을 완료할 수 있도록 도우는 시스템을 구축하였다. 교사들도 서로 다른 가정경제 상황의 학생들에서 동등하게 대하며 기대치를 낮추거나 차별화하지 못하도록 교사윤리 도덕과 법적인 방식으로 제도화하였다. 또한 학교 교과과정에 근로자와 농민들의 생활을 반영한 내용들을 포함시키고 농촌 현실과 연결된 요구를 반영하고 도시 어린이를 포함하여 모든 학생들이 중국의 농촌 현실을 이해하도록 하였다.

마지막으로, 전통문화의 전파, 개발 및 문화적 매칭을 중요시한다.

다문화교육에서 민족 전통문화를 유지하고 발전시키는 것을 중요시하며 민족 자치제도의 실행을 보장한다. 교육은 문화의 전승과 발전을 도모하는 기능을 가지고 있다. 따라서 중국의 소수민족교육은 민족문화를 전송하고 발전시킬 책임과 의무를 가지고 있다. 조건이 허락되는 소수민족학교는 민족 언어 외에도 민족역사, 민족체육, 민족예술을 가르치고 적극적으로 올바른 민족의식을 배양함으로써 학생들이 올바른 국가 의식을 형성하도록 한다. 현재의 이중언어 교육정책을 견지하고 소수민족학교에서 지역 언어 환경과 지역 시민들의 의지에 따라 이중언어 교육모식을 선택하고 자기 민족 언어를 배우는 동시에 중국어와 외국어를 배우도록 한다.

### 3) 중국 다문화교육의 새로운 발전과 과제

전통 의미에서의 다문화교육의 주요 목적은 주류문화를 위하여 복무하는 것으로 주체민족 혹은 자국의 주요문화가 소수민족 혹은 이민자들 속에서 전파되고 발전하도록 함으로써 자국문화의 발전을 도모하는 것이었다. 이러한 과정에 소수민족교육 혹은 이민자교육은 이러한 발전을 순조롭게 진행하는 하나의 수단일 뿐이다.

전통적 다문화교육 목적의 지배하에 많은 국가에서 다문화교육정책을 실행함에 있어서 자국의 주류문화를 주요내용으로 하고 소수민족 문화와 이민문화를 부가적으로 실행하고 있다. 이것은 주체가 왜곡된 것으로 현대적 관점에 근거하면 다문화교육의 교육내용은 소수민족 또는 이민민족 문화를 위주로 하는 교육 콘텐츠가 문화적 다양성을 유지하는데 더 도움이 된다고 주장한다. 다문화교육은 어떻게 자체 콘텐츠를 규범화해야 하는가? 소수민족과 이민자들의 문화의 다양성 뿐 아니라 소수민족과 이민자의 문화의 종류가 다양한 반면에 사용하는 인구가 적다는 점에서 한 국가에서 하나의 통합된 문화 콘텐츠가 존재한다는 것은 불가능하다. 다만 교육시스템의 특성상 교육콘텐츠는 얼마나 실용적이고 장점을 개발할 수 있는 다문화교육 과정을 확립하는가 하는 것이 교육자들의 공통된 관심사이다.

다문화 교육과정 개발과정에서 소수민족과 이민자 자신의 문화적 특성을 일정한 범위 안에서 구현할 수 있도록 허용하면서 다문화교육의 질을 제고하는 것이 중국 교육자들이 장기적인 다문화교육 실천에서 끊임없이 탐구하고 노력해야 할 부분이다.

다문화교육은 소수민족 학생들만이 아닌 모든 학생들이 그의 성별, 종족, 종교, 언어, 사회 경제적 지위의 차별이 없이 자기문화와 여러 민족이 보편적으로 공유하는 국가주체 문화를 포함하는 사회의 여러 가지 문화를 인지하고 이해하도록 하여야 한다. 따라서 다문화교육은 국가 주류문화의 생존이 필요로 하는 모든 관념, 기능과 행위, 태도를 수용할 수 있도록 학생들을 가르쳐야 할 뿐만 아니라 학생들로 하여금 자기민족의 문화와 기타 소수민족 문화에서 생존에 필요한 능력을 획득하도록 하여야 한다.

(1) 다문화교육의 교과과정 설정에 있어서 소수민족의 문화적인 요소들을 부가하여 학생들의 민족정체성과 긍지감을 키워 주어야 한다. 동시에 여러 민족 학생들로 하여금 민족과 종족의 문화 차이적 관점에서 자기 개념과 주체 관념을 형성하도록 교육내용과 방법을 개혁 · 보완하여 차별적 관점이 아닌 차이적 관점에서 여러 민족 문화를 이해하고 인식하도록 하여야 한다. 교과과정 개혁과정에 교과내용, 교수방법과 교사 및 학생들의 교육기회에 대한 평등의식과 사상을 실천하도록 국가차원의 제도적 · 법률적 보장이 필요하다.

(2) 다문화교육의 교과와 평가에 있어서도 학생의 문화경험, 종족과 사회 경제적 지위, 성별 등 방면의 차이의 존재상황에 따라 부동한 방식의 적응성적인 교과나 특정적인 평가제도가 필요하다. 다문화 교과과정은 보편적인 교수법규와 교과규칙을 따르는 것도 중요하지만, 다문화 배경 속의 학생들의 심리특점과 다문화 교과과정 수준별 요구와도 적절하게 맞아야 한다. 예를 들면 그들의 인지능력, 학습방법, 언어수준, 자아개념, 성별평등과 같은 모든 요소들에서 참조대상이 주류 문화와 주체민족이 아닌 그들 자신이여야 한다는 것이다. 문화의 다양한 기원이 문화와 교육의 다원화 발전의 필연성을 결정하였다. 문화와 교육의 관계로

볼 때 교육은 문화 발전의 중요한 수단과 도구이며 문화는 교육 발전의 내용과 동기이기도 하다. 중국 여러 민족문화와 교육 발전의 역사가 이를 증명한다. 다양한 민족구성과 문화의 기원이 중화민족과 중화문명의 통일관과 정체성을 형성하였다. 다민족 · 다문화의 공존은 여러 민족 간의 상호 교류를 필요로 하고 교류과정에서 또한 상호 이해하고 보완하면서 성장하였다. 선진민족은 낙후한 민족에게 영향을 주고 낙후한 민족은 선진민족에게서 배우면서 오랜 시간을 거쳐 민족공동체를 형성하였다. 민족과 문화의 다원은 대통일의 전제로 되었고 일체, 즉 통일 또한 다원에 영향을 주면서 민족과 문화의 다원발전이 통일의 조건과 보장으로 되도록 하였다. 이러한 발전은 중화민족 내부 여러 민족 발전의 역사에 의해 증명되었을 뿐만 아니라 세계 여러 민족국가의 민족관계 발전의 규칙에도 부합된다. 왕짼(2007)이 주장한 바와 같이 중화민족의 다원통일 교육의 미래적 함의는 다음의 세 가지를 포함하여야 한다. ① 세계 다문화교육 배경하의 중국 본토화된 다문화교육이여야 한다. ② 역사적 전통문화 배경하의 중국적 다원통일교육이여야 한다. ③ 마르크스주의 민족이론 지도하의 중화민족 다원통일교육이여야 한다.

## 4. 사례로 보는 중국 조선족의 다문화교육정책

오늘날 중국사회에는 56개 다양한 문화를 소유하고 있는 소수민족이 살고 있다. 그리고 현재 국제교류가 증가됨에 따라 증가되고 있는 여러 나라의 이민양상에 기초할 때 중국의 민족적 다원주의는 국가 내의 56개 민족으로부터 이민족을 포함하는 더욱 다양한 양상을 나타낼 것이다. 뿐만 아니라 사회적 발전에 따르는 결손가정과 저소득층과 같은 특수한 사회계층이 증가할 것으로 추정된다. 중국 내 학자들의 여러 연구결과에 따르면 이러한 결손가정과 저소득층 학생 중 상당수가 학교 중도탈락이나 정학 · 퇴학을 경험하고 있으며 학교에 다니더라도 잠재능력

계발 수준이 매우 낮다는 점을 밝히고 있다. 이러한 연구결과들은 현재 중국의 통일교육이 심각한 문화 다원주의의 도전에 직면하고 있다는 점을 말해 주고 있다. 이러한 문제를 해결하기 위해 정부와 학교는 시대의 발전 수요와 문화적 다양성을 인정해야 한다.

다문화교육의 문제를 다루는데 있어서 우선순위는 교육적 평등과 수월성에 대한 문제이다. 미국을 비롯한 서방의 여러 국가에서는 다문화교육을 실행함에 있어서 중산층 학생과 저소득층 학생 그리고 소수민족 학생들 사이에 나타나는 학업성취 수준의 격차를 줄이는 것을 목적으로 하고 있다. 그리고 다문화교육 개혁의 핵심적인 문제를 제기함에 있어서 교육부문에서 탁월한 성과를 거두기 위해서는 국가의 적극적인 개입이 불가피하다고 주장한다.

그러나 여기에서 간과된 것은 교육평등이 없으면 교육적 수월성은 결코 실현될 수가 없다는 점이다. 매개인, 즉 주체민족이든 아니든 간에 자신의 잠재력을 계발할 수 있는 동등성을 실현하는 것이 교육의 결과나 경험의 동일성과는 다른 개념이다. 즉 매개인의 잠재력은 서로 다르기 때문에 잠재력의 차이에 따라 교육의 개입도 달라져야 하는 것이지 교육의 결과가 달라서 달라지는 것은 아니라는 점을 강조한다. 예를 들면 모든 과목의 수업을 주체민족의 언어로만 진행하여야 한다는 것은 학생들에게 동일한 교육경험을 제공한 것이지만 평등과는 무관하다. 주체언어에 대한 이해력이 전무한 소수민족 학생의 입장에서는 보면 모든 과목을 오로지 주체민족 언어로만 수업하는 것은 자신을 소외시키는 불공평한 것이기 때문이다. 그리고 학교에서는 인종적 · 언어적으로 소수집단에 속하는 학생들은 교사의 기대수준이 낮은 부진아를 대상으로 하는 특수교육 프로그램에 과잉 분포되어 있다.

교사들은 학업수준이 낮은 학생이 높은 수준을 연마하기 위해서는 반드시 낮은 수준의 기초기능의 숙달이 먼저 선행되어야 한다고 생각하기 때문에 인종적 · 언어적으로 소수집단에 속하는 학생들에게 고차원의 기술을 강조하지 않는다. 이러한 경향들이 변화되려면 인종적 · 언어적으로 소수집단에 속하는 학생들의 학업성취와 학문적 성공을 향상시키기 위한 과감한 개입이 이루어져야 한다. 인종적 · 언어적으로 소수집단에 속하는 학생들에 대한 교육적 수월성을 성취하기 위해서는 어느 한쪽에 기울지 않는 공정하고 공평한 교육체제를 만들어야 한다. 자체적인 교육적 여건이 성립되는 소수민족에게 자기 언어교육의 장과 체계를 건립해 주고 저소득층에게는 교육을 위한 경제적 지원이나 전문적인 인재의 지원을 주는 등 방안도 다문화교육의 진정한 평등 발전에 필요한 조건이라고 할 수 있다. 이러한 면에서 중국의 조선족 다문화교육은 교육적 평등과 수월성을 모두 구현하는 다음 두 가지 특성을 나타낸다.

우선, 다양한 문화배경을 가진 학생들의 자기언어 사용의 자유와 체계적인 교육 환경을 확립하였다. 2006년부터 2009년까지의 민족별, 성별에 따른 연변지역 초등학교 입학률과 졸업률 통계결과가 보여준 바와 같이 전체 연변지역 초등학교 중 조선족학교 퍼센트 수가 15%가 되며 재학생 중 조선족 학생은 평균 약 16.5% 정도가 되며 여학생 수는 절반에 가까운 47.8%가 된다. 이는 소수민족으로서의 조선족의 언어 사용과 발전의 연속성을 가능하게 하였으며, 조선족 인재의 양성과 조선족 민족문화의 발전에 큰 공헌을 하였다. 특히 초등학교 1학년부터 진행되는 중국어와 조선어의 이중언어 교육과 초등학교 3학년부터 배우는 외국어교육은 조선족학교의 학생들로 하여금 어려서부터 다중언어 학습자로 자라나도록 다문화교육의 중요한 언어적 조건을 마련하였다.

다음으로, 민족교육의 의무화와 체계화를 실현하고 정책적인 지원을 하고 있다는 것이다. 국가의 교육정책과 민족자치 정책의 지원하에 조선족 민족교육을 발전시키고 9년제 의무교육을 실행하고 자기민족 언어로 대학입시 시험을 보는 등 권리를 향수하고 있다. 또한 민족문화 발전 수요에 따라 학교 규모와 교사양성체제를 건립하고 자기민족 인재양성을 체계화하고 규범화하였다. 2006년부터 2009년까지의 민족별, 성별에 따른 연변지역 최근의 고등학교 졸업률과 대학 입학률 통계결과에 의하면 전체 연변지역 고등학교 중 조선족학교 평균 퍼센트 수가 약 27%가 되며 대학입학 학생 중 조선족 학생은 평균 약 39.3% 정도가 되며, 여학생 수는 절반 이상인 54.3%가 된다.

모든 학생의 지적 · 개인적 · 사회적 잠재력을 최대한 발달시켜 주는 것이 다문화교육의 주된 목적이라면 연변지역에서 실행되는 민족교육의 성과는 국가적으로 중요시되고 있는 교육적 수월성과 일치한 것이다. 특히 이러한 성과가 어떠한 민족이나 불문하고 대다수 학생들에게 자신의 잠재력을 발전시킬 수 있는 동등한 교육기회가 될 때 바로 다문화교육이 추구하는 교육평등과 문화적 다양성의 특색을 구현한다.

마지막으로 다문화교육의 교과내용 또한 다문화적인 교류의 장을 마련하고 상호 이해와 정서적인 유대를 만들어 가면서 우월감과 편견들을 버리고 새로운 다원화한 관점들을 형성하도록 콘텐트화할 것을 요구한다. 예를 들면 동일한 교과내용의 다양한 종류의 언어적 표현과 교과과정 등을 통하여 다양한 문화배경의 학생들이 교과내용에 대한 이해를 도울 수 있을 뿐만 아니라 기타 문화배경 학생들의 호기심과 관심을 불러일으킴으로써 지적인 흥취도 자극할 수 있고 정서적인 유대감을 증강시킬 수 있으며 그들도 간접적인 학습자나 시청자의 수준을 벗어나 기타 민족문화의 직접적인 참여자와 학습자로 되도록 한다. 따라서 소수민족 학교의 교과내용은 가능하면 민족 언어로 편집하고 가급적으로 고정적인 관념과 편견 및 민족과 성별 차별화 등을 나타내는 언어나 내용을 수정 · 삭제하였으며, 〈고향〉과 같은 지방특색의 교과과정을 별도로 설치하여 지역문화와 소수민족 문화에 대해 비교적 상세하게 서술하였다. 다문화교육을 실행하는 것이 확실한가 하는 것은 바로 이러한 서로 다른 문화적 배경을 가진 학생들의 공동의 요구에 얼마나 귀를 기울리는가 하는 노력을 봐도 알 수 있다. 대부분의 소수민족 학생들은 학교에서 자기언어와 문화를 배울 수 있다는 점에서 많은 흥미와 흡인력을 느낀다. 따라서 관련된 교과내용에 더욱 많은 노력을 투자한다.

학생들이 이해하는 교육은 가장 완벽한 과학으로서 응당 편견과 차별화 등이 포함되지 않은 의미 있고 개성을 키워 주는 교과내용으로 구성되어야 한다. 중국의 조선족교육에서 사용하는 자기민족 언어로 재편되고 자기민족 전문가들이 직접 편집한 이러한 민족 교과내용들은 최대한의 조선족 문화적 특색을 살렸기에 학생들과 교사들의 긍정적인 평가를 받고 있다. 그러므로 그 어떤 편견이나 기사적인 교과내용도 교육은 허용할 수 없는 것이다. 따라서 교육은 다원화 · 다문화적일 수밖에 없다.

또한 학교의 주요 구성원으로서의 교사의 역할도 홀시할 수 없다. 교사는 학교 다문화교육의 개별 핵심역량이며 교사의 다문화 교수 효과와 그에 대한 평가결과는 콘텐츠와 방법에서만 구현되는 것이 아니라 교사 개인의 문화적 소질의 영향을 받는다. 다문화 교과내용만으로 학생들의 정확한 다문화 의식을 확립시키는 것은 부족하다. 따라서 진정한 목표 실현, 즉 학생들의 다문화 인식의 심리적 · 행동적 패턴을 확립시키기 위해서는 교사가 연속적인 문화적인 지식, 행동과 심리적 강화를 통하여 학생들로 하여금 다양한 올바른 다문화 의식을 배양하도록 하여야 한다. 학교의 다문화교육의 효과는 교사의 지식과 태도, 행동에 따라 달라질 것이며, 교사의 평등한 학습기회의 제공여부와 단일 문화적 교육과정의 변화 정도에 따라서도 달라질 것이다. 그러려면 다문화 환경에 익숙한 교사역량의 양성은 필요한 조건이다. 특히 소수민족 자체의 교사 양성이 더욱 필요하다. 그들은 이미 자신의 성장과정을 통하여 자기민족 문화에 대해 익숙하기에 전문성 교육을 통하여 획득한 교과지식들을 가장 빠른 방식으로 접목시켜 자신의 다문화적인 기질을 발굴할 수 있으며 편견과 고정적인 관념이나 차별화가 없이 효과적으로 전달할 수 있다는 우세를 가지고 있다. 연변의 다문화교육의 조선족 교사대오의 양성은 연변대학을 주체로 하여 유아교육에서 고등교육에 이르기까지 모든 단계에서 조선족 민족언어와 문화중심의 교육체계를 구성하였다.

유아교육과 초등학교 교사 양성을 중심으로 하는 중등사범전문학교 1개와 재직 중인 교사들의 전문성과 교수 질 제고를 중심으로 현장 지도 및 연구를 진행하는 지방교육위원회 소속 교사연수 학교 8개와 중학교 교사 양성과 조선족 교육전문 인재를 포함하는 여러 영역의 민족 인재 양성을 책임진 1개 국립대학교-연변대학이 있다. 연변대학에는 조선어 언어교육을 위한 조선어 학부가 설치되어 있을 뿐만 아니라 매년 수학, 물리, 화학, 영어, 일본어, 조선어, 지리, 역사, 정치, 교육공학, 심리건강교육 등 다양한 학과의 학부과정과 석사과정을 통하여 많은 조선족 교사들을 배양하고 있다. 현재 연변지역에서 재직 중인 교사의 90% 이상이 연변대학의 교사양성과정을 수료하고 교사자격증을 획득하였다. 그들은 다문화교육 현장에서 자기의 민족적 우세와 문화적 수양을 교육실천을 통하여 성장 중인 학생들에게 전수하고 있다.

다문화교육 목적은 다문화적인 학교나 학급뿐만 아니라 단일문화적인 학교나 학급에서도 적용된다. 왜냐하면 다문화교육은 다양한 민족에 대한 지식을 축적하고 그들의 관점을 교육에 반영시킬 수 있게 한다는 점에서 수월성의 성취에 또 다른 방식으로 기여한다. 그러나 다양한 민족 집단의 생활조건과 문화 그리고 그들의 사회 기여에 대한 정확한 기록과 평가가 필요하다. 소수민족에 대한 왜곡되고 부정확한 교과내용은 수월성의 발달을 저해한다. 우리는 상호의존적인 사회에 살고 있고 이러한 의존성은 급격하게 증가하고 있다. 따라서 소수집단이나 민족적 · 국가적인 관점을 의도적으로 무시하는 것은 어리석고 위험한 행동이다.

학생들의 교육이 민족적 · 언어적 · 사회 경제적 · 가족적 · 개인적 배경을 초월하여 모든 학생들을 옹호하고 교사로서의 유능한 역량을 발휘할 수 있다면 다문화 사회의 목적을 이루었다고 말할 수 있을 것이다.

중국의 여러 소수민족들은 서로 다른 민족의 문화를 가지고 있다. 많은 소수민족들은 아직도 고대부터 물려 내려온 신앙, 습관, 예의범절 등을 계승 · 유지하고 있다. 더욱 중요한 것은 국가의 민족정책이 여러 민족의 문화의 지속적이고 균형적인 발전을 보장해 주고 있다는 것이다. 비록 부인할 수 없는 민족적 차이, 지역적 차이, 교육 수준과 성별 차이가 존재하고 있지만, 그 본질은 정책과 문화의 차이도 아니고 인권, 평등과 자율성의 차이도 아닌 발전과정에서의 수준 차이다. 따라서 중국의 다문화주의 이념은 다른 문화의 다양한 상황에 대한 더 많은 우려와 관심을 가지며 각각의 문화의 독특성, 완전성과 동등한 권리의 공동 발전 및 그들 간의 조화를 이루기 위해 노력하는 것이다. 공존하는 문화는 중요한 것과 그렇지 않은 것의 구별이 없이 각각의 문화는 고유의 역할과 장점을 보유하고 있고 동등한 중요성을 가지고 있으며, 모두 건강한 발전을 이루어야 한다. 따라서 진정한 다문화교육은 문화적 다양성을 유지하고 소수민족 문화 혹은 이민 문화 및 주류 문화의 공동한 발전을 촉진해야 할 것이다.

### 용어해설

**중화민족** : 중화민족은 역사가 유구한 "중화"와 근대의 "민족"이라는 단어가 결합되어 형성된 정치적인 개념으로서 현재 중국의 다문화 구조를 이룬 여러 민족의 총체적인 명칭이다. "중화(中華)" 라는 단어는 기원 300년 위진시기 〈천인합일(天人合一)〉의 관점을 주장하는 철학자들이 〈중국(中国)〉과 〈화하(华夏)〉의 첫글자 〈중〉과 〈화〉를

복합하여 만든 것으로 이 말을 가장 처음으로 공식 사용된 것은 〈당률명례사이역이(唐律名例疏议释义)〉이다. "중화(中華)"의 "중(中)"은 가운데라는 뜻으로 "자기중심"이라는 의미를 가지고 있으며 이는 "밖에 사람"과 대응되는 의미를 가지고 있다. "중화(中華)"의 "화(華)"는 문화를 가진 민족이라는 뜻이다.

**다원통일** : 중국의 여러 민족교육은 다원(多元) 중의 일원(一元)으로서 56개 민족문화의 다원이 융합되어 하나의 중화민족의 핵심을 이루었다. 또한 56개 민족문화교육 모두가 국가의 통일적인 교육을 인정하고 국가 통일교육 또한 여러 민족 문화교육의 발전을 보호하고 지원함으로써 다원 발전의 양상을 나타내고 있다.

**소수민족문화교육**: 다민족국가에서 주류 민족이 아닌 비주류민족을 대상으로 진행하는 자체 민족문화교육을 말한다. 중국에서는 한족을 제외한 기타 민족의 민족문화교육을 말한다.

## 생각해 볼 문제

중국 소수민족교육과 다문화교육의 유사점과 차이점을 명시하고 문화적, 제도적으로 다양한 문화의 아동과 청소년을 가르치는데 적용될 수 있는 정책적 시사점들을 모색한다.

## 더 읽어 볼 책


1. Banks, J. A. & Banks, C. A. M.(Eds.)(1987). *Multicultural Education*, Boston: Allyn & Bacon, p. 19–21.
2. Banks, J. A.(1987). *Teaching strategies for ethnic studies*. Boston: Allyn & Bacon, p. 35–36.
3. James A. Banks & Cherry A. McGee Banks(2004). *Multicultural Education* (Sixth Edition). America: John Wiley & Sons, Inc. p. 3–25.

# 참고 문헌

費孝通(1989). 中華民族多元一体格局, 北京大學學報.

費孝通(1999). 中華民族多元一体格局, 298-299頁. 北京, 中央民族大學出版社.

王鑒´ 万明鋼(2004). 多元文化教育比較硏究, P38-48. 民族出版社.

王鑒(1999). 多元文化教育的本土建构, 西北師范大學博士學位論文.

王鑒(1999). 如何理解中華民族多元一体教育, 民族教育硏究.

馮天瑜, 何曉明, 周積明等主編(1993). 中華文化史(上)題記, 2頁, 台湾, 台湾桂冠圖書股份有限公司.

錢穆(1963). 民族与文化, 2頁, 台湾. 台湾新亞書院.

馬戎(1989). 重建中華民族多元一体格局的新的歷史條件, 北京大學學報.

陳連開(1992). 關于中華民族結构的學術新体系, 民族硏究.

# 제2부 한국 다문화의 오늘



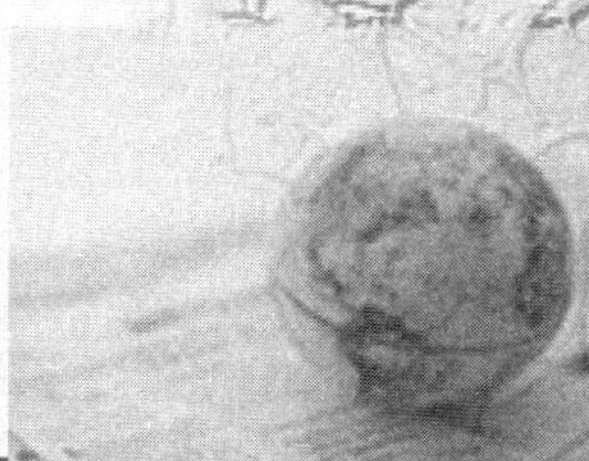

제5장

# 한국 다문화사회의 현주소: 다문화가정의 어려움과 사회서비스 실태



**〈학습 목표〉**

1. 한국의 다문화사회 진입 배경에 대해 이해하도록 한다.
2. 다문화가정의 유형별로 부모 및 자녀가 겪는 어려움에 대해 파악한다.
3. 다문화가정의 유형별로 제공되고 있는 사회서비스 실태를 파악한다.

## 요약


다문화가정에는 국제결혼가정, 외국인근로자가정, 북한이탈주민가정, 유학생, 난민 등 여러 유형이 포함된다. 북한이탈주민의 입국 증가는 우리나라 특유의 정치적 상황에 기인하는 문제이지만 국제결혼가정, 외국인근로자가정은 우리 사회만의 문제가 아닌 전지구적 세계화에 따른 현상이다. 우리는 수출의존적 경제구조를 가진 나라로서 세계화의 흐름에서 벗어날 수 없으며, 따라서 전세계적인 노동이주 및 결혼이주의 경향에서 벗어나기 어렵다. 하지만 우리의 이주민에 대한 정책은 외국인근로자를 이민으로 받아들이고 있지 않기에, 국제결혼가정, 외국인근로자가정, 북한이탈주민가정이 경험하는 가정생활의 어려움과 한국에서의 삶의 질을 보장하기 위한 서비스의 방향 및 내용이 상이하다.

국제결혼가정은 결혼과정에 상업적인 결혼중개업체가 개입하면서 생기는 문제, 유입국과 이주국 사이의 경제적 수준의 차이가 국가간 성별분업화로 귀결되면서 부부관계 및 시부모와의 관계에서 불평등적 권력구조, 가정폭력, 종속적 삶의 양식을 강요하게 되는 문제를 안고 있다. 또한 어떤 상황에서보다 중요한 가족원간 의사소통에서의 문제, 한국어 미숙으로 인한 모-자녀관계 및 자녀교육의 어려움도 겪고 있다.

외국인근로자들은 국내 노동수급의 불균형을 해결해 주는 산업인력정책의 틀 속에서 국내에 입국하므로 이들의 삶은 고용되어 있는 기업체 및 근로환경에 영향을 받는다. 열악한 거주환경, 위험한 작업환경, 그리고 산재보험, 건강보험 등 제도적 장치는 되어 있으나 이들의 치료 및 건강과 관련된 혜택을 누리지 못하는 비인권적 상태는 근절되지 않고 있다. 그럼에도 경제적 목적을 위해 반복 입국하는 외국인근로자 가족들은 분리와 재결합을 반복하고 있다. 이러한 과정에서 외국인근로자가정의 자녀들은 한국사회의 제도권으로부터도, 부모의 돌봄도 적절히 받지 못하고 있어, 학교교육에 적응하지 못하고 중도탈락하는 비율이 높다.

북한이탈주민가정은 60여 년 간이라는 긴 시간 동안의 남북단절로 인해 생겨난 다문화가정으로서 사회정치체제의 분리로 인한 사고방식, 가치관, 행동양식의 차이가 문화간 차이를 유발한다. 특히 북한에서의 부부간 성 역할 태도와 비교할 때, 새로운 환경에서의 부부간 성역할 태도의 급격한 변화로 인해 북한이탈주민가정 내 부부관계 갈등을 야기한다. 북한이탈주민가정은 경제적으로 어려운 북한 내 사정으로 인한 가정해체, 탈북과정에서 머물게 되는 제3국에서의 가정해체, 한국입국 후의 가정해체 등 반복되는 가정해체로 가정체계의 불안정이 크다.

다문화가정을 위한 사회서비스는 여성결혼이민자가정의 안정적 한국생활 정착과 자립에 집중되어 있다. 여성가족부가 관할부처로서 전국의 다문화가족지원센터가 다문화가족 이중언어환경조성 사업, 부부교육, 다문화이해교육, 취업교육, 가족상담 등 기본프로그램사업과 한국어교육, 다문화가족자녀 언어발달지원, 통번역서비스 등 별도지원사업 서비스를 제공하고 있다. 외국인근로자를 대상으로 한 사회서비스는 민간단체들이 그들의 평등한 노동권과 인권보호, 문화다양성 존중에 역점을 두어 사업을 먼저 시작했다. 의료지원서비스를 비롯하여 노동 및 법률 상담, 쉼터제공 등의 서비스를 펼쳐 오고 있다. 정부차원에서는 외국인력지원센터가 외국인근로자 및 영세사업장 모두를 지원하기 위한 목적으로 외국인근로자의 국내생활적응 및 한국문화이해를 위한 사회서비스를 지원하고 있다. 외국인근로자수가 많은 경기도의 경우, 외국인복지센터를 설립, 외국인주민으로서의 생활서비스를 지원하고 있다. 북한이탈주민가정을 위한 사회서비스는 통일부가 주관부처가 되어 '하나원'이라 불리는 북한이탈주민정착지원사무소에서 실시하는 사회적응교육에서부터 시작된다. 정착금, 임대주택알선, 중 · 고등학교 및 대학 특례입학 등 재정적 및 제도적 지원이 이루어지고 있으며, 최근에는 '수혜적 보호'를 벗어나 '자립자활'중심의 정착지원 제도를 지향하고 있다. 자립자활 서비스제공을 위한 민간기관으로 '하나센터', 즉 북한이탈주민지역적응센터가 중심적 역할을 담당, 초기집중교육 및 사후관리제공 프로그램을 실시하고 있다.

# 1. 한국의 다문화사회 진입과정

## 1) 세계화 속의 한국

Kelly는 오늘의 사회를 '이주의 시대'라 표현하고 있다. 2016년 1월 유엔이 발표한 국제이민보고서에 의하면 전세계 이민자수는 2억 4천4백만 명으로 전세계 인구의 3.3%가[1] 출신국가를 뒤로 하고 다른 국가에서 거주하고 있다. 지금 이주는 전세계적인 경향으로서 그 배경에는 세계화의 움직임이 있으며, 세계화를 촉발시킨 경제정책으로서 신자유주의가 자리잡고 있다. 영국의 대처수상과 미국의 레이건 대통령은 복지병으로 일컬어지는 '영국병', 1970년대 석유파동에 이은 디플레이션의 경제적 상황을 타개하기 위해 손을 잡았다. 두 국가를 축으로 파생된 신자유주의 정책은 국가간, 지역간, 기업간, 계층간 '경쟁'을 통한 '효율'의 극대화를 지향함으로써 국가 및 지역간에 상품, 서비스, 자본, 노동, 정보 등에 대한 인위적 장벽이 제거되고 세계가 거대한 하나의 시장으로 기능하도록 만들었다. 세계적 이주 인구는 세계 경제시장에서 효율성의 극대화를 추구하는 경제 강국, 대기업, 국제자본의 힘의 논리에 따라 '최적 배분되는 생산적 자원 요소' 중 하나인 것이다.

수출에 의존하는 우리나라의 경제구조상 세계화의 영향력 범위에서 우리도 예외일 수 없어, 외국자본의 국내유입과 더불어 외국인근로자들이 유입되기 시작하였다. 우리는 1980년대 말 국내 노동시장의 제조업체들이 인력난을 겪고 있었고, 올림픽이 열린 1988년도의 1인당 국민소득은 2만불 시대에 접어들어 세계적으로 국가 위상이 높아져 있었다. 여기에 1990년 걸프전쟁으로 외국인노동자들은 새로운 유입처를 필요로 하고 있던 터이기에 한국은 국내 및 세계적 시장상황에서 볼 때 외국인 노동자를 받아들일 수 있는 환경을 맞고 있었다.

2016년 6월 말 현재 체류 외국인은 2,001,828명으로 바야흐로 외국인 200만

---

1) 세계국제이주기구 www.iom.int

시대가 열렸다. 이는 우리나라 총인구 5,150만 명(2016 행정자치통계연보 18호)의 약 3.9%이며, 이 중 등록인구는 1,137,736명, 거소신고자는 343,867명, 단기체류자 520,225명이다. 한편 불법체류자는 2016년 6월 말 기준 211,964명, 체류자 대비 10.6% 수준이며, 이는 지난 2000년 41.8%였던 것과 비교할 때 대폭 감소한 수치이다. 이는 2016년 4월부터 9월까지 시행하는 자진 출국자 한시적 입국금지 면제제도의 영향인 것으로 풀이된다[2]

### 2) 이주의 여성화

과거 여성들은 남편을 따라 이주하는 동반이주자(Tied Movers)였으나 이제 주체적 이주자로서 이주를 하고 있다. 2008년 기준 여성이주자들은 전세계적으로 1억 명 정도로 전체 이주자의 거의 절반 정도를 차지한다. 이주의 여성화는 특히 아시아 지역 여성들의 특징이다. 아시아 전역에서 해외 이주자 중 여성이주자들이 69%를 차지하고 있으며, 필리핀, 인도네시아의 경우 70% 이상이 여성들이다.[3]

우리나라의 경우 2015년 말 기준, 외국인주민수는 1,741,919명이며, 이 중 여성은 836,981명으로 전체 외국인주민[4] 중 여성의 비율은 48.0%로 거의 절반 수준이다. 이주의 유형에 있어서는 남녀의 차이가 있어서 남성 외국인주민의 48.9%(442,616명)가 외국인근로자이지만 여성외국인주민 중 근로자 비율은 19.8%(165,500명), 결혼이주자는 혼인귀화자와 국적미취득자를 합해 25.4%(212,826명)[5]이다. 남성의 노동이주 경향에 비해 여성들은 노동이주와 결혼이주가 동시에 늘어나고 있다.

결혼이주 역시 노동이주와 마찬가지로 국가 간 자본력의 차이가 만들어 내는 국가간 성별분업의 형태로 볼 수 있다. 이주민 유입국의 남성들은 기득권으로서 가부장적 권위를 누리려고 하고, 가부장적 권위에 순응할 수밖에 없는 저개발국

2) 출입국외국인정책본부 사이트. http://www.wolyo.co.kr/news/articleView.html?idxno=39104
3) 한국염(2006). 이주의 여성화와 이주여성 인권보호의 과제: 정책간담회. 국회도서관.
4) 외국인주민 : 1. 국내에 90일을 초과하여 체류하는 한국국적을 가지지 아니한 자, 2. 외국인이었으나 한국국적을 취득한, 3. 결혼이민자 및 국적취득자의 미성년자녀를 의미. 법적 용어는 아니지만 지역사회 지원과 관리가 필요한 대상이므로 2006년부터 조사하여 발표하고 있다(2007년 국가승인통계 지정, 제11025호).
5) 행정자치부 2015년 외국인주민현황 조사결과.

여성들이 이러한 요구에 답을 보내는 것이다. 여성들은 남성에 비해 해외의 일자리를 찾기 어려우며, 해외취업에 필요한 금전적 비용과 비교할 때 비용에 대한 부담 없이 선택할 수 있는 것이 국제결혼이 되는 것이다.

우리의 경우 1990년 중국과의 수교 이후 중국한족, 조선족 여성 입국자 수가 증가하고 있는 상황에서 지방자치단체들의 '농촌총각장가보내기'가 시기적으로 맞아 떨어졌다. 2000년대에 들어오면서 국제결혼여성의 국적은 중국에서 베트남, 필리핀, 몽골 등으로 다변화되기 시작하였고(표 5-1), 결혼의 성격도 농촌의 만혼인 남성들의 초혼대상에서 최근에는 도시의 재혼 상대자로 바뀌어 가고 있다. 상대적으로 훨씬 적은 비용으로 결혼과 가사노동 지원이 가능하다는 경제적 이익과 좀 더 고분고분한 여성을 아내로 맞으려는 가부장적 권력 행사의 요구, 두 가지 모두를 충족시킬 수 있다는 '경제선진국 남성'들의 선택 결과인 것이다.

국제결혼에 의한 다문화가정은 2016년 6월 기준 151,820명이며 84.6%가 외국인 여성과 한국 남성과의 결혼이고 한국 여성과 외국인 남성의 결혼은 15.4%의 낮은 비율을 차지하고 있다. 외국인 여성과 한국 남성의 결혼 중 국적별로 가장 높은 비율을 차지하는 것은 중국이며, 다음으로는 베트남, 일본, 필리핀의 순이다.

**표 5-1** 　　**결혼이민자 실태**

| 구 분 | 총 계 | 남 자 | 여 자 |
|---|---|---|---|
| 총계 | 151,820 | 23,372 | 128,448 |
| 중국[6] | 57,546 | 11,606 | 45,940 |
| 한 국 계 | 22,026 | 6,960 | 15,066 |
| 베트남 | 41,342 | 1,078 | 40,264 |
| 일본 | 12,974 | 1,214 | 11,760 |
| 필리핀 | 11,543 | 324 | 11,219 |
| 캄보디아 | 4,585 | 49 | 4,536 |
| 타이 | 678 | 74 | 604 |
| 몽골 | 2,391 | 112 | 2,279 |
| 기타 | 20,761 | 8,915 | 11,846 |

출처: 출입국 외국인정책본부. 2016년 6월 통계월보.

6) 한국계 포함.

결혼이민자가정의 자녀(표 5-2)는 2015년 7월 현재 207,693명으로 이 중 만 6세 이하가 117,877명, 만 7-12세 이하가 56,108명으로 초등학교 이하가 전체의 83.7%로 절대 다수를 차지하고 있다.

**표 5-2　　결혼이민자가정 자녀의 연령별 현황(2015년 7월)**

| | 만 6세 이하 | 만 7-12세 | 만13-15세 | 만 16-18세 | 계 |
|---|---|---|---|---|---|
| 자녀수 | 117,877 | 56,108 | 18,827 | 14,881 | 207,693 |
| 백분율 | 56.7 | 27.0 | 9.1 | 7.2 | 100.0 |

출처: 여성가족부. 2015년 다문화가족관련 연도별 통계현황.

### 3) 산업연수생으로 시작된 이주노동자

1987년부터 친척방문을 명목으로 중국 동포들의 국내입국이 시작되었다. 1990년도에 한 · 중수교가 체결되고 중국과의 관계개선이 이루어지면서 마침 극심한 인력난을 겪고 있던 국내 건설업계를 중심으로 외국인근로자가 국내에 입국하기 시작하였다.

(단위: 천명, %)

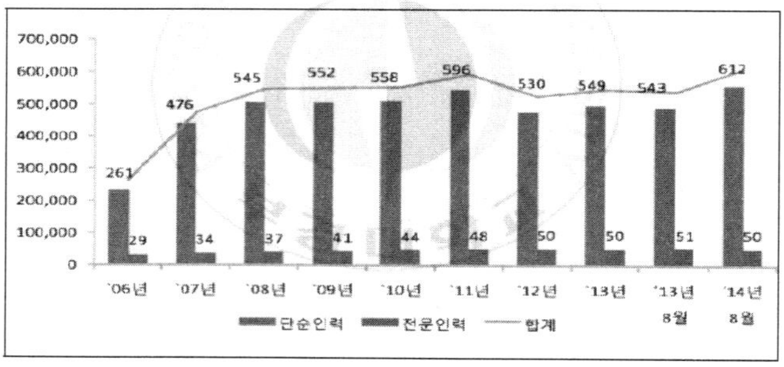


<그림 5-1> 취업비자 외국인력 추이
자료: 이규용 외(2014), "체류외국인 및 이민자 노동시장 정책과제"

1980년대 중반 이후에는 중동 노동시장의 변화 및 동남아시아 노동자들이 일본으로 대거 입국하면서 1990년대초부터 필리핀인과 방글라데시인 등 동남아시아인의 유입도 시작되었다. 93년도에는 문민정부가 들어오면서 국가경쟁력 강화라는 국정목표를 위해 세계화를 적극 추진하는 정책을 펼쳤다. 같은 해에 국내 제조업체의 인력난을 해소하기 위해 산업기술연수생제도를 실시하기 시작하여 14-15개 아시아 국가로부터 외국인 연수생이 공식적으로 입국하기 시작하였다[7].

2004년에는 합법적인 단순기능인력 도입 제도인 외국인 고용허가제를 시행하였으며, 기존 제도인 산업연수생제와 병행 실시되었다. 이는 2007년 1월 고용허가제로 일원화되었으며, 2007년 3월 방문취업제가 도입되어 중국 및 구소련지역 동포들이 국내에서 합법적 취업이 가능하게 되었다. 2016년 1월 일부 개정된 현행 외국인근로자의 고용 등에 관한 법률은 일반외국인근로자에 대한 고용허가제, 외국국적동포에 대한 특례고용허가를 인정하는 구조로 이루어져 있다. 전체적으로 살펴보면 2015년 말 기준 외국인근로자는 총 625,129명으로 이 중 전문인력이 49,503명, 단순기능인력이 567,642명으로 외국인근로자의 91%가 단순인력으로 구성되어 있다. 외국국적동포들에 의한 방문취업은 2015년 말 기준, 단순기능인력의 49.5%인 285,342명으로 높은 비율을 차지하고 있다(표 5-3).

**표 5-3** **취업자격 체류외국인 자격별 현황**

(2015. 12. 31.기준)

| | | 총체류자 | 합법체류자 | 불법체류자 |
|---|---|---|---|---|
| **계** | | **625,129** | **560,236** | **64,893** |
| **전문인력** | 소계 | 48,607 | 43,316 | 5,291 |
| | 단기취업(C-4) | 685 | 549 | 136 |
| | 교수(E-1) | 2,612 | 2,608 | 4 |
| | 회화지도(E-2) | 16,144 | 16,088 | 56 |
| | 연구(E-3) | 3,145 | 3,135 | 10 |
| | 기술지도(E-4) | 192 | 190 | 2 |
| | 전문직업(E-5) | 606 | 594 | 12 |
| | 예술흥행(E-6) | 4,924 | 3,192 | 1,732 |
| | 특정활동(E-7) | 20,299 | 16,960 | 3,339 |

7) 김홍매(2011). 한국과 일본의 국제이주정책 비교-'노동력' 이주를 중심으로. 전남대학교 대학원 박사학위논문.

| 단순기능인력 | 소계 | 576,522 | 516,920 | 59,602 |
|---|---|---|---|---|
| | 비전문취업(E-9) | 276,042 | 226,770 | 49,272 |
| | 선원취업(E-10) | 15,138 | 9,898 | 5,240 |
| | 방문취업(H-2) | 285,342 | 280,252 | 5,090 |

출처: 출입국 · 외국인정책본부(2016). 2015 출입국 · 외국인정책 통계연보.

외국인근로자 자녀 중 초 · 중 · 고등학교에 재학 중인 자녀수는 2015년 기준 8,176명이며, 초등학생이 73.5%로 매우 높은 비율을 차지하고 있다(표 5-4).

**표 5-4 학령기 외국인 근로자 자녀**

| 구분 | 초등학교 | 중학교 | 고등학교 | 계 |
|---|---|---|---|---|
| 2012 | 1,789 | 448 | 326 | 2,626 |
| 2013 | 3,531 | 975 | 500 | 5,044 |
| 2014 | 3,417 | 804 | 422 | 4,706 |
| 2015 | 6,006 | 1,384 | 735 | 8,176 |

출처: 교육부 다문화학생수 통계자료(2015. 8). 무지개청소년센터에서 재인용.

### 4) 한국 특유의 다문화사회 구성인으로서의 북한이탈주민

북한이탈주민의 보호 및 정착지원에 관한 법률 제2조 1항에 의하면 북한이탈주민은 북한에 주소, 직계가족, 배우자, 직장 등을 두고 있는 자로서 북한을 벗어난 후 외국의 국적을 취득하지 않은 자를 일컫는다. 북한이탈주민의 사회경제적 배경이나 탈북요인은 1990년대 중반을 기준으로 전과 후가 다르다. 90년대 중반 이전은 남북한의 극한 대치상황에서 북한이탈주민은 사회경제적 지위가 높은 엘리트층이었다. 90년대 중반 이후는 1994년 김일성 사망 이후 북한 내 체제 변화, 거듭되는 자연재해로 인한 식량난, 탈북전문 브로커의 개입, 가족과 친인척들로 이어지는 연쇄적 탈북 등이 탈북을 부추기는 요인이 되었다[8].

8) 최영아 · 이주용 · 김정규(2009). 남성 북한이탈주민의 초기 심리적 적응 수준에 영향을 미치는 요인 연구. 통일정책연구, 18(2), 215-248.

근자에 이루어지는 탈북은 극심한 식량난으로 대표되는 경제난, 적대적 계급에 속해있는 사람들이 북한사회에서 심리적 위축, 자신감 상실, 생명의 위협 등을 피해 탈북하는 정치사회적 요인, 그리고 먼저 탈북한 가족의 도움을 받아 이루어지는 연쇄 탈북이 주 동기가 된다[9].

북한이탈주민은 2000년 이후 점진적으로 증가하여, 2009년에는 3,000명에 육박하는 많은 수의 탈북자가 입국했으며, 이후 감소하는 경향을 보여, 2016년 6월 잠정 집계에 의하면 749명이 입국한 것으로 조사되었다(표 5-5). 또한 2001년 입국자 중 여성의 비율은 46%로 절반정도를 차지하였으며, 이후 지속적인 증가세를 보여 2016년에는 80%까지 상승해 또 다른 형태의 이주인 북한으로부터의 이주는 여성화의 경향이 더욱 두드러지고 있다. 서울시 거주 북한이탈주민 여성을 대상으로 한 조사에 의하면 남한 입국 형태는 '단신'이 46.2%로 가장 높은 비율을 보였으며, 다음으로 '가족 일부'(30.8%), '가족 전체'(20.7%)의 순으로 나타났다. 최근에는 가족단위의 입국이 증가하고 있다.[10] 연령별로는 30대가 29.3%, 20대가 28.3%로 2,30대가 전체의 57.6%를 차지하고 있으며, 초 · 중 · 고등학교 교육 대상자가 되는 10대 청소년들은 11.8%인 3,436명 정도이다.

**표 5-5** **북한이탈주민 입국 총인원 및 성별 현황**

(2016. 6월말 입국자 기준)

| 구분 | ~'98 | '01 | '02 | '03 | '04 | '05 | '06 | '07 | '08 | '09 | '10 | '11 | '12 | '13 | '14 | '15 (잠정) | '16.6월 (잠정) | 합계 |
|---|---|---|---|---|---|---|---|---|---|---|---|---|---|---|---|---|---|---|
| 남(명) | 831 | 565 | 510 | 474 | 626 | 424 | 515 | 573 | 608 | 662 | 591 | 795 | 404 | 369 | 305 | 251 | 144 | **8,647** |
| 여(명) | 116 | 478 | 632 | 811 | 1,272 | 960 | 1,513 | 1,981 | 2,195 | 2,252 | 1,811 | 1,911 | 1,098 | 1,145 | 1,092 | 1,024 | 605 | **20,896** |
| 합계(명) | 947 | 1,043 | 1,142 | 1,285 | 1,898 | 1,384 | 2,028 | 2,554 | 2,803 | 2,914 | 2,402 | 2,706 | 1,502 | 1,514 | 1,397 | 1,275 | 749 | **29,543** |
| 여성비율 | 12% | 46% | 55% | 63% | 67% | 69% | 75% | 78% | 78% | 77% | 75% | 71% | 73% | 76% | 78% | 80% | 80% | **71%** |

출처: 통일부 홈페이지

9) 김진순(2011). 기독인 탈북자의 가정생활: 부부관계를 중심으로. 백석대학교 대학원 박사학위논문.

10) 장명선 · 이애란(2009). 서울시 북한이탈주민 여성의 실태조사 및 지원정책방안연구. 서울특별시 여성가족재단.

표 5-6 북한이탈주민 연령별 현황

| 구분 | 0-9세 | 10-19세 | 20-29세 | 30-39세 | 40-49세 | 50-59세 | 60세 이상 | 계 |
|---|---|---|---|---|---|---|---|---|
| 남 | 618 | 1,550 | 2,357 | 2,001 | 1,260 | 470 | 322 | **8,578** |
| 여 | 616 | 1,886 | 5,879 | 6,534 | 3,618 | 1,102 | 908 | **20,543** |
| 합계(명) | 1,234 | 3,436 | 8,236 | 8,535 | 4,878 | 1,572 | 1,230 | **29,121** |

※ 입국당시 연령 기준이며, 최근 입국하여 보호시설 등에 수용 중인 일부인원은 제외된 수치

출처: 통일부 홈페이지

## 2. 다문화가정의 실태

### 1) 다문화가정의 개념 및 유형

다문화가족지원법 제2조에 의한 다문화가족은 결혼이민자 또는 귀화자와 대한민국 국적을 취득한 자로 이루어진 가족을 일컫는다. 이 기준에 따르면 이주노동자, 유학생, 북한이탈주민, 난민 등 실질적으로 우리와 다른 민족, 다른 문화적 배경을 지닌 다문화 구성원들을 배제하게 된다. 주로 여성결혼이민자로 구성된 다문화가정이 저출산의 대안이 될 수 있다는 정부의 정책적 관심 때문에 다문화가정은 곧 여성결혼이민자 가정으로 인식되어 왔다. 하지만 노동이주의 역사가 30여 년에 다가서고, 북한이탈주민의 수가 3만에 육박하면서 다문화가정에 대한 포괄적 개념정의를 하지 않을 수 없는 상황이 되었다. 다양한 문화적 배경을 지닌 구성원들의 사회적 통합을 고려할 때, 다문화가정은 민족적, 문화적 배경이 우리와는 상이한 사람들로 구성된 가정을 말하며, 소수비율을 차지하고 있는 유학생, 난민을 포함하여, 결혼이민자가정, 외국인근로자가정, 북한이탈주민가정까지 포함할 필요가 있다. 그럼에도 불구하고 본고에서는 결혼이민자가정, 외국인근로자가정, 북한이탈주민가정만을 중심으로 파악하는 한계를 갖는다.

## 2) 결혼이민자 가정

다문화가정으로서 결혼이민자 가정은 한국인 배우자와 외국인 배우자로 구성된 가정을 일컫는다. 현재 우리나라에는 한국인 남성과 외국인 여성으로 구성된 국제결혼가정이 전체의 약 85%를 차지하는 대표적 유형이다. 이들 여성결혼이민자로 이루어진 가정은 이주여성의 입장에서 볼 때, 결혼과정에서의 인권침해에서부터 결혼 이후 가정생활에서 한국어 미숙으로 인한 의사소통의 어려움, 경제적 문제, 문화적 차이, 자녀교육문제 등으로 어려움을 겪는 비율이 높다.

### (1) 결혼과정

국제결혼은 지인, 가족, 친척 등 아는 사람의 소개, 직접 만남, 종교단체, 결혼중개업체 등 네 가지 방법을 통해 이루어진다. 종교단체를 매개로 이루어지는 국제결혼은 주로 일본, 필리핀 등이 많으며, 결혼중개업체를 통하는 경우는 베트남, 필리핀 그리고 그 외 동남아시아에서 많이 볼 수 있다.[11] 결혼중개업체를 통한 결혼은 입국과정에서 허위정보, 인권침해적인 결혼성립, 그리고 짧은 기간에 결혼이 이루어지면서 생기는 국제결혼에 대한 몰이해 및 가족원간 불신으로 결혼 이후에도 가정 내 폭력과 부부 및 시댁과의 갈등을 유발, 가정해체로 이어지는 경우가 많다.

국내외 결혼중개업체는 1999년 허가제에서 신고제로 전환되면서 700여 개이던 것이 크게 증가하여, 2010년 기준 국제결혼중개업체수는 1400여 개[12]에 이르렀다. 이후 부실 중개업체에 대한 정비가 이루어져 2014년 기준 503개로 감소한 상태이다[13]. 2007년 12월 결혼중개업관리에 관한 법이 제정되면서 업체 등록인 또는 종사자가 교육을 받도록 규정하고 있지만 영리를 목적으로 한 비도덕적 행위는 근절되지 않고 있다.

---

11) 보건복지부(2009). 국제결혼 이주여성 실태조사 및 보건복지지원 정책방안.
12) 여성가족부(2016). 2015 전국다문화가족실태조사 분석.
13) 여성가족부 다문화가족지원과. 국제결혼중개업 현황 공시, 2014년 3월 기준.

가장 빈번하게 지적되는 문제는 부정확한 정보 또는 허위정보 제공으로 성사되는 결혼건수를 높이려는 행위이다. 한국 배우자의 알코올중독, 범죄사실, 지적장애, 정신병, 직업, 학력, 결혼경력 등의 정보를 의도적으로 누락시키거나 거짓정보를 제공하는 사례, 또는 전달과정에서 의사소통이 정확히 이루어지지 않아 잘못된 정보를 받는 경우 등이 있다.

결혼과정에서 여성결혼이민자들의 인권이 침해되거나 인신매매적 성격을 띠는 경우도 문제된다. 베트남의 경우 지역에 있는 모집인들이 여성들을 모아 주로 도심지역에 있는 합숙소로 연계한다. 이후 여성결혼이민자들은 결혼을 위해 합숙생활을 하며 집단맞선을 보게 되는데, 합숙기간 중 생활비는 부채가 되어 자율적인 의사결정을 하기 어려운 상황에 놓인다[14].

### (2) 결혼 이후 생활에서의 어려움

#### ① 한국어 미숙으로 인한 어려움

결혼이주여성들은 한국 입국 전 한국어 교육을 받기도 하지만 의사소통이 원활한 경우는 드물다. 한국어 수준은 낯선 한국에서 1차적 의존상대인 남편과의 대화, 가정생활에서의 문제해결능력, 문화적 적응, 취업기회 그리고 보다 중요한 것은 자녀양육 시 사용가능한 풍부한 언어, 자녀와의 정서적, 심리적 유대 등에 영향을 미치게 된다.

여성결혼이민자들은 입국 전 한국어교육을 받기도 하지만 한국어로의 의사소통이 원활한 수준에 이르려면 대부분 2-3년 이상 소요된다. 신혼기는 부부 사이의 변화된 가정생활 환경에 적응을 필요로 하는 기간이므로 부부간 의사소통은 매우 중요한 역할을 한다. 하지만 남편들은 일방적으로 아내에게 한국어 습득만을 강요하고 자신은 아내 나라의 언어를 포함하여 문화적 배경에 대해 이해하려는 노력을 전혀 하지 않는다. 의사소통의 어려움은 소통의 기회를 제한하며, 부부 사이의 불만과 갈등을 누적시켜 가정의 안정을 위협한다.

---

14) 유용식(2008). 여성결혼이민자들의 인권실태 및 개선방안 연구-입국 및 결혼생활을 중심으로-. 한국비영리연구, 7(2), 3-30.

② 경제적 문제

결혼이민자 가정의 가계경제 수준은 낮은 편으로 안정적인 가정생활 유지에 위협이 되고 있으며, 결혼당시 약속한 친정으로의 송금 불이행, 가계관리에서 주체성을 부여받지 못하는 등의 어려움을 발생시킨다. 2015년 전국다문화가족실태조사(여성가족부)에 의하면 다문화가족의 월평균 가구소득은 200 - 300만 원 미만이 30.4%로 가장 많았고, 100 - 200만 원 23.8%, 300-400만 원이 20.5%로 2012년 조사결과와 비교해 300만 원 미만 비중은 10.3%p 감소한 반면 400만 원 이상 가구 비중은 5.6%p 증가했다. 전체 다문화가정 중 국민기초생활보장 수급가구는 5.1%로 약 14,135가구로 추정되며, 2012년도에 5%였던 것과 비교할 때 거의 변화가 없었다[15].

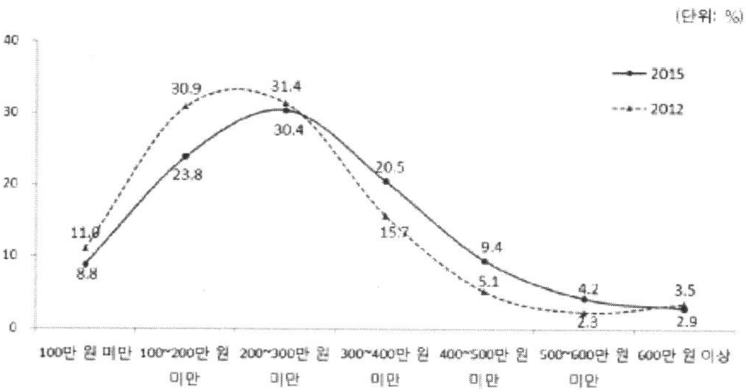


<그림 5-2> 다문화가족의 월평균 가구소득(2012, 2015)
출처: 2015 전국다문화가족실태조사 분석(여성가족부)

다문화가정의 낮은 소득은 친정을 경제적으로 도와야 한다는 책임감을 가지고 있는 동남아 이주여성들에게 가족 갈등의 주원인이 된다. 결혼이주여성들이 국제결혼을 하는 이유는 많은 경우가 일차적으로 경제적인 문제이다. 흔히 결혼을 결정할 때 친정에 정기적으로 송금하는 것을 약속받는다. 하지만 농촌의 경우 도시에 비해 평균적인 소득수준이 낮을 뿐 아니라 수입이 부정기적인 특성을 지니

15) 통계청 가계동향조사에 따르면 우리나라 전체 가구의 2012년도 월평균 가구소득은 408만 원, 2015년도에는 437만 원인 것으로 나타났다.

고 있어 결혼 초에 약속한 친정 송금을 지키기 어렵다. 약속의 불이행은 부부 사이의 신뢰를 깨뜨리며, 부부갈등, 가정폭력, 아내의 가출로 이어지는 가정체계의 불안정을 야기한다. 많은 경우, 모계의 가족문화를 지니고 있는 결혼이주여성들은 어떤 방법으로든 직접 돈을 벌어 모국에 돈을 보내려는 노력을 하게 된다. 그렇다고 경제적 문제를 해결하는 것이 결혼이주여성들이 국제결혼을 택하는 유일한 목적은 아니다. 면담 사례들을 살펴보면 경제적 이유로 결혼하는 경우라도 남편에 대한 애정을 표현하며, 또다른 중요한 국제결혼의 동기로서 자녀에게는 보다 나은 삶을 살 수 있도록 해 주고 싶다는 미래지향적이며, 적극적인 삶의 의지를 지닌 결혼이주여성들을 발견하게 된다.

결혼이주여성들은 특히 결혼 초기의 경우, 가계경제의 관리 주체로서의 역할[16]을 수행하지 못하는 경우가 많다. 외국인인 아내의 한국어 미숙이나 가계관리 능력을 믿지 못하여 모든 식품이나 생활용품 구매를 남편이 전담하거나 일일이 용돈을 타서 써야 하며, 자신의 가계소득을 알지 못하는 등 가계경제를 관리할 수 있는 기회가 전혀 부여되지 않는 것도 이주여성들에게 심리적 긴장을 야기한다.

### ③ 부부관계

결혼이민자 가정의 부부관계에 있어 남편의 전통적 성 역할과 가부장적 가족문화는 결혼이주여성의 출신국 문화와 충돌하는 주요 요인이 된다. 전통적 성 역할은 아내에 대한 역할기대로 나타난다. 남편들은 가사노동과 자녀양육을 아내가 전담하기를 기대하며, 일반적인 부부관계에서 나타나는 내조, 즉 '알아서 남편을 뒷바라지'할 수 있을 것으로 생각한다. 하지만 한국어 및 한국문화에 익숙치 않은 이주여성이 이런 일들을 혼자 감당해 내기란 힘들며, 그러한 역할전담에 대해서도 이해하지 못한다.

남성의 권위적 태도는 아내 나라의 언어 및 문화에 대한 이해에서도 드러난다. 부부가 서로의 의사소통을 위해 아내가 한국어를 공부하듯이 남편도 아내 나라 언어와 문화를 이해하려는 노력이 필요하다. 하지만 결혼 기간이 길어져도 아내

16) 이승희(2011). 다문화가족 내 결혼이민자 여성의 경제적 특성과 소비행태 분석: 경험과 의미에 관한 사례연구. 이화여자대학교 대학원 석사논문.

나라의 언어나 문화에 대한 이해도는 높지 않으며, 이해하려는 노력을 기울이지도 않는다.

정서적, 물질적, 신체적으로 의존할 수 있는 친족이 부재한 상태에서 남편의 아내에 대한 배려, 정서적 표현, 언어적 위로 등은 결혼이주여성의 안정적 가정생활 정착에 크게 도움이 된다. 하지만 많은 경우, 도구적 역할에만 익숙한 한국남성의 부부관계 양식은 결혼이주여성을 더욱 힘들게 만든다.

④ 국적취득을 빌미로 삼기

결혼이주여성들은 입국 후 2년이 경과한 이후, 한국국적 취득 신청을 할 수 있다. 하지만 실제 국적취득에 소요되는 기간은 국적취득 업무를 담당하는 부처의 업무량 과다로 인해 3-5년 정도로 늘어난다. 국적을 취득하기 이전에는 매년 남편의 신원보증을 통해 결혼이민(F-6) 비자의 체류 기간을 연장해야 한다. 이 같은 조건은 국적취득을 빌미로 벌어지는 남편의 폭력이나 억압적 가정생활을 참아내야 하는 인권 침해 및 성적 불평등 구조를 만들어 낸다.

⑤ 폭력, 방임, 성적 학대

결혼이민자가정 내에서 나타나는 부부폭력은 일반가정의 44.3%보다는 다소 낮은 40.9%인 것으로 나타났다[17]. 비다문화가정의 여성들은 정서적 폭력이 33.6%로, 다문화가정 여성의 21.5%에 비해 높았으며, 다문화가정 여성들은 경제적 폭력이 15.3%로 비다문화가정의 7.6%에 비해 높게 나타났다. 방임의 경우는 두 가지가 있는데, 결혼식을 하고 합방 절차를 거친 남자가 한국에 돌아와 아내를 초청하지 않는 경우, 그리고 아내가 입국한 이후 일방적으로 이혼을 종용하면서 아내를 돌보지 않는 경우다. 입국 후 바로 아내를 방임하는 경우, 여성들은 한국어로 의사소통이 거의 되지 않는 상태에서 집밖을 나서 이웃이나 기관에 도움을 요청하기 어려우며, 집안에 고립되어 생존에 위협을 받기도 한다.

17) 진세환(2016). 다문화가족의 가정폭력 예방 및 피해자 보호 · 지원에 관한 연구. 동국대학교 석사학위논문.

표 5-7 다문화가족 여성과 일반가족 여성의 가정폭력 피해율(단위: %)

| 구분 | 부부 폭력 | 중한 폭력 | 경한 폭력 | 정서적 폭력 | 경제적 폭력 | 성학대 | 방임 |
|---|---|---|---|---|---|---|---|
| 비다문화가족 여성 | 44.3 | 3.3 | 14.6 | 33.6 | 7.6 | 9.3 | 23.5 |
| 다문화가족 여성 | 40.9 | 4.9 | 12.4 | 21.5 | 15.3 | 5.2 | 22.5 |

출처: 진세환(2016). 다문화가족의 가정폭력 예방 및 피해자 보호 · 지원에 관한 연구. 동국대학교 석사학위논문.

⑥ 시댁의 영향력

시부모와의 관계는 다문화가정의 안정적 결혼생활에 있어 결정적인 요인으로 작용한다. 그런데 결혼이주가정의 시부모와의 동거율은 일반가정에 비해 더 높다. 결혼이주가정에서 시부모는 높은 연령, 낮은 직업적 지위, 신체적 또는 지적 장애 등 결혼 상대로서 불리한 조건을 지닌 아들을 대신하는 결혼과정의 주체자이다. 가족 내에서 윗사람이라는 구조적 권력과 함께, 경제적 권력을 지닌 시부모는 한국어 의사소통, 사고방식, 생활방식, 종교의 차이 등에 있어 우위에 서서 힘을 발휘하며, 결혼이주여성의 고부관계를 어렵게 한다. 특히 농촌에 거주하는 결혼이주여성들은 시부모와의 관계가 더욱 어려우며, 노인의 일반적인 건강돌보기, 식사준비, 청소 및 세탁 등의 일상적 노인돌보기에 있어 어려움을 호소한다. 뿐만 아니라 결혼한 새 식구가 외국인이기에 한국에서의 가정생활, 가계경제, 자녀교육 등에 있어 능력이 부족하다고 판단하여, 일상적으로 간섭을 하는 시누이, 동서 등 시댁 친척들과의 갈등이 흔히 발견된다.

문화적 차이 중 우리의 가족중심적 가치는 결혼이주여성에게 또 하나의 커다란 어려움을 주는 부분이다. 시누이, 시아주버님 등 친인척들이 수시로 방문하거나 집을 드나들어 밥을 차리고 접대를 해야 한다거나, 분가했음에도 불구하고 매주 시댁을 찾아 온갖 살림을 도맡아야만 해 육체적, 정신적으로 어려움을 겪는 경우 등이 사례로 제시된다. 여기에는 못사는 나라에서 온 며느리에 대한 보다 엄격한 전통적 성 역할 분담의 기준을 적용하려는 시댁 식구들의 의도가 복합적으로 연관되어 있다. 또한 아들 결혼의 주체적 역할을 담당하는 시어머니의 가족 내 위치가 영향을 준다. 시어머니는 결혼상대자로서 주변화된 아들을 대신하여 목돈을 마련하고, 결혼중개업체를 통해 결혼을 시키는 아들의 대변자이다. 아들은 자신의 결혼에 경제적으로나 의사결정 면에서 주체적 역할을 담당한 어머니의 의사를 모든 일상생활에서 우선적으로 고려하게 되며, 고부관계에서 중재자로서의 역할을 담당하지 못함으로써 아내를 더욱 힘들게 만든다. 이 같은 상황은 다문화가족의 가족구조 유형에서도 미루어 짐작할 수 있다. 여성가족부의 2015년 가족실태조사[18]에 의하면 비다문화가정의 3세대 이상 가구비율은 5.7%인데 비해, 다문화가족은 시부모 및 시부모 가족과 동거하는 3세대 비율이 동부 8.5%, 읍면부 22.4%[19]로 특히 읍면주지역 거주 다문화가족의 3세대 비율이 매우 높게 나타나고 있어(표 5-8) 시부모와의 관계가 더 큰 영향을 줄 수 있음을 알 수 있다.

**표 5-8　　동부 및 읍면부 지역 다문화가족 가구 구성**

| | 본인 + 자녀 | 배우자 + 자녀 | 본인 | 부부 + 자녀 + 시댁부모 및 가족 | 부부 + 자녀 + 본인 부모 및 가족 | 부부 + 시댁부모 및 가족 | 부부 + 본인 부모 및 가족 | 부부 + 자녀 | 부부 | 기타 |
|---|---|---|---|---|---|---|---|---|---|---|
| 동부 | 4.6 | 0.8 | 7.7 | 6.8 | 3.0 | 1.9 | 0.5 | 46.1 | 23.1 | 5.6 |
| 읍면부 | 2.3 | 0.8 | 3.1 | 18.7 | 3.0 | 3.7 | 0.3 | 45.6 | 17.5 | 5.0 |
| 계 | 4.0 | 0.8 | 6.6 | 9.6 | 3.0 | 2.3 | 0.4 | 46.0 | 21.8 | 5.5 |

출처: 여성가족부(2016b). 2015년 전국다문화가족실태조사 분석.

### ⑦ 음식문화의 차이로 인한 어려움

결혼이주여성들은 입국 후 많은 경우, 바로 임신과 출산을 경험하게 된다. 낯선 나라에서 친정식구들의 도움을 받을 수 없는 상황에서 임신과 출산 과정은 어린 나이의 신부가 극복해야 할 힘든 적응 과제이다. 산후조리 방법이나 음식을 포함하여 상이한 출산문화는 초기 이문화 적응기에 이주여성과 시가의 갈등 원인이

18) 여성가족부(2016 a). 2015 가족실태조사 결과 발표.
19) 여성가족부(2016 b). 2015년 다문화가족 실태조사 분석.

된다.

문화적 차이로 인해 갈등을 겪는 중요한 부분이 식생활이다. 첫째, 특히 농촌의 경우 우리의 식생활은 채식을 중심으로 한다. 여러 종류의 김치, 나물류가 주반찬이 된다. 몽골, 우즈벡, 베트남 등의 여러 나라는 돼지고기, 양고기 등 육식을 즐겨하는데 농촌에서 고기음식은 일상적 음식이 아니다. 고기음식을 찾는 며느리는 시어머니로부터 고기반찬 타령을 하는 그리고 가계경제를 축내는 알뜰하지 못한 며느리라는 핀잔을 듣게 된다. 둘째, 우리의 식탁에서 반찬은 밥을 먹기 위한 부재료이다. 장기간 보관이 가능한 밑반찬, 발효음식 등이 서너번씩 냉장고를 드나들며, 식탁에 반복적으로 오르내린다. 이에 비해 대표적으로 베트남을 비롯한 동남아의 대부분 나라들은 한번 조리한 음식을 한끼에 또는 많아야 두끼 정도에 먹으며 남는 음식이 없다. 셋째, 우리가 즐겨 사용하는 식재료 중에는 국가별로 먹지 않는 낯선 종류가 있어 이주여성들을 힘들게 하는 경우가 있다. 몽골인들에게 게, 김, 미역 등의 해산물은 이전에는 접해 보지 못한 먹기 힘든 음식이다. 또한 이주여성은 모국의 음식을 먹고 싶어하지만 시어머니에게 낯선 음식은 단순히 음식이 아니라 거부하고 싶은 며느리의 투사가 되어 조리를 하지 못하게 한다거나 만든 음식을 팽개쳐 버려 며느리의 자존감에 상처를 주기도 한다. 그 밖에도 외식에 익숙한 동남아 며느리에게 매일 세끼 음식을 국과 밥, 나물반찬 등으로 꼬박꼬박 준비해야 하는 일은 육체적 노동과 스트레스를 준다.

### ⑧ 자녀양육의 문제

결혼이민자가정에서 자녀문제는 자녀의 입장과 자녀양육을 담당하는 부모의 입장에서의 어려움으로 구분해 볼 수 있다. 첫째, 결혼이민자가정의 자녀는 제1의 양육담당자인 어머니로부터 한국어를 배우기가 어렵다. 어눌한 한국어를 사용할 수밖에 없는 어머니는 자녀와의 의사소통을 활발히 할 수 없으며, 자녀는 풍부한 언어적 표현에 접할 수 있는 기회가 제한된다. 둘째, 이로 인한 한국어 능력부족은 초등학교 진학 이후 학습부진으로 이어진다. 단순한 읽기 이상의 한국어 능력을 요구하는 글짓기, 논술, 역사 등의 과목에서 학력 차이가 크게 벌어진다. 셋째, 학교생활에서 학습부진아는 일반가정의 경우에도 따돌림의 대상이 되기 쉽다.

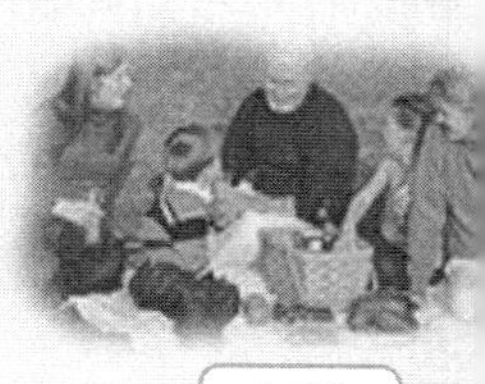

여기에 피부색이나 이국적인 외모라는 외형적 조건은 교우관계에 문제를 발생시키기가 더 쉽다. 다문화가정 자녀의 집단따돌림은 특별한 이유없이 단지 '엄마가 외국인이기 때문에' 생겨나는 경우가 많은데, 특히 중 · 고등학교에서보다는 초등학교에서 이러한 따돌림이 더 많이 발생한다. 넷째, 다문화가정 자녀들은 자신의 부모가 또래친구들의 부모와 다르다는 것을 인식하게 되고, 또래관계에서 소외와 차별을 경험하면서 더욱 소극적으로 활동하는 정서적, 사회적 문제를 겪는다. 다섯째, 주류사회에 적극 통합되지 못하는 학교에서의 생활 속에 다문화가정 자녀들은 자아정체성의 혼란을 경험한다. 학교생활에서 외국인에 대한 부정적 분위기를 인식하는 아이들은 어머니 나라, 외국인으로서의 어머니를 부정하거나 숨기고, 한국인으로 살아가려고 한다. 하지만 다른 친구들과 달리 자신의 어머니가 외모나 국적이 다르다는 것을 인지하면서 한국인으로서만 살아갈 수 없는 상황에 '한국인'으로서의 정체성과'외국인'의 정체성 사이에서 혼란스러워한다. 자기부정을 하는 다문화가정 자녀는 어머니의 존재를 부정하거나 무시하고, 어머니가 학교에 방문하는 것을 꺼리는 상황을 맞게 된다.

부모의 입장에서 보면 다문화가정의 부모들은 한국어 미숙으로 인해 자녀와의 의사소통에 어려움을 겪으며, 자녀의 학습지도, 숙제지도, 알림장을 이해하고 준비물을 챙겨주는 것 등에서 매우 힘들어 한다. 게다가 엄마가 숙제를 해 주어야 하는, 아침부터 저녁까지 공부해야 하는, 학교에 가기 전에 글을 배워야 하고, 학원이라는 사교육을 반드시 병행해야 하는[20] 한국의 경쟁적 교육문화가 낯설고 이해하기 어렵다. 미숙한 한국어로 인해 자녀의 교육뒷바라지를 하기가 힘든 이주여성에게 '자녀교육은 아내가 전담하는 것'으로 인식하는 남편들의 성 역할 태도는 더욱 큰 부담을 지운다. 간섭과 참견 정도 수준에서 자녀교육에 관여하는 아버지들은 그러면서도 한국문화에 익숙하지 않은 아내를 믿지 못하고 자녀교육방식에 있어 갈등을 일으킨다. 경쟁적인 사회문화에 익숙한 아버지들은 아내가 자녀를 교육면에서 방치한다고 불만을 표출하며, 아내들은 글자 익히기를 비롯한 모든 교육내용이 학교의 정규 교과과정에서 해결된다고 생각하며, 아이들을 너무나

20) 오만석(2011). 다문화가정 자녀교육의 현실과 과제: 여섯 가정을 중심으로. 다문화교육연구, 4(1), 43-77.

공부에 몰아넣는 교육방식을 원하지 않는다.

저소득의 맞벌이 가정의 자녀교육과 마찬가지로 부부가 모두 취업을 하고 있는 다문화가정에서 자녀들은 쉽게 방치되는 문제도 있다.

⑨ 중도입국 자녀의 문제

최근에는 중도입국 자녀의 수가 증가하면서 이들의 학습능력 부진 및 중도탈락의 문제가 크게 부각되고 있다. 여성가족부에 따르면 귀화 신청을 한 중도입국 자녀는 2011년 기준 5,726명이며, 귀화신청을 하지 않는 경우까지 포함하면 1만 명이 넘을 것으로 추정된다[21]. 중도입국 자녀는 한국어 학습 경험이 전무한 상태에서 어머니가 살고 있는 한국의 정규 학교과정에 편입되기에 학교수업을 따라가기가 어렵고, 이해하기 어려운 교과내용으로 인해 학업을 포기하는 경우가 많다. 서울시 거주 중도입국 자녀의 경우 초 · 중 · 고 재학률이 21.7%로 5명 중 4명은 학교에 다니지 않는 것으로 조사되고 있다[22]

## 2) 이주노동자 가정의 문제

이주노동의 역사가 20년이 넘어가면서 단순기능직 근로자 중에서 국내에서 가정을 형성하는 사례가 증가하고 있다. 근로자로 입국한 이후 한국인 배우자와 결혼하거나 외국인근로자끼리 결혼하기도 하며, 한국에 정착하면서 떨어져 살던 본국의 자녀들이 입국하여 가족이 재결합하는 경우도 있다[23]. 특히 몽골 출신 이주노동자 가정의 경우 유목민 성향과 높은 교육열로 인해 가족단위 이주가 많다. 자녀를 동반한 이주노동자 가정의 유형은 첫째 부모 모두가 일을 하기 위해 자녀와 함께 이주한 경우, 둘째 여성 이주노동자가 단독 입국한 후에 자녀를 추가 입국시킨 경우 또는 부부가 자녀와 함께 입국했다가 한 배우자만 먼저 본국으로 돌아가고 다른 한쪽이 자녀와 함께 거주하는 경우다. 셋째, 자녀를 동반한 이주노

---

21) 외국서 살다 온 '중도입국 자녀' 1만 명 넘어. 조선닷컴. 2011. 11. 17.
22) 장명선 · 송연숙(2011). 서울시 중도입국청소년 현황과 지원방안. 서울시여성가족재단.
23) 박혜준(2008). 가족의 분리와 재결합의 과정에서 나타난 이주노동자 자녀들의 적응. 가족과 문화, 20(1), 99-129.

동자가 한국의 배우자와 재혼한 경우, 넷째, 부모와 함께 입국하였으나 부모가 불법체류자로 검거되어 추방당하거나 개인적 사정으로 귀국하고 자녀만 남게 된 경우다.[24]

외국인근로자의 하루 평균 노동시간은 10시간 58분으로 조사되고 있다. 10시간 이상 일하는 경우가 80.9%였으며, 12시간 일하는 비율도 31.9%[25]로 나타나 장시간 근로로 육체적 피로와 가정생활에서의 어려움을 겪고 있음을 짐작할 수 있다. 이들의 거주는 공장에 딸려있는 방이 34.5%, 컨테이너나 비닐하우스 등의 가건물이 23.1%이며, 거주공간 또한 좁거나 냉난방시설이 열악한 상태[26]인 것으로 조사되었다.

외국인근로자의 취업이 소위 3D 업종에서 이루어지다 보니 작업장 내 위험도가 높으며, 동일 조건하에서 국내 근로자들보다도 더 위험에 노출된다. 한국어가 능통하지 않다 보니 작업지시나 안전지시가 정확히 전달되지 않아 사고가 발생하며, 게다가 중소영세업체의 작업장내 안전시설 수준, 안전교육 등이 잘 이루어지지 않는 등의 문제가 있다[27]. 산업재해로 인한 피해가 발생하여도 치료나 보상이 절차에 의해 진행되지 못하는 경우가 많다. 외국인근로자의 경우에도 산재보험 가입이 의무사항이나 회사에서 산재보험으로 처리해 주지 않아 사비로 병원비를 내는 경우가 적지 않은 것으로 보고된다[28].

외국인근로자들은 가족 전체가 함께 입국하는 경우는 매우 소수이며, 어떤 형태로든 가족들이 분리와 재결합, 해체와 재구성의 과정을 겪는 복잡한 가족관계 특성을 지니고 있다. 떨어져 지내던 가족들이 한국 내에서 재결합한 이후에도 자녀의 학교문제로 주말 동안에만 가족이 함께 지낸다든지, 가족원 중 일부는 재결합하고 일부의 가족은 모국에 남아있는 경우가 대부분이다. 부모와 자녀 또는

---

24) 김정원(2006). 외국인근로자 자녀교육 문제와 다문화교육. 국회도서관보, 43(5), 29-39.

25) 고용허가제 시행 5주년 이주노동자 노동권 실태조사(윤영희, 2011). 외국인근로자의 심리적 안녕감에 관한 연구-중국인근로자 및 조선족근로자를 중심으로. 한남대학교 대학원 석사논문에서 재인용).

26) 윤영희(2011). 전게서.

27) 윤혜선(2005). 외국인근로자의 생활실태와 사회복지서비스 방안 연구. 대구대학교 사회복지대학원 석사논문.

28) 윤혜선(2005). 전게서.

형제, 자매가 장기간 떨어져 지내며 가끔 한국과 모국을 오가며 잠깐씩 함께 지내는 생활은 가족으로서의 일상적 경험을 공유하기 어려워 가족임에도 서로를 이해할 수 있는 기회가 제한된다[29].

외국인근로자 자녀의 교육기회는 제도의 미비로 공평하게 제공되고 있지 못하다. 어린이집의 경우, 원아수를 기준으로 정부 지원을 받는데, 이주노동자 자녀는 원아수에서 제외된다. 이는 이주노동자 자녀의 어린이집 이용을 제도적으로 허용하지 않는 셈이다.

외국인근로자 자녀는 2010년 현재 1,748명으로, 초등학교 62.9%, 중학교 25.5%, 고등학교 11.6%로 조사되었다. 그러나 체류자격, 신분노출 등의 문제로 미취학 상태인 자녀에 대한 파악은 어려운 실정이다[30].

외국인근로자 자녀의 학교 교육 기회는 초등교육법으로 법적 기반과 관련 지침이 제공되고 있다. 또한 미등록 외국인근로자의 자녀인 경우에도 임대차계약서, 거주사실에 대한 인우보증서 등을 제출하면 입학이 가능하다. 하지만 중학교의 경우 전입학이 학칙에 의해  허용되거나 또는 허용되지 못하고 있어 학교입학 여부가 학교장 재량에 좌우될 수 있다. 학교 입학뿐만 아니라 졸업도 학교별, 지역별로 대응방식에 차이가 있어, 정규 과정을 이수한 이후에도 졸업장을 받지 못하고 성적표도 없이 수료증만 받기도 한다.

외국인 근로자 자녀의 부모는 자녀의 학교생활 뒷바라지를 할 수 있는 여건이 충분치 못하다. 부모 모두 경제활동을 하고 있거나 한부모 가정인 경우, 학교 방문을 위해 시간을 내기가 어려우며, 한국어로의 의사소통이 어렵고, 공교육제도 및 학교문화에 대해 잘 알지 못하는 상황에서 학부모 역할을 적극적으로 하기 어렵다.[31]

외국인근로자 자녀는 다문화가정 자녀가 겪는 공통적인 어려움, 즉 한국어 미숙으로 인한 학업부진, 외모의 차이에 따른 차별과 소외, 정체성 등의 문제를 경험한다. 특히 외국인근로자 자녀가 겪는 어려움은 학년 배정에 있어 한국어 능력 수준을 기준으로 배정, 동료 학생들과 정신적 · 신체적 수준 차이로 인한 친구와의

29) 박혜준(2008). 전게서.
30) 교육과학기술부 홈페이지. 다문화가정 학생 현황(2010. 4).
31) 김정원(2006). 전게서.

사회적 관계 형성의 어려움이다. 도움을 주는 몇몇 친구하고만 어울린다거나 경우에 따라서는 학교생활에서 가시적인 문제를 일으키지 않아 잘 적응하고 있는 것으로 보이지만 소외감을 느끼며, 중국이나 몽골 출신 학생들의 경우 한국인과 유사한 외모로 구별이 어렵기 때문에 학교생활에의 적응을 위해 자신이 외국인임을 밝히지 않는 방법을 선택하기도 한다.[32]

제조업분야의 장시간 근로 특성, 부모의 맞벌이 등으로 자녀에 대한 학습지원이 어려우며, 부모가 자녀 입학에 대한 정보를 잘 알지 못하고 있어 지역의 시민단체나 종교단체의 지원 이전에는 학교에 다니지 못하고 방치되는 경우가 많다.[33]

### 3) 북한이탈주민 가정의 문제

북한이탈주민 가족은 첫째, 탈북자 출신의 남성과 여성의 결합으로 이루어진 가족 및 그 자녀가 한국에 입국한 경우, 둘째, 탈북자 출신의 남성 또는 여성이 한국에 입국한 후 한국 여성 또는 남성과 결합하여 이룬 가족 및 그 자녀, 셋째, 탈북자 출신으로서 결혼하지 않고 단독으로 또는 동료와 함께 생활하는 가족으로 구분된다.[34] 1953년 휴전 이후 60여 년 간의 남북간 교류단절은 북한이탈주민 가정으로 하여금 결혼이민자 가정이나 외국인근로자 가정과는 또다른 문화 차이를 감내케 한다. 북한이탈주민들의 고유한 심리적 특성으로 타인에 대한 의심과 불신, 극단적인 흑백논리를 주장하는 경직된 사고, 수동적이고 의존적인 성격, 공평한 대우를 받는 것에 대한 예민성 등[35] 이 밖에도 남한사회에 대한 기초상식의 부족, 언어적 문제, 정치적 생각의 차이, 돈에 대한 이중적 태도와 감정, 자아정체성의 혼란, 의식구조의 차이에 따른 갈등, 집단주의적이고 의존적인 사고

---

32) 배은주(2007). '차별'과 '동화': 초등학교 이주노동자 자녀들의 학교생활과 갈등. 교육비평, 22, 214-233.

33) 이민경 · 김경근(2009). 외국인근로자 가정 청소년들의 학교적응과 전략, 한국교육학회, 2009 춘계 학술대회 자료집.

34) 서혁(2007). 다문화 가정현황 및 한국어교육 지원 방안. 인간연구, 12, 1-22.

35) 전우택 · 윤덕룡(2004). 남한 내 북한이탈주민의 신체 및 정신건강이 경제적 자생력에 미치는 영향에 대한 연구. 2004년도 통일부 연구용역보고서, 통일부, 북한이탈주민들의 정서안정 및 초기 적응력 향상을 위한 집단상담 프로그램 개발.

방식[36] 등으로 인한 어려움을 겪고 있다.

북한이탈주민 가정에서 보여지는 가치 및 행동양식의 차이는 북한의 정치체제 및 유지를 위한 사회제도에서 유래된다. 북한주민들은 일주일에 한번씩 모여 생활 속에서 북한정권 유지에 위협이 될 수 있는 요소들을 주민들 상호간에 비판하는 '생활총화'와 같은 제도에 익숙해져 있다.'가족혁명화'기간에는 가족까지 서로 비판하도록 하여 극단적인 행동에 대해 상식적인 판단을 하기 어렵게 만드는 결과를 낳았다.[37]

### (1) 반복되는 가정해체

다른 유형의 다문화가정과 비교할 때 북한이탈주민 가정이 경험하는 두드러진 특징은 가정해체 문제이다. 가정해체는 북한 내에서부터 시작하여 탈북 과정에서 그리고 입국 후에도 발생한다. 1차 가정해체는 북한 내 가정의 해체이다. 직장으로 인해 이동이 어려운 남편에 비해 비교적 자유로운 아내들이 식량을 구하기 위해 중국의 친척을 방문하거나 북한을 이탈하면서 북한주민의 가정해체가 이루어진다.

2차 가정해체는 제3국에서 이루어진다. 많은 경우 한국으로 입국하기 전 중국에서 신변의 안전을 위해 반강제적인 결혼을 하게 된다. 북한에서 식량을 구하기 위해 여성들이 중국으로 넘어가면서 가정해체를 경험한다. 한국에 입국하기 전 제3국에서 신변의 위험을 피하기 위한 반강제 결혼 시 다시 배우자의 폭력과 인권 유린을 당하는 경우가 많아 다시 그곳을 이탈하여 한국에 입국하기도 한다.

3차 가정해체는 한국에 입국한 이후에 발생한다. 부부가 함께 한국에 입국한 이후, 아내는 비교적 쉽게 일감을 찾아 한국사회에 먼저 적응을 하기 시작한다. 이에 비해 취업하기 어려운 남편들과의 사이에서 부부갈등을 경험하게 된다. 탈북자 이혼율이 64%라고 밝힌 기사는 이를 반영해 주는 것이다.[38]

---

36) 이재민(2008). 북한이탈주민의 남한사회 문화적응에 영향을 미치는 요인. 경기대학교 박사학위논문.
37) 김진순(2011). 전게서.
38) 크리스챤 연합신문. 2010. 6. 10.

### (2) 급격한 환경변화에서 오는 가치관의 갈등

북한이탈주민의 한국사회에서의 적응은 단신 입국에 비해 가족동반 입국이 좀 더 유리하다. 가족간의 정서적 지지 및 보호는 낯선 한국사회에서의 사회문화적 차이를 극복하거나 심리적 안정을 찾는데 도움을 주기 때문이다. 그러나 가족들이 함께 새로운 환경에 적응을 하는 과정에서 갈등을 야기하는 불리한 측면도 있다. 남편과 아내의 사회적응 환경 및 적응력의 차이로 인한 갈등, 부모와 자녀 세대의 적응 차이는 갈등을 야기해 가족문제화될 수 있다[39].

북한이탈 가정생활에서의 문제 중 부부갈등은 성 역할 태도를 중심으로 발생한다. 남녀 성역할 태도의 차이로 인한 갈등은 몇 가지 요인이 영향을 주고 있다. 첫째, 근본적인 요인은 사회주의와 자본주의 체제의 급격한 환경변화로 인한 파급효과이다. 북한에서 아내들은 가부장적 권위 구조하에서의 삶에 대해 성적 차별이나 남녀불평등을 문제삼거나 불평하지 않았다. 남한사회에서 북한이탈여성은 남편에 비해 일자리를 구하기가 쉽다. 돌봄노동이나 음식업 등의 서비스 업종에 쉽게 취업할 수 있는 아내가 적응기의 북한이탈가정 생계를 돌보는 역할을 담당하게 된다. 아내들의 성 역할 태도는 현실에 바탕을 둔 근대적 형태로 변화하는데 비해, 남편들은 전통적 성 역할에서의 가장의 권위를 고수하려 한다. 하지만 가장의 권위를 뒷받침해 줄 수 있는 직업적 능력, 경제적 자원 등이 부족한 남편은 자신감 상실, 아내에 대한 폭력, 알코올에 의존하는 생활을 이어가게 된다. 남편들은 목숨을 담보로 한 탈북의 결과가 부부간 권력구조의 역전현상으로 이어지는데 대해 강한 불만을 표시한다[40]. 둘째, 탈북여성들은 한국가정에서의 부부관계를 기준으로 자신의 삶을 평가하게 된다. 근대화, 산업화로 인한 남한사회에서의 여성들의 지위상승은 가정 내 부부관계의 불평등 구조를 상당히 개선시켰다. 또한 가계경제 수준의 향상은 부부의 여가생활, 가사노동에서의 생활표준 등을 끌어올리면서 가정생활의 질을 향상시켰다. 한국가정생활을 엿볼 수 있는 기회가 많은

39) 진미정 · 이순형(2007). 가족특성에 따른 새터민의 사회문화적 적응. 대한가정학회지, 45(5), 63-74.

40) 박현선(2003). 현대 북한사회와 가족. 서울: 한울.

북한이탈여성들은 자신의 가정생활을 비교, 남편에 대한 불만을 키우게 된다. 이 같은 상황에서 남한사회의 높은 이혼율은 탈북여성들로 하여금 이혼 의사결정을 좀 더 쉽게 만드는 쪽으로 영향을 준다.

### (3) 중혼에 따른 문제

탈북 남성들은 단독으로 탈북한 경우, 기혼자일지라도 한국에 입국한 이후 한국 여성과 결혼하는 사례가 빈번하다. 한국에서의 결혼은 한국사회에 대한 소속감을 갖게 해 주며, 아내를 통해 남북한의 사회문화적 차이가 중재됨으로써 사회적응을 좀 더 용이하게 해 줄 수 있다. 하지만 남북한을 사이에 둔 중혼은 북한에 남아있는 배우자 및 자녀에 대한 죄의식을 갖게 한다.

탈북여성들은 탈북 과정에서 인신매매나 반강제 결혼으로 출산을 하기도 한다. 북한이나 중국에 배우자나 자녀를 두고 온 상태에서 한국 입국 후 재혼하고 또 이혼하기도 한다. 탈북여성들은 북한에 남아있는 가족, 중국에 남겨둔 자녀를 위해 생활비나 자녀양육비를 매월 일정금액 송금하며, 중국에서 이혼에 합의해 준 남편이 자녀를 이유로 요구하는 거액을 마련하느라 경제적인 어려움을 겪는다. 경제적 어려움은 남한생활 내내 이어진다. 북한에 남아있는 가족들을 온갖 방법을 동원하여 남한에 데리고 오려고 하는데, 연쇄적인 가족탈북지원을 위해 힘든 노동과 모은 돈을 브로커에게 반복적으로 지불하는 고생을 자청한다.

### (4) 자녀교육의 문제

북한이탈주민 학생들은 2009년 4월 기준으로 전국 435개 학교에 1,143명이 재학, 초 · 중등교육단계의 취학대상자를 총 1천 600명으로 추산할 때 60%에 불과한 낮은 취학률을 보이고 있다. 대안학교에 다니는 학생들을 제외하더라도 학교교육에 부적응하여 중도탈락하는 학생들이 많은데 탈락률이 초등학교 3.5%, 중학생 12.9%, 고등학생 28.1%로 상급학교로 올라갈수록 증가하고 있다[41].

---

41) 장명선 · 이애란(2009). 전게서.

학업 면에서 탈북 청소년들이 '기초학력 부진'또는 '부적응'학생으로 여겨지는 데는 탈북 과정에서의 공백이 영향을 준다. 북한에서의 이탈에서부터 제3국 체류, 한국으로의 입국에 이르기까지 오랜 기간 동안 교육을 받지 못하게 된다. 이는 기초 학력을 다질 수 있는 기회를 상실케 한다.

극한 경쟁적 분위기의 학교생활, 친구를 사귀기 어려운 사회문화적 장벽은 한국을 '슬픈 천국'[42]으로 표현하며, 배고픔과 생명을 위협하는 긴장, 탈북과정에서의 상처도 있지만 가족간의 따뜻한 의지와 보호가 이루어졌던 과거를 더 그리워한다고 한다.[43]

북한이탈 청소년들은 남한으로 이주한 후 학력 인정을 통해 학교에 편입할 수 있다. 보통 학습수준이나 학습능력의 차이로 1-2년 정도 낮은 수준의 학년으로 편입되는 경우가 대부분이다. 학교에 편입 이전에 별다른 학습보충 기회가 없어 국어, 영어, 국사 등의 과목에서 특히 어려움을 느낀다. 또한 낮은 학년으로 편입되다 보니 자신보다 연령이 낮은 동생들과 함께 어울리기가 어렵고 또래 친구를 사귀기가 어려우며,[44] 교육방식, 교사와의 관계, 학업내용, 많은 준비물 등에서도 어려움을 겪는다.

탈북 청소년 중에는 무연고자나 고아인 경우가 있다. 그러나 부모가 있는 경우에도 자녀교육을 위한 인적, 물적 자원에 있어 부족함이 많다. 첫째, 부모들은 남한에서의 교육경험이 없기에 자녀의 교육지원에 대한 구체적이며 효과적인 방법에 대해 잘 알지 못한다. 교육제도의 차원에서의 경험보다는 학습방법이나 사교육 지원, 가정에서의 부모의 학습 지원 등에 대해 잘 알지 못한다. 자녀에 대한 학습 지원의 방법론은 차치하고라도 무엇을 지원해야 할지 지원의 영역이나 대상에 대한 경험적 정보 부족상태에 있다. 둘째, 탈북가정의 경우, 한부모 또는 형제자매로 구성된 가족 등 가족구조가 갖는 한계를 안고 있다. 이기영(1999)[45]에 의하

42) 이관형(2010). '슬픈 천국'에서도 나의 '적응'은 계속된다. 2010년 충청권 탈북학생지도 담당교원 연수교재, 112-132.
43) 김진순(2011). 전게서.
44) 길은배 · 문성호(2003). 북한이탈 청소년의 남한사회 적응 실태 및 지원방안 연구. 한국청소년개발원 연구보고서.
45) 이기영(1999). 전게서.

면 전체 탈북자 가족의 50%가 어머니 한부모, 아버지 한부모, 형제 자매 등의 형태로 자녀교육에 어려움이 있다고 한다. 한부모 가정인 경우에도 도움을 받을 수 있는 이모, 삼촌 등 친인척이 자녀의 학습지원을 해 줄 수 있지만, 탈북가정의 경우, 그러한 가능성은 거의 없다. 셋째, 탈북가정은 저소득층 가정의 특성을 공통적으로 지니고 있다. 양부모가 모두 있는 가정인 경우에도 맞벌이를 위해 집을 비우게 되어 자녀교육을 위한 시간 배분을 하지 못한다. 하나의 이유를 더 붙이자면 부모 자신이 새로운 사회에 적응해야 하는 과제로 심리적, 사회적, 정서적으로 어려운 상황에 있다는 점이다. 다중적인 적응 과제에 자녀교육이라고 하는 추가되는 부모 역할을 수행하기 어렵게 된다.

사회화 시기에 있는 탈북가정의 자녀는 한국사회에의 적응이 성인에 비해 빠르게 이루어질 수 있다. 사회화를 통해 흡수하는 남한의 사회 및 가정생활에서의 언어나 일상문화를 부모세대, 손위 형제들에게 전달해 주는 중간자 역할을 한다[46].

탈북여성에게 있어 자녀는 생존의 의미이며, 정서적 의존의 대상으로서 남한에서 적극적인 삶을 살아갈 수 있게 하는 동인이 된다.[47] 하지만 부모를 따라 탈북한 청소년 자녀의 경우 부모에 대한 이중적 정체성으로 혼란을 겪는다.'사회주의 조국'을 배신한 사람, 그리고 자식을 위한 희생과 위험을 감수한 부모라는 두 가지 정체성 사이에서 혼란을 겪는다.[48]

경제적 어려움, 해체된 가정으로 인한 상대적 결핍감과 열등감 등으로 아버지와 부정적 관계를 갖기도 한다. 이는 아버지의 폭력을 유발하고, 부모-자녀간 갈등으로 이어지게 된다[49]. 부모의 가족주의, 성 역할에 따른 차별, 효의식 등에 있어 부모-자녀 관계에 갈등이 나타나지만 북한에서의 생활고, 탈북청소년 고아, 꽃제비 생활 등의 어려움을 경험하거나 보아온 탈북 청소년들은 부모의 돌봄에 대해 감사해 하며, 부모에 대한 공경, 부모부양 등 전통적인 효의식이 높을

---

46) 진미정 · 이순형(2007). 전게서.
47) 이기춘 · 이기영 · 이은영 · 이순형 · 김대년 · 박영숙 · 최연실(2001). 북한의 가정생활문화. 서울: 서울대학교 출판부.
48) 박현선(2003). 전게서.
49) 이기영(1999). 탈북민 가족구성원의 갈등에 관한 문헌적 고찰. 사회과학연구, 성결대학교 사회과학연구소, 389-404.

수 있다[50].

## 3. 사회서비스

사회서비스는 넓은 범위에서 볼 때 의료, 교육, 복지 등을 포괄하는 사회복지서비스를 의미하는 것으로 생산서비스, 유통서비스, 개인서비스 등과 달리 비시장 메커니즘을 통해 배분[51]되는 특징이 있다. 사회서비스는 수요자의 요구를 충족시키는 것을 목적으로 이루어지는 바 다문화사회와 관련되어 다문화 구성원들에게 전달되는 서비스의 내용이나 전달방식 등은 사회의 다문화 지향과 연관된다. 우리나라의 경우 대상을 결혼이민자로 국한시켜 볼 때 국가의 다문화 지향은 동화주의를, 이주노동자를 포함한 전 다문화 구성원으로 볼 때는 차별적 포섭 · 배제를 지향해 온 것으로 평가된다.

### 1) 결혼이민자 가정을 위한 사회서비스

1980년대 말부터 시작된 다문화사회로의 전이 초기단계에서 정부는 자국민의 결혼과 자녀출산에 따른 모성보호에 역점을 두었다. 따라서 사회서비스 역시 결혼이민자를 중심으로 이들이 한국에서의 가정생활에 안정적으로 정착하는데 집중되어 왔다.

결혼이민자를 대상으로 한 사회서비스는 여성의 인권과 양성평등을 위해 일해오던 민간단체들이 먼저 시작했으며, 2006년, 여성가족부로부터 사업을 위탁받아 21개의 지역 결혼이민자가족지원센터가 서비스를 제공하면서 정부의 개입이 이

50) 김진순(2011). 전게서.
51) 김혜원 · 안상훈 · 조영훈 외(2006). 사회서비스 분야 일자리 창출 방안에 관한 연구. 한국노동연구원.

루어졌다. 2008년 3월에 '다문화가족지원법'이 제정되면서 센터의 명칭이 '다문화가족지원센터'로 변경되고 동년 10월에 보건복지가족부[52]는 생애주기별 맞춤형 지원강화대책[53]을 발표하여 다문화가족의 삶의 질 향상을 위한 노력을 기울였다. 그러나 현재는 2010년 정부의 조직개편으로 다문화가족지원 사업이 다시 여성가족부로 이관되어 운영되고 있다.

다문화가족을 위한 서비스는 공공 및 민간 사회복지관, 시민단체 등에서도 실시하고 있다. 하지만 여성가족부, 광역 및 기초자치단체, 한국건강가정진흥원 내 다문화가족사업본부, 전국 16개 광역의 거점센터 그리고 지역의 다문화가족지원센터로 이어지는 다문화가족 지원 서비스 전달체계가 중심적인 활동을 펼치고 있다(그림 5-3 참조). 2016년 9월 기준 전국의 다문화가족지원센터는 다문화가족지원사업만을 운영하는 일반형 139개소와 건강가정 · 다문화가족지원 통합 체제로 운영되는 확대형 78개소를 합해 총 217개 지역 다문화가족지원센터가 실질적인 결혼이민자가정의 안정적 정착 및 건강한 가정생활 유지를 위한 지원 서비스를 제공하고 있다.

다문화가족지원센터 설치는 다문화가족지원법 제12조에 규정되어 있으며, 지역센터의 사업은 기본프로그램사업과 별도지원사업으로 구분되며 기본프로그램사업은 가족, 성평등, 인권, 사회통합, 상담 사업의 5개 사업영역으로 나뉘어져 있다(표 5-9). 5개 영역별로 제시된 공통필수사업은 모든 센터의 필수사업이며, 선택사업은 센터의 임의적 선택에 따라 사업이 운영된다. 별도지원사업에는 한국어교육, 부모교육, 자녀생활서비스 등을 내용으로 하는 다문화가족 방문교육사업, 다문화가족 자녀 언어발달지원사업, 결혼이민자 통번역서비스 사업, 다문화가족 사례관리 사업, 다문화가족 생활지도사 사업, 결혼이민자 멘토링 사업, 다문

52) 2008년 3월 정부의 조직개편에 따라 가족 및 보육정책이 여성가족부에서 보건복지가족부로 이관되고, 여성가족부는 여성부로 명칭 변경됨. 다시 2010년 3월 보건복지가족부의 청소년 보호 및 다문화가족 기능이 여성가족부로 이관되어 현재에 이름.

53) 생애주기별 맞춤형 지원강화대책은 입국 전 결혼준비기, 가족관계형성기, 정착 및 자녀양육기, 역량강화기의 4단계와 전단계에 걸친 대책으로 구성되어 있다. 입국 전 결혼준비기에는 국제결혼 중개업체 관리 및 한국생활정보제공, 한국인배우자교육, 가족관계형성기에는 한국어교육 및 임신, 출산지원, 가족통합교육, 정착 및 자녀양육기에는 아동양육지원과 취업교육, 정보화교육, 역량강화기에는 취업연계를 주내용으로 한다.

화가족 자녀성장 지원사업 등이 포함되어 있다.

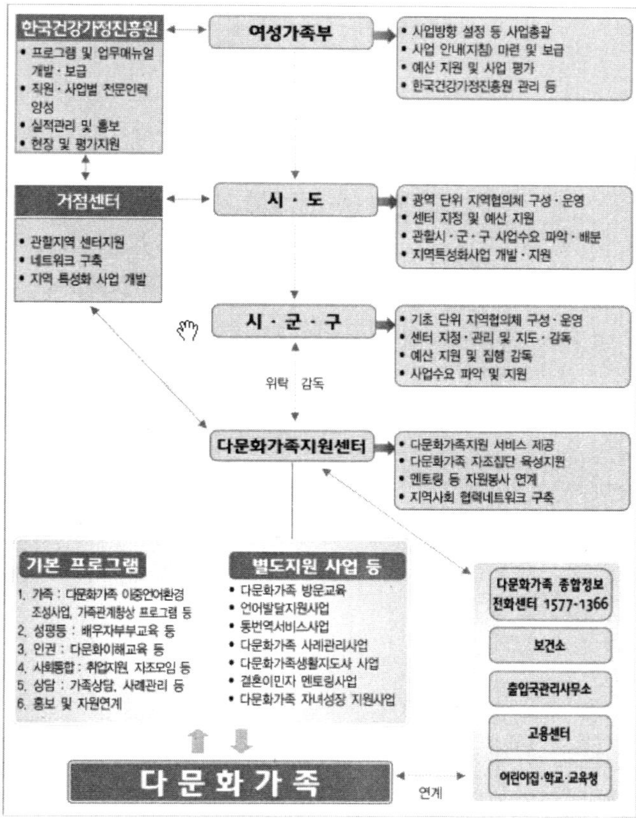


<그림 5-3> 다문화가족지원사업 추진 체계

출처: 2016년 다문화가족지원 사업안내

**표 5-9 다문화가족지원센터 기본프로그램 사업 및 별도지원사업**

| | | 공통필수사업 | 선택사업(예시) |
|---|---|---|---|
| 기본프로그램사업 | 가족 | · 다문화가족 이중언어환경 조성사업 | · 가족의사소통 프로그램<br>· 가족관계 향상 프로그램<br>· 아버지교육<br>· 부모-자녀관계 및 자긍심 향상 프로그램 |

| | | | |
|---|---|---|---|
| | | | · 자녀교육 프로그램<br>· 자녀생활지도 등 |
| | 성평등 | · 배우자부부교육 | · 배우자이해 프로그램<br>· 예비 · 배우자 교육프로그램<br>· 부부갈등해결 프로그램 등 |
| | 인권 | · 다문화이해교육<br>· 인권감수성 향상교육 | · 다문화가족 관련법과 제도<br>· 이주민과 인권 등 |
| | 사회통합 | · 취업기초소양교육<br>· 구직자 발굴 및 구직처 연계 | - |
| | | · 다문화가족 나눔봉사단 소양교육<br>· 다문화가족 나눔봉사단 활동 | · 한국사회적응교육<br>· 소비자경제교육<br>· 다문화가족 자조모임<br>· 다문화인식 개선<br>· 결혼이민자멘토링 프로그램 |
| | 상담 | · 가족상담 | · 개인상담<br>· 집단상담<br>· 사례관리<br>· 위기가족 긴급지원<br>· 외부상담기관 연계 등 |
| 별도지원 사업 | · 다문화가족 방문교육<br>-한국어교육서비스<br>-부모교육서비스<br>-자녀생활서비스 | | |
| | · 다문화가족자녀 언어발달 지원 | | |
| | · 통번역서비스 | | |
| | · 다문화가족 사례관리 | | |
| | · 다문화가족 생활지도사 | | |
| | · 결혼이민자 멘토링 | | |
| | · 다문화가족 자녀성장 지원 | | |

출처: 여성가족부(2016c). 2016 다문화가족지원센터 사업안내를 참고로 작성.

## 2) 외국인근로자 가정을 위한 사회서비스

외국인근로자들은 산업연수제, 고용허가제 등 노동인력으로서 한국에 입국하기에 1인 가정의 형태로, 외국인근로자 개인에 대한 사회서비스가 주를 이루고

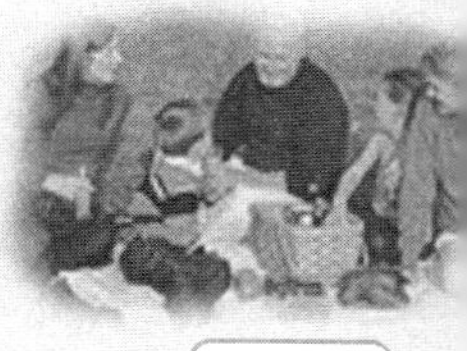

있다. 80년대 후반 제도권과 관계없이 외국인근로자들이 유입되기 시작하였기에 이들의 근로환경, 임금체불문제, 폭행, 폭언 등 인권침해적 폭력 등의 문제가 보편적으로 나타나고 있었다. 이에 민간단체들이 주축이 되어 외국인근로자를 위한 사회서비스를 먼저 지원하기 시작하였다. 민간단체들은 외국인근로자들의 평등한 노동권리, 인권보호 및 권익 향상, 문화 다양성 존중, 인간다운 삶 등을 목표로 지원사업을 펼쳐 오고 있다. 사업 대상은 등록 또는 미등록 여부와 관계없이 이루어지기에 정부의 미등록 외국인근로자에 대한 단속이나 차별적 조치와 마찰을 빚기도 한다.

외국인근로자를 위한 사회서비스 중 의료지원서비스는 공휴일이나 야간시간에 진료를 받을 수 있도록 하여 특히 미등록 근로자의 치료 및 건강 유지에 많은 도움을 주고 있다. 민간단체들은 노동상담, 법률상담, 산재상담 등의 상담지원, 쉼터제공, 진료 및 치료 등의 복지지원, 한국어교육, 컴퓨터교육 등 교육지원, 한국문화체험이나 스포츠 활동 등의 문화지원, 자조모임이나 지역사회 공동체 지원 등 다양한 분야의 지원을 펼치고 있다.

정부차원에서는 2006년 11월 행정자치부가 외국인 지원 표준 조례를 제정하였고 이후 지자체들이 관련 '거주외국인 지원조례'를 제정, 외국인 근로자를 위해 직영 또는 민간단체 위탁방식으로 지원사업을 시작하였다. 외국인근로자의 고용 등에 관한 법률에 의거 2004년 설립된 외국인력지원센터는 노동부가 설립, 한국산업인력공단이 관리, 감독 기능을 하고 있다. 센터는 다문화사회 약자인 외국인근로자와 그들을 고용하여 기업을 경영하는 영세 사업장 모두를 지원하기 위한 목적으로 설립되었다. 7개 거점센터와 지역의 27개 지역센터가  외국인근로자 및 사업주를 대상으로 한 일반 상담 및 방문상담, 외국인 근로자의 국내 생활적응 및 한국문화 이해를 위한 사회서비스를 지원하고 있다[54].

외국인근로자가 이용가능한 구체적 사회서비스는 한국어교육, 컴퓨터교육, 무료국제전화서비스, 문화체험활동, 사업장내 안전교육, 법률교육, 무료진료 및 건강교육, 귀국 후 안정적 정착을 위한 귀국지원, 공동체를 통한 안정적 생활과 소속감을 증진시키기 위한 공동체모임, 쉼터지원 등이다(표 5-10).

---

54) 한국산업인력공단 홈페이지(www.hrdkorea.or.kr)

표 5-10 외국인근로자를 위한 사회서비스

| 세부사업명 | 사업내용 |
|---|---|
| 한국어교육 | -한국사회 및 근로현장 적응과 원활한 의사소통지원<br>-수준 및 단계별 교육진행 및 한국어능력시험지원 |
| 컴퓨터교육 | -컴퓨터 활용을 통한 문화적 욕구충족 |
| 문화탐방 | -한국사회 문화 이해를 위한 체험활동<br>-다양한 시설을 방문하여 직접 경험함으로써 유대관계형성<br>-상생, 화합의 장 및 지역주민과의 용이한 소통 |
| 산재 및 법률교육 | -산업현장의 안정성을 교육하여 위험으로부터 대처능력 향상<br>-사업장 내 폭행 및 임금관련 피해예방<br>-불법체류 및 생활법률, 출입국 관련 상담 등<br>-법적 지위 개선 |
| 귀국지원 프로그램 | -체류기간 만료된 근로자의 자발적 귀환 및 본국에서의 안정적 재정착 지원<br>-의식교육(귀국준비), 체류 중 각종 취업 및 창업교육, 현지진출 한국기업 취업알선 등 |
| 공동체모임 | -다문화공동체 모임의 장을 통한 정보교환<br>-아시아공동체 구성원으로 살 수 있는 능력 배양<br>-공동체 의식 도모 |
| 의료지원사업 | -질병 및 산재로부터 건강증진 강구<br>-경제적 부분 경감 및 근로상황 개선<br>-근로의욕 성취도 |
| 쉼터제공 | -산재 노동자의 재활에 필요한 여건 및 생계 유지<br>-심신의 안정지원 및 재취업 활로제공<br>-지역사회의 인식 개선과 지원계기 |

출처: 계선자 외(2011). 다문화사회의 이해.

외국인근로자수가 많은 경기도의 경우 2004년부터 외국인복지(주민)센터 건립을 지원하고 있으며, 도내 7개소(수원, 성남, 안산, 시흥, 화성, 김포, 남양주)를 운영하고 있다. 주민센터에서는 외국인근로자 쉼터, 법률상담, 의료, 문화행사지원, 한국어교육, 귀환교육 등을 실시하고 있다. 또한 경기도 내 시 · 군 · 구 민원실에는 외국인주민 전용창구를 설치하여 생활불편 해소, 민원처리, 권익보호, 정보제공 등을 위해 외국인주민 도우미 공무원들이 자원봉사하고 있다.

### 3) 북한이탈주민을 위한 사회서비스

북한이탈주민 가정은 다문화가족의 한 유형이지만 지원정책 및 서비스 시행의 주무부처는 통일부이며, 취업, 주택, 교육, 사회복지 등 19개 관련 부처와 관련 정책을 협의, 조정하는 북한이탈주민대책협의회가 구성되어 있다. 사회서비스는 크게 중앙정부 및 지방자치단체의 공적 지원과 민간 지원으로 구분된다. 정부 차원에서 실시되는 사회적응교육은 일명 '하나원'이라 불리는 북한이탈주민정착지원 사무소에서 진행된다. 정서안정 및 건강증진, 우리 사회의 이해증진, 진로지도 및 직업적응훈련, 초기정착지원 등을 내용으로 12주 392시간의 정규교육과정이 진행되며, 일과 전후나 주말에 자율참여형 보충과정도 운영되고 있다. 하나원에는 탈북청소년의 교육을 위한 '하나둘학교', 치료와 보건을 위한 '하나의원'이 설치[55]되어 있다.

**표 5-11 북한이탈주민정착지원사무소의 사회적응교육**

| 구분 | 항목 | 내용 |
|---|---|---|
| 사회적응교육 | 기본교육 | 하나원 12주 392시간 교육<br>· 연령대, 성별 7개반 운영(유아, 유치, 초등, 청소년, 성인남성, 성인여성, 경로)<br>· 정서안정 및 건강증진, 우리사회 이해증진, 진로지도 및 기초직업능력훈련, 초기 정착지원 등 4개 분야 |
| | 지역적응교육 | 전국 하나센터 2주 60시간 교육 및 사후지원<br>· 지역사회 이해, 진로 및 취업지원, 사회적응, 정서안정 등 |

출처: 통일부(2015). 북한이탈주민정착지원 실무편람.

재정적 및 제도적 지원(표 5-12)으로 1인세대 기준 700만 원이 지원되는 정착금과 만 60세 이상의 고령자, 장애자, 장기치료자, 한부모 아동 가정 등에 대해 가산금이 주어진다. 취업과 관련된 장려금으로 최대 2,510만 원이 지원되며, 서울시,

55) 박윤숙(2010). 북한이탈주민 정착실태와 과제. 한국사회학회 사회학대회 논문집, 12, 823-839.

경기도, 인천광역시를 제외한 기타 지역 거주자에게 지방거주 장려금도 지원된다. 임대주택 알선 및 주거지원금, 중 · 고등학교 및 대학입학 희망자에게 특례 입학 및 등록금 면제 혜택, 국민기초생활보장, 의료보호, 국민연금가입 특례 등의 사회복지 지원이 이루어진다.

거주지 정착지원제도로서 민간차원의 정착도우미 제도와 함께 거주지, 신변, 취업보호 담당관 등 정부 차원의 보호담당관제도가 시행되어 왔다. 정착도우미는 전국 29개 하나센터 소속 자원봉사자들이 하나원에서 퇴원한 이후 가정방문, 전화상담, 경조사 지원, 지역기관 및 교통안내, 명절함께 보내기 등 지역사회 네트워크가 형성되어 있지 않은 북한이탈주민에게 이웃과 같은 도움을 주고 있다. 하지만 단순한 재정지원보다는 정착 과정에 적극 개입하는 정착지원 서비스 확충으로 방향을 발전시켜, 이제 '수혜적 보호'를 벗어나 '자립자활' 중심의 정착지원 제도[56]를 지향하고 있다.

자립자활의 종합적 서비스를 제공하기 위한 민간기관으로 일명 '하나센터'로 불리는 '북한이탈주민지역적응센터'가 그 역할의 중심에 서 있다. 2009년도에 6개소로 시작된 하나센터는 2016년 현재 전국 29개소에 설치되어 있다. 하나센터는 북한이탈주민의 순조로운 지역적응과 신속한 사회경제적 통합을 지원하기 위해 지역사회 전입 직후부터 3주간 초기집중교육, 그리고 전입 후 1년간 밀착된 사후관리 제공 프로그램을 실시하고 있다[57].

2010년부터는 북한이탈주민에 대한 심층적 이해를 바탕으로 상담을 제공하는 전문상담사 제도가 실시되고 있으며, 2015년 1월 기준 92명의 전문상담사가 배치되어 24시간 콜센터 운영[58]을 하고 있다.

---

56) 통일부(2010). 하나센터를 통한 북한이탈주민 거주지 정착지원 서비스 확충. 통일한국 3월호, 1-3.
57) 통일부(2010). 전게서.
58) 통일부 홈페이지 http://www.unikorea.go.kr/content.do?cmsid=1449

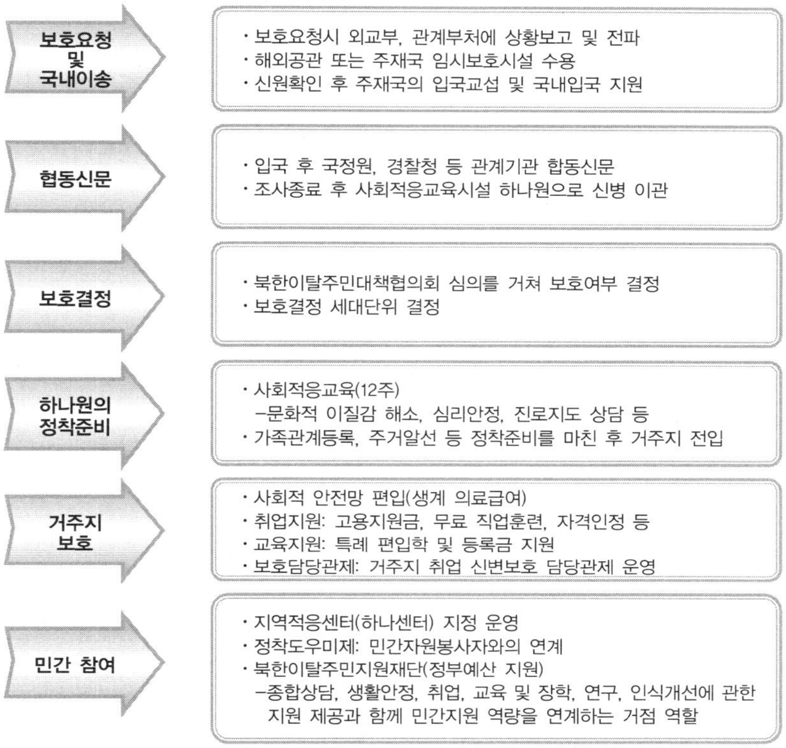


<그림 5-4> 북한이탈주민 입국 및 정착과정

출처: 통일부 (www.unikorea.go.kr)

**표 5–12** **북한이탈주민을 위한 사회서비스**

| 구분 | 항목 | 내용 |
|---|---|---|
| 정착금 | 기본금 | 1인 세대 기준 700만원 지급 |
| | 장려금 | 직업훈련, 자격증취득, 취업장려금 등 최대 2510만원 |
| | 취약계층 보호 가산금 | 노령, 장애, 장기치료, 한부모아동 등 최대 1,540만원 |
| 주거 | 주택알선 | 임대아파트 알선 |
| | 주거지원금 | 1인 세대 기준 1300만원 |
| 취업 | 직업훈련 | 훈련비 전액 지원 및 훈련기간 중 훈련수당 월20만원 지급 |
| | 고용지원금(채용 기업주에 지급) | 급여의 1/2을 50만원 한도에서 기본 3년, 최대 4년간 지원 |
| | 취업보호담당관 | 전국 56개 고용지원센터에 지정, 취업상담 및 알선 |

| | 기타 | 취업보호(우선구매), 영농정착지원, 특별임용 등 |
|---|---|---|
| 사회복지 | 생계급여 | 국민기초생활보장 수급자 지정(1인 세대 월 약 50만원) |
| | 의료보호 | 의료급여 1종 수급권자로서 본인부담 없이 의료혜택 |
| | 연금특례 | 보호결정 당시 50세 이상-60세 미만시 국민연금가입 특례 |
| 교육 | 특례 편입학 | 대학진학 희망시 특례 입학 |
| | 학비지원 | 중 · 고 및 국립대 등록금 면제, 사립대 50% 보조 |
| 상담 | – | 하나센터, 전문상담사, 정착도우미 등을 통한 사후지원 |
| 정착도우미 | – | 1세대당 1-2명의 정착도우미를 지정. 초기정착지원(전국 약 530명) |
| 보호담당관 | – | 거주지보호담당관(약 230명), 취업보호담당관(57명), 신변보호담당관(약 800명) |

출처: 통일부(www.unikorea.go.kr)

## 용어해설

**이주노동자와 외국인근로자** : 외국인근로자는 대한민국의 국적을 가지지 않은 근로자를 의미하는 것으로 외국인근로자의 고용 등에 관한 법률 제2조에 제시되어 있는 법적 용어이다. 외국인근로자는 취업의 합법성 여부와 관계없이 등록, 미등록 근로자 모두를 포함한다. 이에 비해 이주노동자는 다문화사회의 비주류 구성원이 될 수밖에 없는 이주자로서의 열등한 지위를 나타내는 용어라 할 수 있다.

**중도입국자녀** : 외국인근로자나 결혼이주민의 자녀 중 한국에서 출생하지 않고 부모를 따라 입국하거나 한국에서 재혼한 부모에 의해 뒤늦게 한국으로 들어온 자녀

**고난의 행군** : 북한에서 1994년 김일성 사망과 자연재해 및 경제난 심화 등에 따른 체제 위기를 극복하려고 만들어 낸 노력 동원 운동이다. 1938년 말 ~ 1939년 초 김일성이 이끄는 빨치산이 만주에서 혹한과 굶주림을 겪으며 일본군의 토벌작전을 피해 100여 일간 행군한 데서 유래.

**꽃제비**: 1990년대 들어 식량 배급제도의 붕괴 영향으로 부랑자가 급증하기 시작한 1994년경부터 주민들 간에 유행된 신조어로 먹고 잘 곳이 없이 떼지어 돌아다니며 구걸, 소매치기를 하는 20세 이하 청소년을 일컬음.

## 생각해 볼 문제

1. 한국사회의 다문화가정과 대표적 이민국가에서 나타나는 다문화가정의 가족구조 및 가정생활에서의 차이점에 대해 살펴보자.

2. 다문화가정의 생활문화 속에서 문화다양성에 대한 인정을 어떻게 할 수 있을지 생각해 보자.
3. 결혼이민자가정, 외국인근로자가정 및 북한이탈주민가정을 위한 사회서비스를 비교하고, 보완해야 할 서비스 내용에 대해 이야기해 보자.

## 더 읽어 볼 책

박천응(2009). **다문화 교육의 탄생**. 국경없는마을.

이기영 · 안혜영 · 이민영 · 박은숙 · 박윤숙 외(2008). **이주민 정책과 서비스**. 나눔의 집.

이성미(2010). **다문화코드**. 생각의 나무.

장명선 · 송연숙(2011). **서울시 중도입국청소년 현황과 지원방안**. 서울시여성가족재단.

조너선 색스 저, 서대경 옮김(2007). **사회의 재창조: 함께 만들어 가는 세상을 찾아서**. 말 · 글 · 빛냄.

콰메 앤터니 매피아 저, 실천철학연구회 옮김(2008). **세계시민주의**. 바이북스.

# 참고문헌

계선자 외(2011). **다문화사회의 이해**. 신정.
교육과학기술부 홈페이지. 다문화가정 학생 현황(2010. 4).
길은배 · 문성호(2003). **북한이탈 청소년의 남한사회 적응 실태 및 지원방안 연구**. 한국청소년개발원 연구보고서.
김정원(2006). 외국근로자 자녀교육 문제와 다문화교육. **국회도서관보**. 43(5). 29-39.
김진순(2011). 기독인 탈북자의 가정생활: 부부관계를 중심으로. 백석대학교 대학원 박사학위논문.
김혜원 · 안상훈 · 조영훈 외(2006). **사회서비스 분야 일자리 창출 방안에 관한 연구**. 한국노동연구원.
김홍매(2011). 한국과 일본의 국제이주정책 비교-'노동력' 이주를 중심으로. 전남대학교 대학원 박사학위논문.
박윤숙(2010). **북한이탈주민 정착실태와 과제**. 한국사회학회 사회학대회 논문집. 12. 823-839.
박현선(2003). **현대 북한사회와 가족**. 한울.
박혜준(2008). 가족의 분리와 재결합의 과정에서 나타난 이주노동자 자녀들의 적응. **가족과 문화**, 20(1), 99-129.
배은주(2007). '차별' 과 '동화' : 초등학교 이주노동자 자녀들의 학교생활과 갈등. **교육비평**, 22, 214-233.
보건복지부(2009). 국제결혼 이주여성 실태조사 및 보건복지지원 정책방안.
서혁(2007). 다문화 가정현황 및 한국어교육 지원 방안. **인간연구**, 12, 1-22.
여성가족부(2016). 2015년 전국다문화가족실태조사 분석.
여성가족부(2016a). 2015 가족실태조사 결과 발표.
여성가족부(2016b). 2015년 다문화가족 실태조사.
여성가족부(2016c). 2016 다문화가족지원센터 사업안내.
여성부(2008). 2007년 전국 가정폭력실태조사.
오만석(2011). 다문화가정 자녀교육의 현실과 과제: 여섯 가정을 중심으로. **다문화교육연구**, 4(1), 43-77.
유용식(2008). 여성결혼이민자들의 인권실태 및 개선방안 연구-입국 및 결혼생활을 중심으로-. **한국비영리연구**, 7(2), 3-30.
윤영희(2011). 외국인근로자의 심리적 안녕감에 관한 연구-중국인근로자 및 조선족근로자를 중심으로. 한남대학교 대학원 석사논문.

윤혜선(2005). 외국인 근로자의 생활실태와 사회복지서비스 방안 연구. 대구대학교 사회복지대학원 석사논문.

이관형(2010). '슬픈 천국' 에서도 나의 '적응'은 계속된다. 2010년 충청권 탈북학생지도 담당 교원 연수교재, 112-132.

이기영(1999). 탈북민 가족구성원의 갈등에 관한 문헌적 고찰. **사회과학연구**, 성결대학교 사회과학연구소, 389-404.

이기춘 · 이기영 · 이은영 · 이순형 · 김대년 · 박영숙 · 최연실(2001). **북한의 가정생활문화**. 서울: 서울대학교출판부.

이민경 · 김경근(2009). 외국인근로자 가정 청소년들의 학교적응과 전략, **한국교육학회**, 2009 춘계학술대회 자료집.

이승희(2011). 다문화가족 내 결혼이민자 여성의 경제적 특성과 소비행태 분석: 경험과 의미에 관한 사례연구. 이화여자대학교 대학원 석사논문.

이재민(2008). 북한이탈주민의 남한사회 문화적응에 영향을 미치는 요인. 경기대학교 박사학위논문.

장명선 · 송연숙(2011). **서울시 중도입국청소년 현황과 지원방안**. 서울시여성가족재단.

장명선 · 이애란(2009). **서울시 북한이탈주민여성의 실태조사 및 지원정책방안연구**. 서울특별시 여성가족재단.

전우택 · 윤덕룡(2004). **남한 내 북한이탈주민의 신체 및 정신건강이 경제적 자생력에 미치는 영향에 대한 연구**. 2004년도 통일부 연구용역 보고서. 통일부, 북한이탈주민들의 정서 안정 및 초기 적응력 향상을 위한 집단상담 프로그램 개발.

조선닷컴(2011.11.17.). **외국서 살다 온 '중도입국 자녀' 1만 명 넘어**. 조선닷컴.

진미정 · 이순형(2007). 가족특성에 따른 새터민의 사회문화적 적응. **대한가정학회지**, 45(5), 63-74.

진세환(2016). 다문화가족의 가정폭력 예방 및 피해자보호 · 지원에 관한 연구. 동국대학교 석사학위논문.

최영아 · 이주용 · 김정규(2009). 남성북한이탈주민의 초기 심리적 적응 수준에 영향을 미치는 요인 연구. **통일정책연구**, 18(2), 215-248.

통일부(2010). 하나센터를 통한 북한이탈주민 거주지 정착지원 서비스 확충. **통일한국** 3월호, 1-3.

한국염(2006). 이주의 여성화와 이주여성 인권보호의 과제: 정책간담회. 국회도서관.

행정자치부(2016). 2015년 외국인주민현황조사결과.

출입국외국인정책본부 사이트. http://www.wolyo.co.kr/news/articleView.html?idxno=39104

크리스챤 연합신문. 2010. 6.10
통계청 홈페이지(kosis.kr). 가족실태조사
통일부 홈페이지(www.unikorea.go.kr)
한국산업인력공단 홈페이지(www.hrdkorea.or.kr)

제6장

# 한국의 다문화교육



**〈학습 목표〉**

1. 한국 다문화교육의 대처과정을 알고 다문화가정 자녀들의 교육실태를 파악한다.
2. 한국 다문화교육의 올바른 목표와 방향을 이해한다.
3. 한국 다문화교육의 제반 상황을 이해한다.
4. 다문화가정 자녀들을 위한 적절한 교육적 지원방안을 대상자별로 제시한다.
5. 한국 다문화교육의 개선방안을 제시한다.

## 요약

우리나라 다문화교육의 배경으로 초기에는 단일민족으로의 정체성과 세계화라는 다양성을 함께 고려하지 못하고 혼선을 빚게 되었다. 1989년 유엔에서 정한 "아동의 권리협약"을 바탕으로 2001년에 초 · 중등학교 교육법 시행령으로 외국인 가정 아동과 북한이탈주민의 자녀에게 학교교육의 기회의 권리를 보장하기 시작하였다. 그 후 2003년에 모든 이주노동자의자녀들에게 취학의 기회를 법적으로 보장하였으나 실제로는 보장되지 못한 실정이었다.

2006년 "교과서 보완 지도자료"를 발간하고 2007년 개정 교육과정 작업을 통하여 다문화교육의 기본적인 틀을 마련하였으며, 2009 다문화가족 종합대책을 발표하여 교육지원을 확대하고자 하였다.

한국 다문화교육의 실태를 살펴보면 다문화가정 자녀의 학교생활에서 외모, 부모의 국적과 한국어 능력 그리고 자녀에 대한 관심에 따라 다양한 모습을 보이고 있는데 특히 한국어가 아이들의 의사소통과 학습에 가장 커다란 영향을 주고 있다.

다문화가정 아동의 교육문제를 구체적으로 살펴보면, 이주근로자 가정은 한국어와 신분불안에서 오는 문제가 가장 크다. 국제결혼 가정 아동의 경우 어머니와의 소통과 정체성 문제가 심각한 편이며, 새터민 가정의 자녀들은 제3국을 통한 남한 이주과정에서 겪는 공포와 불안이 심한 정신적 스트레스로 남아 있고 중도입국자 문제도 제기되고 있다.

한국 다문화교육의 방향은 기본적으로 글로벌 사회 인식에 따르지만 한국의 독특한 상황에 따라 세분화되어 설정되어야 한다.

단일민족주의의 폐쇄성을 극복하고 다문화주의의 개방성을 수용해야 하지만 새터민과 조선족을 대상으로는 단일민족주의를 포기할 수가 없다. 근로이주자의 경우는 그들의 문화와 관습을 인정하면서 우리사회에 잘 적응할 수 있도록 돕는 통합형 정책을, 결혼이주여성에게는 통합형 정책이, 이들의 자녀에게는 동화형 정책이 적용되어야 할 것이다.

다문화교육의 내용은 학습자의 특성, 학습주제의 특성, 사회적 요구 등 공정하고 비판적인 다문화에 대한 사고가 포함되어 결정된다. 즉, 문화적 다양성에 대한 수용과 이해, 인류의 존엄과 인간의 보편적 권리, 세계 공동체에 대한 책무, 세계 인류에 대한 존경이 다문화교육 내용으로 중시되어야 한다.

다문화교육의 방법적인 측면에서 고려해야 할 변인은 학습의 주체가 되는 학생 변인과 교육내용인 교육과정 변인, 그리고 간접으로 영향을 미칠 수 있는 환경 변인이다. 다문화가정 학생뿐 아니라 일반 학생 모두를 대상으로 하며, 일반적인 요인과 다문화가정 학생 개인의 적응 수준, 그리고 다문화가정 학생의 강점과 어려움을 고려하여 접근하여야 한다.

대상자별 다문화교육의 방안을 마련하려면 먼저 이들이 겪는 고충으로 이질감, 분노, 부담감, 소외감, 두려움 등을 살펴볼 수 있으며, 학교 적응상의 고충으로 언어문제로 인한 위축, 규칙과 관습 이해의 어려움, 학력격차로 인한 부작용 등이 있다. 결혼이주여성 가정, 이주근로자 가정, 조선족 자녀, 북한 이탈 청소년 등 이주대상자에 따라 적합한 지원이 이루어져야 한다.

# 1. 한국 다문화교육의 배경과 교육실태

우리나라가 다문화사회로 형성되어 가는 과정과 배경은 다른 나라들과는 같지 않다. 서구의 다문화사회 형성이 한국에 비해 비교적 단순하고 역사가 긴 것에 비해 우리나라는 좀 복잡하고 단기적이다. 서구의 다문화사회 형성은 국가 형성 초기부터 연합체로 시작하였거나 중간에 국가의 정책적 필요에 의하여 순수 이민 정책의 도입으로 형성되었다면, 한국은 처음부터 단일민족으로 장기간 유지되어 오다가 갑자기 다문화사회가 형성되어진 것이다.

'인종백화점'이라 불리는 미국은 1820년대부터 1960년대까지 140년간 3,450만 명의 이민을 받아들여 커다란 이민물결을 이루었으며, 이민 목적은 경제, 종교, 정치적 요인이 주를 이루었다. 유럽은 주로 자발적으로 이민이 생겨남으로써 다문화사회로 이행하였으며, 아프리카에는 쇠사슬에 묶여서 강제로 이주해 온 경우가 많았다. 라틴 아메리카는 정복과 병합에 의하여 전쟁 인계 정치난민이 이주의 주요 원인이었으며, 아시아에는 노동자로 돈벌이를 위하여 이주하였거나 난민 자격으로 이주해 온 경우가 많다. 무슬림은 정치적, 사회적 불안 때문에 많은 이들이 이주를 택하게 되었으며, 이슬람의 경우는 종교적 실천의지로 인하여 이주해 오는 경우가 많다.

이에 비하여 우리나라는 독특한 역사적 상황과 정치 · 사회적 맥락에서 북한 탈출 이주민이 생겨났고, 조선족이 이주하게 되었다. 또한 도농격차라는 사회적 문제로 인한 '농어촌 총각 장가보내기'의 일환으로 결혼 이주여성이 생겨나게 된 것이다. 그리고 산업현장에서 3D 업종에 필요한 근로자를 확보하기 위하여 연수생이라는 명목으로 외국인근로자들이 입국하게 되었다. 이렇게 여러 가지 경로를 통하여 이주는 하였지만 이주자의 이주목적과 받아들이는 편에서의 생각이나 목적이 서로 달라서 여러 가지 문제가 야기될 가능성이 많으며 또한 문제가 나타나고 있다(성용구, 2009, 221-222).

## 1) 한국에서 다문화교육의 초기과정과 대책

### (1) 다문화교육의 초기과정

우리나라에서 다문화 인구가 급격히 늘어남에 따라 유발된 사회적 문제를 해결하는 차원에서 다급하게 시책들이 마련되었다. 사전에 체계적으로 준비를 하지 못하고 임기응변식, 땜질식으로 하다 보니 이주민(소수자)의 권리와 문화를 생각하는 큰 틀의 다문화교육이라기보다 우리문화권(다수민)에 동화시키는 방향으로 흘러간 면이 있다. 그리하여 단일민족이라는 정체성과 세계화라는 다양성을 함께 고려하지 못하고 양쪽으로 갈팡질팡하였으며, 각 부처간에 유기적 관련성이 떨어져 혼선을 빚기도 하고 졸속적인 정책이 나오기도 하였다. 다문화사회로 접어드는 우리나라 다문화교육의 초기 대응과정을 살펴보면 다음과 같다(성용구, 2009).

유엔은 1989년 '아동의 권리협약'을 채택하였고, 우리나라도 1991년에 여기에 가입함으로써 "이주노동자 자녀들도 자기 자신을 위해서가 아니라면 부모와 헤어지는 일이 있어서는 안 된다"(제9조)고 정하였고, "부모가 다른 나라에 살고 있으면 부모에게 돌아가 같은 나라에서 살 권리가 있다"(제10조)고 정하여 국내 거주 모든 아동들이 신분에 차별 없이 교육기회의 권리를 명시하고 있다.

2001년 3월 2일 공포한 초 · 중등학교 교육법 시행령 제10조 제1항에서는 외국인 가정 아동이 출입국에서 발행하는 증명서를 학교장에게 제출해야 입학을 할 수가 있도록 하였으며, 동령 제75조에서는 북한이탈 주민의 자녀도 중학교에 입학, 전학 또는 편입학을 할 수 있도록 하였다. 또한 출입국에서 발행하는 증명서가 없는 아동들의 제도적 불편을 해소하기 위하여 2003년 5월에 교육인적자원부 지침에서 해당지역 거주 사실을 입증하는 서류만 제출하면 취학을 할 수 있게 하여  매우 용이하도록 제도를 개선하였다.

2003년 7월 1일 "모든 이주노동자와 그 가족의 권리보호에 관한 국제협약"이 발표됨으로써 "모든 이주노동자와 그 가족은 모든 장소에 있어서, 법률 앞에 사람으로서 인정받을 권리를 가진다."(제24조)고 정하였고, "이주노동자의 자녀는 그

나라의 국민과 평등한 대우를 기초로 교육을 받을 기본적인 권리를 가진다."(제302조)고 정하여 이주노동자 자녀들의 취학기회를 보장하고 있다. 그러나 우리나라 다문화가정 아이들에게는 법으로 정해있는 취학의 기회가 제대로 보장되지 못하고 있는 실정이다.

### (2) 다문화교육의 기반준비

우리나라에서는 2006년 5월 1일 교육인적자원부에서 마련한 '다문화가정 자녀 교육지원 대책'을 기점으로 다문화교육정책의 기반이 마련되었는데 주로 이주노동자 자녀와 국제결혼자 자녀의 학습결손 방지와 학교적응 지원에 초점이 맞추어졌다. '방과후학교' 프로그램을 개설하였고, 다문화가정 자녀를 우선적으로 선정하며 1대1 결연을 통한 대학생 멘토링제를 실시하였다. 우리나라에서 다문화교육의 대책을 마련하는 과정을 살펴보면 다음과 같다(성용구, 2009).

2006년 하반기에 당국에서는 '교과서 보완 지도자료'를 발간 · 배포하였으며, 교과서에 '타 문화 편견 극복' 단원을 포함하는 등 '교육과정과 교과서상의 단일민족주의를 재검토하겠다'는 방침을 세웠는데 이는 다문화 공표정책으로 적극적이지 못하며 아직도 비체계적임을 지적할 수 있다.

그러나 '2007 개정 교육과정' 작업을 통하여 보다 체계적인 다문화교육이 가능하도록 하는 기본적인 틀을 마련하는 계기가 되었으나 아직도 부족한 점이 많다. 2007년 2월 28일자로 고시된 '2007 개정 교육과정'에서 '다문화교육'이라는 주제가 범교과 학습 주제 중 하나로 포함되었다. '2007 개정 교육과정'을 준비하면서 '다문화교육'을 국제이해교육, 인권교육, 통일교육과 함께 범교과 주제의 하나로 다루었다. 도덕과, 사회과 등 관련 교과에서 단일민족, 한 핏줄, 한 민족이라는 용어를 삭제하고, 순혈주의 전통, 단일민족 등의 개념들을 삭제한다는 내용이 검토되었다. 이와 함께 국제결혼가정 자녀에 대한 올바른 이해를 도모하도록 하며, 혼혈인의 삶 등을 내용으로 다루거나, 한국거주 외국인과 그들의 인권문제, 외국인근로자들에 대한 편견을 제거하고 타 문화에 대한 올바른 이해를 도모하는 문제, 다원주의와 관용의 강조, 새터민이 남한사회에 적응하도록 돕는 방법 등의 내용이 추가 검토되었다. 이러한 '2007 다문화가정 자녀 교육지원 계획'의 발표는 국가적 의제로 중앙 다문화교육센터와 시 · 도 다문화교육센터를 중심으로 지속적이고 체계적인 교육지원이 일어날 수 있도록 하기 위한 밑그림(양영자, 2007)에 불과하다.

### (3) 다문화교육 종합대책

2009년 정부는 다문화가족 종합대책(2009. 6. 22)을 발표하면서 결혼 이주여성과 자녀들에 대한 교육지원을 확대하고자 하였는데 그 상세한 내용을 간추리면 다음과 같다(동아일보, 2009. 6. 23).

다문화가정 자녀들을 위하여 방과후학교에 수준별 특별 프로그램을 마련하여 이중언어 교실을 열기로 하였다. 또한 총리를 위원장으로 하는 다문화가족정책위원회를 설립하여 정책을 총괄 · 조정하고, 시 · 군 · 구 지자체에 다문화 전담부서를 설치하고 지원예산도 현행 복권기금에서 일반회계로 안정적인 예산 확보가 가능하도록 하였다. 다문화가족 아이들이 많이 다니는 어린이집과 다문화지원센터에 다문화 언어지도사와 희망유아교육사를 확대 · 배치하기로 하였다. 이들 인력자원은 결혼 이주여성들을 전문 인력으로 활용하기로 하였다. 또한 가정폭력 피해여성들을 위한 자활 공간을 설치하기로 하였다.

결혼 이주여성들에 대하여는 한국어 교육을 강화하고 국적 취득도 쉽게 하였다. 이주여성들의 진로 설계 지원 프로그램을 개발 · 보급하고 이들을 채용하는 기업에는 인센티브를 주도록 하였다. 이들의 배우자 교육 프로그램도 실시하여 가정 해체를 미연에 막기로 하였다.

그 외에도 대학생 2500명을 멘토로 투입하여 다문화가정 학생들을 1:1로 지도해 주고 결혼 이주여성들이 강사로 나서 출신국가의 언어와 문화를 가르치게 된다. 고학력 이주여성을 대상으로 900시간 집중 교육을 하여 방과후학교 강사나 통역 요원으로 활용한 방안도 있다. 국적 취득을 위한 이민자 사회통합교육을 무료로 실시하여 국적 허가 대기기간을 줄이고 필기시험도 면제해 주기로 하였다.

하지만 정부의 이러한 정책은 주로 결혼 이주여성들을 위한 대책에 초점을 맞추고 있을 뿐 외국인근로자나 새터민 그리고 조선족을 가정을 위한 제도적 지원책에는 소홀하다고 평가할 수 있다.

## 2) 한국 다문화교육의 실태

### (1) 다문화가정 자녀의 학교생활 실태

다문화가정 아이들의 학교생활은 외모, 부모의 국적과 한국어 능력, 그리고 자녀에 대한 관심에 따라 각기 다른 양상을 보이고 있다. 외국인근로자 가정처럼 부모 모두가 국내 체류 자격이 연수생인 경우에는 법적 신분이 불안정하여 자녀들이 국내 학교입학이 허용되지 않는 경우가 허다하다.

조혜영(2007)은 다문화가정 아동의 수업 적응과정을 살펴본 결과 한국에서의 체류 연한, 한국어 수준, 가정의 지원 정도, 개인적 상향에 따라 다음과 같이 다양한 모습을 보인다고 보고한다. 한국으로 이주한 지 얼마 되지 않아 한국어에 익숙하지 못한 아이들의 경우 학교에서 보내는 시간이 매우 괴롭다. 또한 한국에서 태어났을지라도 어휘가 어렵거나 사회 문화적 배경 지식이 필요한 수업의 경우에는 이해하기가 힘들다. 국어의 읽기 분야에서 읽기 능력이 유창하지 못하거나 수학 문제를 풀 때 문제의 지시내용을 이해하지 못하여 문제를 풀지 못하는 경우도 있다. 한국의 문화와 역사, 사회생활을 학습하는 사회과목을 어려워한다. 체육이나 미술 등 언어적 의사소통이 많지 않은 과목 시간에는 별다른 어려움이 없어 보인다. 아이들 중 한국어에 익숙해지고 한국의 수업과정을 따라잡은 아이의 경우는 비교적 학업적응에 성공하고 있음을 보인다. 하지만 한국에 동화되고 자신의 엄마 혹은 본국의 언어와 문화를 잊어버리거나 정체성의 문제가 발생하게 된다. 한국어 및 교과 내용에 익숙하지 못한 아이들은 숙제하기가 굉장히 힘들다. 학교에서 제시하는 알림장 및 준비물을 챙기는 것은 부모님의 몫인데 부모가 도와줄 수 없는 상황에서 지역지원센터의 도움을 받거나 준비물이나 과제를 아예 해 가지 않는 경우도 많다.

조혜영(2007)의 연구에서 다문화가정 아동들의 교우관계를 살펴볼 때 일반학교에 다니는 다문화가족 자녀들은 반 친구들과 잘 어울려 지내지만, 다문화 배경

자녀들이 비교적 많은 학교와 대안학교에서는 다문화가족 자녀들끼리 보다 잘 어울리는 모습이 나타나고 있다. 저학년의 경우는 언어와 외모의 차이에서 오는 교우관계 어려움을 경험하고 있었으나 고학년의 경우 반 친구들은 의식적으로 다문화 배경 친구들에 대해 배려를 하고 있음을 알 수 있다. 아직 한국어에 익숙지 않은 다문화가정 자녀들의 경우에는 나이에 비해 2-3학년 낮은 학급에 배정되어 또래보다 나이가 많은 경우도 있다.

### (2) 다문화가정 아동의 교육문제

다문화가정 아동들의 교육문제는 이주 대상자별로 다르게 나타나는데 각 대상자별로 겪게 되는 교육의 문제를 소개하면 다음과 같다(성용구, 2009, 225-229).

이주근로자 가정은 공장이나 산업체가 많이 입주해 있는 도시 주변지역이나 공단지역에 많이 분포되어 있다. 그들은 특히 한국말을 하지 못하여 다른 사람의 도움이 없이는 자녀들의 학교 입학을 하거나 전학을 스스로 해결하지 못한다. 이주근로자 자녀들을 입국 후 한 달 이상 장기간 학교에 입학시키지 않는 경우가 허다하다. 또한 부모들이 생계유지에 바빠서 자녀교육을 돌볼 여유가 없고 때로는 아이들에게 집안일을 담당하게 하여 학교 입학을 안 하는 경우도 있다.

이들에게 가장 큰 문제는 신분적 불안감에서 오는 스트레스와 저임금으로 인한 경제적 스트레스로 이러한 스트레스는 학교생활 적응과 학업수행에 부정적인 영향을 줄 수가 있다. 그러나 이주근로자 자녀들은 학업성취에 대한 욕구가 강하며 그들의 부모들 또한 자녀들에게 거는 기대가 높다고 한다.

최근에는 전국의 시 · 도 교육청을 비롯한 지방자치단체 그리고 대학 등 교육기관에서 다문화가정 자녀들에 대한 관심이 높아지고 있다. 양영자(2007)의 조사에 의하면 불법체류자 학생 수가 가장 많은 경기도교육청에서는 지역의 현실을 반영하여 2006년에 처음으로 안산 원일초등학교와 시흥 시화초등학교에 '외국인근로자 자녀 특별학급'을 설치하여 1년차 연도 연구를 진행했고, 이후에도 연구가 지속되고 있다고 한다. 참여정부 교육복지 5개년 계획에 '외국인근로자나 자녀의 교육기회 확대'가 포함되어 각 시 · 도 교육청에서는 '외국인근로자 자녀 교육기회 확대'

를 업무분장에 포함시키고 있다.

우리나라에서 국제결혼 가정은 초창기에는 주로 농어촌 지역에 많이 분포되어 있었지만 최근에는 도시에도 많이 살고 있다. 결혼 이주여성 가정과 그 자녀를 대상으로 하는 교육은 미취학자녀와 어머니에게 초점을 맞추고 있다.

시 · 도 교육청에서도 결혼 이주여성 가정에 대해 적극적인 관심을 기울이고 있다. 전북교육청은 결혼 이주여성 가정의 도움계획'을 통하여 일본어, 영어, 중국어, 베트남어를 구사할 수 있는 국제결혼 가정 교육전담팀을 구성하여 운영한다. 전라북도 전역의 초등학교마다 '온누리안 교실'을 개설하고, 다문화가정 학부모 사랑방과 그 자녀들의 사랑방을 운영하고 있다(전북교육청, 2006). 광주교육청도 '다문화가정 사회정착 지원사업' 위탁기관을 선정하고, 교육청과 지역인적자원개발센터가 연계하거나 지자체, 교육기관, 대학, 산업체, 연구기관, 시민단체, 언론 등이 연계하여 지역사회의 다문화 문제에 접근하고 있다(교육인적자원부, 2007).

1990년대 이후 북한사회에서 식량이 모자라 탈북자들이 늘어나기 시작하여 2010년에는 2만 명 정도에 이른다. 탈북자들의 대다수가 남한으로 망명 이주해 옴에 따라 새터민으로 명명되어 국가차원에서 관리되었는데, 이들 새터민은 같은 동포이기는 하지만 오랫동안 분단되어 살다 보니 각기 다른 이질문화가 형성되어 이들이 남한사회에 정착하게 될 때 일종의 다문화가정으로 볼 수밖에 없다. 새터민들은 같은 동포지만 여러 가지 사정상 일반학교보다는 일단 대안학교와 같은 곳에서 교육이 이루어질 수밖에 없다.

통일에 대비하는 새로운 과제로서 북한이탈 학생의 교육에 대한 한만길(2009, 13-15)의 주장을 요약하면 다음과 같다.

첫째, 북한이탈 학생들은 교육취약집단이다. 북한이탈 학생들은 가정의 경제적 빈곤, 부모의 저학력, 불안정한 취업상태로 사회경제적 수분이 낮은 편이고 우리 사회에서 소수자이며 학교에서도 냉대받고 소외받기 쉬운 교육 취약집단이다. 학부모들도 남한사회에 대한 이해부족과 경쟁적인 풍토에 익숙치 않아 자녀에 대한 교육적 지원도 부족하다. 이들은 남북한 교육용어의 차이와 교육과정의 차이 그리고 탈북과정에서 교육의 공백기로 인하여 학업성취 수준이 매우 낮은 편(초등학생의 경우 남한 학생의 58.6% 수준)이다.

둘째, 북한이탈 학생들은 심리적 · 사회적 부적응의 문제를 안고 있다. 이들은 탈북과정에서의 충격과 갈등, 탈북으로 인한 죄책감, 제3국에서의 불안과 공포, 남한사회에서의 새로운 충격 등으로 대부분의 학생들이 정서불안, 충동조절장애, 자해 위험성, 대인관계 부적응 등의 문제를 가지고 있다. 이들은 남한에서의 경쟁적인 풍토, 북한과 다르게 본인이 모든 걸 판단해야하는 현실, 과잉 사교육 등에 많은 어려움을 겪고 있다.

셋째, 북한이탈 학생들은 포부를 실현하고 재사회화를 통하여 장래 우리사회의 통일역군으로 성장시켜야 한다. 이들에게 제공되는 재적응 교육은 3개월 정도면 끝이 난다. 이들을 지도할 전문적 자질을 갖춘 교사도 없으며 특별한 교육 프로그램도 지도할 여건도 역량도 부족한 현실이다. 민간단체나 복지기관에서 보충교육을 실시하고 있으나 비체계적이고 재정이나 전문 인력이 영세한 편이다.

## 2. 한국 다문화교육의 방향 설정

세계 각국은 자기 나라의 독특한 실정에 따라 자국의 다문화교육의 방향을 잡아가고 있다. 우리도 우리나라의 역사적 · 사회적 실정에 맞는 다문화교육의 방향을 설정해야 할 것이다. 다른 나라의 다문화정책을 크게 두 가지로 보면(최충옥 외, 2009, 131-132) 영국, 프랑스, 독일과 같은 유럽에서는 이주민들에게 자국의 문화에 적응하고 동화되어 자국의 한 시민으로 살도록 지원하며, 동시에 다수자 문화집단의 학생들에게도 문화 소수자들과 어울려 조화롭게 살아갈 수 있도록 동화주의 교육의 방향을 지향하고 있다. 반면에 미국이나 캐나다에서는 한 국가 내에서 다양성을 존중하여 다양한 문화집단의 문화와 습관을 수용하고 편견이나 차별을 줄이며 균등한 교육의 기회와 문화적 선택을 하게 한다.

그렇다면 우리나라는 어떤 방향을 유지하여야 할까? 그것은 우리나라의 다문화교육 관련 교육방향의 문제점들을 살펴보고 나서 우리나라의 실정에 맞으며 국제 이해의 글로벌 인식에 기초하여 방향을 설정하여야 할 것이다.

### 1) 기존 다문화교육 관련 방향성의 문제

먼저 우리나라의 다문화교육과 관련하여 독특한 문제로 혈연중심의 단일민족주의와 서구문화의 편향성 문제를 들 수 있다. 박철희(2008)는 첫째, 우리나라는 혈연중심의 단일민족주의를 추구하고 교육에서 당연히 받아들여 왔으며 그것을 통해 민족적 정체성과 통합성을 교육시켜 왔음을 지적한다. 그런데 이러한 혈연중심의 단일민족주의는 최근 위리나라에 다문화 현상을 보이면서 크게 도전받고 있으며 더 이상 주장하고 가르치게 되면 이주민들을 배척하는 결과를 낳게 되어 결과적으로 단일민족주의는 배타적 민족주의를 내면화한다는 점에서 비판적으로 검토되어야 함을 주장하고 있다. 둘째, 다문화교육의 관점에서 볼 때 우리나라 교과서의 내용은 서구문화에 편향되어 있다는 점을 지적한다. 초등학교 미술, 음악, 체육 교과서를 분석한 결과 서구문화에 대해 다루는 내용이 비서구문화에 대한 내용보다 압도적으로 많다는 지적을 하면서 이러한 교과서 구성은 세계적인 시각에서 교육을 접근한다는 시각에서 적절치 않으며 따라서 외국문화의 다면화가 반드시 필요하다고 주장한다.

이렇게 기존 우리나라의 교육정책이 다문화교육과 관련하여 볼 때 혈연중심 민족주의라는 배타성과 서구문화에의 편향성이라는 중대한 문제를 내재해 있다고 보며, 이러한 문제들이 해결되고 개선되는 방향으로 재정립되어야 함을 알 수 있다.

### 2) 한국의 독특한 상황

그렇다면 단일민족주의를 완전히 포기할 것인가? 북한을 탈출하고 남한사회로 이주해 온 새터민들에 대한 교육의 방향은 어떻게 설정할 것인가? 이들도 분명히 우리와 같은 한 민족이다. 그리고 조선족은 어떤 방향으로 교육할 것인가? 이들은 우리와 같은 혈연임을 인정하고 단일민족으로 보듬어 안고 함께 살아가야 할 것이다. 새터민들은 이미 하나원을 거쳐서 정치적 신념이 변화되고 남한의 정치사회체제에 따르기로 마음먹었을 것이다. 정치적 이데올로기도 자유민주주의를 신봉해야 할 것이며 더 이상 사회주의 신념을 고집하거나 허용해서도 안 될 것이다. 이들에게 북한이나 중국의 체제와 정치사상에 따르도록 수용할 수는 없다. 그러나 지금까지 형성된 그들의 문화를 부정할 것인가? 언어나 생활방습까지 변화를 요구할 것인가? 딜레마가 아닐 수 없다.

탈북이주민이나 조선족 동포들에게 단일민족주의를 완전히 포기할 수 없는 상황이다. 정치 사회체제는 남한의 체제에 따르도록 해야 할 것이다. 그렇다고 그들에게 체득된 언어나 생활습관 등 문화체제를 일시에 바꿀 수도 없다. 그렇다면 단일민족주의를 계속 견지하고 타 민족이나 소수 집단을 배척할 것인가? 우리나라는 이미 다문화사회로 접어들었기 때문에 다른 민족이나 소수집단을 배척할 수도 없는 상황이다. 이러한 딜레마에 빠져 있는 상황을 잘 분석하여 타당한 다문화교육의 방향을 설정해야 할 것이다.

### 3) 새로운 다문화교육의 목적과 방향 설정

한국적 상황과 서구의 상황은 근본적으로 다르므로 우리나라 다문화교육의 목적과 방향도 다르게 정립되어야 할 것이다. 기본적으로는 글로벌사회 인식에 기초하여 열린 시각으로 방향을 설정해야 할 것이다. 선택적으로 우리나라의 독특한 사회적, 역사적 상황을 따져서 방향을 설정해야 할 것이다.

최충옥 외(2009, 136)는 우리 교육에서 단일민족주의를 다문화주의로 대체하기보다는 혈연중심의 폐쇄적 민족주의를 지양하고 다양한 문화적 소수자들을 포용할 수 있는 개방적인 열린 민족주의로 전환해 나갈 필요가 있다고 주장한다.

그렇다면 단일민족주의의 폐쇄성을 극복하고 다문화주의의 개방성을 수용해야 할 것이다. 혼혈인의 삶을 이해하고, 다원적이며 관용적이어야 할 필요가 있다.

한편 새터민과 조선족을 대상으로 한다면 단일민족주의를 포기할 수가 없다. 단일성과 다양성의 긴장을 조율하고 극복할 수 있는 교육목적을 설정하여야 할 것이다. 따라서 세터민과 조선족에게는 단일민족주의를 지키면서 정치 · 사상 측면에서는 동화형을, 문화와 습관의 측면에서는 통합형을 절충하는 절충형 정책을 견지해 나갈 필요가 있다.

반면에, 근로이주자의 경우는 좀 다르다. 그들의 문화와 습관을 부정하고 우리의 정치이념을 강요할 수는 없다. 따라서 그들의 문화와 관습을 인정하면서 우리 사회에 잘 적응할 수 있도록 돕는 통합형 정책이 필요한 것이다.

결혼 이주여성 가족의 경우, 이주여성과 자녀에게 각기 다른 정책모형이 적용되어야 할 것이다. 즉, 결혼 이주여성에게는 통합형 정책이, 이들의 자녀에게는 아버지의 국적에 따라 정당한 한국인으로 성장할 수 있도록 하는 동화형 정책이 적용되어야 할 것이다.

또 하나 우리나라 다문화교육정책의 방향 설정에서 중요하게 생각할 것이 있다. 무엇보다도 다문화교육정책의 방향이 유입정책에서 지원정책을 거쳐 활용정책으로 발전되어야 함을 간과해서는 안 된다(성용구, 2009, 238).

## 3. 한국 다문화교육의 상황

다문화사회에 대응하기 위한 우리나라의 상황을 가정교육, 학교교육 그리고 일반인 교육 등의 분야에서 이루어지고 있는 현재 교육의 실태, 한계와 문제를 중심으로 살펴보면 다음과 같다(성용구, 2009).

### 1) 다문화가정의 자녀 현황과 교육적 환경

국제결혼가정 취학연령대의 자녀 가운데 상당수의 아동이 취학하지 않은 채 방치되고 있다. 실제로 국제결혼가정 자녀들 가운데 초등학교에 진학하지 않거나 중퇴한 아동은 10명 중 1명 꼴로, 중학교에 미진학 중퇴자는 10명 중에 2명 정도로 추정되며, 취학 중인 국제결혼가정 자녀들은 언어 능력이 부족하여 심각한 학습부진을 경험하고 있으며, 불건강한 정서적 충격에 시달릴 뿐만 아니라 집단 따돌림의 대상이 된다.

학교에서 외국인 주민 초 · 중 · 고생이 집단 따돌림을 받는 경우가 빈번한데 그 비율은 10명 중 2명 정도라고 국가인권위원회(2003)는 보고하고 있으며, 따돌림을 받는 이유로는 '엄마가 외국인이기 때문에'가 34.1%로 가장 높고, '의사소통이 되지 않아서'가 20.7%, '특별한 이유 없이'가 15.9%, '태도와 행동이 달라서'가 13.4%가 된다고 보건복지부(2005)는 밝히고 있다.

조혜영 등(2007)의 연구에 의하면 대다수 결혼 이주여성 가정 어머니들은 자녀와 한국어 대화가 서툴기 때문에 엄마의 권한이 미약하고 자녀와의 대화가 줄어들게 되며, 가정에서 숙제 및 학업을 지도하는 데 어려움을 겪는다. 많은 수의 결혼 이주여성 가정 자녀들이 초등학교에 입학하게 되는 2020년대부터는 문제가 더욱 심각해지고 장기적으로는 사회 전반에 불안과 갈등을 확산시키는 요인이 될 것(허미화, 2008, 273)이라고 예상한다.

그런데 결혼 이주여성들은 고학력자임에도 불구하고 경제적 빈곤과 의사소통의 문제를 심하게 겪고 있다. 정일선(2008, 27-33)의 연구에 의하면 결혼 이주여성의 학력수준을 살펴볼 때, 고등학교를 졸업한 여성이 38.4%로 가장 많았고, 중학교를 졸업한 여성이 28,0%, 대학교를 졸업한 고학력 여성도 13.9%나 되는 반면, 초졸 이하 여성도 13.3%로 조사되고 있다. 결혼 이주여성 가족의 월평균 가구소득은 143.9만 원으로 전체의 1/3 가량은 100만 원 이하의 소득에 머물러 있다고 한다. 가정생활에 대해 불만족, 불만의 원인으로는 경제적인 어려움이 45.4%로 가장 높게 나타났으며, 의사소통의 어려움 26.6%, 시댁식구와의 갈등 8.8%, 열악한 생활환경 6.8%의 순이었다.

### 2) 다문화교육의 실제와 현장에서의 한계

우리나라 다문화교육의 한계를 전국 8개 시 · 도 교육청 웹 사이트상에 나타난

자료를 중심으로 분석한 김희란 등(2009, 310)은 다음과 같이 4가지를 한계로 지적하고 있다.

첫째, 한국의 다문화교육은 다른 문화에 대한 교육을 인종이나 국가의 차별성에 기초하여 가르치고 있음이 한계이다.

둘째, 한국 다문화교육의 실제는 다양성이나 다중성을 강조하기보다는 동화에 초점을 두고 교육하고 있음이 한계이다.

셋째, 한국의 다문화교육의 실제에서는 다문화가정 개인이나 가족의 장점에 초점을 두기보다는 한국에 대한 지식이나 한국인으로서의 능력을 기르는데 초점을 맞추고 있음이 한계이다.

넷째, 한국 다문화교육의 실제에 있어서 다문화가정의 문화적 차이와 인간관계에 초점을 두고 이를 사회적 정의와 민주주의에 연결시키려 하기보다는 비교적 한국문화에 동화시키려는 보수적 성격이 한계이다.

한편, 우리나라 다문화교육 현장에도 구조적으로 나타나는 한계가 있다. 다문화교육 현장에서 경험한 류성환(2007, 268-271)은 다문화교육의 한계를 다음과 같이 세 가지로 지적하고 있다.

먼저, 현장에서의 다문화교육의 한계를 지적한다. 첫째, 우리의 다문화교육 현장에서는 이주노동자의 노동권과 인권문제로 접근한다. 열악한 노동 환경에서 인권침해를 받는 이주노동자도 권리와 존엄성을 갖는 이웃으로 안정해 달라는 것이다. 둘째, 이해보다는 체험 위주의 접근을 시도하고 있다. 다른 나라의 역사와 민족, 종교, 예술 등에 대한 문화적 이해보다는 음식체험, 놀이체험에 상당 부분을 할애하고 있다. '먹거리' 문화로 치부해 버린다는 내부적 비판을 받고 있다. 셋째, 상식적이고 단편적인 문화의 접근에만 치우친다. 다문화교육을 기획하는 주체가 이주민이 아닌 지원단체의 실무자이기 때문이다. 실무자가 이해하고 있는 문화적 이해는 다른 사람도 이해하고 있는 부분이다. 현장에서 실무자가 기획하는 다문화교육은 일반인도 인지하고 있는 상식적인 이해의 수준에만 그칠 때가 많다.

다음으로, 다문화교육은 연속기획보다는 일회적 교육으로 끝난다. 내국인들은 다양한 문화에 대한 호기심과 문화적 이해에 대한 욕구가 발생하게 된다. 그러나 지속적인 프로그램이 없기에 다수자의 요구에 의한 욕구들은 묻혀 버리고 만다.

결국 사회적 소수자가 살아가기에 알맞은 사회적 환경을 만들어 내는 것은 다수자의 변화에 의해 생겨날 수 있는 것이다. 그런데 다수자의 욕구에 대한 지속적이고 계획적인 다문화교육이 없다는 것이다.

마지막으로, 다문화교육의 주체와 대상자 문제를 지적한다. 교육의 주체가 이주민 지원단체인 것은 현실이다. 현장과 자원을 가지고 있는 곳이 이주민 지원단체라고 해도 교육계와 문학계, 학계에서의 적극적인 참여가 필요하다. 이주노동자나 이주민이 아닌 현장 실무자의 시각에서 다문화교육이 기획되고 실행되었다. 따라서 현장 실무자의 의도대로 교육되며 이주노동자 공동체의 의견보다도 현장 실무자의 시각이 지배적일 수 있다. 다수자의 변화에 대한 관심도 부족하다. 다수자인 한국 사람들, 특히 교육적령기의 학생들은 다문화교육에 지대한 관심을 갖는다. 그러나 현장에서의 다문화교육은 이들을 충족할 만한 지속적이고 계획적인 대안을 내놓지 못하고 있다. 소수자 보호를 위한 다문화교육 뿐만 아니라 다수자 변화를 위한 다문화교육으로 전환해야 한다.

### 3) 다문화교육 담당 교사의 전문적 자질 문제

한국에서는 아직까지 다문화교육을 담당하고 있는 현장의 교육자들에게 전문적인 훈련이나 경험이 제대로 이루어지지 못하여 다문화교육자로서의 자질이 부족한 실정이다. 다문화 경험이 없던 교사들이 학생들을 만나게 되면 당황하게 되며 어떻게 대처해야 할지 모르며 심지어 무엇을 가르쳐야 하는지에 대해서도 확실한 대안도 없는 편이다.

조혜영(2007)은 교사들이 다문화가족 자녀들에 대해 연민이나 동정심, 혹은 어렵던 시절 외국으로 나갔던 사람들을 떠올리며 '지원이 필요한 학생들'이라는 인식을 갖게 된다고 한다. 초기에는 측은지심이나 연민으로 도와주려고 하던 관점이 그래서는 안 된다는 쪽으로 바뀌며, 관심이 있고 이들과 상호작용 경험이 많았던 교사들은 다문화가족 내의 구조적 문제에 대해서 안타까워하고 있다고 한다.

고학년인 경우 사춘기를 맞고 있는 아이들의 정서를 고려해야 함과 동시에 배경이 다른 아이에 대해 의식적으로 한국 아이들과 구분되는 상호작용을 하지 않으려하지만 그게 쉽지 않다고 한다. 또한 교사들은 같은 기준을 적용해서는 안 된다는 의식을 가지고 미안해하거나 답답하다고 한다. 다문화교육 담당 교사들은 특히 아이들 및 학부모와의 의사소통의 어려움에 대해 토로하고 있는데 학부모와 의사소통이 제대로 되지 않아서 지도가 매우 어렵다고 한다.

### 4) 일반인들의 다문화 수용 문제

다문화가정과 학생에 대한 일반 학생들의 수용 현황을 보면 그들의 인식과 행동이 다르게 나타난다. 일반학생들은 의식적으로는 다문화가족 자녀들과 잘 지내야 한다는 생각을 하고 있다. 다문화가족 자녀들에 대한 배려가 강조되고 다양성 수용에 대한 의식적 노력이 있기 때문에 다문화 인종주의적 편견이나 배제를 표면적으로 드러내는 경우는 예전에 비하여 많이 줄어들었다. 다문화가정 아이들에 대하여 우호적인 발언을 하거나 서로 어울려 지내야 하는 사이라고 인식은 하고 있다. 하지만 이러한 인식이 일상의 자연스러운 실천으로 항상 이어지는 것은 아니다. 대부분의 학생들은 외국인 친구에 대해 우호적인 태도를 지닌 반면에 일부 학생들은 부정적 태도 및 거부감을 드러내기도 한다. 소수이긴 하지만 아이들 중에는 외국인 자체에 대하여 적대감을 표하는 경우도 있었다(조혜영, 2007).

학생들과는 별도로 일반 국민들의 정서는 아직 부족한 편이다. 특히 이들을 고용하는 업주들의 생각에 많은 문제들이 남아 있다. 이주근로자 유입정책은 값싼 노동력을 선호하는 기업에서 외국인근로자 채용이 늘면서 한국 노동자들이 실직을 하게 될 것이라는 우려도 있고, 임금인상이 미루어질 가능성도 있다는 부정적 시각도 존재한다. 정부의 외국인 관련 정책에 대한 비판의 글 중 탈북자나 결혼이주여성보다는 외국인근로자 이민정책에 대한 글이 월등히 많다는 점에서 사회불안의 요소와 갈등의 원인이 될 수 있다(김혜순, 2008, 49)고 보는 사람도 있다.

한국민의 다민족 · 다문화 지향성을 조사한 황정미 등(2007)의 연구에 의하면 첫째, 한국인은 다문화사회로의 진입을 어느 정도 체감하고 있고 법과 제도의 변화, 외국인이주자 지원정책의 필요성 등은 대체로 인정하고 있으나 이들을 국민이나 가족으로 수용하는 데는 주저하고 있다. 둘째, 문화 다양성의 수용에서 세대별 차이가 난다. 특히 20대에서 대체로 외국문화에 대해 개방적이지만 주로 선진문화에 치우쳐져 있으며, 세계화에 대한 균형감각과 이주민에 대한 이해도는 낮은 편이다. 셋째, 외국과는 달리 생산직 중 소득이 낮은 집단에서 외국인에 대한 관용적 태도가 높았으며 최상층이 중산층보다 오히려 배타적인 응답을 하고 있다.

다민족 · 다문화사회로의 이행에 대한 한국사회의 수용 현실을 연구한 김이선 등(2007)의 연구에 의하면 한국인들은 이주민들에 대하여 개방적이고 다문화사회로의 변화에 대해 긍정적 가치를 부여하기보다는 이주민이 현저히 증가하는 현실을 인식하는 정도라고 밝히고 있다. 이 연구에서는 다음과 같은 수용 현실을 엿볼 수 있다.

첫째, 한국민들은 외국인에 대한 사회적 거리감이 크며, 외국인을 받아들이는데 상당히 폐쇄적이다. 여성결혼 이민자들이 지역사회의 주체로서 적극적으로 참여할 가능성에 대해 그다지 긍정적인 전망을 가지고 있지 않으며 지역사회에 대한 기여도나 활동 역량에 대해서도 다소 냉소적인 반응을 보이고 있다.

둘째, 한국민들은 선진국 지향성과 개도국 출신자에 대한 부정적 편견을 가지고 있다. 경제발전 수준과 문화적 자본으로서의 가치를 기준으로 이주민과 타 문화에 대한 태도를 분화시키는 글로벌 상호 문화지향의 영향을 크게 받는다. 이는 중국과 동남아 중심의 개도국 출신자가 이주민의 대부분이라는 우리의 현실을 고려할 때 수용성 차원에서 긍정적으로 작용하기가 힘들다.

셋째, 다문화가정의 자녀들은 학업성취에 문제가 있는 '결핍'과 '부적응'의 존재로 받아들이는 경향이 짙으며, 결혼 이주여성들은 결혼과정에 문제가 있는 신뢰할 수 없는 대상으로 인식하거나 사회성원으로서 불완전한 존재로 받아들이고 있다.

넷째, 이주민에 대한 태도 형성은 국민들이 직접 관계를 맺는 특정한 이주민들과의 개인적 경험을 통하여 형성된다. 결혼이민자를 지역 주민으로 대하는 이들이나, 국제결혼 자녀나 외국인근로자 자녀를 학생이나 교우로 대하는 이들 역시 이주민들을 완벽한 역량을 갖춘 사회구성원으로 받아들이는데 여전히 소극적이다.

외국인근로자들을 고용하는 업체에서 이들에 대한 횡포가 아직도 많이 있는데 특히 불법 체류 신분인 근로자들에게는 약점을 이용하여 임금을 안주거나 미루고 성적 희롱을 하는 등 잘못된 행위들이 기사화되기도 한다.

### 5) 다문화가정에 대한 교육적 지원 문제

일선 학교에서는 아직 다문화교육의 역사가 일천하고 축적된 경험도 적기 때문에 학교에서 일관된 지원을 하기에는 어려움이 있으며, 지원방안 마련에도 교사들의 개인 역량을 활용할 수밖에 없는 상황이다. 주변에 이주민 적응을 위한 지원센터가 없는 경우 비슷한 처지의 학부모를 만나 위안을 얻고 어려움을 토로하는 수준이다. 지역에 외국인 근로자센터나 결혼이주민 지원센터에서 자녀교육 지원 프로그램을 실시하고 있는 경우는 학교와 연계하여 적절한 지원이 이루어지는 사례도 있다(조혜영, 2007).

결혼 이주여성이 시어머니와 함께 동거하는 경우 한국의 문화 및 자녀 양육 관행에 대해 잘 모른다는 이유에서 모-자녀 관계에서 엄마의 역할을 거의 행사할 수가 없다.

어머니가 자녀의 학교교육 지원과 관련하여 다양한 한국어 어휘 및 교육 관행을 알지 못하는 점은 자녀교육 지원에 큰 어려움을 주고 있다. 자녀의 알림장이나 일기장 등을 보아도 무슨 말인지 이해할 수 없는 점이 가장 큰 어려움이며, 언어 및 여러 가지 배경 지식의 한계로 자녀의 숙제를 도와주는 일이 힘들다. 자녀들이 한국어에 익숙해져 가는 속도와 이주민 부모가 한국어에 익숙해지는 속도는 차이가 커서 자녀와의 대화가 점차 줄어들게 된다.

이주민들은 자녀들이 모국의 문화 혹은 엄마의 문화에 대해 좀 더 알았으면 하는 바람을 가지고 있다. 한국생활에 적응한 뒤에는 부모의 언어나 문화를 유지하고 나아가 이중의 정체성을 가지고 살았으면 좋겠다고 말한다. 그러나 그러한 교육열이나 기대가 충족되기에는 당국의 지원이 부족한 것이 현실이다.

합법적인 체류 신분임에도 불구하고 한국사회의 관행은 소수 민족이나 문화적 배경을 가진 사람들이 편안하게 거주하여 안착할 수 있도록 하는 분위기가 아니어서(조혜영, 2007) 다문화가정에 대한 지원은 더욱 절실하다.

# 4. 대상자별 다문화교육의 방안

다문화가정의 아동들은 학교나 가정에서 겪는 고충이 많다. 이들이 겪는 고충을 알아보고 이러한 고충을 해결해 주고 우리사회에 잘 적응하면서 사회인으로 성공하고 우리사회에 공헌하는 구성원이 될 수 있도록 다문화교육의 지원방안을 모색해 보기로 한다.

## 1) 다문화가정 자녀들이 겪는 고충

다문화가정 학생들의 고충에 대하여 임은미(2010, 318-323)는 한정애(2008)의 연구를 토대로 다음과 같이 정서적인 고충과 학교생활에서의 고충으로 나누어 소개하고 있다.

### (1) 정서적인 고충

① 이질감

이질감은 자신의 어떤 특성이 주변 사람들과 다르다고 지각할 때 느끼는 불편한 감정이다. 우리는 어떤 생활 장면에서는 이질감을 느낀다. 자신과 다른 스타일의 옷차림을 공유하는 사람들 사이에 끼게 되었을 때, 어떤 모임에서 자신을 둘러싼 많은 사람들이 대화를 즐겁게 나누는데 자신은 즐거움을 느끼지 못하고 오히려 불편함을 느낄 때, 다른 사람들과 자신이 지향하는 바가 다른 것같이 여겨질 때 이질감을 느낀다.

다문화가족이나 다문가정의 자녀들은 자국인들보다 이질감을 느낄 요소를 현저하게 많이 가지고 있다. 피부색, 생김새, 가정의 분위기, 식습관, 생활습관 등에 있어서도 친구들과 큰 차이가 날 것이기 때문이다. 다문화가정 자녀들이 학교에서 겪는 하루하루는 자신과 다른 친구들의 모습을 접하면서 느끼는 이질감을 소화하며 보내야 한다는 점에서 더 많은 스트레스가 있을 것으로 예상할 수 있다.

### ② 분노

태어날 때 자신의 부모나 국적을 선택할 수 있는 사람은 없다. 자신이 선택하지 않은 결과로 어떤 사람은 많은 혜택을 누리지만 어떤 사람은 상대적으로 불리한 여건에 처하게 된다. 다문화가정 학생들은 출생에 대한 선택권이 없는 상태에서 다문화가정에서 태어났다. 경우에 따라서는 동일한 문화 출신의 부모에게서 태어났지만 자신의 의지와 상관없이 부모의 이혼이나 재혼에 의해 다문화가정 자녀가 되기도 하였다. 북한이탈주민 자녀들은 국경을 넘는 사투를 벌여야 했고, 외국인 근로자 자녀들은 부모의 경제생활에 의해 '다름'을 감내하며 성장해야 하는 상황에 놓이게 된 것이다.

이러한 상황에서 이들은 분노를 많이 느끼고 특히 부모에 대한 원망을 많이 가진다. 어린 시절에는 자신이 경험하는 차이로 인한 차별과 소외를 유발시킨 당사자로서 부모를 지목할 정도의 상황 인식이 되지 않는다. 그러다가 사춘기가 지나면서, 자신의 부정적인 경험은 부모가 임의대로 국적을 바꾸거나 재혼을 하는 등 다문화가정을 만들었기 때문이라고 여기며, 분노를 품게 된다. 특히 외국에서 태어나서 부모의 이혼 및 재혼으로 인해 다문화가정이 된 자녀들은 한국으로 올 때 자신의 의사를 충분히 반영하는 과정이 없었던 점에 대하여 더 큰 분노를 느낄 수 있다.

### ③ 부담감

다문화가정 자녀들이 느끼는 또 하나의 감정으로 부담감을 들 수 있다. 통상 이들의 부모가 사회경제적으로 어려운 상황에 놓여 있고, 그로 인한 심리적 갈등과 가정불화 등을 함께 겪는 경우가 많다. 이럴 때 결혼 생활을 유지하는 이유에 대하여 부모들은 자녀에게 흔히 '너 때문에' 이 가정을 유지한다는 말을 하게 되는데, 부모의 이러한 말은 자녀에게 자신의 존재 자체가 부모에게 부담이 된다는 느낌을 갖게 한다. 자녀들이 잘못된 행동을 한 것도 아닌데 존재 자체로 미안함을 품게 되면, 자존감이 낮아진다. 더욱이 다문화가정 자녀들이 학교에서도 여러 가지 차이로 인해 부정적인 경험을 많이 하다 보면, 자존감이 더욱 저하될 수 있으며, 낮은 자존감은 여러 가지 심리적인 문제 및 문제행동의 원인으로 작용할 수 있다.

④ 소외감

다문화가정 자녀가 소외감을 느낄 여지는 가정과 학교에 모두 존재한다. 부모가 불화나 생활고를 이기지 못하고 이혼을 하게 되면, 결국 한쪽 부모로부터 버림받는 상태가 된다. 한쪽 부모의 친척은 타국에 있어서 부모가 이혼을 하더라도 찾아갈 친척의 범위가 그만큼 좁다. 자국민인 친구 집단이 이들과 강한 유대를 맺는 경우도 적기 때문에 이들이 느끼는 소외감은 자국민 아이들보다 클 수밖에 없다. 소외감을 호소하거나 부모의 이혼을 알고도 감싸고 수용해 줄 수 있는 일가친척의 부재는 이들의 소외감을 더욱 강화시키는 요인이 된다.

다문화가정 자녀는 학교에서도 소외감을 느낄 가능성이 크다. 교사나 급우들이 특별히 이들을 소외시키려 하지 않는다 해도 소외 과정이 은밀하게 일어난다. 의사소통을 하기 위해 특별한 노력이 필요하거나 자신과 다르다고 여겨지는 사람보다 자신과 유사하다고 느껴지는 사람들끼리 더 많은 대화를 나누는 것은 당연한 일이기 때문이다. 따라서 다문화가정 자녀들은 대인관계 속에 자연스럽게 섞여 들어가지 못하기 때문에, 소외감을 느끼지 않기 위해서는 남들보다 훨씬 더 많은 노력을 해야 한다.

⑤ 두려움

다문화가정 자녀들은 남과 다른 자신의 가정환경이 드러날까 봐 걱정하며, 남들이 늘 쳐다볼 것 같은 자의식을 강하게 가지고 있다. 매사의 언행에서 남들의 눈에 띄고 그만큼 불필요하고 부정적인 방향의 관심을 받게 될 것 같은 두려움을 느끼게 된다. 사회적 상황에서 자신이 자연스럽게 받아들여지거나 자신에게 부여된 역할을 원만하게 소화해 내지 못할 것 같은 두려움을 느낀다. 그리고 이러한 두려움은 적극적인 생활보다는 피해의식으로 연결되고 두려움을 피하려는 방어적인 태도를 갖게 하기 때문에, 대인관계와 학교적응에 그만큼 불리한 여건에 놓인다고 볼 수 있다.

### (2) 학교 적응상의 고충

앞에서 기술한 정서적인 고충은 학교 적응상의 고충에 그대로 반영된다. 부정적인 정서에 싸여 있거나 위축된 상태에서는 학교생활에 소극적으로 임할 수밖에 없기 때문이다. 게다가 다음에 기술할 규칙 이해에서의 어려움, 학력 격차, 언어문제 등은 이들의 학교 적응을 더욱 어렵게 만든다.

#### ① 언어문제로 인한 위축

다문화가정 자녀들은 또래들보다 언어능력이 부족할 수밖에 없다. 일상적인 언어 또는 직접적이고 구체적인 용어나 서술을 이해하는 데 어려움이 없다 할지라도 은유적인 표현이나 정서적인 표현, 은어나 속어 등을 이해하고 공감하기가 어려울 수 있다. 이러한 현상은 부모의 언어능력이 낮을수록 더욱 심할 것이다.

다문화가정 자녀들은 수업 시간이나 쉬는 시간에 분위기에 자연스럽게 동참하지 못한다는 것을 스스로 느끼면, 위축되고 점차 의사소통에 부담을 느끼게 되며, 부담이 커질수록 활동에 소극적이 되고 적응을 체념하게 될 가능성이 있다.

다문화가정 자녀들은 특히, 교실수업과 관련하여 받아쓰기의 어려움, 짧은 문장력, 낮은 수업이해도, 사회교과와 국어학습의 어려움, 산만한 수업태도, 학습에의 자신감 부족 및 무력감, 진로인식 결핍, 장래희망과 목표의 부재 등의 문제를 나타내 보인다. 특히 언어학습 문제가 가장 큰 문제 요인인데, 언어로 인해 기타 학업에 대한 곤란을 경험하고 학습동기와 태도 문제가 복합적으로 발생하면서, 잠재적 학교 중도탈락과 함께 실제 학교 중도탈락이 중·고등학교로 올라갈수록 증가하고 있다.

#### ② 규칙과 관습의 이해와 어려움

다문화가정 자녀들은 부모 모두 한국의 교육체계에서 성장한 가정의 자녀에 비하여 학교 규칙을 이해하는 데도 어려움을 겪을 수 있다. 알림장, 준비물, 학교행사 참여, 수학여행 참가, 상벌규정 등 다양한 생활 장면에서 준비해야 할 사항들을 제대로 이해한다는 것이 이들에게 쉬운 일은 아니다. 심지어 자녀들의 학교생활에 필요한 준비물을 부모가 챙겨줘야 한다는 사실도 모르는 다문화가정 부모도 있다. 학년이 올라가면 한국의 입시제도를 이해하고 그에 맞추어 대응해야 하지만 자국민이 이해하기에도 복잡한 입시제도를 다문화가정 자녀들이 이해하고 자신에게 맞는 준비를 하는 것이 쉽지는 않다. 자국의 아동들도 스스로 해내기 어려워 부모의 도움을 받아 해결하는데, 다문화가정 아동들은 부모의 도움을 충분히 받기가 어려운 형편이기 때문이다.

③ 학력 격차로 인한 부적응

다문화가정 자녀들은 언어능력이 부족하고 학교 규칙을 이해하는 데 어려움을 느낀다면, 자연히 학교 수업에 적응하기 어렵게 된다. 낮은 학업성취도를 반복적으로 경험하다 보면, 학습 의욕이 저하되고, 수업내용을 이해하는 데 어려움을 느끼며, 과제를 수행하기가 어렵고, 학교생활 자체에 흥미가 떨어질 수 있다. 다문화가정 자녀들은 학생의 엉뚱한 언행, 끊어지고 단절되는 부족한 답변, 무반응 행동과 이에 대한 교사의 무관심과 방치, 낙인 등이 상호작용하여 학력 격차는 더욱 심해질 수 있다.

## 2) 다문화가정 자녀들을 위한 지원

다문화가정 아동들의 고충과 문제점들을 해결해 주고 그들이 우리사회의 구성원으로 잘 적응하고 사회발전에 유용하게 활용될 수 있도록 교육적인 지원방안에 대하여 모색할 필요가 있다. 대상자별 다문화교육의 지원방안을 다음과 같이 생각할 수 있다.

### (1) 결혼 이주여성 가정 아동을 위한 교육지원

결혼 이주여성 가족의 자녀양육 문제는 한국어 소통능력의 미흡, 양육비용,

시설의 부재, 자녀양육 방식의 차이가 심각하며, 방과 후 부모가 자녀를 돌보지 못하는 이유로 생업 때문에, 학습지도를 못해서, 한국어 수준이 낮아서 등의 순으로 나타났다. 결혼 이주여성의 언어문제는 자녀가 학교에서 차별받을 것에 대한 우려, 취학준비 부족에 대한 걱정, 경제적 지원부족과 좌절감, 자녀양육 가치관 혼란 등을 스트레스로 호소한다(박정윤, 2009, 40).

기존의 결혼 이주여성의 한국어 교재로는 주부로서의 역할에만 초점을 맞추어서 자녀의 학습내용에 대한 기본적인 이해가 불가능하고 자녀의 학습을 도와주고 참여하는 것에 기본적인 의사소통이 어렵다. 따라서 자녀교육에 대한 내용으로 학교 교사와의 만남이나 학습지나 학원을 찾을 때 필요한 대화 자녀의 일반생활과 관련된 지문이 반영될 필요가 있다. 가정통신문에도 가능하면 이해하기 쉬운 어휘와 문장으로 서술할 필요가 있다(정성미, 2010, 131-132).

결혼 이주여성의 자녀에 대한 지원정책 중 주요한 것으로 다음과 같은 지원이 필요하다(성용구, 2010, 264).

첫째, 결혼 이주여성의 자녀들에게 다중언어 교육정책을 지원해 주어야 한다. 자녀들이 어머니와 의사소통하는 것은 일생을 살아가는데 있어서 필수이다. 어머니 출신국의 언어를 배우게 하는 것이 최우선 정책이다. 어머니와 자녀와의 대화는 자녀의 인격성장에 필수적이며 가족 간의 갈등을 해소하고 건강한 가정생활로 이끄는 중요한 통로이다. 어머니의 모국어를 알면 다문화가족으로서의 자긍심도 생기며 글로벌 인재로 양육될 수 있다.

둘째, 결혼 이주여성의 미취학 아동들에게 한글교육 등 사회적 지원을 해 주어야 한다. 결혼 이주여성 가족의 자녀 중 2/3 정도가 미취학 자녀들이다. 이들에게 한글교육을 시킴으로써 초등학교에 들어가서 학습내용을 이해하고 학력 신장의 도구가 되는 한글능력을 강화해 주는 지원정책이 필요하다.

셋째, 결혼 이주여성의 취학자녀에 대한 교육지원을 적절히 해 주어야 한다. 사회적 약자인 가정의 다문화가정 자녀들의 학력수준은 매우 낮은 편이며 학교생활 적응도 쉽지 않은 편이다. 따라서 이들 자녀들에게 보다 전문적이고 체계적인 교육지원으로 성장 연령에 따른 사회부적응을 예방하고 학습에서 뒤처지지 않도록 하는 지원책이 지자체에서 충분히 계획하고 시행되어야 한다.

### (2) 이주근로자 가정 아동을 위한 교육지원

경제적 · 신분적 불안문제와 자녀들의 학습 안정성은 절대적인 관련이 있다. 부모의 불안정한 신분으로 자녀의 학습 동기유발이 힘들고 지속적 학습활동이 힘이 들며 입학 장벽도 매우 높게 느낀다.

우희숙(2010, 270)은 이주노동자 가정 아동들은 초기 6개월 학교생활 동안 언어소통 부족과 그에 따른 소외로 학교생활에 적응하지 못하고 탈락하거나 학습에 흥미를 잃는 경우가 많다. 한국어 실력이 향상되면 학업성적도 빠르게 향상되므로 한국어 교육이 우선이다. 아이들이 또래와 어울리면서 일상적인 한국어는 금방 배우지만 교과서에 나오는 추상적인 개념과 한자어는 여전히 잘 모르므로 이에 대한 지도가 필요하다.

한국사회에서의 교육정보가 부족한 이주근로자 가정의 부모들에게 국가와 지역사회 그리고 학교에서 자녀교육 정보를 충분하게 제공해 주어야 한다. 경쟁적 학교풍토에서 뒤처지지  않도록 국가와 사회에서 부모들의 교육적 열의에 부응하는 자녀 교육방식과 경제적 지원을 도모하여야 한다. 이들의 강한 학습동기와 기대감을 학업성취나 학교 적응능력 개발에 연결시켜 주어야 할 것이다. 그러기 위한 국가의 정책적 지원과 학교에서 교사의 지도능력도 질적으로 향상되어야 할 것이다.

무엇보다도 이주근로자 가정의 불안한 신분 때문에 교육의 기회조차 제대로 받기 어려운 자녀들에게 안정적으로 교육받을 수 있는 기회부터 보장해 주어야 하며, 이 교육 기회의 보장에는 법적, 경제적, 교육방법적 지원을 모두 포함한다.

### (3) 북한이탈 청소년을 위한 교육지원

북한이탈 청소년들은 부모와 함께 남한으로 이주해 온 사람들도 있지만 피치못할 사정으로 부모는 중국에 있거나 북한에 남겨 두고 자신만 남한사회로 입국한 청소년들도 있다. 그리고 학교를 다녀야 할 나이지만 학교교육을 정상적으로 받지 못하는 청소년들도 많다. 따라서 북한이탈 가정 자녀라든가 학생이라는 용어를 일괄적으로 쓸 수가 없다.

### ① 북한이탈 청소년의 교육수혜 현황

북한사회를 탈출하여 제3국을 거쳐서 남한으로 이주하는 경로와 과정은 무척 힘든 여정이다. 때로는 생사의 갈림길에 서기도 하고 부모 형제와의 생이별도 당하기도 한다. 탈출과정에서 학교교육은 생각도 못하며 남한에 도착하면 몇 년씩 교육공백이 생기고 늦게 공부를 해야 하는 실정이다. 그럼에도 북한을 탈출하여 남한으로 이주해 오는 청소년의 숫자는 다음 표와 같이 해가 갈수록 급증하고 있다.

탈북자수는 2011년에 2706명으로 매년 꾸준히 늘어나다가 김정은 정권의 특별 지시로 2012년에 1502명으로 이 때부터 차츰 절반 정도로 줄고 있다. 그러나 중국 등 제3국에서 출생한 아이들의 수(이들 부모 중 한 명이 탈북자임)가 점점 증가하고 있다. 학교유형별 학생수를 보면 중 · 고등학교 진학률이 매우 낮으며, 정규학교가 아닌 대안학교나 기타 교육기관 재학생수가 국내 일반 학생의 비율에 비해 상당히 높은 편이다.

**표 6-1** **북한이탈 청소년 연도별 입국자수**

| 구분 | 00 | 01 | 02 | 03 | 04 | 05 | 06 | 07 | 08 | 09 | 10 | 11 | 12 | 13 | 14 | 계 |
|---|---|---|---|---|---|---|---|---|---|---|---|---|---|---|---|---|
| 인원 | 89 | 182 | 347 | 372 | 551 | 382 | 524 | 622 | 663 | 797 | 617 | 831 | 468 | 425 | 364 | 7234 |

자료: 통일부(2015).

**표 6-2** **출신별 북한이탈 청소년 재학 현황**

(단위: 명, %)

| 구분 | 정규 학교 | | | 합계 |
|---|---|---|---|---|
| | 초 | 중 | 고 | |
| 북한 출생 | 534(47.3%) | 313(45.8%) | 357(96.2%) | 1205 |
| 중국 등 제3국 출생 | 594(52.7%) | 371(54.2) | 14(3.8%) | 979 |
| 계 | 1128(100%) | 684(100%) | 371(100%) | 2183 |

| | | | | |
|---|---|---|---|---|
| | | | | |
| * 대안학교 | | | | 283 |

자료: 교육과학기술부(2014. 4).

**표 6-3　　　북한이탈 청소년의 학교 유형별 재학 현황**

(단위: 명)

| 구분 | 정규학교 | | | | | | 대안교육시설(전일제) | 계 |
|---|---|---|---|---|---|---|---|---|
| | 초등학교 | | 중학교 | | 고등학교 | | | |
| | 남 | 여 | 남 | 여 | 남 | 여 | | |
| 재학 현황('13.4) | 600 | 559 | 291 | 247 | 192 | 193 | 232 | 2254 |
| | 1159 | | 478 | | 385 | | | |
| | 2022 | | | | | | | |

자료: 교육과학기술부(2013).

### ② 북한이탈 청소년 교육문제와 지원방안

북한이탈 가정 자녀가 다문화가정 자녀와 다른 교육적 어려움은 입국 전의 학습 결손이 남한에서의 공교육 학습을 따라가는 데 어려움이 되고 있다는 점이다. 이러한 어려움을 겪는 청소년들의 교육문제와 그 지원방안에 대하여 최충옥 등(2010, 275-276)의 연구를 중심으로 다음과 같이 생각해 볼 수 있다.

#### (가) 기초학습 부족과 학습 격차의 해소

북한이탈 청소년은 북한사회의 경제적, 사회적 상황에 따른 학습결손과 탈북 후 제3국에서의 은신과 피난과정에서 발생한 교육 공백기에 더하여 남북 간 학제 차이에 따른 학력 차, 사회주의 체제적 교과내용의 차이 등이 겹쳐 남한에서의 학교 수업을 이해하는 데 어려움을 겪고 있다. 북한이탈 청소년들은 남한의 학교 생활에 적응하지 못하고 학교를 중도탈락 하거나 대안학교에 들어가 검정고시를 통해 대학입시를 준비하는 경우가 늘고 있다. 이들의 부족한 기초학력을 강화해 주고 학습 격차를 줄여주어야 한다.

#### (나) 말투 차이 및 문화적 편견의 극복

이주가정이나 국제결혼 가정 자녀가 한국어 습득에 따른 어려움을 많이 경험한다면, 북한이탈 청소년은 남한과 북한의 서로 다른 말투와 자본주의 체제의 문화적 차이에서 더욱 큰 이질감을 경험한다고 할 수 있다. 이들은 학교에서 북한식 말투로 인해 따돌림을 당하거나, 남한에서 많이 쓰는 외래어나 외국어에 익숙하지 않아 언어적 소통에 어려움을 겪기도 한다. 따라서 북한이탈 청소년들은 북한출신임을 밝혔을 때 편견과 차별의 대상이 되는 것을 막기 위해 최대한 말투를 남한식으로 고치고, 자신이 북한출신임을 되도록 숨기고 드러내지 않으려는 경향이 많다. 이들의 말투 차이 및 문화적 편견의 어려움을 극복할 수 있도록 남한 사람들의 인식의 변화와 배려가 요구된다.

**(다) 중도탈락률 낮추기**

북한이탈 청소년들의 학교 탈락률이 초 · 중 · 고의 경우 3%대에서 2%대로 점차 낮아지고 있으나 대학생의 경우는 아직도 10% 정도로 일반대학생의 두 배에 해당한다. 북한이탈 청소년들의 중도탈락 사유를 살펴보면, 학교 부적응(39.9%)이 가장 많고, 검정고시(20.8%), 가사(7.9%), 경제적 사정(5.6%), 기타(26.9%)인 것으로 나타나고 있다. 문제는 초등학교에서 중·고등학교로 진학할수록 학교에 적응하지 못하고 탈락하는 경우가 늘고 있다는 점이다. 이는 중학교 이후 심화되는 입시위주 교육체제에의 부적응, 기초학습 부족에 따른 학력 격차의 지속과 좌절감 등이 중첩되어 발생하는 것으로 볼 수 있다.

북한이탈 청소년들은 남북한의 사상과 문화의 차이, 교육과정과 학력수준의 차이, 탈북과정에서 겪은 생존적 체험의 고통, 자본주의 체제하의 상대적 박탈감을 극복하도록 사회적 보장 장치를 하여야 한다. 남한 사람들의 북한에 대한 우월적 태도와 편견 등의 복합적인 요인들을 제거하고, 부적응하여 중도 탈락하는 학생들에 대한 공교육의 배려가 요구된다.

**(라) 탈북과정에서의 가족 붕괴의 치유**

가족 붕괴는 어린 시기에 놓여 있는 탈북자녀의 심리적 적응에 매우 큰 영향을 미친다. 탈북자녀들은 가족 단위로 북한을 이탈하여 남한으로 온 경우도 많지만, 직계가족 구성원 전부가 함께 이주한 경우는 아주 드물다. 이들 중 가족이나 친척

없이 단독으로 입국한 무연고 아동 · 청소년들은 탈북 청소년 총수의 22.5%를 차지한다. 탈북자들은 대부분 북한이 나 중국에 가족이 남아 있는 것으로 보고되고 있다.

탈북학생은 선생님이 설명하는 용어의 의미와 차이, 어투와 억양, 외래어, 영어, 한자 등의 언어 이질화로 의사소통에 장애를 겪고, 그것은 낮은 학업 성적으로 나타나고 있다. 예컨대 수학의 경우, 남북한의 교수용어의 차이를 예를 들면 다음과 같다.

**표 6-4 남북한 교수용어의 차이 예(수학의 경우)**

| | 남 한 | 북 한 | | 남 한 | 북 한 |
|---|---|---|---|---|---|
| 2+3 | 덧셈식 | 더하기식 | 1.333.. ⇒ 약 1.3 | 근사값 | 근사수 |
| 7−4 | 뺄셈식 | 덜기식 | $\frac{1}{3}$ | 진분수 | 참분수 |
| 5×2 | 곱셈식 | 곱하기식 | $\frac{5}{2}$ | 대분수 | 데림분수 |
| 9÷3 | 나눗셈식 | 나누기식 | 4÷2=2 | 몫 | 상 |
| = | 등호 | 같기표 | | 나누어 떨어진다. | 말끔 나누임 |
| 〈, 〉 | 부등호 | 안같기표 | | 역수 | 거꿀수 |
| ___ | 직선 | 곧은 선 | | 넓이 | 면적 |
| ~ | 곡선 | 굽은 선 | | 부피 | 체적 |
| × | 만나는 점 (교점) | 사귄점 | < | 예각 | 뾰족각 |
| = | 평행 | 서로 사귀지 않는 것 | 〈 | 둔각 | 무딘각 |

※ 서울특별시교육청/서울특별시교육연구정보원(2007). 초등학교 새터민 학생 맞춤식 수학 워크북, 남북한 수학용어 비교표.

탈북 학생들은 수업 내용을 이해하기 어려워도 남한 학생들에게 물어 보기 쉽지 않다. 탈북 학생들은 어휘나 의미의 차이, 외래어에 대한 생소함이 자신들의 무지함으로 비춰지지 않도록 의사소통에서 단절하지 않도록 도와주어야 한다. 대화를 나누는 것을 겁내며 말을 극도로 아끼므로 학교생활에서 심리적 안정과 치유를 해 주어야 한다.

(마) 안정적인 정체성 형성

탈북 학생들에게 그 첫 단계로서 필수적인 자신이 북한출신임을 알릴 것인가는 매우 심각한 문제이다. 탈북 학생들은 학급 친구들과 어울리는데 있어 북한에서 왔다는 사실과 말씨가 다르다는 사실로 인해 다른 집단으로 분류되고 차별받을 수도 있다고 느끼기 때문이다. 탈북 학생들이 자기 정체성을 안정되게 형성하는데 친구 관계는 매우 중요하다. 탈북 학생들의 경우, 남한 아이들과 친구가 되면 남한사회에서 적응이 훨씬 쉬어질 것이다.

(바) 탈북 청소년들의 교육지원 방안

교사들은 북한이탈 청소년의 남한 공교육 적응의 어려움을 인식하고, 이들이 안정적으로 학교생활에 적응할 수 있도록 정서적 지지와 관심을 가질 필요가 있다. 동시에 북한출신 학생에 대한 남한 학생들의 고정관념과 편견을 해소하는 교육도 지속적으로 이루어질 필요가 있다. 또 공교육뿐 아니라 공교육에서 탈락한 북한이탈 청소년들의 교육을 담당하는 다양한 대안학교에 대한 관심과 교육적 지원도 필요하다.

북한이탈 학생들은 포부를 실현하고 재사회화를 통하여 장래 우리사회의 통일 역군으로 성장시켜야 한다. 이들에게 제공되는 재적응 교육 기간을 지금의 3개월 보다 더욱 길게 늘려야 한다. 이들을 지도할 전문적 자질을 갖춘 교사 양성이 필요하며, 특별한 교육 프로그램 개발과 지도교사의 확충이 요구된다. 이들을 포용하여 앞으로 남북한 사회통합의 역군으로 일역을 담당할 수 있는 역량을 길러 주어야 한다.

## 5. 한국 다문화교육의 개선

다문화교육의 본질과 철학을 살리고, 우리나라 다문화교육의 실태와 문제점들을 검토하여 우리의 실정에 적합하며, 다른 나라 다문화교육정책의 우수한 점을 시사 우리나라 다문화교육의 문제를 해결할 수 있도록 개선방안을 모색하면 다음과 같다(성용구, 2009).

### 1) 다문화교육의 방향과 정체성 확립

다문화교육을 누가 어떤 시각에서 수행해야 하는가? 다문화교육은 이주자의 시각에서 이주자의 주체로 출발해야 한다. 그러나 다문화 관련 정책이나 행사의 기획을 보면 다문화 당사자인 이주자가 빠짐으로 인하여 다문화가 없는 다문화교육 행사와 프로그램들이 성행하고 있다. 현장 실무자는 프로그램을 계획할 때 이주자의 공동체의 의견이 계획단계에서부터 최대한 적극적으로 반영되어야 한다. 교육의 추진체에는 관련 단체와 함께 학계, 문화계도 포함되어야 한다. 이주자들의 참여가 배제된 행사 관계자들만의 계획은 의미가 없다.

그 동안 시행해 왔던 소수자 중심의 교육대상에서 일반 다수자 중심으로 대상이 확대되어야 한다. 소수자 중심의 일방적 교육에서 쌍방적 상호 이해교육이나 다문화 이해교육으로 전환되어야 한다. 소수자의 가족을 대상으로 결혼 이주여성의 남편과 시부모 및 자녀에 대한 교육을 실시하여야 한다. 결혼 이주여성 시부모들에게도 며느리와의 대화와 의사소통을 위한 교육이 필요하며, 자녀들에게는 피부색의 다름에 대한 적응과 정체성 교육을 해 주어야 하며 가정에서 어머니와의 의사소통 및 학교생활과 사회에서의 적응을 도와주어야 한다.

그리고 일반 대중과 다문화가정이 있는 동네 주민을 대상으로 다문화에 대한 수용과 이해를 위한 교육을 실시하여야 하며 이는 지역사회의 평생교육과 연결되어야 한다.

### 2) 다문화교육내용과 방법의 변화

#### (1) 다문화교육내용의 변화

처음에는 이주민들이 한국사회에 동화되는 교육을 하였으나 이제는 이들의 정체성도 인정하고 수용하는 내용으로 전환되고 있다. 나아가 이주민들을 우리사회에 효율적으로 활용할 수 있도록 역량을 기르는 내용을 개발하여야 한다.

다문화교육 내용이 결정될 때는 학습자의 특성, 학습주제의 특성, 사회적 요구 등 일반적 절차뿐만 아니라 공정하고 비판적인 다문화에 대한 사고가 포함되어야 한다. 즉, 문화적 다양성에 대한 수용과 이해, 인류의 존엄과 인간의 보편적 권리, 세계 공동체에 대한 책무 그리고 세계 인류에 대한 존경이 다문화교육 내용에서 중시되어야 한다.

Christine(2009, 63-64)은 다문화교육과정의 내용을 6가지로 명료화하여 제시하고 있다.

첫째, 다양한 역사적 관점의 이해이다. 유럽과 미국의 문명 발달을 강조하는 전통적 역사관에서 벗어나 소수민족의 지역적 · 국가적 사건들도 고려하는 다문화적 역사 의식도 포함되어야 한다.

둘째, 문화적 의식 함양이다. 자신의 세계관이 보편적이지 않으며, 다른 나라나 민족의 세계관과 다르다는 것을 인식해야 한다. 인간사회에 다양한 사고와 행동방식이 존재함을 이해하고, 자신의 생각과 행동이 다른 나라나 민족들에 의하여 어떻게 이해될 것인지도 인식하는 것을 포함한다.

셋째, 간문화적 역량 개발이다. 자신과 다른 형태의 표상적 의사소통, 신호, 문화적 습관들을 해석하는 능력을 기르는 것이다. 상대방의 행동과 사고방식에 대해 자신의 조건에 기초해서 지각하는 것이 목적이다.

넷째, 모든 형태의 편견과 차별에 대한 철폐다. 인종차별, 성차별을 반대하고 소수집단이나 민족집단과 관련된 고정관념이나 사회적 통념을 제거하는 일이다.

다섯째, 지구의 현 상태와 전세계적 역동에 대한 이해 증진이다. 전세계는 많은 하위체계들로 밀접하게 연계된 거대한 생태계임을 이해하고, 지구의 현 상태와 보편적인 변화경향, 발전과정을 인식하는 것이다.

여섯째, 사회적 행동기술 개발이다. 지구의 미래와 행복을 위협하는 제반 문제들을 해결하는데 필요한 지식과 태도, 행동을 익히도록 하는 것이다.

### (2) 다문화교육방법 및 프로그램의 개발

다문화교육에서의 교육방법은 '문화적으로 적절한 교수방법'을 사용하는 것이다. 문화적으로 적절한 교수는 소수집단 학생의 낮은 성취를 역전시키는데 초점을 두고 있다. 각 학생의 장점을 이용하여 장점을 가르치는 것인데 이것은 문화적으로 유익하고 인정된 것이다. 여기서 중요한 것은 소수집단 아이를 잘 가르치는 교사를 발굴해 내는 일이다. 이러한 교사의 자질을 Christine(2009, 384-386)은 다음과 같이 설명한다. 첫째, 교사라는 직업에 자긍심을 가지고 자신이 저소득층 소수집단을 대상으로 가르치는 것을 선택한 것에 대하여 자랑스럽게 생각한다. 둘째, 소수집단 아이가 겪는 사회적 차별과 그로인한 학업성취의 기대가 달라진다는 사실을 인식한다. 셋째, 동화주의 학습방법을 피하고 학생이 주류사회에 순응하기보다 사회를 변화시키도록 한다. 넷째, 학생의 가정환경을 서로 도우며 서로에게서 배우는 학급분위기를 조성한다.

그는 문화적으로 적절한 교수의 원칙으로 학생은 학업에서 성공을 경험해야 하며, 문화역량을 육성해야 하며, 사회 불평등에 관한 비판의식을 가져야 한다고 제시하고 있다. 또한 다문화 학급 학생을 위한 특별한 교수방법을 제안하고 있는데 바로 다문화가정 학생이 학습목표를 성공적으로 달성할 수 있도록 다양한 옵션을 제공하는 것이다. 학습자의 수준에 맞추어서 성공적으로 수행할 수 있도록 도전적이며 적절한 옵션을 제공하는 것이다.

다문화 대상자와 일반인을 위한 다문화교육은 각 집단이 안고 있는 문제에 부응하는 맞춤식 교육이어야 한다. 다문화교육은 협동학습 등 학생들의 발달에 적합한 다양한 방법과 교수-학습 자료를 활용하여 지도할 필요가 있다.

이제 국가가 좀 더 적극적으로 나서서 "찾아가는 다문화 교실"을 운영해야 한다. 현재 시 · 도 교육청에서는 현장의 교사와 학부모들을 위한 "찾아가는 다문화 교실"을 운영하고 있다. 그런데 일회성으로 불연속적이며 산발적 행사위주의 교육으로 끝나는 경향이 있다. 다문화교육이 효과적으로 이루어지려면 행사와 이론 그리고 활동이 장기간 체계적으로 지속되어야 한다.

양영자(2007, 222-223)는 다문화교육의 실제에서 분리교육과 통합교육을 적절히 안배하여 실시할 것을 권고하고 있다.

먼저, 분리교육은 이탈과 부적응이 심각하거나 동화와 적응교육이 필요한 이주의 초기단계에서 이뤄져야 한다. 분리교육의 방법에는 학급수준의 분리교육과 학교수준의 분리교육이 있다. 교육대상으로는 외국인근로자 자녀의 경우 초기단계에서 분리교육이 절실하며, 새터민의 경우도 남북한의 문화 차이와 학력 차이로 부적응과 이탈의 문제가 심각할 뿐 아니라, 어린 나이에 받은 육체적 · 정신적 상처가 깊기 때문에 분리교육이 필요하다. 결혼 이주여성 자녀의 경우 외모가 주류 한국인과 다른 경우가 있어서 분리교육이 필요하다.

다음, 다문화교육은 궁극적으로 학교교육이라는 사회체제 내에서 이뤄진다는 점에서 통합교육의 방법으로 가야 한다. 그러기 위해서는 협력학급, 협력학교의 존재가 필수적이다. 프로그램 수준의 통합, 협력학급과의 통합, 대안학교와 일반대학교간의 통합교류 등 국가 수준의 다문화적 교육과정 속에서 통합교육을 모색하는 방법이 구안되어야 할 것이다.

다문화가정 아이들은 일반적으로 언어능력이 떨어진다. 따라서 언어능력이 떨어지는 아동을 분리하여 언어교육을 한 후 일반아동과 통합하여 교육하는 것이 적응과 정체성 교육을 위하여 유익하다.

다문화교육에서 평가는 표준화된 평가가 아닌 학생들 개개인의 진전도를 평가할 수 있는 과정중심의 방법이나 도구가 활용되어야 한다. 교과별, 학급별 프로그램을 개발 · 보급하고 이와 직 · 간접적으로 관련된 지원을 활성화해야 할 것이다.

다문화교육 프로그램 개발 시 고려해야 할 것이 인권이다. 장인실 등(2009)은 반편견 교육 프로그램을 개발하여 편견과 다문화 인식에 어떤 영향을 미치는지를 알아보았다. 이 프로그램에서는 문학작품과 영상자료를 활용하여 주변의 편견으로 인한 차별과 상처를 깨닫고 주인공의 입장이 되어 보고 감정이입할 수 있는 수업으로 12시간을 구성하였다. 연구결과 본 교육 프로그램은 아이들의 편견 감소에 효과적이었는데, 특히 새터민, 인종, 문화, 성 문제에 있어서 편견이 감소되었다. 또한 다문화 인식의 측면에서도 효과가 있었는데, 특히 다문화에 대한 개방성, 수용성, 존중성에 있어서 효과적이었다. 이와 같은 다양한 프로그램들이 개발되고 현장에 실행되어야 한다.

### 3) 다문화교육정책의 개선

#### (1) 언어교육의 확대정책 구사

현재 다문화가정에 제공되는 5개월 과정의 한국어 방문교사 프로그램이나 여성가족부의 1년 과정 언어교육으로는 부족하다. 보다 장기간 동안 언어교육의 확대 실시가 필요하며 언어지도사와 언어치료사의 도움도 확대되어야 한다.

다문화교육에서 이중 언어교육은 문화적 동화에서 문화다원주의에 이르기까지 다음과 같이 세 가지 수준에서 이루어질 수 있다(Christine I. B., 2009, 417).

문화적 동화 ←――――――――――――→ 문화다원주의

제2언어로서의 한국어
(목표 : 한국어의 능통성)

이중 언어교육 유지
(목표 : 한국어와 모국어의 능통성)

양방향 이중 언어
(목표 : 한국어와 모국어의 완벽한 구사)

'제2언어로서의 한국어' 정책은 이민자가 가능한 빨리 한국어를 배워서 모국어는 사용하지 않고 한국어로 공부하는 형태이다. '이중 언어교육 유지' 정책은 한국어가 능통해질 때까지 모국어로 교과내용을 지도하고 가정문화와 주류문화를 모두 인정하는 형태이다. '양방향 이중 언어교육' 정책은 가정문화와 주류문화를 모두 이해하고 누리면서, 교육과정은 두 언어로 구성된다. 이중 언어 유지정책이나 양방향 이중 언어 교육정책이 문화다원주의의 정신에 맞는 정책이다.

#### (2) 교사 교육정책의 쇄신

앞으로 다가올 교실에서의 다문화 문제를 극복하기 위하여 교사들을 대상으로 하는 이론적이고 실무적인 교육이 실시되어야 한다. 이를 위하여 다양한 내용과 방법을 동원한 전문화된 교사교육 프로그램이 개발되어야 한다.

첫째, 찾아가는 다문화 교실을 충실하게 운영하고 더욱 활성화하여야 한다. 현재 교육청과 교대와 사대를 중심으로 찾아가는 다문화 교실을 운영하고 있다. 그러나 학교 교사들의 관심과 이해의 부족으로 인하여 교사들을 대상으로 하는 다문화 이해교육을 회피하거나 축소 · 운영하려는 경향이 있다. 교사대상의 다문화교육을 활성화하려면 특히 학교장의 이해가 선행되어야 한다.

둘째, 다문화사회를 선도하는 교사교육은 이전의 방법과 매우 달라져야 한다. 차윤경 등(2009, 201-202)은 다문화 교사교육은 다음과 같은 원리에 의하여 이루어져야 한다고 제시하였다. ① 교사교육 프로그램의 많은 영역에서 다문화적 시각 형성을 위해 노력해야 한다. ② '다문화적으로 된다는 것'은 개인이 다양한 방법으로 수용하고, 판단하고, 믿고, 행하는 능력을 개발하는 과정이다. 따라서 다문화 교사교육은 이러한 과정 중심적으로 이루어진다. ③ 다문화 교사교육은 교사들이 스스로 문화적 정체성을 감지해 가도록 하여 다문화적 시각을 길러 준다.

셋째, 교사들의 다문화 역량을 길러 주기 위한 교사교육 모델이 많이 있어야 한다. 차윤경 등(2009, 203-205)은 지적, 정의적, 행동적 수준에서 다문화적 역량을 증진시키기 위한 교사교육 모형을 다음과 같이 개발하였다.

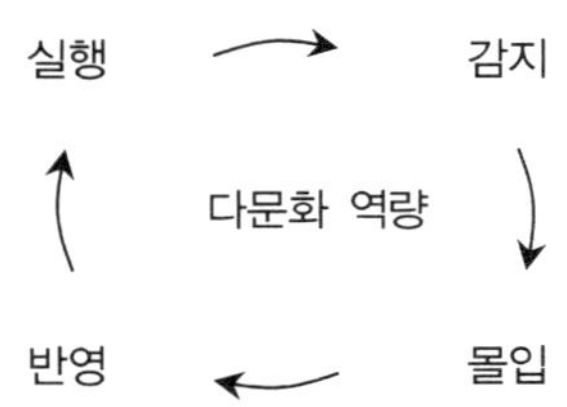


<그림 6-1> 다문화 역량을 위한 교사교육 모형

① 감지

위의 모형에서 예비교사들은 스스로의 문화적 정체성을 수용하고 구별하기 위해 이를 인지하고 지각하는 능력을 기르게 된다.

② 몰입

예비교사들은 문화에 대한 인지적 이해를 넘어서서 다른 문화에 대하여 감정적으로 경험적으로 대면하게 된다.

③ 반영

예비교사들은 인지적 · 정의적 수준에서의 문화 다양성에 대한 인식을 기초로 하여 다문화사회의 실재에 대하여 보다 복합적이며 정확하고 종합적인 자기 모습을 재구성할 필요가 있다.

④ 실행

예비교사들은 반영과 실행을 연결하여 정의, 평등, 인간존중의 다문화적 가치와 일관되게 행동할 수 있도록 다문화적 수업의 실재를 전개한다.

### (3) 다문화교육 지원의 제도적 장치 마련

정부의 각 부처에 산재한 다문화교육 지원이 합리적으로 체계화되어 중복, 누락되지 않아야 한다. 시 · 도 교육청, 학교, 이주민단체, 지원센터, 지자체의 유기적 연결도 이루어져야 한다.

특히 이주민센터의 확대와 전문 인력 증강이 필요하다. 이주민들 가까이서 지원이 이루어질 수 있도록 여러 지역에 센터를 증설하고 방문지원이 더욱 강화되어야 한다. 언어치료사 등을 더욱 많이 확보하여 배치하여야 일상생활의 기본이 되는 언어 소통을 잘할 수 있도록 한다.

다문화가정 아이들을 위한 어린이집이 필요하다. 결혼 이주여성들은 한국어가 서툴러서 자녀들이 한국말을 배우는데 장애가 될 수 있다. 이러한 어린이집은 자녀들의 언어습득에 도움이 되며, 여성들이 직업활동을 하는데도 도움이 된다.

불법체류 신분의 외국인근로자 가정 아이들이 부모의 국적 상태와 상관없이 모든 이주근로자와 그 가족의 권리보호에 관한 국제협약에서 제시하는 수준의 취학의 기회를 보장받을 수 있는 법적 장치가 마련되어야 한다. 현행 3개월 과정의 새터민을 위한 적응교육 기간은 그들이 남한사회에 적응하기에는 너무 짧은 기간이다. 그들이 남한 학교의 교육용어나 교육과정을 이해하고 교우관계에 잘 적응하기까지 장기간의 교육적 지원이 제공될 필요가 있다.

## 용어해설

**다중언어교육(이중언어교육)** : 한국어와 부모가 쓰는 언어를 포함하여 두 가지 이상의 언어를 구사할 수 있도록 가르치는 교육.

**다문화 언어지도사** : 다문화가정의 가족에게 한국어의 정확한 발음과 정교한 언어구사를 할 수 있도록 가르치는 교사.

**희망 유아교육사** : 다문화가정의 유아들을 대상으로 한국사회 생활에 성공할 수 있도록 지도하는 유아교사.

**새터민** : 북한사회를 탈출하여 남한에 정착하기 위해 이주해 온 북한주민.

**결혼이주여성** : 한국인 남자와 결혼하여 우리나라로 이주해 온 여성.

**이주근로자** : 한국의 산업체에서 일을 하기 위하여 연수생 신분으로 이주해 온 근로자.

**단일민족주의** : 순수한 단일민족의 혈통을 유지하면서 오랜 세월을 지켜온 민족의 순수성을 지속시키코자 하는 폐쇄적인 이념.

## 생각해 볼 문제

1. 한국에 이주한 다문화가정의 아동(구성원)들에게 각 대상자별로 어떻게 각기 다른 교육을 시킬 것인지 다문화교육의 방향에 대하여 생각해 봅시다.
2. 한국 다문화교육의 상황은 대상자별로 어떻게 다르며 어떻게 지원해야 할 것인지 생각해봅시다.
3. 한국 다문화교육의 개선방안을 다양하게 생각해 봅시다.
4. 각 다문화 대상자별로 이들이 겪는 고충이 무엇이며, 이들을 효율적으로 지원해 줄 수 있는 교육적 방안이 무엇인지 생각해 봅시다.

## 더 읽어 볼 책

1. 최충옥 외(2010). 다문화교육의 이해. 양서원.
2. 오경석 외(2007). 한국에서의 다문화주의-현실과 쟁점. 한울 아카데미.
3. 임상수 외(2008). 새터민 아동을 위한 교육 멘토링. 교육과학사.

# 참고문헌


김이선(2007), **한국사회의 수용현실과 정책과제.** 다민족 · 다문화사회로의 이행을 위한 정책 패러다임 구축 4-1, 한국여성정책연구원.

김혜순(2008), 결혼이주여성과 한국의 다문화사회 실험, **한국사회학** 42-2 (36-71), 한국사회학회.

류성환(2007), **현장에서의 다문화교육 사례, 한국에서의 다문화주의**(262-280), 한울.

박정윤(2009), "문화가족지원센터의 다문화가정을 위한 지원서비스", **다문화콘텐츠연구** 제7호(31-61), 문화콘텐츠기술연구원.

박철희(2008), 한국사회의 다문화에 따른 초등학교 교과서 내용에 대한 한국적 다문화교육의 방향모색, 다문화사회와 다문화교육. 한국교육사회학회, 국제이해교육학회 공동학술대회(13-28).

성용구(2009), 우리나라 다문화교육의 문제와 개선방안. **초등교육연구논총** 제25집 제2호(219-248), 대구교육대학교 초등교육연구소.

______(2010), 결혼이주여성 지원정책의 체계적 개선. **열린교육연구** 제18집 제1호(255-276), 한국열린교육학회.

양영자(2007), **한국의 다문화교육 현황과 과제, 한국에서의 다문화주의.** 한울.

우희숙(2010), **한국 다문화가정의 이해**, 최충옥 외, **다문화교육의 이해**(255-284). 양서원.

임은미(2010), **다문화사회와 상담.** 학지사.

장인실(2009), 다문화교육을 위한 교사 교육과정 모형탐구. **초등교육연구** 21(2)281-305.

정성미(2020), "여성결혼이민자들의 자녀교육 참여를 위한 의사소통적 접근"(115-133). **다문화콘텐츠연구** 제8호(65-91) 문화콘텐츠기술연구원.

최충옥 외(2009) **다문화교육의 이론과 실제.** 양서원.

_________(2010) **다문화교육의 이해.** 양서원.

황정미(2007), **다문화가족 자녀의 학교생활 실태와 교사 학생의 수용성 연구.** 한국여성정책연구원.

허미화(2008), 한국사회의 다문화적 변화와 국제결혼가정 유아의 교육환경 고찰. **유아교육연구.** 28-1, 한국유아교육학회.

Christine I. B.(2007), Comprehensive Multicultural Education-Theory and Practice(6th ed.), Pearson : Allyn and Bacon.

동아일보 2009. 6. 22.

________ 2009. 6. 23.

교육과학기술부 사이트 http://naver.mest.go.kr

제7장

# 한국의 다문화정책에 관한 비판적 검토

1. 머리글 및 주요내용
2. 다문화정책 도입원인과 추진경과
3. 결혼이주민
4. 이주노동자
5. 이민자
6. 다문화 시민교육
7. 다문화정책의 방향전환을 위하여

**〈학습 목표〉**

1. 한국 사회의 인구구성변화 현실과 그에 대응하기 위한 정부의 정책 현황을 이해한다.
2. 한국 다문화정책의 도입 원인과 현황에 대해 이해한다.
3. 다문화정책 현황에 대한 비판적 이해를 통해 바람직한 다문화정책의 상을 모색한다.
4. 다문화 관련 제도를 이해하고 바람직한 변화방향을 탐구한다.
5. 미래 한국 사회의 전망과 우리의 대응에 대해 탐구한다.

# 요약


한국사회에는 약 4%의 외국인이 더불어 살고 있는데 객관적인 수치로만 보자면 아직까지 한국을 다문화 혹은 다인종 국가라고 할 수는 없다. 그럼에도 우리정부는 2000년대 중반 이래 다문화주의 정책을 도입, 시행해오고 있다. 인구구성의 다양화는 거의 확실한 한국의 미래이기 때문에 정부의 다문화정책 시행은 선제적 대응이라고 평가할 만하다. 이 부분은 정부의 다문화정책을 도입시기부터 개괄하고 이를 비판적인 관점에서 평가해 보려는 목적으로 서술되었다. 특히 법률을 포함하여 다문화정책 추진의 근거가 되는 정부의 문서를 통해 다문화정책 현황과 문제점을 짚어 보았다.

정책에 대한 평가는 다문화정책의 대상이 되는 주체를 기준으로 나누어 서술하였다. 결혼이주민, 이주노동자, 영주권자 혹은 이민자, 일반시민으로 분류하여 각각의 영역과 관련된 제도를 다문화정책의 관점에서 평가하였다. 정책에 대한 서술에 앞서 2에서는 다문화주의의 도입이유를 보여주기 위해 인구구성의 다양화를 강제하는 요인을 살펴보았다. 지구화, 이주 노동력의 증가, 산업구조의 변화 등이 이 부분에서 간략히 다루어지고 있다. 정부의 다문화정책 전개를 이해하기 위해 같은 장에는 초기 다문화정책과 관련된 중요한 진전을 시대순으로 정리해 두었다.

다문화가족지원에 관한 법률, 재한 외국인처우기본법, 외국인 근로자의 고용 등에 관한 법률, 출입국관리법, 국적법, 제1, 2차 외국인정책 기본계획 및 각 연도 시행계획, 제1, 2차 다문화가족지원정책 기본계획, 정부의 정책설명자료 등이 이 글의 검토대상이다.

정책에 대한 비판적 검토를 통해 각 장의 마지막 부분과 결론 부분에 바람직한 변화 방향에 대한 의견을 제시하였다. 한국의 인구구성이 다양해지는 것은 피할 수 없는 현실이며 이는 많은 부분 우리의 필요에 따른 것이기 때문에 이주민들에게 적절한 정책적 배려를 마련하는 것은 우리의 당연한 의무라는 기조로 대안을 제시해 보았다.

'다문화사회'는 특정 공동체에 복수의 문화가 존재하고 있다는 단순 '사실'을 지칭하기도 하지만 그러한 다문화사회가 지향해야 할 가치의 문제를 담고 있는 용어이기도 하다. 우리는 지금 한국의 급속한 현상변화에 직면하여 어떠한 미래를 만들어 갈 것인가 하는 거대한 질문을 받고 있다. 다문화주의는 그것의 한 대안으로 제시된 이념이자 지표이다. 이에 따라 어떤 다문화주의인가라는 물음이 중요하게 부상한다. 이에 대한 정부의 대답은 정책을 통해 확인 가능하다. 정부의 대답을 확인한 이후 우리는 이 질문에 어떤 대답을 내놓을 것인가?

## 1. 머리글 및 주요내용

법무부 출입국 · 외국인정책본부에 따르면 2016년 7월 기준 한국에 체류하고 있는 외국인은 200만 여 명으로 전체 인구의 약 4%를 차지하고 있다(출입국 · 외국인정책본부, 2016a).[1] OECD 기준에 따르면 인구의 약 5% 가량이 외국 국적자인 경우 다문화국가로 분류할 수 있는데, 그런 의미에서 아직까지 우리나라는 다문화국가라고 할 수는 없다.[2] 그럼에도 세계화에 따른 인구이동의 증가, 인구의 고령화 및 저출산 등으로 인해 한국사회의 이주민 비율이 점차적으로 늘어날 것이라는 전망에는 크게 이견이 없다. 또한 정주 이주민이 늘어날수록 그 가족이 증가할 것이므로 가시적 소수자 증가에 대한 체감도는 통계치를 능가할 것으로 보인다. 1980년대 말부터 인력 수입국이 되었을 뿐만 아니라 특히 농촌의 구조적 붕괴와 맞물려 있는 결혼이주여성의 빠른 증가는 인구구성의 변화에 따른 문제와 갈등이 곧 표면화될 것이라는 불안을 확산시켰고 이는 한국 정부가 다문화정책을 다소 급하게 도입하는 계기가 되었다.

한국정부는 2000년대 중반부터 다문화정책의 이름으로 여러 가지 이주민 통합 정책을 도입, 시행하고 있다. 2000년대 중반을 기점으로 정부 및 학계가 다문화정책에 대해 관심을 갖기 시작한 이유는 저출산, 고령화의 지속, 결혼이주여성의 꾸준한 증가, 체류외국인의 증가에 따른 사회적 이슈 제기 등을 들 수 있다. 사실 정부가 본격적으로 이주민 정책을 추진하기 전에도 시민단체를 중심으로 이주민과 관련한 사업을 진행하고 있었고, 정부는 이에 뒤늦게 합류했다고 보는 것이

1) 체류외국인 숫자는 2007년 100만에 도달한 이후 채 10년도 되기 전에 두 배로 증가하였다.
2) 물론 외국 국적자가 매년 해당 국가의 국적 취득 프로그램을 통해 국적(nationality) 혹은 시민권(citizenship)을 획득하고 있기 때문에 외국 국적자의 숫자만으로 다문화국가의 지표로 삼는 것은 한계가 있다. 왜냐하면 캐나다나 호주와 같이 속지주의(jus soli)를 채택하고 있는 국가의 경우는 외국 국적자가 국적을 취득하는 것이 상대적으로 용이하기 때문에 외국 국적으로 체류하는 기간이 비교적 짧을 수 있고, 그로 인해 혈통주의(jus sanguinis)를 채택하고 있는 국가들에 비해 외국인 비율이 낮을 수 있기 때문이다.

옳다.

이 글은 우리 정부의 이주민 통합정책을 다문화정책의 관점에서 개관하고 이를 비판적으로 평가하는데 목적이 있다. 굳이 정책 당국에 의해 다문화정책으로 명명되지 않을지라도 이주민을 대상으로 한 정책은 이민자 통합이라는 관점에서 평가의 대상으로 삼았다. 이를 위해 다문화정책의 대상에 따라 장을 구분하고, 각 주체를 규율 혹은 지원하는 제도에 초점을 맞추어 평가하였다. 다문화정책의 대상이 되는 주체로는 결혼이주자 및 그 가족, 이주노동자, 영주권자, 시민 등으로 나누었다. 영주자격(F-5)을 가지고 체류하고 있는 외국인은 2010년 123,255(출입국 · 외국인정책본부, 2016b, 37)여 명에 불과하기 때문에 전체 외국인 가운데 영주권이나 한국 국적 취득을 염두에 두고 거주하는 외국인이 차지하는 비율은 미미한 편이다.[3] 그럼에도 국적 및 시민권 부여, 이주민의 권리 등의 제도를 살펴보기 위해서는 이들을 하나의 주요 범주로 다루는 것이 필요하다. 북한이주 주민 또한 다문화정책의 대상으로 볼 수 있지만, 이 글에서는 제외하였다. 왜냐하면 북한이주 주민 정책은 다문화정책에 한정되지 않는 보다 다양한 측면에서 접근할 필요가 있기 때문이다. 시민교육을 하나의 장으로 추가한 이유는 다문화정책은 이주민들에 대한 정책이기도 하지만 그를 대하는 시민들의 변화 또한 핵심적인 정책 목표로 삼아야 하기 때문이다.

글은 다음의 순서로 구성하였다. 2에서는 한국이 다문화정책을 도입하게 된 원인과 그 과정을 간략히 정리해 보았다. 이어 3에서는 근래 들어 정책의 가장 큰 관심을 받고 있는 결혼이주민을 대상으로 하는 제도를 '다문화가족지원법'과 '다문화가족지원정책 기본계획'을 중심으로 살펴보았다. 4는 이주노동자를 대상으로 한 '외국인 노동자 고용 등에 관한 법률'을 분석의 중심으로 삼았다. 이어지는 5는 영주를 목적으로 이주한 이들과 이를 규율하는 국적법의 변화가 갖는 의미를 추적했다. 6은 다문화정책이 단지 소수자들을 지원하는 것이 아니라 주류의 변화를 전제로 하기 때문에 시민교육의 측면에서 다문화정책을 평가해 보았다. 마지막 7은 결론으로서 앞의 논의를 정리하고 바람직한 변화를 위한 몇 가지 의견을 제시

---

3) 2015년 기준 귀화 및 국적 회복 허가(국적 취득)를 받은 자는 총 158,064명에 머무르고 있다(행정자치부, 2015).

하고 있다.

## 2. 다문화정책 도입원인과 추진경과

### 1) 도입원인: 인구구성의 다양화

한국 인구구성을 변화시키는 가장 중대한 요인은 세계화 내지는 지구화(globalization)에 따른 인구이동의 증대이다. 지구화에 대한 정의는 여러 가지로 내릴 수 있지만 일반적으로 인구를 비롯한 자본, 정보 및 이슈, 상품, 서비스, 기술 등의 초국가적 이동이 과거에 비해 상당한 수준으로 자유화된 상태 혹은 과정을 의미한다. 지구화는 시간과 공간의 압축, 국민국가의 약화, 국가 간 상호의존의 확대, 권력관계 범위의 확대, 영토 및 국경 개념의 변화, 문화의 지구촌화 등을 동반한다. 지구화에 따른 시간과 공간의 압축으로 이슈와 사건, 인구 및 물자의 이동성이 현격히 증대되었고 이는 국민국가의 '통제 가능성'을 약화시켰다. 지역적으로 멀리 떨어져 있거나 보이지 않는 권력이 민주적 통제를 벗어나 행사될 수 있는 것이 또한 지구화된 세계의 모습이기도 하다. 물론 물자의 이동에 비해 인간이 국경을 넘나드는 데는 훨씬 많은 제약이 따르지만 지구화의 진전이 근대 이후 그 어느 때보다 인구의 이동을 허용하는 조건임은 분명하다. 인구 이동성의 증대는 우리나라의 경우도 예외가 아니어서 2015년 한 해 출입국자는 6천 6백만 여 명에 이른다(출입국 · 외국인정책본부, 2016b).

2016년 7월 기준 장기체류 등록외국인 114만 여 명 가운데 이주노동자는 약 절반을 차지한다. 이들은 단지 '노동력'으로서 정부의 통제 · 관리의 대상에 머무르고 있으나 사실 이들이 외국인 증가의 가장 큰 원인을 제공하고 있다. 한국은 1980년대 중반까지는 인력 송출국이었으나 1987년을 계기로 노동력 수입국으로 변화하였다. 특정 산업분야의 노동력 부족을 충당하기 위해 국가적으로 노동력 수입을 계획 · 시행했던 독일 등의 사례와는 달리 한국은 계획되지 않은 상황에서 외국인 노동력이 유입되었다. 당시 "한국정부는 생산기능직 외국인근로자의 수입을 허용하지 않았으므로 그들의 대부분은 불법체류자로 자리잡았다."(고령화 · 미래사회위원회 2006, 36).

현재에도 한국은 산업구조의 고도화와 서비스 업종의 확산, 그로인한 제조업 분야의 노동력 부족으로 이주노동력의 유입요인이 지속되고 있다. 값싼 노동력과 낮은 지대, 유리한 생산조건 등을 찾아 해외로 공장 이전이 상당수 이루어진 이후에도 저숙련 · 노동집약적 산업을 중심으로 이주노동력을 필요로 하는 곳이 있다는 것은 이들 공장의 생산활동이 중단되지 않는 한 이주노동력에 대한 수요가 앞으로도 이어질 것임을 예측해 볼 수 있다.

국제혼인의 증가는 우리나라의 이주민 증가의 또 다른 주요요인 가운데 하나이다. 한국에서 농촌을 중심으로 국제결혼이 빠르게 증가하기 시작한 시기는 1990년대이다. 한국의 급격한 산업화와 도시화는 농촌의 인구구성을 완전히 변모시켰다. 농림어업인구의 전반적인 고령화와 함께 성비 불균형은 결혼 적령기 남성의 혼인기회를 제한했다. 또한 많은 부분 정부의 산업화 정책과 통상정책의 결과라고 할 수 있는 농촌의 붕괴는 국내 여성들의 농촌으로의 인입을 저해하는 요인으로 작용했다. 이러한 구조적 문제는 결혼 적령기 남성들이 해외로 눈을 돌리는 계기가 되었으며, 현재와 같이 결혼이주민이 급격히 증가하는 결과를 낳았다.

특히 2000년대 들어서는 한국인 남성과 외국인 여성의 결혼은 하나의 경향성으로 자리잡게 되는데, 결혼이주민 가운데 2000년대 입국자가 81.1%를 차지하고 있다는 사실이 이를 잘 보여 준다. 이 중에서도 2005년 이후 입국한 결혼이주민은 54.1%로 현재 한국에 살고 있는 결혼이주민의 과반수 이상은 2005년 이후 입국자들이다.[4] 특히 2005년에는 농림어업종사자(남자) 총 결혼 8,027건 중 국제결혼이 2,885건(35.9%)을 차지하며 농어촌 혼인의 상당수를 차지하게 되었다(설동훈 외, 2006, 7-8). 농어촌의 높은 국제결혼 비중은 현재까지도 이어지고 있다.[5]

4) 수치는 김승권 외(2010, 3) 참조.
5) 통계청(2010/03/25)에 따르면 농림어업종사자(남자)의 외국 국적 여성과의 혼인은 2008년 38.3%, 2009년 35.2%로 꾸준히 높은 수치를 보이고 있다.

2000년대 중반 이후 국제결혼이 빠르게 늘어난 계기는 정부의 국제결혼 제도에 관한 정책과 관련이 깊다. 왜냐하면 아무리 국제이동의 수요가 존재할지라도 인구의 국경 내 유입을 관할하는 해당 국가의 정책이 허용적이지 않다면 어떤 형태로든 사람의 국제적 이동은 용이하지 않기 때문이다. 2003년을 기점으로 국제결혼 건수가 급격히 증가하게 된 이유는 1996년부터 위장결혼의 폐해 방지를 위한 목적으로 시행되던 한 · 중 간 양해각서가 2003년 7월 1일 폐지된 영향이 크다. 그러나 국제결혼은 2005년 총 혼인 건수 대비 13.5%로 정점에 다다른 이후 꾸준히 감소하는 추세이다. 2016년의 경우는 국제 혼인 비율은 7%로 낮아졌다. 이는 정부가 결혼중개업의 요건을 강화하고, 국제결혼의 조건을 점차 까다롭게 하는 데서 원인을 찾을 수 있다.

요컨대 한국의 인구구성의 다양화는 거시적으로는 지구화에 따른 인구이동의 증대라는 환경변화에 따른 것이며, 구체적으로 산업구조 변화에 따른 외국인 노동력의 유입, 농촌의 붕괴에 따른 결혼이주민의 증가, 여기에 덧붙여 외국적 재외동포를 대상으로 1997년부터 시행된 방문취업제(H-2비자) 등에 따른 결과이다. 이러한 일련의 '사건'으로 인해 이제 한국은 더 이상 단일 민족 국가로 머물 수 없게 되었으며 이는 선제적으로 다문화정책을 도입, 추진하는 계기가 되었다.

## 2) 추진경과 및 현황

2006년 4월 26일 대통령자문 빈부격차 · 차별시정위원회는 대통령 주재로 열린 국정과제회의에서 두 가지 중요한 정책을 발표한다. 당시 채택된 「여성 결혼이민자 가족의 사회통합 지원대책」, 「혼혈인 및 이주자의 사회통합 지원방안」은 한국이 기존 단일민족 중심 기조에서 벗어나 국내에 존재하는 인종 · 민족적 이질성을 인정하고 이에 기초하여 정책을 추진하겠다는 방향성을 담은 최초의 정책 플랜이었다고 평가할 수 있다.[6)] 보고서에는 결혼이민자 및 이주민 지원정책의 총괄 책임

6) 2006년 당시의 보고서는 선거를 전후하여 유권자 배열, 정치의 균열축 등 정치지형이 구조적으로 변화하는 '정초선거'(founding election)에 비유될 수 있다. 당시 회의를 주재한 노무현 대통령의 언급을 통해서도 이러한 의미를 확인할 수 있다. 대통령은 "다인종 · 다민족 · 다문화로의 진전은 거스를 수 없는 대세로 억제의 단계를 넘어섰다. 질적 측면에서 이주자들의 인권을 신장하기

부서 설정, '결혼이민자 가족지원센터' 지정, 국제결혼중개업 관리를 위한 별도 입법 추진, 교과서의 인종차별적 요소를 발굴 · 수정하고, 교과서에 다문화교육 요소 반영, '(가칭)차별금지법' 제정 추진, '혼혈인' 용어 순화, 외국 2세 혼혈인의 한국 국적 취득 간소화 등 현재 진행되고 있는 다문화정책의 상당 부분을 담고 있다.

이어 정부는 2006년 5월 26일 대통령이 주재한 제1회 외국인정책회의에서 「외국인정책 기본방향 및 추진체계」를 심의 · 확정하였다. 동 보고서에서는 다음과 같이 외국인정책의 개념을 제시하고 있다.

> 대한민국으로 이주하고자 하는 외국인에 대한 영구적 또는 일시적 사회구성원 자격의 부여 및 국내 체류 중인 외국인 또는 그 자녀가 사회구성원으로서 살아가는 데 필요한 제반 체류환경 조성에 관한 사항을 외교 · 안보 · 치안 · 경제 · 사회 · 문화 등 종합적인 시각에서 다루는 정책

이러한 개념 규정은 보고서에서도 명시하고 있듯, 외국의 이민정책 개념과 다르지 않다. 다시 말해 이는 한국이 '외국인정책'이라는 이름을 빌어 최초로 공식적인 이민정책을 표방하게 되었다는 점을 의미한다.[7] 기존 한국 정부는 외국으로부터의 이민에 매우 소극적으로 대응하면서 국내 수요에 따른 순환 외국인력 도입이라는 협소한 관점에서 외국인정책을 시행해 왔기 때문에 명문화된 이민정책은 있을 수 없었다. 따라서 동 보고서의 채택은 이민정책의 도입이라는 의미를 가지는 동시에 외국인정책에 관한 패러다임 전환 시도라는 위상을 부여할 수 있다.

2007년에는 「외국인정책 기본방향 및 추진체계」의 계획에 따라 '재한 외국인 처우 기본법'이 제정되었으며, 이와는 별도로 2008년에는 결혼이주민과 그 자녀를 주대상으로 하는 '다문화가족지원법'이 잇따라 제정되었다. '재한 외국인 처우 기본법'에 근거하여 2008년에는 '제1차 외국인정책 기본계획'이 수립되었다. 기본계획은 적극적 개방을 통한 국가경쟁력 강화, 질높은 사회통합, 질서있는 이민행정

---

위한 다문화정책을 본격적으로 추진하는 등 포용 노력을 강화할 시점"이라고 말한 것으로 인용된다(세계일보 06/04/27, 7).

7) 그러나 '외국인'이라는 용어는 '국민'과의 다름을 전제하고 있는 용어로서 보다 중립적인 용어인 '이민정책'이라고 명명하는 것이 바람직하다. 사실 '외국인 정책'에 '외국인'이 아닌 국적 취득 결혼이주민, 다문화가정 아동 등에 대한 정책을 담고 있는 것 자체가 모순이다.

구현, 외국인 인권옹호 등의 중점사업을 제시하고 있다. 2013년부터 2017년까지는 개방, 통합, 인권, 안전, 협력 등의 정책목표로 '제2차 외국인정책 기본계획'이 시행되고 있다. 또한 2009년 9월 17일에는 국무총리 훈령으로 「다문화가족정책위원회 규정」을 제정하고, 2010년 5월 7일 제2차 「다문화가족 정책위원회」 회의를 통해 「다문화가족지원정책 기본계획('10~'12)」을 심의 · 확정하였다(여성가족부 · 관계부처합동, 2011, 3).[8] 2016년 현재는 '제2차 다문화가족정책 기본계획(2013~2017)'이 수립, 시행되고 있다.

## 3. 결혼이주민

2015년 기준 결혼이주민은 약 24만 여 명, 그 자녀는 12만 6천명에 이르고 있다(행정자치부, 2015).[9] 가구 수는 30만 가구에 이른다. 한 해 전체 결혼건수 가운데 국제결혼이 차지하는 비율이 약 7-8%에 달하기 때문에 이러한 통계치가 갖는 누적적 효과는 앞으로 점점 더 크게 나타날 것으로 예상된다. 우리 정부는 2000년대 중반부터 이러한 현상의 '문제화'를 방지하기 위해 이들의 정착과 적응을 돕기 위한 다양한 정책을 추진해 오고 있다. 다음에서는 결혼이주민(가족포함)에 대한 정책을 제도를 중심으로 살펴보았다.

한국 정부의 다문화정책 틀을 처음으로 마련한 제1차 다문화가족지원정책 기본계획은 "국격 제고 및 안정적인 사회통합 차원에서, 기존의 양적 지원에서 벗어나 서비스의 질적 수준을 제고하는 방향으로 다문화가족정책을 체계적으로 재정비" 함을 목적으로 ① 다문화가족지원정책 추진체계정비, ② 국제결혼중개관리 및 입국 전 검증시스템 강화, ③ 결혼이민자 정착지원 및 자립지원강화, ④ 다문화가

---

8) 2011년 4월 4일 법률개정으로 여성가족부에서 5년마다 다문화가족정책에 관한 기본계획을 수립할 것을 명시하여 국무총리 훈령은 폐지되었다.

9) 결혼이주자 숫자는 국적 미취득 결혼이민자 147,382명과 혼인귀화자 923,164명을 더한 수치이다.

족 자녀의 건강한 성장환경 조성, ⑤ 다문화에 대한 사회적 이해 제고 등의 5대 사업을 기본 축으로 다양한 정책 사업을 제시하고 있다. 기본계획에서는 다문화가족이 급격히 증가하고 있으나 이들이 가족 내 통합과 사회통합의 어려움, 사회적 소외 등을 겪고 있으며, 다문화가족의 사회통합이 지연될 경우 인구의 빈곤화와 인종 · 계층 간 갈등에 따른 사회 경제적 비용이 증가할 것이라고 진단하고 있다. 기본계획이 제시하고 있는 정책추진 배경을 통해 평가해 보면, 우리 정부의 다문화가족지원정책은 저출산 · 고령화, 생산가능 인구 감소에 대비하고, 성비 불균형 해소 등을 목적으로 하는 수단적 접근방식, 사회통합의 지체에 따른 갈등 비용 증가 우려에 대한 문제해결적 접근방법을 취하고 있는 것으로 평가할 수 있다(이용승, 2011, 145). 이렇게 보면 현 한국의 다문화정책은 다문화주의가 지향하는 다문화적 공존과는 일정한 거리가 있다고 평가할 수 있다.

중앙정부 차원에서 결혼이주민 정책을 추진하는 근거는 2008년 9월부터 시행에 들어간 '다문화가족지원법'이다. 동법은 2000년대 들어 급속히 증가하는 결혼이주 및 가족의 증가에 대한 대응의 일환으로 논의가 시작되었다. 2006년 말 여성가족부는 다문화가족을 지원하는 법안 마련을 위한 연구용역을 제출(박종보 · 조용만, 2006)하였고, 잇따라 2007년에는 의원입법의 형태로 두 개의 법률안이 제출되었다. 장향숙 의원과 고경화 의원이 각각 대표 발의한 법안은 국회상임위의 심의과정과 정부부처 간 조율을 거쳐 현재의 법안으로 성안되었다.

현실의 정책수요와 제도도입 사이에는 시간의 불일치가 있을 수밖에 없다. '다문화가족지원법' 또한 마찬가지이다. 결혼이주민의 문제는 이미 90년대 '농촌총각 장가보내기 운동'이 국제결혼에 눈을 돌리면서 시작되었다고 보는 것이 옳다. 국민국가는 국내적 상황을 살펴 이민의 허용규모, 이민자의 유형, 시기 등을 조정하고 국내로 이주한 이민자에 대한 다양한 통합정책을 구사하는 두 가지 구분되는 역할을 담당한다. 전자를 이민정책(immigration policy)이라고 한다면 후자는 이민자 정책(immigrant policy)라고 할 수 있다(Pickus, 1998, xviii).[10] 1990년대 한국 정부는 농촌의 인구학적, 산업 구조적 문제를 국제결혼으로 해결하고자 하였으나[11] 한국

10) 이민정책을 이와 같이 양분할 수 있으나 양자를 통칭하는 용어는 '이민정책'이다.

11) '운동'이 정부의 주도로 이루어진 것은 아니지만, 이민의 성격과 규모를 결정하는 권한을 가진 주체가 국가이기 때문에 정부는 운동 과정에 깊게 연루되지 않을 수 없다. 참고로 '운동'은

에 정착한 이들에게 어떠한 정책적 지원을 할 것인지에 대한 고민은 거의 없었다. 이민자 정책의 도입은 이민자 문제가 누적되어 일정 수준에 이르기까지 유보되다가 2000년대 중반에 이르러서는 더 이상 외면하기 힘든 상황에 직면하였다. 이러한 정책적 수요에 부응하기 위해 마련된 법이 '다문화가족지원법'이라고 할 수 있다. 이 과정에서 문제의 양산과 발견, 의제 설정, 정보의 수집, 해법의 제시 등이 모두 국가 관료에 의해 주도되었기 때문에 이민자 정책으로서 다문화정책을 추진하는 주체도 대체적으로 국가의 관료로 제한되었다.

우리 정부가 추진하는 다문화정책의 총아라고 할 수 있는 다문화가족지원법은 다음의 몇 가지 측면에서 평가가 가능하다. 우선 엄밀한 의미에서 법의 목적과 지향이 동화정책의 그것과 크게 다르지 않다는 점을 들 수 있다. 2007년 국회 여성가족위원회(여가위)가 제시한 이 법의 제안 이유는 이러한 판단이 크게 틀리지 않다는 점을 보여 준다. 여가위는 법의 제안 이유로 우리 사회가 "단일민족의식으로 다문화가족의 생활 전반에 다양한 편견과 차별을 야기하여 주류사회로의 진입을 어렵게 하고, 결혼이민자 및 그 자녀 등으로 구성되는 다문화가족은 언어문제 및 문화적 차이로 인한 사회부적응과 가족구성원 간 갈등 및 자녀교육의 어려움을 겪고 있다"는 진단을 하고, "이에 다문화가족의 구성원이 우리 사회의 구성원으로서 순조롭게 통합되고 안정적인 가족생활을 영위할 수 있도록 다문화가족에 대한 지원정책의 제도적인 틀을 마련하려는 것"이 법의 목적임을 분명히 하고 있다(대한민국 국회, 2008). 즉 결혼이주민과 그 자녀를 한국사회 주류로 흡수, 통합하는 것이 동법이 지향하는 바이다. 이는 동화정책과 유사한 내용으로 다른 문화의 인정과 공존을 지향하는 다문화정책과는 큰 거리가 있다. 원론적인 다문화주의와 부합하는 정책이라고 할 수는 없지만, 단계론적 사고를 해 본다면 현재 중앙정부에서 시행하고 있는 다문화정책은 보다 진전된 의미의 다문화사회를 지향해 가는 과정의 한 단계로 볼 수 있는 여지는 있다.

둘째, 다문화가족지원법의 대상은 기본적으로 '국민' 혹은 '예비국민'을 대상으로 한다.[12] 동법 2조에서 규정하고 있는 바와 같이 법의 적용 대상인 다문화가족

---

지역 차원에서 민관협조를 통해 추진되었다.

12) 동법안 심사 당시 재한 외국인 처우 기본법과의 차이를 설명하는 과정에서 당시 여성가족부 장관은 "기본적으로 재한 외국인 처우 기본법은 외국인을 대상으로 하는 것이 기본입니다. 다문화

은 결혼이주민과 한국 국적자 혹은 인지, 귀화에 따른 한국 국적자 간에 이루어진 가족만을 의미한다. 이에 따라 법이 규정하고 있는 대상 외에 다문화가족의 범주에 포함될 수 있는 법적 수혜 대상이 크게 축소되어 있다. 사실 동법의 주무부처가 '여성가족부'로 결정되었을 때 이미 법이 가지는 한계는 예정되어 있었다고 할 수 있다.

협소한 대상 규정은 수혜 대상의 축소에 그치지 않는다. 그것은 대상의 제한뿐만 아니라 다문화주의, 다문화정책의 의미 자체도 축소시켜 버린다. 다문화정책은 정책 대상이 형성된 구체적인 맥락에 따라 정책이 상당히 달라진다. 예를 들어 이민국가에서 이주민과 원주민의 정책 수요가 같을 수는 없다. 큰 틀에서 다문화주의 사회 지향이라는 이상을 공유하고 있을 지라도 이를 실현하는 수단은 정책 대상에 따라 달라질 수밖에 없다. 그러나 '다문화가족지원법'과 같이 다문화가족을 매우 제한적으로 규정한다면 다문화정책이 곧 협소하게 정의된 '다문화가족'만을 위한 정책인 것처럼 잘못 보일 수 있다. 정부의 다문화정책이 주로 결혼이주민의 정착지원과 한국 주류사회로의 동화와 통합에 정책 목표가 두어져 있는 한계는 이로부터 기인한다. 이와는 조금 다른 맥락에서 '가족'에 대한 지나친 강조는 결혼이주자들을 하나의 독립된 주체로 대하기보다는 아내 혹은 며느리의 역할로 제한할 우려도 있다(Lee, 2008, 120).

세 번째로는 법의 제정과정에서 이해 당사자의 참여가 배제되었다는 점을 지적할 수 있다. 국회에서 법률안 통과과정에서 재석 165명 전원 찬성으로 통과되었다는 점이 오히려 갈등의 소지를 처음부터 배제했다는 점을 역으로 보여 준다(국회사무처, 2008, 38). 이해 당사자, 즉 법의 대상이 되는 주체들의 참여가 배제된 가운데 정부부처 및 여야당의 합의로 법안이 마련되었기에 이해 갈등의 소지가 상당함에도 불구하고 전원 찬성의 결과를 낳은 것으로 보인다. 향후 제도의 수정 및 시행과정에서 이해관계자들의 의견이 반영될 수 있는 통로를 마련하기 위한 노력이 필요하다.

---

가족 지원법은 우리 국민을 대상으로 하는 것"이라고 규정한 바 있다(국회 사무처, 2007, 23-4). 이주노동자, 이주가족, 유학생, 북한이주 주민, 주한미군 관련 혼혈 등이 동법에서 배제된 것을 비판하며 설동훈(2010, 13)은 '다문화는 수사에 불과하다.'라고 비판한 바 있다.

다문화가족지원법과 별도로 2007년부터 몇 차례 입법이 시도된 바 있는 '차별금지법'은 폐기되긴 하였으나, 주목할 만한 내용을 담고 있었다. 당시 국회에 제출된 법안은 한국 사회의 전반적인 차별 방지를 목적으로 한 것으로서 헌법에 없는 '인종, 피부색, 출신민족' 등에 따른 차별의 금지를 명시하고 있어 진일보한 측면이 있었다.[13] UN의 권고와 몇몇 국회의원들의 개별적 노력에도 불구하고 포괄적 차별금지법은 아직까지 입법되지 못하고 있다.

지방정부 또한 관련 조례를 제정하고, 해당 지자체 내의 다문화가족 지원사업을 시행하고 있다. 대부분의 광역, 기초자치단체는 사업 시행을 위해 다문화가족과 관련된 조례를 제정, 운용하고 있다. 그러나 조례가 지역적 특성을 거의 반영하지 못하고 있는 것은 물론 내용 자체도 천편일률적이라는 문제는 있다. 특히 지방정부는 실제 다문화가족이 주민으로서 거주하고 있는 곳이라는 점에서 이주민의 특수성을 반영할 조건과 유인이 큼에도 현실은 그렇지 못하다.

지방정부는 이주민과의 밀착도가 높고, 정책에 대한 피드백이 용이하기 때문에 다문화정책의 입안과 추진에 있어 지방정부 차원의 거버넌스(governance) 활성화에 더 많은 고민이 필요하다. 2009년 다문화가족 실태조사에서 지적된 바, 다양한 수준 및 유형에 맞는 맞춤형 정책 입안 필요성(김승권 외, 2010, 657)을 충족시키는 유효한 방법으로써 고려해 볼 수 있는 것이 거버넌스의 확대이다. 정책의 대상자가 직접 정책결정과정에 참여함으로써 정책의 수용성을 크게 높일 수 있을 뿐만 아니라 효율성과 민주성 또한 신장시킬 수 있을 것이다. 지역 차원의 거버넌스 확대를 위해서는 이주민으로 구성되는 단체와 이들의 대표성을 높이는 방안을 강구할 필요가 있다. 일례로 지자체의 주관하에 진행되는 교육이나 행사에 참가한 결혼이주민들이 이주민 단체를 구성하도록 권장하는 방법을 생각해 볼 수 있다. 이는 또한 이주민들이 한국사회를 살아갈 때 매우 유용하게 동원할 수 있는 '사회적 자본'의 역할을 할 수도 있을 것이다(조석주 · 이상묵, 2010, 83).

결혼이주민은, 특히 여성결혼이주민은 우리사회의 자체 필요에 의한 측면이

---

13) 헌법 제11조에는 "누구든지 성별 · 종교 또는 사회적 신분에 의하여 정치적 · 경제적 · 사회적 · 문화적 생활의 모든 영역에 있어서 차별을 받지 아니한다."라고 규정하고 있다. 황필규(2011, 101)는 11조의 차별금지 사유에 해석상 '국적'도 포함된다고 주장한다.

뚜렷하다. 그렇다면 이들에 대한 적절한 정책이 마련되는 것이 당연하다. 국내적 수요에 의해 이주가 이루어졌다면, 비록 그것이 현상적으로는 개인의 선택에 따른 것일지라도 더 큰 사회적 책임이 뒤따르는 것이 합당하다고 할 것이다.

## 4. 이주노동자

2015년 기준 우리사회에는 608,116명의 '외국인근로자'가 있으며(행정자치부, 2015), 여기에 같은 해 기준 '불법체류자' 21만 여 명(출입국 · 외국인정책본부, 2016b, 1028)을 합할 경우 대략 80만 명 남짓의 이주노동자가 있다. 한국이 이미 오래 전부터 인력 수입국가로 변모하였고, 이주노동력을 '끌어당기는 요인'(pull factor)이 작용하는 한 이주노동자의 유입은 계속해서 늘어날 것으로 예상된다. 더군다나 저출산 · 고령화로 인한 생산가능 인구의 장기적 감소는 출산율의 회복이 있기 전에는 이주노동력의 생산성에 의존해야 한다는 것을 의미한다. 출산율의 등락은 사회의 구조적 요인이 반영되는 것이기 때문에 짧은 시간에 눈에 띄는 변동이 쉽지 않다. 다시 말해 현재와 같이 출산에 제한된 지원을 하는 식으로는 저출산 문제를 해결하기 어렵다. 이미 우리나라는 상당 기간 동안 저출산 상태에 머물러 있고, 앞으로도 짧은 동안에 반등될 가망성도 별로 없어 보인다.[14] 이러한 현실을 감안해 볼 때 이주노동력 수요는 더욱 커질 것으로 전망된다. 통계청(2011/12/07)은 우리나라의 생산가능 인구가 2016년 3,704만 명으로 정점에 달한 이후 점차 줄어들어 2060년에는 생산가능 인구 10명이 10명(노인 8명, 어린이 2명)을 부양해야 할 것으로 예측하고 있다. 한국사회의 장래인구 추계가 현실화될 것으로 예상한다면 한국의 다문화정책은 이주노동자들을 생략하고는 얘기될 수 없다.

사실 이주노동자의 경우는 기본적인 인권이나 노동권이 보장되지 못하고 있기

14) 참고로 2015년 한국의 합계출산율은 1.24이다.

때문에 다문화정책의 관점에서 평가하기에는 다소 부적절한 측면이 있다. 즉 이들이 당면하고 있는 문제는 보다 나은 다문화정책의 시행 여부가 아니라 공공연한 차별 시정과 인권 내지는 기본권의 문제라고 할 수 있기 때문이다.

이주노동자가 겪는 차별은 이미 많은 공론화가 이루어졌다. 특히 이주노동자의 삶에 결정적인 영향을 미칠 수 있는 임금체불의 경우는 2007년 외국 인력에 대한 수급제도가 고용허가제로 단일화된 이후 급속하게 늘고 있다. 2007년부터 2009년까지 임금 체불액은 3배 가까이 상승하였고, 2009년 기준 임금체불을 당한 이주노동자는 약 만 명에 육박하고 있다(연합뉴스, 2010/10/18).[15] 미등록 이주노동자가 겪는 차별은 합법적 이주노동자의 그것보다 훨씬 심각하다. 이들은 불안정한 신분으로 인해 반인권적 차별과 불이익을 당하고도 법이나 공권력의 보호에 호소하기 어렵고, 단속과 추방의 위협으로 인해 신체의 자유 또한 제한당하고 있다.

이주노동자에 대한 작업장, 일상생활에서의 차별 원인은 여러 가지가 있겠지만, 다음의 몇 가지로 유형화가 가능하다(설동훈, 2009, 69-72). 강한 단일 민족주의와 인종주의의 결합으로 발생하는 국수주의, 인종에 따른 위계의식, 외국인에 대한 혐오 혹은 공포의 감정, 같은 한민족에 속함에도 역사나 출신 국가에 따라 달리 대우하는 위계적 민족성의 발현, 직업에 대한 위계의식 등이 그것이다. 이러한 이주노동자에 대한 차별 인식은 일반인은 물론이고, 같은 사업장의 동료, 상급자 등도 모두 공유하고 있는 인식 혹은 정서라고 할 수 있다. 물론 이주노동자가 대체로 50인 미만 영세 사업장에 고용되어 있기 때문에 임금체불 등 차별이 편견에 의한 것이 아닌 경우도 있을 수 있다. 그러나 번거롭기는 하지만 구제의 방법이 있는 경우와 그렇지 않은 경우를 같은 사안으로 다룰 수 없다. 법에 의해 구제될 수 있다고 할지라도 한국 사람조차도 생소한 법률에 대한 호소가 이주노동자에게 쉬울 리 없다.

이주노동자에 대한 사회적 차별과 더불어 국가 정책 또한 이주노동자의 귀국을 전제로 하는 단기순환정책에 의존하고 있기 때문에 '정주'와 다른 문화의 지속을 전제로 하는 다문화정책과는 일정한 괴리가 있다. 그럼에도 불구하고 이주민 고용

15) 이주노동자의 체불임금은 2012년 9378명, 240억여 원, 2013년 9625명, 281억여 원, 2014년에는 1만 2021명, 339억여 원으로, 매년 늘고 있다(매일경제, 2015/09/11).

의 문제는 다문화정책의 관점에서 평가할 수 있는 여지는 있다. 5년 미만 체류 이주노동자를 대상으로 하는 법률이기 때문에 '외국인근로자의 고용 등에 관한 법률'은 다문화정책의 관점에서 한계가 많다. 가장 먼저 평가되어야 할 부분이 이들이 노동자로서 갖는 기본적 권리를 제대로 보장받고 있지 못한 현실이다. 헌법재판소는 고용허가제가 시행되기 전 산업연수생이 실질적으로 노동력을 제공하고 임금을 지급받는 근로자임에도 그 평등한 권리를 침해당했다고 판단한 바 있으며(최홍엽, 2008, 190-3), 2015년 대법원은 '불법체류 외국인'일지라도 노동조합을 설립하여 근로조건 향상을 위한 교섭을 할 수 있다는 판결을 내렸다. 소송이 제기된 지 10여 년 만의 판결이다. 헌법이 보장한 노동 3권은 노동자라는 지위에 따른 것이지, 법적 지위(체류자격)에 따라 임의적으로 박탈할 수 있는 권한이 아니라는 점에서 다소 늦은 감은 있으나 당연한 결정이라고 할 수 있다.

이주노동자의 '노동자성'과 노동자로서의 권리가 공식적으로 부정되는 경우는 거의 없다. 그러나 이들은 여전히 열악한 작업환경 및 주거환경, 임금체불, 폭행과 폭언, 차별대우, 저임금 · 장시간 노동, 산재 등에 노출되어 있어, 근로기준법상 노동자의 기본권리 보호가 취약하다. 더구나 이주노동자들은 사업장 이동 횟수 제한이 있기 때문에 불이익을 당해도 '불법사람'으로 전락할 각오를 하지 않는 이상 자의로 사업장을 옮기는 것이 매우 어렵다.[16] 이러한 현실을 감안하여 이주노동자의 기본권리를 보호할 수 있는 방안이 마련될 필요가 있다. 기본적 노동권의 연장선에서 임금체불이나 산재, 부당해고 등에 따른 법적 권리 구제절차가 진행 중인 경우에는 기간 연장, 강제퇴거 보류 등의 특별한 조치도 필요하다.

또한 합법 이주노동자의 경우는 단기체류가 대부분이고 노조 활동이 비교적 소원한 소규모 사업장에 속해 있기 때문에[17] 노조로 조직되는 것이 어렵다. 정부의 비협조적 태도 또한 이주노동자의 노조활동을 위축시키는 요인이다. 법무부는

---

16) 이주노동자의 사업장 변경 횟수는 최대 3회로 제한되어 있다(외국인근로자의 고용 등에 관한 법률 제25조 4항 참조). 이동 제한의 목적은 영세 사업주의 보호에 맞추어져 있다. 노재철(2010, 72)은 이에 대해 "부당한 권리침해와 불법행위가 있더라도 참고 견디거나 아니면 불법체류자가 되라고 강요하는 것과 다를 바 없는 것이어서 불법과 인권유린을 조장하는 법조항"이라고 지적하고 있다. 이주노동자들이 작업장에서 겪는 비인격적 대우 및 차별 등에 대해서는 국제 앰네스티(2009) 참조.

17) 30인 이하 기업체에 취업하고 있는 이주노동자는 77%에 이른다(노동부 등, 2008, 3).

역대 이주노조 위원장 3명 모두에 대해 출국명령을 내린 바 있다(경향신문, 2011/05/20). 노조는 고용관계에서 불리할 수밖에 없는 노동자들이 자신의 권리를 옹호할 수 있는 유력한 수단이다. 특히나 여타의 차별로 훨씬 열악한 위치에 처해 있는 (미등록)이주노동자의 경우에는 노조의 필요성은 더욱 높다.

기업 단위를 넘어 지역이나 이주노동자 전체를 가입대상으로 하는 노동조합의 결성 및 확대가 필요한 이유는 스스로의 노동권을 지키고, 확대하는 이상의 의미를 지닌다. 이주노동자를 대표하는 정상 조직의 구성과 그들과의 협의는 정책 입안과 추진을 용이하게 할 뿐만 아니라 이주노동자 이슈 분야에서의 거버넌스를 새롭게 시도하는 여건을 조성할 수 있다. 이주노동조합의 구성은 중앙 차원이 아니더라도 지방정부 수준에서 정책의 실효성을 높이는 거버넌스 체제를 구축하는 데도 기여할 수 있다.[18] 이는 또한 '배제된 자'에 대한 주체성을 인정하는 것이므로 민주주의의 확대라는 시대적 가치에도 부합한다.

현재 정부의 이주노동자 정책 또한 정주화를 염두에 두고 변화될 필요가 있다. 모든 이주노동자가 정주를 희망하는 것은 아니기에 이주노동자 정책이 전적으로 그에 맞춰질 필요는 없다. 그러나 미등록 이주노동자의 사례에서 보듯, 정주화하는 경향을 막을 수 없다면 노동시장의 수급에 초점을 맞춘 단기 이주노동자 고용 정책뿐만 아니라 정주에 대비하는 정책 또한 입안되어야 한다.[19] 지금과 같이 정주화를 차단할 목적으로 한 단기순환정책은 '불법체류'를 양산함으로써 사회적 비용을 증대시킬 뿐이다(노재철, 2010, 74).

노동 이주의 증대는 결과적으로 이주민의 정주율을 높일 것이고, 비록 지금은 귀국을 전제로 한 정책이 주를 이루지만, 이들에 대한 노동시장 정책은 당연히 정주 정책과 연동될 수밖에 없다. 왜냐하면 노동력을 수입할지라도 결국 오는

---

18) 이미 법에는 거버넌스를 확대할 수 있는 근거 조항이 있다. 외국인근로자 고용법 제24조의 2에서는 "외국인근로자의 권익보호에 관한 사항을 협의하기 위하여 직업안정기관에 관할 구역의 노동자단체와 사용자단체 등이 참여하는 외국인근로자 권익보호협의회를 둘 수 있다"고 규정하고 있다. 비록 '권익'에 맞추어져 있으나, 운용 여하에 따라서는 이주노동과 관련한 이슈를 현장감 있게 협의할 수 있는 기능을 담당할 수 있을 것이다.

19) 정주화를 예상한 수동적 정책을 넘어 미래 노동력 부족에 대비하고 새로운 일자리 창출과 경제규모 확대, 사회의 다양성과 창의성 증대를 위해 정주를 유도해야 한다는 주장도 있다(삼성경제연구소, 2010).

것은 사람이기 때문이다.[20] '외국인근로자의 고용 등에 관한 법률'은 이주노동자들의 취업 활동 기간을 통상 3년, 특례 2년 포함 도합 5년 미만으로 제한하고 있다. 즉 동법은 이주노동자가 해당 기간 한국에 머물다 본국으로 돌아가는 것을 기본 전제로 하고 있다. 우리의 법률체계는 단기간 이주노동자에 적용되는 법률만을 가질 뿐, 이주민 정주를 가정한 고용지원 체계를 갖추고 있지 못하다. 그러나 이주민 통합정책의 핵심은 이들이 노동을 통해 삶을 영위해 나갈 수 있도록 국가가 지원해 주는 시스템을 마련하는 것이다.[21]

외국의 경험에서 확인할 수 있는 바와 같이 내국인이 기피하는 직종을 메우기 위한 단순 노동력 수입정책은 장기적으로는 비용과 사회적 부담 증대를 결과할 수밖에 없다. 따라서 보다 거시적 관점에서 이주노동자를 대우하는 정책이 요구된다고 할 것이다. 이와 더불어 비록 이주노동자들이 제한된 기간 동안 머물다 본국으로 돌아간다고 할지라도 그들의 '다른' 문화를 어떻게 우리의 문화를 풍부하고 다양하게 하는데 활용할 것인가에 대한 고민도 필요하다.[22]

이주노동자들에게 가해지는 광범위한 차별을 일소하고 이들의 인권과 노동권을 보장하는 것은 다문화사회로의 초입 단계에서 해결되어야 하는 필수과제이다. 고용허가제나 방문취업제 등의 도입으로 재외동포나 이주노동자의 노동권이 많이 향상되었다고는 하지만 이들이 겪어 내야 하는 불평등과 차별은 여전하다. "고용허가제 · 방문취업제와 같은 '제도 정비'는 필요조건일 뿐, '제도의 인권 친화적 운용'이 이루어지지 않으면 이주노동자의 노동과 삶의 질은 별로 개선되지 못한다."(설동훈, 2009, 68). 게다가 그러한 제도로부터도 배제되어 있는 미등록 이주노동자의 경우는 인종이나 국적, 민족, 피부색, 법적 지위 등과 무관하게 인간이라는 이유로 당연히 누려야 하는 권리 자체를 부정당하고 있다. 인간의 존엄에 대한 권리는 사회적 신분이나 합법, 혹은 불법이라는 체류 자격에 귀속되는 권리가 아니기 때문에 이들의 존엄할 수 있는 권리는 마땅히 보장되어야 한다. 특히나

20) 스위스 작가인 막스 프리슈(Max Frisch)의 "우리는 노동자를 요구했으나, 사람이 왔다."(We called for workers, and there came human beings)라는 유명한 언급에서 빌려 왔다.

21) 이러한 관점에서 동법은 단기 이주노동자(최장 5년 미만)를 규율하는 장치로서 뿐만 아니라 정주자들의 이주노동 자체에 대한 지원의 관점에서 통합 서술될 필요가 있다.

22) 한 사회 내 공존하는 여러 문화는 다양한 관점과 시각을 낳고, 이는 사회적 역동성을 경유하여 발전에 기여한다(이용승, 2016, 9).

취약성이 매우 높은 아동의 경우에는 보다 집중된 관심과 보호가 요청된다. 이러한 이유로 이주배경 아동이 학교나 공공장소에서 차별을 당하는 것을 방지하는 것은 물론, 교육 기회가 박탈된 미등록 혹은 서류미비('불법') 체류자의 자녀에게도 실질적인 교육기회가 주어질 수 있도록 방안이 강구될 필요가 있다.[23)]

또한 2015년 기준 전체 체류 외국인 가운데 11.6%를 차지(출입국 · 외국인정책본부, 2016b, 74)하고 있는 미등록 이주노동자는 실질적으로 정주화 정향을 보이고 있는 이주 집단이라는 관점에서 접근할 필요도 있다. 이주 당시 정해진 체류기간을 넘겨 한국에 남은 이주노동자는 숙련이나 한국사회 적응도 면에서 신규 이주자나 단기간이 경과한 이주자보다 나을 것이라는 점은 충분히 예측 가능하다. 따라서 이들이 한국사회에 기여할 개연성은 그만큼 높다. 노동시장 수급의 측면에서 이주노동자는 3D업종이나 저임금에 기댄 경쟁력을 필요로 하는 직종에 종사함으로써 '국민경제의 균형 있는 발전'[24)]에 일정한 기여를 하고 있다. 달리 말해 이주노동자는 노동시장의 수급 안정성에 기여하고 있으며, 여기에는 등록, 미등록의 구분이 크게 의미를 갖지 못한다. 우리의 필요에 부응하는 요소가 있다면, 이에 대한 적절한 보상체계를 마련하는 것 또한 우리 몫이다. 사실 정부도 불법 체류율 10%는 정부가 관리할 수 있는 수준으로 보고, 향후 기업의 인력 부족률을 선진국 수준으로 낮추기 위한 이주노동력 수요를 계산할 때 '불법체류자'를 계산에 넣고 있다(노동부 등, 2008, 9). 즉 미등록 이주노동자도 노동력 수급에서 중요한 역할을 하고 있음을 스스로 인정하고 있는 것이다. 그럼에도 불구하고 이들을 제도의 사각지대에 방치하고, 지속적으로 신변안전을 위협하는 것은 대단한 모순이다.

법적 체류자격을 불문하고 이미 이들은 우리사회의 구성원으로서 존재하고 있고, 거주의 사실만으로도 가져야 하는 권리가 있다고 보는 것이 합당하다. 이러한 현실을 받아들여 그에 부합하는 정책을 입안하는 것, 그리고 그러한 현실을 우리

---

23) 우리 정부는 1991년 'UN아동권리협약'을 비준하였으며 2003년 UN아동권리위원회의 권고를 받아들여 미등록 체류자의 자녀일지라도 취학을 허용하고 있다. 그러나 대부분 신분노출에 대한 우려로 취학을 꺼려 정규교육 밖에 방치되고 있다. 실제 '05년말 기준 2,500여 명으로 추정되는 불법체류 이주노동자 자녀(만15세 이하) 중 재학생은 148명(5.9%)에 불과하다(빈부격차 · 차별시정위원회, 2006b, 8). 기존의 다문화가족지원법은 결혼이민자 및 귀화자만을 대상으로 하고 있기 때문에 미등록 체류 아동의 교육권은 배제하고 있다.

24) 외국인근로자의 고용 등에 관한 법률 제1조(목적).

사회의 발전을 위해 활용하려는 노력은 진정한 의미의 다문화사회로 진입하기 위한 시금석과도 같다.

## 5. 이민자

결혼이주민을 포함하여 영주를 목적으로 거주하고 있는 외국인(F-5 비자 소지자)은 2015년 현재 12만 3천 여 명이다. 2011년 6만 4천 여 명에서 불과 4년 만에 두 배 이상 늘었다.[25] 같은 해 기준 귀화에 따른 국적 취득자는 13,534명에 머물고 있다(출입국 · 외국인정책본부, 2016b, 56). 이는 국내 거주 외국인 수치와 비교해 보면 높지 않은 비율이다. 한국은 예전부터 외국인의 영주는 엄격히 제한하였으나 90년대 말 재한화교의 인권 등이 문제가 되면서 2002년 영주체류 자격을 새로이 신설하였다(고령화 · 미래사회위원회, 2006, 126-7). 영주체류 자격 부여가 도입된 지 10여 년이 지났으나 영주체류자격을 소지한 외국인의 수치는 여전히 낮다. 이는 한국 정부가 외국인의 영주에 대한 부담을 떨치지 못하고 있다는 것을 보여 준다. 다만 향후 정부가 추진하고 있는 영주자격 전치주의가 도입된다면 영주권자의 수는 크게 늘 것으로 예상된다.

귀화를 통한 국적취득은 1997년 '국민의 처'에게 자동으로 부여하던 국적 조항을 폐지한 이후 상당수는 결혼이주민이다. 1948년 이후로 국적 부여는 엄격한 혈통주의(속인주의)에 따르고 있기 때문에 외국인이 한국국적을 취득하는 것은 쉽지 않다. 최근 난민 인정이 다소 늘어나고 있긴 하지만 여전히 난민 지위 인정을 통한 영주 허가의 문턱은 높다.[26] 전문 인력을 제외하고, 기능직 숙련 노동력의

25) 영주권자 비율이 빠르게 는 것은 외국국적 동포 가운데 "국적 취득 요건을 갖춘 자, 제조업, 농축산업, 어업 분야의 장기 근속자에 대해 일정한 요건을 갖춘 경우 영주 자격을 부여하는 정책을 시행"했기 때문이다. 외국국적 동포 가운데 영주권자는 82,360명이다(출입국 · 외국인정책본부, 2016b, 69).

26) 2015년 말 현재까지 난민신청자는 총 15,250명이며 심사결과는 인정 576명, 인도적 체류허가

정주에 대한 배려는 거의 없다고 해도 틀리지 않다. 비전문취업(E-9), 선원취업(E-10) 또는 방문취업(H-2) 자격으로 취업활동을 하고 있는 자가 거주(F-2)비자로 전환할 수 있는 제도가 있기는 하지만 10년 내 5년 취업 조건과 임금 수령 및 자산보유 기준 등이 까다로워 거주권 취득조차도 쉽지 않다. 귀화와 국적취득의 전단계인 영주의 조건이 매우 어렵게 되어 있는 점을 통해 볼 때 우리의 국적법은 단일민족 혈통을 유지하는 방향성에 맞추어져 있다고 평가할 수 있다. 이는 다문화주의를 지향하는 정부정책과 일정한 긴장을 내포한다.

이민 편의(accommodation) 분야에서 다문화정책과 관련한 평가는 국적법을 통한 국적취득 절차와 시민권 부여의 두 가지 측면에서 가능하다. 국적이 부여되면 자동적으로 시민적 권리(citizenship)가 부가되지만, 국적이 없더라도 시민권의 내용을 구성하는 일부 권리가 주어질 수도 있기 때문에 양자는 구분해서 살펴볼 필요가 있다.

과거 국적법의 변화 가운데 다문화정책의 관점에서 평가할 수 있는 법률 개정은 1997년과 2010년의 그것이다. 먼저 1997년의 개정 국적법은 부모 양계혈통의 인정과 '대한민국 국민의 처'에 대한 자동 국적 부여 조항을 삭제하였다. 전자는 혈통주의 맥락을 유지하는 가운데 그 범위를 넓힌 것으로 좁게 해석할 수도 있으나, 수백 년 동안 이어져온 '부계 혈통주의'를 완화했다는 점에서 나름의 의미를 가진다. 다시 말해 부(父)가 외국인일 경우에도 모(母)가 한국국적자일 경우 그 자녀에게 국적을 부여하여 국적의 개방성을 확대한 것이다. 당시 이 개정은 다문화정책에 대한 고려와는 무관하였지만 결과적으로 보면 다문화정책과 부합하는 측면이 있다고 평가할 수 있다. 당시 법의 개정으로 한국국적의 배우자를 가진 외국인 남성 및 그 자녀의 권리가 신장되었고, 소수자(minority)인 여성을 남성과 동등한 권리의 주체로 인정하는 계기가 되었다. 다만 같은 해 법 개정에서 삭제된 외국인 처에 대한 자동 국적부여 조항은 비록 여성에 국한된 것이긴 하지만, 결과적으로 외국인에게는 폐쇄적인 방향의 개정이었다고 평가할 수 있다(김현선, 2006, 87).

2010년의 국적법 개정은 "단일 국적주의 아래에서 복수 국적자에 대하여 규제

---

910명이다(출입국 · 외국인정책본부, 2016b, 88).

일변도로 되어 있는 현행규정을 국제조류와 국익에 부합되는 방향으로 복수국적을 제한적으로 허용"하는 것을 목적으로 한다. 구체적으로 특별귀화로서 우수 외국 인재의 경우 5년 거주와 자산 등의 요건을 면제하고(제7조), 외국국적 포기 기간을 1년으로 연장하였으며(종전 6개월), 조건이 충족될 경우 외국국적을 행사하지 않는다는 서약을 통해 복수 국적을 유지할 수 있도록 하였다(제10조). 그 외 국적 이탈 조건을 보다 엄격히 하고, 이탈에 관한 제도를 정비한 것 등이 개정안의 주요내용이다.

특정한 조건을 요구하고 있기는 하지만 이중국적의 허용은 다문화정책의 관점에서 진일보한 조치로 받아들일 수 있다. 국적 혹은 시민권은 단순히 법적 권리와 의무 관계만을 규율하는 것은 아니다. 국적은 국민과 비국민을 가르는 기준으로서 국민으로서의 '자격'과 연관된다. 다시 말해 국적은 정체성과 충성의 문제와 관련이 깊다. 이중(복수)국적의 허용은 개인이 두 개 이상의 정체성과 두 국가 이상에 충성할 수 있다는 사실을 인정한 것이다. 이중국적은 본국과의 연계를 유지하고자 하는 이민자들의 희망을 인정하고, 수용하는 것이기도 하다(Banting and Kimlicka, 2006). 개정안을 제출한 정부의 주된 의도는 우수 외국 인력의 귀화유도 및 병역을 필한 자에게 복수국적을 허용함으로써 두뇌유출을 방지하고자 하는데 있었다. 그러나 결과적으로 결혼이주민이 한국 국적취득 이후에도 자신의 국적을 유지할 수 있도록 하여, 제한적이나마 다문화정책에 부합하는 이주민 편의를 제공한 것으로 평가할 만하다. 한번 물꼬가 트인 만큼 앞으로도 복수국적의 허용범위는 늘어날 것으로 예상된다.

귀화의 조건으로 제시되고 있는 몇 가지 사항에 대해서도 다문화정책의 견지에서 검토할 수 있다. 국적법(제5조)에 따른 귀화의 허용조건은 성년으로서 5년 이상 국내에 주소가 있을 것과 생계유지 능력, 단정한 품행, 국어능력 및 대한민국 풍습에 대한 이해 등 국민으로서의 기본 소양을 요구하고 있다. 이러한 조건은 충성서약 등을 추가로 요구하고 있는 미국의 이민국적법(Immigration and Nationality Act)이나 호주의 국적법(Australian Nationality Act)과 비교해 보아도 크게 무리가 없다. 그러나 다른 조건은 기준을 정하거나 시험을 통해 어느 정도 객관성을 담보할 수 있으나, '품행단정'의 문제는 유의할 부분이 있다. 미국의 경우 우리의 '품행단정

'과 대당할 수 있는 '훌륭한 도덕적 인격'(good moral character)의 예외 사례를 법률로서 비교적 상세히 정하고 있어(이희정 외, 2009, 87-89) 자의성을 낮추고 있지만 우리의 경우는 이에 대한 특별한 규정이 없다. 이와 관련된 대법원 판례 또한 단 1건에 불과하기 때문에(대법원, 2005) 결과적으로 해당 규정에 따른 자의성이 매우 높다고 할 수 있다. 우리의 국적법 또한 '품행단정'에 대한 기준을 네거티브(negative) 방식으로 규정하여, 나열된 사례에 해당되지 않는 경우는 귀화를 허용하는 보다 개방적인 제도 운용이 필요하다고 할 것이다.

국적취득 여부와 무관하게 영주권자 혹은 거주자에게 국민 내지는 시민이 가질 수 있는 정치적 권리의 일부를 허용할 것인가의 여부도 쟁점이다.[27] 2005년 개정된 공직선거법(제15조)은 영주의 체류자격 취득일 이후 3년이 경과한 외국인에게 지방자치단체 의회의원 및 장에 대한 투표권을 인정하고 있다. 일본이 재일동포를 비롯한 외국인 참정권을 일체 인정하지 않은 것과 비교한다면 우리의 경우는 비슷한 성향의 일본보다는 나은 측면이 있다. 그러나 출입국관리법(제17조)에서는 외국인의 정치적 활동을 엄격히 제한하고 있다. 법에 따를 경우 이주노동자로 구성된 노조가 법률 개정을 요구하거나 이주민 단체가 입법로비를 하는 것 등이 불허될 가능성이 높다. 다문화정책은 정책주체들에게 주류만이 향유하던 권한을 양도하는 과정을 포함한다. 이 과정을 생략한 채, 단지 소수자들을 정책의 '대상'으로만 취급하는 다문화정책은 한계가 있을 수밖에 없다. 이런 의미에서 참정권 및 정치활동의 자유를 점진적으로 확대하는 것은 다문화정책을 추진하는 과정에서 반드시 고려해야 하는 요소이다.

결론적으로 국적법이 점차적으로 혈통(인종) 중심성을 탈피하면서 우리사회의 가치와 규범, 공동체 귀속 의지, 시민적 의무 부담 등을 기준으로 국적 및 시민권을 부여하는 방향으로 나아가는 것이 다문화주의 지향과 부합한다고 할 수 있다. 즉 차별과 배제, 동질성 요구와 친화력이 있는 속인주의를 완화하면서 복수국적 허용 등 보다 개방적인 국적제도를 채택할 필요가 있다. 또한 비록 국적이 없을지라도, '구성원'을 넓게 해석하여, 이주민들이 우리사회의 주요한 구성부문이라

---

27) 귀화자의 경우는 국적 취득과 동시에 선거권이 부여되기 때문에 참정권의 확대와 관련하여 논란의 여지는 없다. 다만 복수국적자의 경우는 직무의 제한을 받는다(국적법 제11조의 2).

는 점을 인정하고, 거주 자체만으로 가질 수 있는 권리를 부여하는 방안도 긍정적으로 검토하여야 할 것이다.[28] 마지막으로 영주권자뿐만 아니라 거주 외국인에게도 참정권을 확대하는 방안도 검토할 필요가 있다.

## 6. 다문화 시민교육

한국 국민은 대체로 단일민족성에 대해 자부심과 긍지를 가지고 있으며 이것이 사회적 응집력으로 나타난다는 점은 일상에서 어렵지 않게 발견할 수 있다. 단일민족성에 대한 자부심이 다문화사회와 양립할 수 있는가에 대한 물음에는 일반적으로 답하기 어렵다. 민족주의가 가지는 배타적 경향이 있기는 하지만 한편으로 단일민족 의식을 가지면서도 외부에 열린 포용적인 민족주의를 상정할 수도 있기 때문이다. 그럼에도 강한 민족주의 정서가 '우리'가 아닌 타자에 대한 배제로 이어질 수 있다는 점은 분명하다. 자부심이 자민족 중심주의, 인종주의, 외국인 혐오 등으로 왜곡되어 표출될 개연성이 다분하다. 최근 고조되고 있는 반다문화 정서의 원인도 이로부터 찾을 수 있다. 극단적으로 표출되지 않더라도 사실 "외부인(outsider)에 대한 의심과 적대의 감정은 우리 모두에게 잠재적으로 존재"한다고 할 수 있다(Goodhart, 2004, 32). 다문화 시민교육의 필요성은 이러한 현실진단으로부터 나온다.

다문화 시민교육이 필요한 또 다른 이유는 다문화주의 자체의 의미로부터 도출된다. 다문화주의는 각기 다른 맥락을 지니는 문화가 한 공동체 내에 단지 따로 존재하는 것을 의미하지 않는다. 다른 문화의 '존재'에 대한 인정(recognition) 및 관용과 더불어 이질적 문화 내지는 정체성 간의 대화와 뒤섞임을 상상하는 것이 다문화주의의 핵심 내용이다. 이 과정에서 사회는 보다 역동적이 되고 기존의

28) 이에 대한 논의는 이용승(2014) 참조.

문화, 정체성이 새롭게 재구성될 가능성이 항상 열려 있다. 또한 다문화주의는 기존에 배제된 자들을 공동체의 구성원으로 다시 불러들이려 한다. 이 과정은 지금까지 포함과 배제를 규정했던 신화, 역사, 제도, 인식, 주체성 등에 관한 재번역을 수반한다. 이 모두는 다문화정책이 소수자만을 '대상'으로 삼는 수혜적이고, 일방적인 정책이 아니라는 점을 시사한다. 오히려 다문화정책의 가장 주요한 대상은 우리사회의 '주류'라고 할 수 있으며, 다문화 시민교육이 다문화정책의 핵심 구성부분이 되어야 하는 이유는 바로 여기에 있다.

그러나 정부의 다문화 시민교육은 매우 제한된 수준에서 진행되고 있다. 다문화정책의 세부 항목에 시민교육이 빠지지는 않지만 대부분은 다문화가족, 이주노동자 등 소수자들을 대상으로 한 지원에 맞추어져 있다. 학교를 중심으로 이루어지는 '다문화이해교육'이나 언론을 통한 홍보 정도가 시민교육의 일환으로 평가받을 수 있는 내용이다.

다문화 시민교육을 위한 실천은 상징적 조치와 실질적 조치로 나누어 볼 수 있다. 먼저 상징적 조치로는 '이주민의 날'이나 주간을 제정한다든가, 외국인 인권조례를 제정하는 등이 그 적절한 예이다. 현재 우리나라는 2007년 '재한 외국인 처우 기본법'에 따라 '세계인의 날'을 제정하여 2016년 5월 20일 제9회 행사를 개최한 바 있다.[29] 외국인 주민을 위한 인권조례는 안산시가 대표적이며, 그 외에도 제주특별자치도, 광주 남구 · 광산구, 목포 등 소수의 자치단체의 의회가 이주민을 위한 인권조례를 마련한 바 있다. 이러한 상징적 조치를 통해 이주민이 한국사회의 성원임을 표방함으로써 다문화 인식의 확대를 꾀할 수 있을 것이다.

실질적 조치로는 법률의 제정과 다문화이해교육의 확대가 있을 수 있다. 소수자에 대한 차별금지의 법제화,[30] 노골적 인종주의에 대한 처벌, 이주노동자 국제

29) UN이 정한 '세계 이주민의 날'은 12월 18일이다. 이 날은 1990년 UN의 '모든 이주노동자와 그 가족의 권리보장협약'(International Convention on the Protection of the Rights of All Migrant Workers and Members of Their Families) 채택을 기념하는 날이다. 한국 정부는 이 협약을 비준하지 않고 있다. 애초 정부(법무부)는 UNESCO의 '세계문화다양성의 날'과 동일하게 '세계인의 날'을 5월 21일로 하였으나 법제사법위 논의 과정에서 '부부의 날'과 겹친다는 이유로 5월 20일로 조정되었다(대한민국 국회, 2006). 정부가 12월이 아닌 5월을 선택한 것은 5월이 가정의 달이기 때문인 것으로 추측된다.

30) 차별금지법은 지난 2007년 정부에 의해 처음으로 발의되었고, 17, 18, 19대 국회에서 제출되었지만 보수 기독교계를 중심으로 한 강한 반대로 번번이 입법에는 실패한 바 있다.

협약 가입 등의 입법적 조치는 제도를 통한 다문화 인식 제고를 위해 도모할 수 있는 바이다. 다문화이해교육은 초 · 중 · 고 · 대학의 커리큘럼을 다문화주의를 반영하여 수정하고 다문화커리큘럼을 개발, 교육하는 것을 통해 구현될 수 있을 것이다. 이를 위해서는 교육과정의 개편, 교사연수 필수 코스로서 다문화이해교육 지정 등이 필요하다.

위에서 언급한 것처럼 이주민에 대한 차별은 단일민족 의식으로부터도 오지만 이들에 대한 인종적, 직업적 편견에 의한 경우도 많다. 이들은 인종적으로 구분될 뿐만 아니라 보통의 경우 3D업종에 종사하기 때문에 이러한 요소들이 복합적으로 작용하여 차별을 낳는다. 차별의 원인이 여러 복합적 요인이 있는 만큼 차별 원인을 제거하는 노력도 꽤나 복합적인 과정을 요구한다. 우리사회의 고질적인 출신민족 내지는 출신국가에 따른 위계의식과 직업에 따른 차별 인식을 하루 아침에 일소할 수는 없다. 그러나 견고한 단일민족 정체성과 문화에 기초하여 이미 구획되어 있는 경계를 허물기 위한 내부적 노력이 병행되지 않는 다문화정책 또한 허구에 가깝다. 온전한 의미의 다문화정책을 위해서는 장기적인 관점에서 다문화시민교육을 배치, 운영하는 것이 긴요하다고 할 것이다.

## 7. 다문화정책의 방향전환을 위하여

다문화정책을 정부 또는 지자체가 주도하는 것 자체를 무작정 잘못되었다고 할 수는 없다. 오히려 충분한 사회적 합의가 이루어지지 않았을지라도 정부 주도로 혁신적인 정책이 입안되는 경우가 드물지 않다.[31] 특히 한국과 같이 이주민이 빠르게 증가하고 있기는 하지만 객관적으로 아직 다문화, 다인종 사회에 진입했다고 보기 어려운 상황에서 선제적으로 다문화주의를 지향하는 정책을 내오는 것은 그것 자체로 의미가 있다. 그러나 우리의 현실에 비추어 분명한 문제는 각급

31) 2005년 영주 외국인에 대한 참정권 부여가 대표적인 사례이다.

정부가 다문화정책을 주도하면서 대상의 편향성이 두드러진다는 점이다. 정부의 다문화정책은 결혼이주민에 초점을 맞춤으로써 결과적으로 이주노동자를 비롯한 여타의 다문화 주체를 배제 혹은 무시하는 왜곡을 낳고 있다. 이 과정에서 다문화 시민교육이 활성화되지 못하고 있는 현실은 당연한 귀결이다. 심지어 결혼이주민 조차도 정책의 대상으로 간주될 뿐, 이들을 정책과 권리의 주체로 세워내려는 노력은 거의 없다. 스스로를 주체로 느끼지 못하는 가운데, 행사중심의 관주도 정책이 우후죽순 제공되는 것은 피로감을 높이는 동시에 정책 신뢰도를 낮추어 정책의 실효성을 저해할 가능성이 높다. 반다문화주의의 부상은 이와 무관치 않다.

문제는 여기에서 그치지 않는다. 정부 및 지자체 주도의 다문화정책이 제한적 의미에서 긍정적인 측면이 있지만 의미 왜곡의 문제를 지적하지 않을 수 없다. 우리 정부의 이주민 정책은 동화정책 내지는 이주민을 한국문화(주류)로 흡수 · 통합하는 것을 주요 목표로 하고 있음에도, 이 모든 정책을 '다문화'의 이름으로 시행하고 있다.[32] 이주민 통합의 과제를 외면해서도 안 되겠지만, 다문화정책은 동화정책과는 양립할 수 없는 것으로서 다른 문화 및 정체성 상호 간 이해 및 존중, 다양성과 차이의 포용 · 공존을 지향한다. 비주류 문화 및 정체성의 소멸과 주류로의 통합을 목표로 하며 그에 따른 차별과 구분, 배제를 함축하고 있는 동화정책과는 그 결이 다르다. 기본적으로 주류(다수)-비주류(소수) 차이에 따른 역사적 차별을 해소하고 사회적 통합을 위한 차이의 포용과 존중, 나아가 차이의 상호 영향관계에 따른 역동적인 공존 등을 다문화주의의 핵심 가치로 인정한다면 한국의 다문화정책은 부족한 점이 많다. 또한 그런 만큼 개선의 여지도 크다고 할 것이다.

국가주도 다문화정책은 보다 근본적인 문제를 제기한다. 다문화주의는 근대 국민국가 건설로부터 시작된 근대성에 대한 근본적 성찰과 전복을 요구하는 담론으로서 차별과 비국민에 대한 배제를 핵으로 하는 국가와 국민 중심의 발상을

---

32) 다문화가족지원법을 마련하기 위한 용역보고서에서 저자들은 '우리나라의 실정에서 다문화주의 정책을 전면적으로 실시하는 것은 너무 성급한 조치이고, 동화주의 정책을 기본으로 하되 다문화주의의 요소를 가미하는 것이 필요하다.'라고 언급하고 있다(박종보 · 조용만, 2006, 13). 따라서 이들이 사용한 '다문화'는 어떤 지향을 내포하고 있다기보다는 현실을 표현하는 용어의 의미에 머무르고 있다.

넘어선다(이용승, 2010, 43-4). '탈국가중심주의'적 지향을 갖는 다문화주의를 여타의 주체가 배제된 가운데 국가가 주도한다는 점은 역설이다. 국가 주도의 다문화주의는 탈국가적인 특성을 은폐하고, 일견 사회의 개방성과 다양성을 추구하는 듯하지만 실제로는 또 다른 동질화의 메커니즘으로 기능하게 된다는 근본적 모순을 안고 있다(오경석, 2009, 2). 위에서 이미 언급한 바, 관주도 다문화정책을 선험적으로 나쁘다고 할 수는 없지만 근대에 대한 성찰과 국민국가(nations-state) 중심성에 대한 문제제기를 누락한 다문화주의는 레토릭에 불과할 수 있다. 다문화정책의 추진과정에서 정치를 복원하고, 배제된 주체를 정치 과정으로 호명하는 것은 간과할 수 없는 부분이다.

국가가 주도하는 다문화정책의 문제를 인식하는 가운데 다문화정책을 보다 실질화시키는 방안이 고민되어야 한다. 먼저 실제로 문화적 소수자들이 문화를 향유할 수 있는 수단이 제공되어야 한다. 고용이나 사회복지, 참정권 등에 대한 전향적 조치가 이에 해당한다. 이주민이 2류 국민으로 존재하는 한 이들을 진정한 의미의 문화적 주체로 호명하는 것은 불가능하다. 다문화정책은 인종적, 문화적 소수자에 대한 자원의 배분과 권리 및 권력의 할양을 수반할 때 의미를 가질 수 있다.

다문화정책의 궁극적인 목표는 사회 전체적으로 관용의 총량 증대를 목표로 한다. 물론 관용의 양을 측정하는 것은 가능하지 않지만, 공동체의 발전은 해당 사회가 얼마나 관용의 가치를 존중하고 있는가에 달려 있다고 해도 과언이 아니다. 우리사회에 존재하는 다양한 형태의 이주자들이 지속적인 불평등과 차별, 기본권으로부터의 예외 상황에 놓여 있게 된다면 '다문화 한국'은 고사하고, 현재 정부 정책의 대종을 이루는 동화 또한 요원한 일이다.

현재와 같은 저출산, 고령화가 지속적으로 진행될 경우 향후 우리는 노동력 부족에 직면할 것이다. 정부의 추계에 따르면 2016년부터는 생산 가능인구(15-64세)가, 2018년 이후에는 총인구가 감소할 것이라고 한다(노동부 등, 2008, 1). 한국이 미래의 어느 시점에 대표적인 이민국가인 호주와 같이 '이민을 통한 인구 부양이 아니면 쇠퇴'(populate or perish)[33]라는 현실에 직면하게 될 것인지는 알 수 없다.

---

33) 이는 1947년 호주 이민장관 칼웰(Arthur A. Calwell)의 주도하에 대규모 이민계획을 세울 당시 캐치 프레이즈였다(Ricard, 1996, 219-20).

그러나 현재와 같은 저출산, 고령화의 경향이 지속된다면 언젠가는 노동력 부족 사태에 직면할 것이라는 점은 의문의 여지가 없다. 이러한 전망은 국내 노동시장의 인력부족을 해결하기 위해서 이주노동력을 활용하는 것이 유력한 대안이라는 점을 확인시켜 준다. 본론에서도 언급하였지만 우리의 필요에 의해 이주노동자를 받아들인 것이라면 그에 상응하는 적절한 제도적 장치와 정책을 마련하는 것이 당연한 우리사회의 몫이라고 할 것이다.

## 용어해설

**지구화**: 일반적으로 인구를 비롯한 자본, 정보 및 이슈, 상품, 서비스, 기술 등의 초국가적 이동이 과거에 비해 상당한 수준으로 자유화된 상태 혹은 과정을 의미한다. 지구화는 시간과 공간의 압축, 국민국가의 약화, 국가 간 상호의존의 확대, 권력관계 범위의 확대, 영토 및 국경 개념의 변화, 문화의 지구촌화 등을 동반한다.

**이주(migration)**: 국제이주기구(International Organization for Migration)에 따르면 이주란 이유와 규모를 막론하고 개인과 집단이 국가 내에서 또는 국경을 넘어 이동하는 것을 의미한다. 그것은 난민, 강제 유민(displaced persons), 경제적 이주, 가족 재결합 등을 포함한다.

**이민(immigraion)**: 정주(residency or settlement)를 목적으로 고국을 떠나 외국으로 이주하는 것을 말한다.

**결혼이민**: 한국 국적자와의 결혼을 원인으로 하여 국내에 결혼이민자(F-6) 혹은 영주(F-5) 자격으로 살고 있는 여성, 남성을 말한다. 이들은 배우자와 혼인한 상태로 2년 이상 계속하여 주소가 있거나, 혼인한 후 3년이 지나고 1년 이상 주소가 있을 경우 등의 조건을 충족하면 간이귀화(국적법 제6조)를 통해 국적을 취득할 수 있다.

**이민정책(immigration policy)**: 이민정책은 세부적으로 이민의 허용규모, 이민자의 유형, 시기 등을 조정하는 국경통제, 국내로 이주한 이민자에 대한 다양한 통합정책을 구사하는 체류환경 조성, 마지막으로 국적 내지는 시민권 부여의 문제를 다루는 세 가지 영역을 포괄한다. 우리나라의 경우 사회통념상 이민이 국민의 국외이주로 이해된다는 이유로 '외국인정책'을 같은 의미로 대체 · 사용하고 있다.

**거버넌스(governance)**: 정부가 정책을 입안하는 과정에 민간영역의 참여를 보장하고, 이들과의 협업을 통해 최종 정책의 생산과 피드백을 담보함으로써 행정의 효율성과 민주성을 확대하기 위한 정책생산기제를 말한다. 동일한 의미에서 다문화정책 거버넌스는 다문화정책을 입안하는 과정에 정책의 이해당사자의 참여를 보장하여 정책의 효율성과 민주성을 높이기 위한 정책생산기제라고 정의할 수 있다.

## 생각해 볼 문제

1. 문화와 인구구성이 다양한 사회의 통합을 위해 동화정책이 더 효율적이지 않은가?
2. 다문화정책을 시행하기 위해서는 대상을 규정해야 하는데, 이것이 역으로 이주민 차별의 근거가 되는 것은 아닌가?
3. 현행 우리나라의 헌법은 기본권의 주체를 국민으로 한정하고 있다. 기본권은 인간이 누려야 할 최소한의 권리라고 할 수 있다. 한국에 머무르고 있는 외국인들은 기본권을 가지고 있다고 할 수 있을까?
4. 다문화정책은 이주민이 조직(organizations)을 구성하여 자신의 권익을 스스로 주장할 것을 장려하는데, 외국의 경우 이들 조직에 정부의 재원이 투입된다. 어디까지 이를 용인할 것이며, 정부 재원 투입은 바람직한가?
5. 한국은 외국의 영주권자임에도 한국의 국적을 소지하고 있는 국민에게 투표권을 부여하고 있다. 이에 대비하여 이주민에게 참정권을 부여할 수 있을까?
6. 소위 '불법체류 외국인'(미등록 외국인)에게는 어떠한 권리가 부여될 수 있을까? 존재 자체가 불법이므로 무조건 적발 · 추방하는 것이 옳은가?
7. 외국인 노동자가 한국인의 일자리를 침해(대체이론)한다는 주장이 있다. 반대로 산업구조의 분화로 인해 외국인은 국내의 노동력으로 충당할 수 없는 분야에 종사하게 된다는 주장(보조이론)이 있다. 어떠한 주장이 더 우리의 현실에 부합할까?
8. 외국의 경우 다문화주의에 대한 혐오범죄가 발생하고 있고, 한국의 미래에도 그러한 병폐가 출현하지 않을 보장이 없다. 이를 방지하기 위한 방안은 무엇이 있을까?

## 더 읽어 볼 책

Will Kymlicka, 장동진 외 역(2006). **현재정치철학의 이해**. 동명사.

Will Kymlicka, 장동진 외 역(2010). **다문화주의 시민권**. 동명사.

오경석 외(2007). **한국에서의 다문화주의**. 한울아카데미.

James A. and Cherry A. McGee Banks. 차윤경 · 부향숙 · 윤용경 역(2011). **다문화교육: 현황과 전망**. 박학사.

Bennett, Christine I., 김옥순 외 역(2009). **다문화교육: 이론과 실제**. 학지사.

Vertovec, Steven and Susanne Wessendorf(2010). *The Multiculturalism Backlash*. N.Y.: Routledge.

# 참고문헌

고령화 · 미래사회위원회(2006). **이민정책에 관한 연구**. 출처: http://www.mw.go.kr(검색일: 2012. 1. 27).

국제 앰네스티(2009). **일회용 노동자: 한국의 이주노동자 인권상황**. London: Amnesty International.

국회사무처(2007). "第269回 國會(定期會) 法制司法委員會會議錄 第15號". 대한민국 국회. 1-40.

국회사무처(2008). "第271回 國會(臨時會) 國會本會議會議錄 第7號." 1-121. 대한민국 국회.

김승권 외(2010). **2009년 전국 다문화가족실태조사 연구**. 보건복지가족부 · 법무부 · 여성부 · 한국보건사회연구원.

김현선(2006). "국민, 半국민, 非국민-한국 국민형성의 원리와 과정." **사회연구** 통권 12호, 77-106.

노동부, 법무부, 보건복지가족부, 국가경쟁력강화위원회(2008). "비전문 외국인력 정책 개선방안." 국가경쟁력강화위원회. http://www.pcnc.go.kr/nccusr/m03/PolyView.aspx?seq=28&page=1(검색일: 2010. 10. 31).

노재철(2010). "미등록외국인근로자의 문제점과 해결방안." **勞動法論叢** 第18輯. 한국비교노동법학회.

대한민국 국회(2006). "第267回 國會 法制司法委員會會議錄(法案審査第1小委員會) 第6號." 출처: http://likms.assembly.go.kr/bill/jsp/BillDetail.jsp?bill_id=038339(검색일: 2012. 2. 1).

대한민국 국회(2008). "다문화가족지원법안(대안)." http://likms.assembly.go.kr/bill/jsp/main. jsp(검색일: 2010. 10. 20).

____________(2009). "국적법 일부개정법률안." http://likms.assembly.go.kr/bill/jsp/main.jsp(검색일: 2010. 10. 23).

대법원 2005. 7. 14. 선고 2005두2483 판결 【국적회복허가신청불수리처분취소】

박종보, 조용만(2006). **다문화가족지원법 마련을 위한 연구**. 여성가족부.

빈부격차 · 차별시정위원회(2006a). "여성결혼이민자 가족의 사회통합 지원대책". 출처: http://pcsi.pa.go.kr/publish/chp05.asp?ex=v&ex2=1&seq=3851(검색일: 2012. 1. 31).

빈부격차 · 차별시정위원회(2006b). "혼혈인 및 이주자의 사회통합 지원방안." 출처: http://pcsi.pa.go.kr/publish/chp05.asp?ex=v&ex2=1&seq=3851(검색일: 2012. 1. 31).

삼성경제연구소(2010). “다문화사회 정착과 이민정책.” CEO Information 756호.

서울고법 2007. 2. 1. 선고 2006누6774 판결: 상고【노동조합 설립신고서반려처분취소】.

설동훈(2010). “다문화 가족정책의 현황과 과제.” **월간 복지동향** 138. 13-17.

______(2009). “한국사회의 외국인 이주노동자 - 새로운 “소수자 집단”에 대한 사회학적 설명.” **사림** 제34호. pp. 53-77.

설동훈 · 이혜경 · 조성남(2006). “결혼이민자 가족실태조사 및 중장기 지원정책방안 연구.” 여성가족부.

여성가족부 · 관계부처 합동, **다문화가족지원정책 기본계획(2010~2012) 2011년도 시행계획(안)**, 2011.

오경석(2009). “한국 다문화주의의 미래: 안산지역과 내 경험을 중심으로.” **한국다문화주의 가족, 교육 그리고 정책**. 한국학 중앙연구원 현대한국연구소 국내학술회의 자료집.

외국인정책위원회(2006). “외국인정책 기본방향 및 추진체계.” 제1회 외국인정책회의 자료.

외국인정책위원회(2008). 제1차 외국인정책 기본계획(2008-2012).

외국인정책위원회(2012). 제2차 외국인정책 기본계획(2013-2017).

이용승(2010). “다문화주의의 이론적 검토와 정당화.” **민족연구**. 41, 133-159.

______(2011). “한국 다문화주의의 담론지형에 관한 소고.” **인문과학연구**. 16, 133-159.

______(2014). “다문화시대의 시민권 아포리아: 누가 시민이며, 시민권 향유의 주체는 누구인가?” **한국정치학회보**. 48(5), 185-206.

______(2016). “다문화수용성 제고, 왜 그리고 어떻게 해야 하는가.” **현대사회와 다문화**. 6(1), 1-26.

이희정 외(2009). “다문화사회의 통합증진 방안으로서의 영주권제도-미국 영주권 제도 분석 · 연구.” 법무부 출입국 · 외국인정책본부 용역자료.

조석주, 이상묵(2010). “한국의 다문화주의와 지방자치단체의 역할-결혼이민자를 중심으로.” 2010년도 한국지방자치학회 동계학술대회 자료집. 광주. 2월.

최홍엽(2008). “외국인 고용의 현황과 쟁점.” 노동법연구 제25호. 183-210.

행정자치부 (2015). “2015년 지방자치단체 외국인주민 현황.” 행정자치부 홈페이지.

출입국 · 외국인정책본부 (2011). “2010 출입국 · 외국인정책 연감”. 법무부.

출입국 · 외국인정책본부 (2016a). “출입국 · 외국인정책 통계월보(2016년 7월호)”. 법무부.

출입국 · 외국인정책본부 (2016b). “2015 출입국 · 외국인정책 통계연보”. 법무부.

통계청(2010/03/25). “보도자료: 2009년 혼인 · 이혼통계.” 통계청.

통계청(2011/12/07). “보도자료: 장래인구추계: 2010년-2060년.” 통계청.

통계청(2016/04/07). “보도자료: 2015년 혼인 · 이혼통계.” 통계청.

황필규(2011). “이민관련법.” 한국 이민정책의 이해. 백신서당, 93-127.

Banting, K., R. Johnson, W. Kymlcika, and S. Soroka(2006). “Do multiculturalism policies erode the welfare state? a empirical analysis". K. Banting and W. Kymlicka eds. *Multiculturalism and the Welfare State*. Oxford: Oxford University Press. 49-91.

Goodhart, D.(2004). "Too diverse?." *Prospect Magazine. 95*. 30-37.

Lee, Hye-Kyung. February(2008). "International marriage and the state in South Korea: focusing on governmental policy." *Citizenship Studies* Vol. 12, No. 1. 107-123.

Pickus, Noah M. J.(1998). "Introduction." in Noah M. J. Pickus(ed.). *Immigration Citizenship in 21st Century*. Lanham, MD.: Rowman and Littlefied. xvii-xxxiii.

Rickard, John(1996). *Australia: A Cultural History*(2nd. Ed.). New York: Addison Welsly Longman Inc.

국가법령정보센터. www.law.go.kr/main.html

매일경제

세계일보

안산시 의회. council.iansan.net

연합뉴스

출입국 · 외국인정책본부. http://www.moj.go.kr

한국언론진흥재단. http://www.kinds.or.kr/

행정자치부. www.moi.go.kr

제8장

# 다문화사회 이주민 인권의 실태와 쟁점

1. 이주민 인권논의의 필요성
2. 인권의 이해
3. 이주민의 지위와 인권
4. 이주민의 인권 정립을 위한 제언

**〈학습 목표〉**

1. 인권의 개념과 역사를 파악한다.
2. 국내 다문화사회를 구성하는 이주민 집단을 결혼이민자, 외국인근로자, 북한이탈주민으로 범주화하고 각 집단별로 나타나는 인권 문제를 파악한다.
3. 국내 이주민의 지위와 구조적 문제를 통해 인권 문제가 어떻게 발생하는지 이해한다.
4. 국제인권협약의 권고사항을 중심으로 이주민 인권 문제의 해결을 모색한다.

## 요약

단일민족을 내세우던 한국 또한 세계화의 흐름 속에 다문화사회로 전개되고 있다. 한국의 다문화사회는 주로 외국인노동자와 결혼이민자 그리고 또 다른 이주집단으로서 북한이탈주민이 다문화의 주체를 형성하고 있다. 정부는 이주민을 대상으로 하는 다문화가족지원정책과 외국인 정책, 북한이탈주민 지원정책을 펴고 있지만 이들이 한국사회에서 살아가는 데는 다양한 어려움을 안고 있다. 그들은 주류사회의 소수자로 사회적 차별과 배제의 대상이기 때문이다. 다문화사회의 인권이 논의되는 것은 바로 이 때문이다. 인권이란 인간이기에 갖는 권리로 인간의 존엄성과 가치를 의미한다. 대한민국 헌법에서도 명시되어 있듯 특수한 개념이 아니라 누구에게나 보편적으로 지켜져야 함을 의미한다. 인권이란 인간을 바라보는 철학적 개념과 인간이 사회의 구성원으로 살아가는데 있어 발생하는 사회적 개념을 모두 포괄한다.

국내의 외국인 주민들에게 발생하는 이주민 인권문제는 국내의 문제뿐 아니라 국제사회에서도 이슈가 되고 있어 국가의 이미지와 위상에 타격을 입히기도 한다. 한국은 역사적으로 다인종이 함께 어울려 공존한 경험이 없어 민족의식 차원에서 혼란을 겪고 있다. 정부의 정책은 이주민의 유입 초기와 마찬가지로 외국인을 노동정책 대상으로만 규정하여 외국인근로자와 관련하여 발생하고 있는 인권문제에 대해 수동적으로 대응하므로 외국인노동자와 그들을 둘러싼 가족들의 인권문제는 더욱 양산되고 있는 실정이다. 외국인 노동자들에 대한 정책적 배제, 한국에서 태어난 외국인 근로자들의 자녀의 경우 무국적 문제, 외국인근로자 자녀들의 교육권 문제, 결혼이민자들의 매매성의 국제결혼 등이 대표적인 인권침해 사례이다.

이러한 인권침해 문제는 단순히 국제노동협약에 가입하지 않은 이유에 의해서만 발생하는 것은 아니다. 일반적으로 대부분 사회에는 다양한 차별이 존재하고 재생산된다. 다문화사회에서의 차별이란 인종이나 민족문제와 결부된 폐쇄적인 의식에서 출발하며, 이는 종국에는 민족과 인종에 대한 차별뿐 아니라 차별은 공고히 되어 더욱 다양한 차별을 낳게 된다.

그러나 다문화사회는 차별을 최소화하고 시민사회의 구성원으로 인식을 넓히며 함께 상생할 방안을 찾고자 다양성을 수용하는 정치와 사회적 합의를 전제로 한다. 이주민의 인권정립을 위한 모색은 그들을 단순 시혜자로 규정하는 것이 아니라 우리 모두 함께 살아갈 건강한 사회를 만드는 중요한 과정이다. 따라서 올바른 다문화사회로 가기 위해 인권교육의 필요성이 절실히 요구된다.

## 1. 이주민 인권[1] 논의의 필요성

우리사회는 다양한 영역에서 급진적 발전과 사회적 변화를 경험하고 있으나 무엇보다 큰 인구학적인 변화를 가져온 것은 바로 다문화사회로의 전이라고 할 수 있다. 다문화사회는 형성시기와 현상에 따라 도입 · 전환 · 정착의 3단계로 분류된다(장미혜 외, 2008). 현재 한국사회는 유입된 이주민들의 체류기간 연장이나 이주민들이 가족을 형성하여 정착하거나 각 출신국 별로 이주민 공동체를 형성하는 등의 현상을 보이는 전환단계에 이르렀다. 그러나 우리는 역사적으로 다인종이 함께 어울려 공존한 경험이 없어 민족의식 차원에서 혼란을 겪고 있는 것이 현실이다. 정부의 정책은 이주민의 유입 초기와 마찬가지로 외국인을 노동정책 대상으로만 규정하여 외국인근로자와 관련하여 발생하고 있는 인권문제에 대해 수동적으로 대응하므로 이주근로자와 그들을 둘러싼 가족들의 인권문제는 지속되고 있는 실정이다. 한국의 이주민에 대한 인식은 인종, 민족문제와 이념문제 등을 기본으로하여 타자화하고 배타적으로 작동한다. '타인'이면서 '우리' 안에 들어와 다문화사회의 주축을 이루는 집단은 외국인근로자, 결혼이주가정, 북한이탈주민으로 크게 구분된다. 이주민들은 인종과 민족 등, 상이한 차이점을 나타낼 뿐 아니라 다양한 국적, 상이한 국내 유입의 배경을 갖는 등 그야말로 다양한 층위로 구성된 다문화 주체들이다. 그러나 그들은 한국사회에서 소수집단이며 인권문제 발생에서도 취약한 대상이라는 공통점을 갖는다. 국내 이주노동자, 결혼이민자, 북한이탈주민의 인권문제는 국내 문제에 머무르지 않고, 국제사회의 이슈로도 떠오르고 있다.

다문화사회로 전이된 사회적 현실을 수용하는 한국은 다문화정책을 펴고 있으나 유엔인종차별철폐위원회에서 국내 이주인의 인종차별 인권문제를 지적한 바와 같이 이들이 '우리'로 되는 데는 사회 구성원들이 가진 민족 정체성과 폐쇄적

1) 본 원고는 2011 한국언론학회 봄철 학술대회 미디어교육 분과에서 발표한 〈다문화사회의 이주민 인권: 실태와 쟁점〉 내용을 토대로 정리하였음. 발표 날짜: 2011년 5월 13일(금), 부산벡스코센텀.

인식의 한계가 여실히 드러난다. 킴리카(Kymlica)에 의하면 한국은 전세계 184개국 가운데 아이슬란드와 함께 단일문화를 고수하고 있는 국가로 분류되는 '한 핏줄-한 민족-한 문화' 신화를 대표하는 나라이다(Kymlica, 1995, 오경석, 2007: 33 재인용). '우리'라는 정체성을 구성하는 가장 뿌리 깊은 허구적 요소가 '혈통주의적 단일의식'으로 차별적 태도는 사회전반에 나타난다.

2015년 국민 다문화 수용성 조사결과[2]에 따르면 한국인들의 다문화 수용성은 2012년 조사보다 상향되었으나 여전히 주요 선진국보다는 낮았다. 연령별 차이를 나타내는데 성인에 비해 청소년이 수용적이지만 고연령층(50대 51.47점, 60대 이상 48.77점), 전업주부(51.40점) 등 다문화 수용성이 낮은 집단으로 나타나 성인들의 다문화에 대한 공정관념과 편견이 강하게 나타나고 있다. 한국의 외국문화에 대한 개방도 항목에서 다문화 수용성은 최하위 수준[3]이다. 20년간 확대되어 오고 있는 인종적 · 문화적 다양성의 증가에 의한 이주의 시대를 맞이하면서도 다문화사회에 대한 의식은 매우 폐쇄적이며 이에 따라 이주민을 둘러싼 다양한 인권문제가 표출되고 있는 셈이다. 무엇보다 직접 경험하지 않은 타인에 대한 고정관념은 편견을 양산하며 편견의 수행이 사회적 차별로 나타남을 고려할 때, 이주민에 대한 부정적 고정관념을 해소하기 위한 방법은 바로 인권교육이며 사회적 갈등을 예방하기 위한 가장 근본적이며 적극적인 대안이다.

본 장에서는 현대의 다문화사회에서 이주민들을 둘러싼 어떤 인권문제가 발생하고 있는지 실태파악과 쟁점을 파악하고 이주민의 인권정립을 위한 지향점을 모색할 것이다.

---

2) 2015년 국민 다문화 수용성 조사결과, 여성가족부.
3) 한국은 국가경쟁력 지수 중 외국 문화개방도 조사대상 57개국 중 56위를 차지함(2008년 55개국 중 한국 55위), 2009년 스위스 국제경영개발원(IMD).

# 2. 인권의 이해

## 1) 인권의 개념 및 특성

### (1) 인권의 개념

인권(Human right)이란 인(간)의 권(리)로 사람이기에 갖는 권리를 의미한다. 우리가 살고 있는 지구촌 곳곳에서는 거의 하루도 빠짐없이 전쟁과 정치적 살인, 납치, 살해 등 인간에게 부당한 일들이 일어난다. 인권은 그러한 사건들의 부당성을 깨닫고 인간의 권리가 침해되지 어떻게 행해야 하는가의 실천 문제까지 이끌어 내는 사회적 장치이며 공동체에 의해 합의된 개념이다. 따라서 인권이란 인간을 바라보는 철학적 개념과 인간이 사회의 구성원으로 살아가는데 있어 발생하는 사회적 개념을 모두 포괄한다.

20세기에 두 차례에 걸친 세계전쟁은 인권보장의 중요성을 깨닫게 하였고, 그 결과 1948년 유엔총회에서 '세계인권선언(Universal Declaration of Human Rights)4)'이 제정되기에 이른다. 이 선언은 정치, 경제, 문화, 종교의 차이에 관계없이 모든 사람과 국가가 달성해야 하는 공통의 기준임을 제시한다. 인권의 역할은 "인류, 가족 모든 구성원이 공표한 존엄성과 평등하고 양도할 수 없는 권리를 인정하는 것이 세계의 자유, 정의, 평화의 기초"라고 서문에서 기술하고 있다. 인권이란 '인간의 존엄성을 가지고 태어나 누구나 평등하고 그 누구에게도 양도하거나 침해

4) 세계인권선언(世界人權宣言)은 1948년 12월 10일 국제연합총회에서 당시 가입국 58개 국가 중 50개 국가가 찬성하여 채택된 인권에 관한 세계선언문이다. 국제연합총회 결의 217 A(III)이다. 360여 개 언어로 번역되어, 가장 많이 번역된 유엔 총회 문건이다. 1946년의 인권장전 초안과 1948년의 세계인권선언 그리고 1966년의 국제인권규약을 합쳐 국제인권장전이라고 부르기도 한다. 세계인권선언은 국제연합의 결의로써 비록 직접적인 법적 구속력은 없으나 오늘날 대부분의 국가 헌법 또는 기본법에 그 내용이 각인되고 반영되어 실효성이 클뿐 아니라 1966년 국제인권규약은 세계최초로 법적 구속력을 가진 세계적인 인권 관련 국제법이다.

될 수 없는 권리'로 정의한다. 일반적으로 인권을 바라보는 시야는 크게 세 가지이다. 첫째 세계인권선언과 같은 자연권, 혹은 천부인권적 인식, 둘째, 인권을 국민에 대한 국가의 의무로 인식, 셋째, 입법과 정부정책에 의해 결정되고 형성되는 사회적 권리로 인식한다. 인권은 근대국가의 탄생 이후 국제적인 법체계에 충돌되고 있지만, 그 출발이 17세기 자연법 사상의 사회계약론에 뿌리를 두고 있으므로 근대적 법률의 규정으로만 부여되고 제한되는 개념이 아니라는 것이라는 것이다. 오늘날에도 자연법 사상은 세계인권선언과 대한민국 헌법 속에서 천부인권 또는 자연권 등의 개념으로 수렴되고 있다.

인권에 대한 정의는 시대적 배경에 따라 변화해 왔는데, 과거에는 인권을 천부권이나 생득권(birth right)으로 바라보는 자연권이 지배적이었다. 자연법이란 당연하고 올바른 가치나 이념이며 시간과 공간을 초월한 자연법적 보편타당성의 존재를 믿는 것이 바로 자연법론의 기본적인 전제이다(박영하 · 박노정, 2010). 프리맨(Freeman)에 의하면 현대적 인권개념은 인권의 정부에 대한 권력 남용으로부터 개인을 보호하는 것을 목적으로 한다(Freeman, 2005).

대한민국 헌법 제10조에는 "모든 국민은 인간으로서의 존엄과 가치를 가지며, 행복을 추구할 권리를 가진다고" 인권을 명시한다. 인권에 대한 국내외의 공통적인 시야는 인간의 존엄성과 가치성에 대한 규범에서 출발한다고 볼 수 있다. 국내에서 인권문제를 다루는 기구인 국가인권위원회의 인권에 대한 정의와 개념은 다음과 같다. "인권이란 사람이 오로지 사람이라는 이유만으로 고유하게 가지는 권리이므로 법률의 규정으로 생기는 것이 아니며, 법률의 규정으로 마음대로 그 내용을 변경할 수 있는 것이 아니다. 우리헌법도 국가가 개인이 가지는 불가침의 기본적 인권을 확인하고 이를 보장할 의미를 진다고 규정하고 있듯이 인권은 국가가 법률의 규정에 의해 비로소 부여하는 것이 아니다"(국가인권위원회, 2010)로 명시하고 있다.

### (2) 인권의 특성

세계인권선언에 따르면 인권은 크게 여섯 가지의 특성을 갖는다. 첫째, 인권은 태어날 때부터 부여받는 천부권, 자연권, 양도불가능, 신성불가침의 내재적 특성을 갖는다. 둘째, 인권은 인간의 존엄성과 가치라는 핵심가치를 가지며, 인권의 이러한 핵심가치는 자유, 정의, 평화의 기초가 된다. 셋째, 인권은 보편적, 상호불가분, 상호의존적, 상호연관적인 관계적 특성을 갖는다. 넷째, 인권은 국가기구와 국민 혹은 시민 간의 문제에 국한되지 않고 지구화시대 시민의 규범으로 다차원적이다. 다섯째, 인권은 서로 다른 이해관계에 놓인 인권 간에 서로 다른 입장에 의해 충돌하기도 한다. 여섯째, 인권침해의 구조는 주로 행위자 중심으로 나타난다. 이 때의 침해자는 국가의 법집행기구나 비구가 행위자도 포함되며, 피해자는 정치적 탄압과 박해를 받는 사람은 차별받는 사회와 경제적 소수자, 혹은 이해관계자(stake-holders)도 포함된다(국가인권위원회, 2010).

**표 8-1** **인권 간의 대립구도**

| | | |
|---|---|---|
| 알 권리<br>표현의 자유<br>범죄자 인권 | VS | 인격권<br>사생활 보호<br>피해자 인권 |

대한민국의 국가기구인 국가인권위원회에서 규정하는 원칙에 따르면 인권의 특성은 다음으로 요약된다. 첫째, 보편성과 상호 의존성 및 상호연관성을 갖는다. 세계인권선언에서 규정한 '모든 사람을 위한 인권'이라 함은 어디에나 편재하는 보편성을 의미한다. 1993년 비엔나에서 개최된 세계인권회의에서는 인권은 상호의존적이며 상호 연관적이다(비엔나선언 제1부 5항)라고 규정하며 상호의존이란 인권과 발전 민주주의를 위해 통합적 접근을 의미한다. 둘째, 차별 없는 평등과 자유를 지향한다. 인권은 인간의 존엄성을 확인하기 위한 규범과 그에 대한 실천의 영역으로서 '자유'와 '평등'의 두 개념이 핵심 축을 형성한다. 우리나라 헌법 제11조 1항[5]과 제30조[6]에서 제시한 바와 같이 대다수의 국가가 평등을 명문화하

5) 대한민국 헌법 제11조 1항. 모든 국민은 법 앞에서 평등하다. 누구든지 성별, 종교 또는 사회적 신분에 의하여 정치적, 경제적, 사회적, 문화적 생활의 영역에 있어서 차별을 받지 아니한다.

6) 대한민국 헌법 제30조. 성별, 종교, 장애, 나이, 사회적 신분, 출신지역, 출신국가, 출신민족, 용모 등 신체조건, 혼인여부, 임신 또는 출산, 가족상황, 인종, 피부색, 사상 또는 정치적 의견, 형의 효력이 실효된 전과, 성적(性的) 취향, 병력(病歷)의 18가지를 언급함.

고 있어 평등이란 인권에 중요한 기본 원칙임을 의미한다. 셋째, 소수자 보호의 원칙을 갖는다. 차별 없는 평등의 원칙은 소수자 보호제도에서 구현되는데 이는 관용에서 출발하여 인종 및 정치적 소수자로 확대하여 왔다. 소수자(Minority) 혹은 소수집단이라는 말은 절대적인 의미보다는 사회적 관계 속에서의 상대성에 의하므로 정의하기는 불분명하다. 그러나 일반적으로 성, 연령, 인종 및 종교, 사상, 경제력, 성적 취향, 출신 지역 등을 근거로 사회 내 지배적 기준과 가치와는 상이란 입장에 있어 차별과 편견의 대상이 되는 사람을 가리키는 말(Dworkin and Dworkin, 1999)[7]이다. 넷째, 인권은 한 국가가 개인을 전적으로 통치하지 못하게 하는 공동체적인 성격을 띤다. 인간의 보편성을 강조하는 입장에서는 어떤 공간에서건 동일한 권리로 편재한다고 주장하는 반면, 상대주의적 입장에서는 자국의 특수한 문화와 규범을 우선으로 여긴다. 예컨대, 회교도에서 여성에 대한 폭력적인 명예재판문화를 그 대표적인 사례로 들 수 있다. 이에 대해 국제인권규약은 동일한 사안이 장소와 문화권에 의해 인권의 내용과 수준이 달라지는 상대성을 수용하지 않고 인류의 보편적 가치라는 입장을 고수한다. 또한 국가가 정한 정책이 인권침해 문제를 야기하여 국제사회에서 마찰을 빚기도 한다. 국내 이주인의 여러 가지 인권문제와 그에 대한 국제사회의 지적이 그러한 사례이다. 따라서 인권문제는 한 국가에서 통용되는 지역적 규범이 아니라 세계 공동체적인 기준이 된다.

## 2) 국내외 인권의 역사

### (1) 세계 인권의 역사

세계 2차대전이 종식된 후 유엔총회는 1948년 12월 10일 '세계인권선언'을 선포

---

7) 소수자란 단순히 수적으로 열세 집단을 지칭하지 않고, '종교, 문화, 사회적 신분, 언어, 인종 및 정치적 신념들을 이유로 수, 신분 그리고 정치적 영향력에 있어 열세 또는 불리한 위치에 속한 집단인 사회적 약자를 의미한다. 소수자를 세부적으로 정의하는 데는 다음 네 가지 조건이 필요하다.
- 개인의 신체적, 문화적 특성에 의해 다른 집단과 구별되는 '식별가능성(identifiability)'
- 경제력, 사회적 지위, 정치권력, 자원동원력에서 능력의 차이를 말하는 '권력의 열세'
- 소수자 집단의 성원이라는 이유만으로 사회적으로 '차별적 대우'를 받는 것
- 차별적 관행의 반복을 통해 전체적인 연대의식으로 확대되는 생각을 말하는 '집단의식'

하여 세계인권의 날이 생겨나게 되었다. 이 선언은 세계 모든 사람의 인권보장을 위한 최초의 국제 문서로써 구체적이고 실질적인 인권규범을 만들었다는 의의를 갖는다. 또한 모든 나라의 정책, 시민사회, 국제사회에 실천의 기준이 되고 있다. '세계인권선언'은 2차대전에 대한 범죄를 규정하고 인권에 대한 인류공통의 공동체적인 기준을 설정하였으므로 인권침해와 그에 대한 책임문제, 보상문제까지 이끌어 내므로 인권의 보편성을 정착시키는데 매우 실질적인 근거로 작동한다. 인권의 보편적 역사는 근대에서 시작하였다. 중세 자연론이 신에 의존했다면, 근대의 자연법론은 인간의 이성에 기반을 두고 인간의 권리와 인간의 존엄성을 구하고자 했다. 17세기 로크(Locke)는 '자연권(natural rights)' 이론을 통해 모든 인간은 정부나 법률이 아닌 인간본성에서 비롯되는 일정한 권리를 지니며, 정부는 이 권리를 존중할 때 비로소 정통성을 갖는다고 하였다. 그는 국가의 존립 목적을 인민의 인권옹호에 두었는데, 그 사상은 근대 시민사회 출현에 커다란 영향을 끼쳤다. 국가를 상대로 하는 인민의 저항을 인정하는 이론으로 근대적인 인권보장의 축을 마련하였다(Rawls, 1971). 즉, 17세기와 18세기에 서유럽에서 본격적으로 형성된 인권이라는 개념은 자연법과 실정법이 모순이 발생할 때, 자연법이 우선한다는 개념으로 되었다.

근대사회에서의 인권을 둘러싼 커다란 사건은 영국의 청교도혁명(1640-1660), 프랑스혁명(1789-1794), 미국의 독립혁명(1775-1783)으로 이러한 사건들은 중세 봉건사회의 해체와 기독교적 세계관으로부터의 해방을 촉구했다. 그 결과 근대적 인간존중의 이념이 탄생하지만 그것은 자본주의적 계급해방으로서 새로운 자본가 지배계급이 등장하는 결과를 낳게 되었다. 1832년 영국의 선거권은 성인 남자로서 일정한 재산이 있는 자본가에게만 부여되는 차별적인 자본계급사회로 변화하게 된 것이다. 소외된 시민계급은 노동자운동으로 발전하여 계급해방을 위한 민주주의 투쟁과 사회권 쟁취의 인권개념으로 발전하게 된다. 1836년 영국의 '차티스트 운동'은 세계 최초의 합법적인 노동자계급의 정치운동으로서 자본가들에게만 선거권을 부여한 제도에 반기를 들고 일어난 사건이다. 이 결과 선거권이 확대되어 자유민주주의의 기초를 확립하게 되었다. 현대적 인권 개념은 이러한 자연권 사상의 재구성과 생존권적 기본권을 더한 것으로 정부와 국민 사이의 정치

사회적 의미를 담는 규범적 개념으로 받아들여지고 있다. 고전적 의미의 인권이란 인간이 누려야 할 본연의 자유만으로 만족할 수 있었지만, 오늘날의 인권이란 이러한 기본적 자유 향유는 물론 사람이 최소한도로 생을 영위해 나갈 수 있는 물질적 보장도 한께 요구한다. 따라서 자유민주주의 여러 나라에서는 국민의 기본적 자유보장과 함께 경제생활의 향상을 위해 힘쓴다(박영하 · 박노정, 2010).

신자유주의로 글로벌화된 세계는 소수의 재력계급과 대다수의 무산 임금노동자 계급을 확대시키고 있으며 빈곤문제 등의 불평등을 낳고 있다. 이러한 사회현상의 비판으로 자본가와 노동자의 대립이 심화되고 마르크스(Marx)에 의해 자본을 둘러싼 사회적 이론이 등장함으로써 현대의 인권운동은 생존권 중심의 사회권 운동으로 변화되었다. 20세기에 들어서 세계대전을 치루면서 사회주의 국가가 등장하고 인간의 존엄성을 실현하기 위해 사회적 · 경제적 · 문화적 전제가 확보되어야 한다는 사상이 나타나고 사회권적 인권을 주장하는 흐름이 된다. 세계화 이후 이주인들과 관련하여 발생하는 인권문제는 기존의 근대적 인권개념이나 체계로는 해결하기 어려우므로, 제3세대의 공동체적 인권개념까지 포함하여 바라보아야 한다.

### (2) 한국 인권의 역사

한국의 인권역사는 짧으며 정치적인 영역중심으로 진행되어 왔다. 국제사회의 인권역사에 비교하면 한국의 인권역사는 매우 짧지만 인권활동은 군부독재에 저항하는데 선도적인 역할을 해 그 어느 나라보다 활발하게 진행되어 국민의 자생성에 의하는 독특한 지형을 나타낸다. 일제강점기를 거쳐 전쟁을 겪고 군부정치를 벗어나 민주주의를 실현했으나 여전히 남북 분단의 냉전체제 속에서 다문화사회로 전이되는 극적인 사회적 변화로 다른 나라에 유래 없는 복잡하고 독특한 인권역사를 갖고 있기 때문이다. 과거, 우리사회가 국가 권력적 저항에 의해 인권운동이 진행되었다면 현대의 인권은 정치, 경제, 사회, 정보 등 다양한 영역의 이슈들뿐 아니라 사적 영역 개인들의 인권을 보호하려는 운동까지 나타나고 있다. 그러나 여전히 국가적인 인권기구가 매우 적고 대중을 위한 인권기구의 부족과 활동이

미미하여 국제사회에서의 인권문제에 있어서도 여전히 취약한 영역이다.

1990년 이전의 한국은 군사독재 정치로 시민들에 대한 탄압과 인권침해 사례가 빈번히 발생했으나 인권문제를 해결하기 위한 국가기구는 존재하지 않았다. 1970년대 박정희 정권의 유신체제에 맞서 1972년 국제엠네스티가 결성되었다. 종교계에서는 천주교 정의구현사제단, 도시산업 선교회, 크리스쳔 아카데미 등이 생겨 민주화운동 세력을 지지하거나 인권탄압에 대해 저항하는 활동을 하였다. 1980년대는 전두환 독재에 반대하는 투쟁세력이 확대되었고, 1980년대까지의 인권운동은 민주항쟁 등의 '민권운동' 성격을 띠었다. 군부독재 정치의 종식 이후 1990년대에는 장애인, 이주노동자, 성적 소수자, 양심수 등 정체성에 기반을 둔 새로운 인권운동이 등장하게 되었다. 2000년대에는 국가인권위원회가 등장하여 인권영역이 국가에 의해 다루어지게 되었다. 국가인권위원회는 국가의 억압이나 전쟁 등 사회적 생존권과 다문화사회에서 소수자와 인종차별금지법과 사회 전영역의 인권 교육활동 등으로 인권운동이 전개되고 있다. 30년간 고도의 경제성장을 이루었지만 신자유주의 사회에서 발생하게 된 양극화 문제는 또 다른 인권문제로 등극하였다. 빈부 격차의 심화와 불평등한 배분으로 소수의 자본지배 계층과 다수의 빈곤층을 형성하고 있으며 노동자의 인권문제, 이주인의 인권문제 등이 현대사회에서 해결해야 하는 인권의 과제이다.

## 3) 국제인권규약의 내용

### (1) 국제인권규약의 분류

국제인권장전(International Bill of Human Right)8)에 의하면 인권은 자유권(시민적,

8) 국제인권장전(國際人權章典). 1946년 국제연합(UN) 창립 당시에 인권위원회가 작성한 인권장전 초안(Draft Outline of a Bill of Rights), 또는 1948년에 선언된 세계인권선언과 1966년에 성립된 국제인권규약이다. 원래 UN헌장에 인권규정이 들어 있었고 경제사회이사회의 인권위원회에 국제인권장전을 제안 · 권고하는 의무가 부여되었다. 1946년 인권위원회가 조직되어 최초의 국제인권장전 초안이 UN 사무국 안으로서 48개조의 것이 작성되었으며, 이에 의거하여 인권위원회의 작업이 시작되었다. 그 후 참가국 중에 인권장전에 법적 효력을 부여할 것인지 그 여부에 관하여 대립하는 2가지 견해가 존재하는 것이 판명되어, 도덕적 구속력만을 갖게 하는 선언은 1948년의

정치적 권리), 사회권(경제적, 사회적, 문화적 권리), 평등권의 세 가지 범주로 대표된다. 프랑스 법학자 바삭(K. Vasak)은 인권을 세 가지 세대의 인권으로 분류하였다. 첫째, 제1세대 인권이란 자연권에 기초한 근대적 인권 개념을 배경으로 한 '시민적, 정치적 권리'(자유), 둘째 제2세대 인권은 '경제적 · 사회적 원리(평등), 3세대 인권은 새로운 연대권(박애, 인류애)으로 나뉜다. 제1세대 인권과 제2세대 인권이 법적 강제수단을 통해 국가에 의해 실현되는 것인 반면, 제3세대 인권은 사회동반자가 연대책임을 지는 것을 전제로 한다(홍성방, 1999). 즉, 제3세대 인권은 국경을 초월하여 모든 사람들이 함께 협력하는 전 지구적인 집단행동을 강조하는 개념으로 국제적인 논의에서 해결점을 지향하는 것이다.

**표 8-2** **인권의 분류**

| | 자유권(1세대 권리) | 사회권(2세대 권리) | 평등권 |
|---|---|---|---|
| 핵심가치 | 정치적 자유<br>형식적 평등 | 사회 · 경제적 정의<br>실질적 평등 | 차별 받지 않을 권리 |
| 국가의 역할 | 소극적<br>적극적 | 적극적<br>보호, 존중, 실현 | 적극적 |
| 세계인권선언 | 제3조-제21조 | 제22조-제27조 | 제2조-제7조 |
| 주요 인권조약 | 자유권 규약<br>고문방지 규약 | 사회권 규약 | 인종철폐협약<br>여성차별철폐협약 |
| 시대적 배경 | 18세기 | 19세기 | 20세기 |

출처: 국가인권위원회(2010).

### (2) 분류에 따른 내용

자유권은 국가나 타인의 간섭으로부터 보호받을 시민적 권리와 정치공동체의 업무에 참여하고 통제할 정치적 권리를 포함하는 개념으로 제1세대 인권이라 불린다. 자유권은 법적 평등과 신체의 보전, 정신적, 정치적 경제적 활동과 인격권

---

세계인권선언으로서 처음으로 성립되었고, 법적 구속력을 갖는 조약은 1966년의 2개의 국제인권규약이 되었다. 국제인권장전이라는 말은 뒤에 성립한 세계인권선언과 국제인권규약을 총칭하는 경우에 사용되는 것이나, 좁은 뜻으로는 연혁적으로 UN 창립 당시에 활동한 인권위원회가 작성하였던 인권장전 초안을 가리키는 말이다(두산백과).

및 사생활 보호 등 개인의 기본적인 권리를 포함한다. 사회권이란 경제적, 사회적, 문화적 권리를 포함하는 개념으로서 사회적 정의와 실질적 평등을 토대로 하여 제2세대 인권이라 불린다. 평등권이란 여성할당제와 장애인 의무고용과 같이 모든 영역에서 평등한 처우를 요구할 수 있는 권리를 의미한다.

20세기 후반에 들어서는 자결권, 발전권, 환경권, 평화권 등을 포함하는 권리개념을 연대권이라 하여 권리의 주체를 국가, 민족, 공동체 등으로 보며 국제적 협력의 중요성을 강조하는 제3세대 인권으로 불린다.

**표 8-3 　　인권의 분류에 따른 내용**

| | 분류 | 인권의 내용 |
|---|---|---|
| 자유권 | 시민적 권리 | 1. 법 앞에 인간으로서 인정받을 권리(자유권 제16조), 법의 평등한 보호를 받을 권리(자유권 제26조)<br>2. 제소자의 권리, 생명권(자유권 제6조), 고문 금지(자유권 제7조), 차별제도의 기본적 원칙(자유권 제10조)<br>3. 공정한 재판에 대한 권리, 재판 앞에서 평등과 무죄 추정의 원칙(자유권 제14조)<br>4. 이동의 자유에 대한 권리(자유권 제12조)<br>5. 의사표현의 자유에 대한 권리, 개인적 영역의 자유에 대한 보호(자유권 제17조), 사상 ,양심, 종교의 자유(자유권 제19조), 전쟁과 차별에 대한 선전 금지(자유권 제 20조) |
| | 정치적 권리 | 1. 평화로운 집회의 자유(자유권 제21조)<br>2. 결사의 자유(자유권 제22조)<br>3. 정치에 참여할 자유(자유권 제25조) |
| 사회권 | 경제적 권리 | 1. 적절한 생활수준을 획득하고 유지할 권리- 배고픔으로부터 자유로울 권리(사회권 제11조 2항), 적절한 식량, 의복, 주거를 포함하는 적절한 생활수준에 대한 권리(사회권 제11조 1항)<br>2. 노동권 (사회권 제6조)<br>3. 공정하고 유리한 노동조건에 대한 권리(사회권 제7조)<br>4. 노동조합을 형성하고 가입할 권리, 파업할 권리(사회권 제8조) |
| | 사회적 권리 | 1. 사회보장에 대한 권리(사회권 제9조)<br>2. 가족, 임산부, 아동의 권리(사회권 제10조), 가족에 대한 보호, 혼인의 자유(자유권 제23조), 아동의 권리(자유권 제24조)<br>3. 육체적 · 정신적 건강에 대한 권리(사회권 제12조) |
| | 문화적 권리 | 1. 교육권(사회권 13조), 기초의무 교육에 대한 권리(사회권 제14조)<br>2. 문화적 생활에 참여할 권리와 자유로운 과학적 진보로부터 이익을 향유할 |

| | | |
|---|---|---|
| | | 권리(사회권 제15조)<br>3. 소수자의 권리(자유권 제27조) |
| 평등권 | 차별받지 않을 권리 | 형식적 평등(시민권), 실질적 평등(사회권)<br>차별금지(세계인권선언 제1조, 제2조, 제7조) |

출처: 국가인권위원회(2010).

## 3. 이주민의 지위와 인권

### 1) 국내 이주인의 지위와 법

한국의 경제위기인 IMF를 지나면서 1980년대 말부터 외국인의 국내 유입은 크게 외국인 근로자와 결혼이주여성이라는 두 집단[9]으로 자리잡았다. 우리사회에서 다문화 이주민은 화교집단이 있었고, 6.25 전쟁으로 주한 미군이 장시간 거주하면서 혼혈인이 탄생하였으나 우리나라에서 화교나 혼혈인의 인권은 사회적으로 논의되지 않는 집단적 인식으로 존재해 왔다. 80년대 말부터 성행하기 시작한 농촌총각 장가보내기 운동의 결과[10], 국제결혼은 지역사회의 혼인형태로 자리잡았다. 또한 외국인근로자들의 국내 경제활동 비중도 지속적인 증가세로서 결혼 여성과 남성노동자라는 성별 차이가 성향이 뚜렷한 다문화 지형을 형성하고 있다. 그러나 이주민의 증가는 주로 취약한 계층의 유입으로 인해 인권문제를 양산하고 있다. 2006년 한국계 흑인혼혈인 미식축구 선수 하인스워드(Hines E. Ward)가 한국을 방문한 것을 계기로 우리사회에 만연한 혼혈인 차별과 인종차별 문제 등이 심각한 인권문제임을 의식하게 되었다.

9) 외국인근로자 43.7%인 55만 2,946명(남성 68.9%), 결혼이민자(혼인귀화자 포함)는 16.7%인 21만 1,458명(여성 86.9%)이 중 국적취득자인 11만 1,110명(8.8%) 외국인주민 자녀는 11.9%인 15만 1,154명이다.

10) 농어촌지역 농림어업종사자 37.8% 외국인 여성과 결혼(2009년 기준)하였다.

유엔인권조약 감시기구에서 권고한 한국의 이주인 인권문제는 이주노동자 문제, 결혼이주여성 문제, 이주아동 문제 등이며 한국사회에 광범위한 차별적 인식이 지속적으로 지적되어 왔다. 「모든 형태의 인종차별 철폐에 관한 국제협약」에서 이주노동자에 대한 권고사안이 많은 부분을 차지하며 이주아동, 결혼이주민, 난민 순으로 인종차별 철폐가 강조되고 있다.

대한민국 헌법에는 외국인에 관하여 "국제법과 조약이 정하는 바에 의하여 그 지위가 보장 된다"[11]로 규정한다. '인신보호법'[12]에서는 '출입국 관리법'에 의해 보호된 외국인의 경우에는 적용하지 않으며, '행정절차법'[13]에서 외국인의 출입국 관리 절차에는 적용되지 않는다. '국민기초생활보장법'[14]과 '다문화가족지원법'[15]에서는 적용대상을 한국 국적을 가진 자로 규정하고 있다. 그러나 헌법재판소는 "국민과 유사한 지위에 있는 외국인은 기본권의 주체가 될 수 있다"[16]고 결정하였으므로 외국인에게도 기본권은 적용된다. 기본권의 성질상 외국인에게 적용할 수 없거나 상호주의에 의한 제한이 있는 경우를 제외하고 헌법에 규정된 기본권은 그대로 외국인에게 적용된다. 그러므로 내 · 외국인 구분 없이 인간의 존엄과 가치, 행복 추구권, 자유권적 기본권, 청구권적 기본권의 보장은 모두에게 적용될 수 있다. 그러나 기본권에서도 사회적 기본권 보장에는 제한이 있으며 정치적 권리는 배제된다.

'재한외국인처우기본법[17]'은 재한외국인을 "대한민국의 국적을 가지지 아니한

---

11) 헌법 제6조 2항. 외국인의 헌법상 지위는 오직 이 조항을 통하여만 보호되는가 아니면 외국인도 헌법상의 기본권 조항의 직접 보호를 받느냐에 대하여는 해석상 대립이 발생한다.

12) 인신보호법 제2조 1항. "위법한 행정처분 또는 사인에 의한 시설에의 수용으로 인하여 부당하게 인신의 자유를 제한당하고 있는 개인의 구제 절차를 마련하기 위한 목적으로 시행됨.

13) 행정절차법 제3조, 제9조). 행정의 공정성·투명성 및 신뢰성을 확보하여 권익을 보호하기 위한 목적으로 제정됨.

14) 국민기초생활보장법 제5조 2항. "대한민국 국민과 혼인하여 대한민국 국적의 미성년 자녀를 양육하고 있는 사람으로서 대통령이 정하는 사람"만이 기초생활 수급권자가 되도록 규정함.

15) 다문화가족지원법 제2조 제1호. 다문화가족을 결혼이민자와 한국국적을 가진 자로 이루어진 가족이나 귀화한 자와 한국국적을 가진 가족으로 한정하여 외국국적을 가진 자로 이루어진 가족은 다문화가족에서 배제함.

16) 헌법재판소 1994. 12. 29. 선고 93헌 마 120 결정: 헌법재판소 2001. 11. 29. 99헌마 494 결정 참조.

17) 재한외국인처우 기본법. 2007. 5. 17 법률 제 8442호. 대한민국에 거주하는 외국인이 우리사회에 조기에 적응하고 국민과 외국인이 서로 이해하고 존중하는 사회 환경을 조성하여 대한민국의

자로서 대한민국에 거주할 목적을 가지고 합법적으로 체류하고 있는 자"로 정의한다. 일반적으로는 국내에 장기간 생활의 근거를 두고 거주하는 자를 정주외국인으로 지칭한다. 그러므로 국내에서 규정하는 외국인이란 외국의 국적을 가진 자 뿐만 아니라 무국적자나 한국의 혈통을 가진 자라도 외국국적을 가진 자를 모두 외국인으로 범주화된다. 여기에서 재한외국인의 법적 지위는 대한민국에 적용되는 조약, 국제 관습법 및 국내법이 정하는 바에 따라 보장된다. 또한 재한외국인은 대한민국의 법규를 준수하고 대한민국의 문화와 가치를 존중할 의무가 있음을 밝히고 있다.

외국인들도 집단에 따라 다른 법적 지위와 그에 따른 상이한 대우를 받는다. '출입국관리법'은 외국인의 출입국과 체류를 관리하는 법률로서, 외국인은 규정된 체류 자격에 따라 국내에서 활동범위와 기간이 정해진다. 예컨대, 한국에서의 합법적 거주 조건을 충족시키기 해서는 교수(E-1), 연구(E-3), 기술지도(E-4), 전문직(E-5), 흥행예술(E-6), 특정 활동(E-7), 연수취업(E-8), 비전문취업(E-9), 취업관리(F-1-4), 산업연수(D-3) 중 하나의 체류 자격을 가져야 한다. 즉 요건에 맞는 자격을 갖지 못한 자가 국내에 취업을 할 경우 '자격 외 취업자'로서 불법 체류자가 된다. 국내 외국인들이 한국에서 가지는 권리는 '자유권'과 '청구권'이 있지만 국민으로서 누리는 '사회권'의 권리에서는 그들의 체류 자격에 따라 제약이 따르기도 한다. 외국인 인권의 세 가지 영역은 다음과 같다.

**표 8-4 외국인 인권의 세 가지 영역**

| 자유권 | 사회권 | 평등권 |
|---|---|---|
| 생명권, 고문금지, 노예제도의 금지, 신체의 자유와 안건에 대한 권리, 표현의 자유, 사생활의 자유, 양심의 자유, 종교의 자유, 재판청구권, 거주이전의 자유, 언론·출판·집회결사의 자유, 학문과 예술의 자유 등 | 근로의 권리, 공정하고 유리근로의 조건을 모든 사람이 향유할 권리, 노동조합을 경설하고 그가 선택한 노동조합에 가입하는 권리, 가족, 임산부, 어린이 보호, 의식주 생활을 누릴 권리, 신체적·정신적 건강을 | 성별, 종교, 장애, 나이, 사회적 신분, 출신지역, 출신국가, 용모, 신체조건, 혼인여부, 임신 또는 출산, 가족상황, 인종 피부색, 사상 또는 정치적 의견, 전과, 성적 지향, 병 등에 의해 고용, 재화, 용역, 교통 |

발전과 사회통합에 이바지 함을 목적으로 함.

| | | |
|---|---|---|
| | 향유할 권리, 교육에 대한 권리, 문화 · 과학 · 예술 활동의 권리 등 | 수단, 상업시설, 토지 주거시설, 교육시설, 직업훈련기관의 공급이나 이용에서 차별을 당하지 않을 권리 등 |

출처: 국가인권위원회(2010).

## 2) 이주민 집단별 인권문제

### (1) 결혼이주민 인권의 쟁점

결혼이민자는 체류외국인 중 국민의 배우자 체류자격을 가진 자를 말한다. 2016년 통계에 제시된 국내 결혼이민자는 151,608명[18](2015)이며 귀화자를 포함하면 총 30만 명을 넘는다. 배우자도 30만 여 명, 자녀는 28만 여 명으로 다문화가족은 총 82만 여 명을 나타낸다. 혼인 국가 별로는 중국(38.8%), 베트남(26.9%), 일본(8.5%) 순으로 나타났다. 국적별로 볼 때 중국이 가장 많은 수를 차지하고 있으나 2010년 60%에 비교하면 점차 감소하고 있으며 동남아 국가 및 일본과의 결혼이 증가하고 있음을 확인할 수 있다. 또한 전체적으로 2010년 이후에는 외국인 배우자와 결혼 급증세가 감소하고 있다. 최근 3년간 평균 증가율은 0.7%로 나타나 2015년 국제결혼 인구는 전년대비 0.41% 증가하는데 그쳤다. 이는 국내외로 문제가 되던 국제결혼과정에서 매매성 결혼, 개인정보의 왜곡 등으로 일어나는 인권문제를 개선하기 위해 결혼이민 사증발급 심사를 강화시키고 국제결혼 안내 프로그램 이수 의무화 조치 등과 같은 국가적 차원의 개선안을 마련하고 있기 때문이다. 2016년 국내에 등록하고 있는 국제결혼중개업체는 368개이다. 2011년 1679개소, 2012년 1514개소에서 2013년 512개소로 급격하게 감소한 이후 2014년 449, 2015년 403개로 급감하고 있다. 그러나 국제결혼은 지속되고 있으며 급격히 상승하는 것은 국제결혼 부부의 이혼 추이이다. 2014년 국제 결혼부부의 이혼건수는 총 9,754건[19]으로 전체 한국인 간 이혼 건수의 8.4%를 차지한다. 박재규(2007)의 연구에 따르면 결혼

---

18) 전체 외국인주민의 11.2%를 차지,' 10년(125,087명) 대비 16,567명 증가(13.3%)했다.

19) 2014년 외국인과의 이혼건수는 한국인 남편과 외국인 처 이혼 6998건, 외국인 남편과 한국인 처 이혼 2756건.

과정에서 발생한 왜곡된 정보가 이혼에 큰 변수로 작용하고 있고 갈등과 신체적 폭력 등이 이혼의 큰 요인이었다.

**표 8-5** **외국인과의 이혼 추이**

(단위 : 건, %)

| 구 분 | 2007 | 2008 | 2009 | 2010 | 2011 | 2012 | 2013 | 2014 |
|---|---|---|---|---|---|---|---|---|
| 총 이혼건수 | 124,072 | 116,535 | 123,999 | 116,858 | 114,284 | 114,316 | 115,292 | 115,510 |
| 외국인과의 이혼 | 8,294 | 10,980 | 11,473 | 11,088 | 11,495 | 10,887 | 10,480 | 9,754 |
| (총 이혼 중 비중) | (6.7) | (9.4) | (9.3) | (9.5) | (10.1) | (9.5) | (9.1) | (8.4) |
| 한국남성+외국여성 | 5,609 | 7,901 | 8,246 | 7,852 | 8,349 | 7,878 | 7,588 | 6,998 |
| 한국여성+외국남성 | 2,685 | 3,079 | 3,227 | 3,236 | 3,146 | 3,009 | 2,892 | 2,756 |

출처: 혼인 · 이혼통계('2015. 4, 통계청).

결혼여성 이민자 연령 분포 조사에서는 20대 여성이 41.3%[20]이며, 24세 이하 여성이민자의 45.4%가 40대 이상으로 나타났다. 25~29세의 45.7%가 40대 이상의 한국인 배우자와 살고 있으므로 결혼남성 이민자와 한국인 배우자의 평균연령 차이 1.3세에 비교해 큰 차이를 보인다. 또한 결혼여성 이민자의 학력수준은 초졸 이하 8.4%, 중졸 27.7%, 고졸 42.3%, 대학 이상 20.7%로 나타나 남성이민자의 경우 대졸 이상이 40.6%를 나타내는 것에 비해 나이와 학력[21]에서 이민자 집단 간에 큰 차이를 보인다. 다문화가정의 가구소득[22]은 전반적으로 낮아 월평균 가구소득 100~20만 원 미만이 38.4%, 200~300만 원 미만이 18.7%, 저소득층 100만 원 미만은 21.3%, 고소득 500만 원 미만은 2.1%에 불과하여 경제적으로 취약한 계층으로 나타난다.

현재 국내 국제결혼의 80%가 한국남성과 외국여성의 결혼으로 결합되고 있는 현실을 반영하여 다문화정책의 상당 부분이 이주여성을 지원하는 정책에 초점을 맞추어 가고 있다. 다문화가족이라고 불리는 국제결혼가정을 대상으로 하는 지원

20) 24세 이하(21.1%), 25~29세(20.2%), 30~39세(38.7%), 40세 이상(24.5%)이다.

21) 대학 이상의 고학력 비율 국가는 몽골(61.1%), 일본(60.5%), 필리핀( 57.7%) 순, 저학력 비율 국가는 캄보디아(중졸 이하 66.4%), 베트남(중졸 이하 61.8%) 순이다.

22) 출신국적별 월평균 가구소득은 100만 원 미만 저소득층 필리핀(28.7%), 중국한국계(24.7%), 캄보디아(23.7%), 베트남(22.5%), 태국(21.1%) 순이다

정책은 안정적인 가족생활과 다문화가족의 삶의 질 향상을 목적으로 하며 다양한 분야의 서비스로 관련 부처 간의 협력과 사업의 연계로 지원한다. 그러나 증가하는 국제결혼 건수만큼 다문화가정의 이혼도 급증하고 있으며, 특히 국제결혼가정 내 살인과 폭력 등 이주여성의 인권침해 문제는 출신국들로부터 한국에 대한 반감을 일으키며 국가적 위상에 타격을 입히는 요소가 되기도 한다. 이러한 결혼이주여성을 둘러싼 인권문제는 이주민의 열악한 사회적 지위에 의해서 발생하고 있다. 결혼과정에는 결혼중개업에 의한 매매, 인종차별적인 요소 등 인권침해 요소가 발생하고 있으며 결혼이 성립될 경우 결혼생활에서도 불평등과 갈등이 나타난다. 2015년 결혼실태조사에 의하면 국제결혼중개업체를 이용하는 경우에 인권침해 문제가 크게 나타나고 있었다. 2010년 결혼중개업관리에 의한 법률[23]이 제정되었지만 여전히 배우자의 신상정보는 제대로 제공되지 않고 있어 신상정보의 불일치는 결혼생활을 원만히 지속하는데 어려움을 작동하고 있고 인권문제를 야기시키는 요인이 되고 있다. 배우자의 소득, 재산, 질병 및 정신적 장애 유무, 범죄경력이 축소 및 왜곡되고 있으며 전체적으로 배우자의 신상정보가 불일치(61.1%)[24]를 보인다. 이 조사에 의하면 결혼중개업체를 이용하는 경우 첫 만남에서 결혼까지 과정은 너무도 빠르게 진행되는 것으로 나타났다. 예컨대 맞선 후 결혼식까지 걸린 시간은 혼인중단 남성의 59.5%, 혼인중단 여성의 59.8%는 맞선 후 3일 이내에 결혼식을 올려 중개업체 소개로 만난 5명 중 3명이 만난 지 3일 이내에 결혼을 하였다. 즉석으로 이루어지는 국제결혼은 상대에 대한 이해과정이 생략되므로 많은 문제가 야기될 수밖에 없다. 아시아 출신의 결혼이주여성이 대부분인 이들에게 한국문화를 일방적으로 요구하고 가부장적인 결혼생활을 강요함으로써 발생하는 문제는 여성에 대한 폭력으로 나타난다. 결혼여성이 한국 국적을 취득하지 않은 상황에서 이혼한 경우에 발생하는 인권문제는 더욱 취약하다. 결혼이민(F-6) 비자는 2년마다 체류기간을 연장해야 한국에서 계속 살 수 있다. 체류기간을 연장하기 위해선 보건소에서 결핵 검사를 받고 확인증을 출입국관리사무소에 제출해야 한다. 이혼한 결혼이주여성이 국적을 갖기 위해선, 이혼의 책임이 한국인 배우

23) 결혼중개업관리에 의한 법률(제 10301호) 개정으로 국제결혼중개업체에 신상정보 제공의무가 부과되었다.

24) 국제결혼중개업체 이용자 및 피해자 조사연구, 설동훈 외, 2015, 16쪽.

자에게 있다는 내용의 이혼조정결정문이나 이혼판결문이 필요하다.

결혼이주민들의 가정 내의 인권침해 사례는 정확하게 집계되지 조차 않는 것이 한국의 현실이다. 그러나 다누리 콜센터를 통한 2016년(13,264건) 상담에서 가장 높게 나타난 내용은 국제결혼 배우자 간의 부부갈등, 체류 및 국적, 가정폭력, 이혼문제 일반폭력 등이었으며 피해자는 대부분이 여성이었다. 결혼이주민들의 인권침해 사례를 결혼 전의 과정과 한국입국 후의 생활로 나누어 살펴보면 다음과 같다.

**표 8-6 결혼이주 여성의 인권침해 내용**

| | 결혼 과정 | 한국 생활 |
|---|---|---|
| 내용 | · 인권침해적 광고행위<br>· 결혼중개업 시스템<br>· 부정확한 정보제공<br>· 자율적 배우자 결정권의 침해<br>· 신부보증제, 집단맞선<br>· 임신경력 확인 검사 | · 친권이 없는 이혼 여성의 문제<br>· 혼인의 진정성<br>· 영주자격 신청, 국적신청 시 남편 동행<br>· 가정폭력<br>· 한국어 사용, 일방적인 동화 강요 |

출처: 소라미, 2010, 225-245쪽 요약.

### (2) 외국인근로자 인권의 쟁점

국내 외국인 중 가장 많은 수를 차지하는 국내 외국인 노동자를 지칭함에 있어, 흔히 외국인근로자, 이주노동자 등으로 부르기도 한다. 한국의 외국인근로자의 고용에 관한 법률에서는 외국인 노동자를 "대한민국의 국적을 가지지 아니한 자로서 국내에 소재하고 있는 사업 또는 사업장에서 임금을 목적으로 근로를 제공하고 있거나 제공하고자 하는 자"로 정의한다. 우리나라에 외국인 노동자는 IMF를 지난 후 1990년대부터 대거 유입되기 시작하였는데 그들은 단순기능 인력으로서 한국인들이 원하지 않는 3D업종 영역에 주로 배치되었다. 그러나 '산업연수생제도'는 임금체불이나 감금노동, 여권압수 등 많은 인권침해 요소를 가진 제도라는 점을 보안하여 '연수 후 취업제도'로 변화하고 부조리함을 수용하여 '고용허가제도'에 이르게 된다. UN은 전세계 이주노동자와 그들의 가족의 권리보호를 위해 '모든 이주노동자와 그 가족의 권리 보호에 관한 국제협약(이하 이주동자 권리협약)을 제정하였다. 그러나 이주노동자들의 수용국들은 이들의 정주화와 사회복지 비용의 증가를 우려하여 이 국제 협약을 비준하고 있지 않은 상황이다(윤인진, 2010). 연수취업(E-8), 비전문취업(E-9), 취업관리(F-1-4), 산업연수(D-3) 등의 체류 자격을 가진 생산기능직 외국인노동자의 경우 동반사증을 발급할 수 있는 조항을 설정하지 않음으로써 '가족초청 금지' 원칙을 고수하고 있다. 외국인 노동자의 사회적 제약은 '한국사회가 원하지 않는 '외국인의 정착을 예방하려는 의도에서 비롯한 것으로 '한국사회가 원하지 않는' 외국인의 정착을 예방하려는 의도에서 비롯한 것으로 정당한 것으로 간주된다(설동훈 · 박경태 · 이란주, 2004). 자격별 체류외국인 현황을 살펴보면 외국인 노동자는 총 549,032명이며 이들 중 전문 인력은 46천 여 명으로 대다수의 노동자들이 주로 단순노동직에 종사하고 있으며, 미등록 체류자는 7만 명이 넘는 것으로 집계되고 있다.

**표 8-7　　체류자격별 이주노동자 현황**

(단위: 명)

| 구 분 | | 총체류자 | 합법체류자 | 불법체류자 |
|---|---|---|---|---|
| 총계 | | 549,032 | 477,514 | 71,518 |
| 전문 인력 | 소계 | 50,931 | 46,317 | 4,614 |
| | 단기취업(C-4) | 808 | 647 | 161 |
| | 교　수(E-1) | 2,685 | 2,660 | 25 |
| | 회화지도(E-2) | 20,398 | 20,308 | 90 |
| | 연　구(E-3) | 2,958 | 2,941 | 17 |
| | 기술지도(E-4) | 219 | 217 | 2 |
| | 전문직업(E-5) | 670 | 646 | 24 |
| | 예술흥행(E-6) | 5,025 | 3,531 | 1,494 |
| | 특정활동(E-7) | 18,168 | 15,367 | 2,801 |
| 단순 기능 인력 | 소계 | 498,101 | 431,197 | 66,904 |
| | 비전문취업(E-9) | 245,534 | 189,153 | 56,381 |
| | 선원취업(E-10) | 12,106 | 7,633 | 4,471 |
| | 방문취업(H-2) | 240,461 | 234,411 | 6,050 |

출처: 출입국외국인정책본부(2014. 1).

국제사회의 국내 이주노동자 인권문제 지적에 따라 정부는 산업연수생제도의 폐지와 고용허가제 시행, 영주권제도의 도입, 초 · 중등교육법 시행령 개정과 관련 법규 개선을 통해 이주민의 인권보호를 신장시켜 왔다. 그러나 여전히 외국인 또는 이주노동자에 대한 차별이 제도상으로 존재하고 있다. 외국인들에게 일시적인 체류 자격을 부여하거나 내국인들에게는 존재하지 않는 취업의 분야 제한, 취업기간 등의 제한이 제도로서 존재하는 것도 이미 국가가 외국인에게 갖는 차별적인 태도 반영인 것이다. 이주노동자는 내국인에 비해 불평등한 근로조건, 법과 제도로부터 배제, 사회로부터 편견과 차별을 겪고 있으며 결혼이주민들은 결혼중개업체를 통한 부정확한 정보로 경제적인 어려움, 가부장사회에서의 부부 갈등을 겪고 있으며 다문화가정 자녀는 학업부진과 차별 등으로 정체성의 혼란을 겪는다. 미등록 이주노동자들 뿐 아니라 합법 체류 이주노동자들이 겪는 인권침해 유형은 근로 과정에서 동일하게 경험하는 것으로 나타난다. 예컨대 과도한 노동 시간, 위험하고 열악한 근로환경, 폭언, 폭행, 임금체불, 성폭행[25] 등으로 인권침해에 노출되어 있다. 따라서 고용허가제도의 안정적 정착 및 외국인 산업연수제도 편법운용 폐지, 이주노동자의 생활적응지원, 강제단속 과정의 인권침해 예방, 기본적 인권보호, 노동3권[26]의 실질적 보장, UN이주노동자 협약의 비준, 이주노동자 아동자녀의 권리보호 등이 사회적 과제로 떠오르고 있다. 우리나라에 들어오는 외국인들은 취업 자격에 따라 그들의 법적인 지위가 달라진다.

한국의 현행 외국인력제도는 전문기술인력 취업제도, 고용허가제도, 산업연수제도의 세 가지로 요약되는데 외국인 노동자를 중심으로 한 국내의 문제는 입국규제 등 입국과정에서부터 고용상에서 기본권 침해 사례까지 다양하게 나타난다. 단기비자, 산업연수, 연수취업 등으로 입국한 경우 미등록으로 체류하는 외국인이 가장 많고, 이들은 임금체불이나 사기 등의 피해를 가장 많이 입는 집단으로 보고되기도 한다. 이는 국내 이주인과 관련한 인권문제가 특히 단순기능 인력을 중심

25) 통계청의 2012년 집계에 의하면 외국인 취업자 79만 1000여 명 가운데 여성은 27만 4000여 명(34.6%)으로 국내 전체 노동자 2,500만 여 명의 1%가 넘는다. 이들 중 여성 이주노동자 10%가 성폭력 피해를 입는 것으로 나타났다. 한겨레 뉴스, 2013. 04. 28.

26) 노동3권이란 단결권 · 단체교섭권 · 단체행동권으로 현대 헌법에는 일반적으로 기본권으로 인정되어 있다.

으로 하는 노동영역에서 가장 많이 발생하는 문제이다. 미등록 근로자는 출입국관리법이나 외국인고용법에서 위반한 사람을 말하는데 불법체류자, 미등록 이주노동자, 미등록 체류자, 불법이주자, 비정규이민자, 불법체류 외국인근로자, 불법취업 외국인 등으로 불린다.[27]

〈표 8-8〉은 미등록 외국인이 한국에 체류하면서 입게 된 인권침해 피해사례를 나타내고 있다.

**표 8-8　미등록 외국인이 한국에 체류하는 동안 입은 피해의 형태**

| 피해의 형태 | 빈도 | 비율(%) |
|---|---|---|
| 임금체불 | 182 | 36.2 |
| 폭행 | 22 | 4.4 |
| 사기 | 45 | 8.9 |
| 산업재해 | 26 | 5.2 |
| 성폭력 | 1 | 0.2 |
| 가정폭력 | 8 | 1.6 |
| 차별경험 | 61 | 12.1 |
| 기타 | 59 | 11.7 |
| 없다 | 97 | 19.3 |

출처: 국가인권위원회(2008). 외국인노동자의 인권침해 현황.

외국인근로자의 자녀는 국가 차원의 신분 보장이 없어 이주아동 가운데 가장 불안한 처지에 놓여 어려움을 겪는 집단이다. 그들의 인권문제는 외국인근로자와 관련된 사회 문제 중에서도 가장 최근에야 논의되고 있다. 이주근로자의 인권침해 문제는 단지 개인의 문제로 머무는 수준이 아니라 그 가족 전체의 인권문제와 직접적으로 연결된다. 외국인근로자 가정의 아동은 한국어와 한국문화가 서툴고 외국인 노동정책에 의한 법, 제도적인 문제와 사회적 인식의 문제 등으로 인해

27) 불법취업자, 미등록이주노동자, 불법체류외국인, 불법이주노동자, 불법외국인이주자, 불법체류근로자, 불법체류노동자, 불법체류 외국인노동자 등 16가지 이상의 용어로 불려 용어의 혼란이 가중되고 있는 실정이다. 학계나 시민단체 및 국제기구 등에서는 불법이민자 또는 불법체류자라는 용어 사용을 기피한다. '불법'이라는 용어 대신 '비정규' 이민자와 '비정규' 이주라는 용어 사용을 선택한다. 이연옥, 등록외국인 근로자의 법적 지위와 관련 정책의 문제점. 2016, 11쪽.

인권의 사각지대에 놓여 있어 국내 이주아동 중에서 어려움을 가장 많이 겪는 집단이다. 체류·신분문제 등으로 인해 이주노동자간에 태어난 아동의 숫자 등 정확한 파악은 어려운 실정이다.

국제인권위원회에서는 2008년 5월 국가별 인권상황 정기검토(UPR)[28]를 통해 한국의 이주여성 관련 인권문제에 대한 지적과 권고를 제시하였다. 한국의 미등록 이주노동자 단속 및 보호과정에서 인권침해가 심각하다는 입장이며 미등록 이주노동자 자녀의 교육권 보장이 미흡하다고 지적하였다. 이주노동자의 권리를 보호하기 위한 정책을 수립함에 있어 특히 여성과 아동의 권리를 강조할 것을 요구하며, 이주노동자와 그 가족의 권리보호에 관한 국제협약(ICRMW)에 가입할 것과 이주노동자와 그 가족의 보호를 제한하는 기타 조약의 유보를 철회할 것을 권고하였다(국가인권위원회, 2008). 유엔아동권리 위원회로부터 국내 이주아동의 교육권 침해에 관한 지적에 의해 2008년 2월 22일 초·중등교육법 시행령 제19조 1항을 개정하여 외국인 등록 사실 서류 제출 대신에 거주 사실만으로 학교장 재량 하에 입학을 허가하였다. 그러나 공무원 신분인 학교장들은 정부에 미등록 아동의 입학을 신고하게 되어 있어 여전히 대다수의 외국인근로자 아동은 불법체류자로 사는 부모의 불안정한 신분에 의해 교육 혜택을 보장받지 못하는 현실이다.

우리나라는 1991년 11월 20일 국제 규약인 UN「아동권리협약」(Convention on the Rights of the Child: CRC)[29]을 비준하였다. 아동권리협약은 아동(만 18세 미만)을 보호의 대상만이 아니라 인권의 주체라는 인식을 국제법적으로 승인한 조약으로 국내법과 동일한 효력을 갖는다(정상우, 2008). 아동권리협약에 나타난 일반원칙과 실체적 권리를 이주아동을 대상으로 살펴보면 비차별의 원칙, 아동의 최선의 원칙, 아동의 고유한 생명권·생존권 및 발달권의 최대한 보장, 아동의 존중과 의견 표명권 등 네 가지의 일반원칙을 규정하고 있다. 또한 이른바 아동의 '가족 결합권[30]'을 보장하고 있다. 제26조의 사회보험에 관한 개별적 인권보장에 있어서는

---

28) 2007년 6월 18일 유엔인권이사회(HRC) 결의안에 따라서 수립된 국가별 정례인권 검토(Universal Periodic Review, UPR).

29) 한국은 1991년 11월 20일 비준·서명하였다.

30) UN「아동권리 협약」제9조 1항. "분리가 아동의 최상의 이익을 위하여 필요하다고 결정하는 경우 외에는, 아동이 그의 의사에 반하여 부모로부터 분리되지 아니하도록 보장하여야 한다" 제10조 2항. "부모가 타국에 거주하는 아동의 예외적 상황 이외에는 정기적으로 부모와 개인적

사회보험을 포함한 사회보장제도의 혜택을 받을 권리를 인정하고 있는 바, 그 주체는 '모든 아동'으로 규정되고 이주아동도 국적에 관계없이 여기에 포함된다.

**표 8-9 2008 유엔 국가별 인권사항 정기검토(UPR) 한국 이주인권 관련 권고 사항**

| UPR 실무그룹 보고서 (우려 및 권고사항) | 특별 절차 제기 사항 |
|---|---|
| · 재한외국인 처우기본법, 외국인근로자 고용법이 외국인에 대한 차별에 효과성<br>· 비정규 이주노동자가 자의적 구금 및 적법절차 없는 추방 등과 같은 차별적 관행에 도전받음<br>· 이주노동자 권리협약비준(ICRMW) 촉구<br>· 여성이주노동자 및 그 자녀들이 인신매매와 성적 착취에 취약<br>· 보호신청자 및 난민들의 권리보호 및 난민결정 절차의 공정성, 생계유지를 위한 사회보장 여부<br>· 여성 결혼이민자의 인권보호 신장 | · 초 · 중등교육과정에 인종차별 인식개선 내용 포함<br>· 난민 지위 인정 절차 개선 및 사회통합<br>· 외국인 여성의 인신매매 방지<br>· 국제 결혼중개업소의 활동규제, 국제 결혼여성에 대한 사회통합 프로그램 제공<br>· 인종차별철폐협약 관련 정보 제공 및 교육 프로그램 조직<br>· 이주노동자권리협약 비준 |

출처: 국가인권위원회(2009).

### (3) 북한이탈주민 인권의 쟁점

한국에 거주하는 북한이탈주민의 수는 29,543[31]명으로 전체 인구에 비해 매우 소수이지만 이들이 분단사회에서 갖는 의미는 매우 크다. 북한이탈주민에 대한 공식적인 개념 규정은 "군사분계선 이북지역(북한)에 주소 · 직계 가족 · 배우자 · 직장 등을 두고 있는 자로서 북한을 벗어난 후 외국의 국적을 취득하지 아니 한 자[32]"이다. 대한민국헌법 제1장 3조에 의하면 "대한민국 영토는 한반도와 그 부속 도서"로 규정되어 있어 북한의 영토는 인정되지 않으므로 북한이탈주민은 헌법에 따라 대한민국 국민이므로 별도의 국적 취득 절차가 필요 없는 집단이다. 분단의 특수성으로 인해 탈북인들은 여러 나라에서 유입된 결혼이주민들과는 다른 사회적 지위와 문화적 배경을 갖는다. 이들은 한국어를 사용하고 있으며 같은 민족정

관계 및 직접적인 면접교섭을 유지할 권리를 갖는다".

31) 통일부(2016). 북한이탈주민 현황, 총 29,543명 중 남성 8,647명, 여성 20,896명으로 여성비율이 71%를 차지함.

32) 북한이탈주민의 보호 및 정착지원에 관한 법률 제2조 1항.

체성을 갖기 때문이다. 그러나 북한이탈주민은 한국사회에서 경제적, 문화적, 심리적, 사회관계의 여러 영역에서 갈등과 부적응의 어려움을 겪는 집단이다.

2016년 국내 거주 북한이탈주민은 3만 명에 육박한다. 이들의 유입은 시대적으로 차이를 보인다. 한해 수백 명 단위로 들어오기 시작하던 1990년대 후반부터 탈북인의 유입 문제는 우리사회의 큰 이슈였다. 초기에 귀순용사와 같은 정치적인 망명이 주를 이루었다면 최근에는 여성과 청소년을 중심으로 한 생계형 이주 혹은 디아스포라 이주민의 성향을 띤다. 북한을 탈출하여 제3국에 거주 중인 사람은 '탈북자'라고 사용하기도 하는데, 북한에서는 자(者)라는 단어가 부정적인 대상을 호칭하는 단어로 사용되어 왔기 때문에 탈북인들 스스로는 탈북자라는 용어에 대해 부정적으로 인식하며 거부감을 갖는다. 한국사회에서 북한이탈주민의 호칭은 시대적으로 변화해 왔다. 문민정부 이후 새터민 등의 용어를 혼재하여 사용하다가 북한이탈주민이라는 용어로 사용하고 있다. 일부 북한이탈주민들은 공식 명칭인 '북한이탈주민' 대신' 자유이주민'으로 개정할 것을 정부 측에 요구하고 있다. '이탈'이라는 말이 갖는 부정적인 의미 때문에 남한 사람들로 하여금 '탈북자'에 대한 차별적 시선을 만들며 적응과 통합을 방해하고 차별하는 개념으로 작동한다는 우려 때문이다. 북한 출신 주민들을 체제 이탈자 혹은 도망자로 명명하는 '북한이탈주민', 줄임말로 '탈북자'라는 호칭이 적절치 않다는 입장을 보이기도 한다. 문민정부 전까지 총 633명만이 남한으로 입국한 시기와 비교하면 2천년 초부터 2010년까지 가파른 증가세를 보여 왔고, 김정은 집권 이후 몇 년간 급증세는 완만해졌다. 그러나 북한의 정세와 국제관계에 따라 지속될 경향을 보인다.

**표 8-10 북한이탈주민 입국 현황**

| 구분 | ~'98 | ~'01 | '05 | '10 | '11 | '12 | '13 | '14 | 15 | 16.6 | 계 |
|---|---|---|---|---|---|---|---|---|---|---|---|
| 남(명) | 831 | 565 | 424 | 591 | 795 | 404 | 369 | 305 | 251 | 144 | 8,647 |
| 여(명) | 116 | 478 | 960 | 1,811 | 1,911 | 1,098 | 1,145 | 1,092 | 1,024 | 605 | 20,896 |
| 계(명) | 947 | 1,043 | 1,384 | 2,402 | 2,706 | 1,502 | 1,514 | 1,397 | 1,275 | 749 | 29,543 |
| 여성(%) | 12 | 46 | 69 | 75 | 71 | 73 | 76 | 78 | 80 | 80 | 71 |

출처: 통일부(2016).

북한이탈주민은 국내 입국 후 보호결정이 되면 정착지원법에 따른 보호 및 지원을 받으므로 현재 남한사회의 결혼이주여성이나 외국인근로자 등 이주민 집단과는 근본적으로 다른 지위의 대상이 된다.[33] 북한이탈주민을 대상으로 하는 정착지원은 이들의 한국생활에서의 적응과 사회적 통합을 지원하는 정책으로 정착금, 주거, 취업, 교육 등 다양한 내용으로 지원되고 있다. 그러나 같은 언어, 같은 핏줄이라는 민족적인 감정을 공유하고 있고 국가적 지원정책에도 불구하고 한국에서 탈북인들의 사회 적응은 쉽지 않다. 탈북인에 대한 사회적 거리감이 외국인들에 대한 거리감보다 더 크게 나타나고 있음이 한국 사람들이 가지고 있는 북한 사람들에 대한 차별적인 인식이다. 특히 탈북청소년들의 경우, 한국 적응이 어렵고 교육과정에서 중도탈락률이 높고 사회적 일탈과 범죄에 노출되기도 한다. 북한이탈주민이 남한에서 적응하고 살아가는 데는 한국인들의 편견과 경제적 어려움, 사회적 배제, 노동시장에서의 배제 등 중층적인 어려움을 겪는 것이 남한 거주 탈북인이 처한 현실이다. 북한에서의 직업 유형을 보면 무직과 노동자가 80%를 넘어 남한사회에서 전문성있는 영역이나 경쟁력 있는 직업군에 종사하기가 어려운 것으로 나타난다. 1990년대 초 탈북자라는 이름만으로도 관심과 애정을 받던 시기를 지나 지금은 사람들의 관심 속에서 멀어졌을 뿐 아니라 오히려 멸시의 대상이 되고 한국사회의 빈곤층을 형성하고 있다. 남한의 여러 소수자(장애인, 결혼이민자, 외국인근로자, 북한이주민)들에 대한 남한 주민들의 사회적 거리감을 측정한 연구에 따르면 남한 주민들은 외국인노동자보다 북한 이주민에 대해 심리적으로 거리감을 더 느끼는 것으로 나타났다(윤인진, 2009). 최근 북한이탈주민에게서 시기별로 나타나는 특징 중 하나는 여성화가 증가되고 있으며 어린이 청소년 등 가족 중심의 유입이 증가되고 있다.

**표 8-11** 연령대별 유형표

| 구분(세) | 0-9 | 10-19 | 20-29 | 30-39 | 40-49 | 50-59 | 60이상 | 계 |
|---|---|---|---|---|---|---|---|---|
| 남 | 618 | 1,550 | 2,357 | 2,001 | 1,260 | 470 | 322 | 8,578 |

33) 권숙도, 앞의 논문, 107쪽.

| | | | | | | | | |
|---|---|---|---|---|---|---|---|---|
| 여 | 616 | 1,886 | 5,879 | 6,534 | 3,618 | 1,102 | 908 | 20,543 |
| 계(명) | 1,234 | 3,436 | 8,236 | 8,535 | 4,878 | 1,572 | 1,230 | 29,121 |

출처: 통일부(2016).

연구에 의하면 대다수의 북한이탈주민은 한국사회 적응에 큰 어려움을 겪고 있는데, 대부분의 첫 직장을 1년 이내에 그만두었고 대부분이 평균 급여는 최저임금을 밑돌았다. 북한이탈주민 경제활동 동향 조사에 따르면 북한이탈주민의 개인소득은 100만 원 이하가 전체의 65.3%였으며, 가족 소득액이 월 100만 원 이하로 살아가는 비율이 43.9%(윤인진, 2009)로 한국의 절대 빈곤층 수준의 처지로 살아가고 있다. 기초수급 비율이 52.3%(한국인 평균 3.2%)로 절반 이상의 탈북인들은 기초수준의 보조금에 의지해 생계를 유지하고 있다.

**표 8-12 재북 학력별 입국 현황(2011. 7 입국자 기준)**

| 구 분 | 취학 전 | 유치원 | 인민학교 | 고등중 | 전문대 | 대학 이상 | 기타 | 계 |
|---|---|---|---|---|---|---|---|---|
| 누계(명) | 591 | 202 | 1,397 | 15,434 | 2,009 | 1,596 | 708 | 21,937 |
| 비율(%) | 3 | 1 | 6 | 70 | 9 | 8 | 3 | 100 |

출처: 통일부(2011).

최근 들어 입국하는 북한이주민들은 과거에 비해 학력, 직업, 계층 면에서 하향하는 추세를 보인다. 북한이탈주민의 학력은 고등 · 중 출신이 70%로 가장 높은 비율을 차지하고 전문대 포함 대학은 17% 정도이다. 현대 산업사회에서 경제력 획득과 사회이동의 중요한 요인이 되는 학력수준이 낮게 나타나는 것은 한국에서 근본적으로 경쟁력을 갖추지 못함을 의미한다. 북한이탈주민의 경우 이념 문화적 갈등, 빈곤한 생활, 한국인들의 편견과 차별로 인해 한국사회에서 정착하는데 중층적인 어려움이 있어 인식에서부터 인권침해 사례들이 다수 발생하는 문화적 배경이 된다.

기존연구에 따르면 대부분의 북한이주민들은 비교적 큰 어려움 없이 한국의 자유민주주의적 · 자본주의적 가치관을 인정하고 수용하는 것으로 나타났고 남한주민들에 비교해 더 높은 수준의 수직적 개인주의 성향을 보인다. 한국의 자유로운 경쟁사회에 대한 매력을 가지면서도 지나친 경쟁주의와 업적주의에 밀려난 약자 층에게 무정하고 이기적인 사회라는 사실을 본인 스스로 체험하면서 한국은 평등하지 않은 사회임을 인식하고 있다(독고순, 2001).

북한이탈 청소년에게서 나타나는 가장 두드러진 현상은 정착지인 한국 학교에서 적응하지 못하고 중도탈락률이 매우 높다. 초등학교의 3.5%, 중학교 12.91%, 고등학교 28.1%로 나타나 상급학교로 갈수록 탈락률은 더욱 높아진다. 탈북청소년들은 한국문화의 부적응, 탈북과정에서 오랜 시간 지속되었던 제3국 생활로 인한 학습공백기, 취학연령의 차이와 남북한 교육과정과 내용의 차이로 인해 남한에서의 학업에서 커다란 어려움을 겪는 것으로 요약된다. 이들은 한국으로 유입에서 가정해체와 혹독한 탈북, 중국과 제3국에서의 거주 등을 경험했으며 장기간 위험하고 불안정한 생존의 경험과 가족해체 등의 트라우마를 가지고 있으므로 이들에 대한 사회적 이해가 요구된다. 특히 탈북가정의 어린이 청소년들이 한국사회의 편견으로 인해 겪게 되는 심리적인 배제는 스스로를 민주시민으로 인식하는데 어려움으로 작동한다. 교육부의 2014년 학업중단 현황조사('15. 4. 1 기준)에 의하면 탈북 청소년의 학업 중단율이 일반 한국인에 비해 초등학생은 6배, 중학생은 10배, 고등학생은 7배나 많다. 북한이탈 청소년의 높은 학업 중도 탈락률은 개인적인 정체성 혼란의 문제에서 국한되지 않고 사회적 이동에 제약을 주는 문제로 이어지며 가난하고 취약한 집단으로 고착화되는 요인이 된다.

**표 8-13　북한이탈 학생 학업 탈락률**

| 구분 | 초등학교 | | | 중학교 | | | 고등학교 | | |
|---|---|---|---|---|---|---|---|---|---|
| 연도별 | 05 | 06 | 07 | 05 | 06 | 07 | 05 | 06 | 07 |
| 재학생(명) | 247 | 248 | 341 | 131 | 168 | 232 | 43 | 78 | 114 |
| 중도 탈락생(명) | 31.2 | 7 | 12 | 5 | 17 | 30 | 3 | 10 | 32 |
| 중도 탈락률(%) | 1.2 | 2.8 | 3.8 | 3.8 | 10.1 | 12.9 | 7.0 | 12.8 | 28.1 |

출처: 교육부(2011).

## 4. 이주민의 인권 정립을 위한 제언

다문화사회란 그 사회의 규범과 지배적 가치 속에서 다민족과 다인종을 수용하고 인정하며 모두가 사회의 구성원으로서 그들의 권리를 존중하는 사회를 의미한다. 그러나 우리나라의 다문화정책은 다양성의 인정보다는 일방적 동화를, 모두의 권리를 존중하기보다는 배제와 포섭의 대상을 구분하여 한국에 정착하고 있는 다문화 주체들은 사회로부터 배제와 열악한 대상으로 구분지어지고 있다 한국의 이주민 인권문제는 국제사회에서 지적과 함께 국제인권규약의 권고에 따라 법적 배제의 대상이 되는 이주노동자의 인권과 이주아동의 인권을 보호해야 하는 자기모순에 빠져 있다. 유엔아동권리협약에 의해 이주아동의 인권을 최대한 보장해야 하지만, 이주노동자협약에 가입하지 않은 상태이므로 이주노동자 가정 자녀의 국적권과 교육권, 의료권 등 총체적인 기본권에 제약을 받는 것이다. 다문화사회로 전이된 한국은 이주민들의 인권을 보장하고 이들이 우리나라에 경제적, 사회문화적으로 참여할 수 있도록 제도를 정비함과 동시에 국민의 의식을 개선해야 되는 다문화 인권교육의 과제를 안고 있다.

다문화사회에서 나타나는 인권침해 문제를 해결하기 위한 지향점과 제언은 다음과 같다.

첫째, 우리사회가 가진 폐쇄적인 이민정책을 재고한다. 다문화사회에서 이주의 주체는 외국인근로자, 결혼이민자, 유학생, 재외동포, 외국인, 북한이탈주민 등이 포함되지만 국내 다문화정책의 대상은 결혼이민자만 대상으로 규정하는 폐쇄성으로 인해 이주민들에 대한 구조적인 인권침해가 발생하기 때문이다.

둘째, 선진국 진입국가의 위상에 걸맞는 국제인권규약 이행과 이에 맞는 인권담론 형성이 필요하다. 국제인권규약은 국내법과 동일한 수준으로 이행되어야 함을 의미한다. 인권 의식은 특정한 집단이나 타인을 위한 특별한 사고가 아니라 선진국을 향한 지향성이자 민주시민이 되기 위한 윤리이자 덕목임을 이해해야 한다.

셋째, 이주민을 사회적 비용의 대상으로 인식하는 것이 아니라 수평한 관계로서 인적자원의 대상으로 바라보아야 한다. 결혼이주자에 대해서는 양성평등 사회에 위배되는 가부장적인 다문화가정 지원정책으로부터 탈피해야 하며 북한이탈주민에 대해서는 통일 미래 중요한 인적자원의 관점으로 지원해야 한다.

넷째, 전 국민 대상의 다문화사회를 지향하는 인권교육이 필요하다. 한국은 세계 선진국 대열에 합류하고 국가경쟁력을 신장시켜야 한다. 국민의 사회적 인식으로 발생하는 차별문제를 해결하기 위한 방안으로 다문화교육을 실시하되 서로를 이해하는 평등한 관점의 인권교육이 제도화되어야 한다.

## 용어해설

**북한이탈주민**: 군사분계선 이북지역(이하 북한이라 한다)에 주소, 직계가족, 배우자, 직장 등을 두고 있는 사람으로서 북한을 벗어난 후 외국 국적을 취득하지 아니한 사람으로 정의됨. 새터민, 탈북자 등의 용어로도 쓰임.

**인권**: 사람이기에 갖는 보편적 권리.

**세계인권선언**: 1948년 12월 10일 국제연합 가입국 58개 국가 중 50개국이 찬성하여 채택됨.

**유엔인권규약**: 1966년 국제사회에서 채택되었으며 법적 구속력을 가진 인권 국제법.

## 생각해 볼 문제

1. 한국에 이주한 외국인들의 유형은 어떠하며 각 집단별로 법적 지위는 어떻게 다른지 생각해 봅시다.
2. 이주민 집단 간에 발생하는 인권침해 문제는 서로 어떻게 다른지 생각해 봅시다.
3. 이주민을 대상으로 나타나는 인권침해 문제의 원인과 이들의 인권정립을 위해 어떤 교육이 있어야 할지 생각해 봅시다.

## 더 읽어 볼 책

김두식(2010). **영화보다 재미있는 인권이야기**. 창비.

박경태(2007). **우리가 되지 못하는 사람들**. 책세상.

______(2008). **소수자와 한국사회**. 후마니타스.

박경서(2012). **인권이란 무엇인가.** 미래지식.
윤인진(2000). **한국사회의 배타성: 소수차별의 메카니즘.** 사회비평 25.
킴리카(2002). **현대 정치철학의 이해.** 동명사.

## 참 고 문 헌


교육과학기술부(2015). 다문화가정자녀 재학현황

국가인권위원회(2010). **출입국분야 인권교육 교재**, 국가인권위원회.

____________(2008). 이주자단속과 외국인 보호시설 방문조사.

국가인권위원회. 차별시정 분야 인권통계

김종철(2008). 이주외국인의 인권, '국제인권협약의 이행에 있어서 한국의 경험, Workshop on the Relation ship between the Korean Nationality law and the International Instruments regarding statelessness, UNHCR, International Law Association.

독고순(2001). 탈북주민의 가치정향에 관한 비교 연구, **한국사회학**, 35집, 149-174.

박영하 · 박노정(2010). **인권론**. 패스앤패스.

박재규(2007). 농촌지역 국제결혼이주여성의 이혼 의사에 영향을 미치는 요인분석. **농촌사회**, 한국농촌사회학회.

소라미(2010). 국제결혼 이민자의 인권실태와 관련 법적 쟁점. 사회권 포럼 자료집 1. 국가인권위원회.

오경석 외(2007). **한국에서의 다문화주의: 현실과 쟁점**. 한울.

윤인진(2009). **북한이탈주민의 사회적응과 정책과제, 북한이탈학생의 증가와 교육의 과제.** 한국교육개발원, 61-99.

장미혜 · 김혜영 · 정승화(2008). 다민족 · 다문화사회로의 이행을 위한 정책 패러다임 구축(3): 다문화 역량 증진을 위한 정책 · 사회적 실천현황과 발전방향 총괄보고서. 한국여성정책원.

정상우(2008). 이주아동의 기본권 보장에 관한 연구. **법제연구 34**, 한국법제연구원, 309-345.

한만길(2009). **북한이탈학생이 증가와 교육의 과제**. 한국교육개발원, 27-57.

홍성방(1999). **환경보호의 법적문제,** 서강대출판부.

Dworkin, A. and R. Dworkin(1999). *The Minority Report:* An Introduction to Racial, Ethnic, and Gender Relations, Harcout Brace College Publishers.

Freemann, M.(2005). **인권: 이론과 실천**, 김철효 역. 서울: 아르케.

Kymlica, W.(1995). *Multicultural Citizenship*. Oxford: Clarendon Press.
Rawls, J.(1971). *A Theory of Justice*. **사회정의론**, 황경식 저(1997). 서광사: 파주.

통계청. e- 나라지표. http://www.kostat.go.kr
통일부. http://www.unikorea.go.kr
출입국외국인 정책본부. www.immigration.go. kr.

제9장

# 한국의 다문화와 계층 : 차별과 빈곤의 재생산

1. 다문화사회로의 진입
2. 계층화 · 계급화의 경제적 논리
3. 다문화 주체에 대한 차별의 논리
4. 다문화 주체의 주변화
5. 차별에서 차이로

〈학습 목표〉

1. 다문화 주체의 빈곤을 강제하는 경제적 논리가 무엇인지 규명한다.
2. 다문화 주체의 차별 메카니즘을 구조적 변동과 성원간 상호작용을 통해 살펴본다.
3. 고용과 임금을 통해 다문화 주체가 겪는 경제적 불평등을 살펴본다.
4. 결혼과 가정을 통해 다문화 주체가 겪는 사회적 불평등을 살펴본다.
5. 여가와 문화를 통해 다문화 주체가 겪는 문화적 불평등을 살펴본다.

# 요약

현재 다문화사회로 진입한 한국은 다양성과 수용의 가치를 표방한 공존과 공생이 구현될 수 있는 다문화주의 정착이 시급히 요구된다. 그러나 한국사회는 이러한 다문화주의가 구조적으로 안착하지 못하게 만드는 장벽에 직면해 있다. 그것은 신자유주의적 재구조화가 초래한 사회양극화의 결과들인 바, 다문화 주체들은 경쟁에서 밀려난 다수의 루저(loser) 속으로 빨려들어 가고 있다. 한국인조차 계층·계급별로 새롭게 재편、분할되는 상황에서 다문화 주체가 처한 상황은 더욱 열악할 수밖에 없다.

그런 의미에서 외환위기 이후 전개된 신자유주의적 재구조화가 어떻게 한국사회의 계층화를 새롭게 재구성하는지 살펴보고, 이러한 메커니즘이 다문화 주체에게 어떤 영향을 끼쳤는지 살펴보는 일은 매우 의미 있는 작업이 된다. 이는 구체적으로 고용과 임금, 결혼과 가정, 여가와 문화의 측면을 통해 고찰 가능하다. 첫째, 고용과 임금의 측면에서 살펴보자. 꾸준한 외국인노동자의 증가가 이루어지고 있는 가운데, 고용허가제가 실시(2004)된 지 3년이 경과하면서 고용기한의 만료로 인한 미등록 외국인노동자의 수는 급속히 증가했다. 그나마 보장되었던 합법적 지위가 박탈당함에 따라, 외국인노동자의 노동조건 및 임금수준은 더욱 열악한 상황으로 빠졌다. 왜냐하면 미등록 외국인노동자가 된다는 것은 불법체류자가 되는 것이기에, 이들에 대한 법적 보호와 지원 자체는 원천적으로 중단되기 때문이다. 또한 이러한 제도의 틈새 속에서 고용주들은 비용 절감의 부담을 철저하게 외국인노동자에게 전가시켰다. 둘째, 결혼과 가정의 측면에서 살펴보자. 한국사회에서의 계층 · 계급 분할은 성적 불평등과 상당히 겹쳐져 있고, 대부분 여성들의 물질적 지위는 아버지나 남편의 물질적 지위와 밀접한 상관관계를 맺는다. 따라서 여성 결혼이민자들은 경제활동에 있어 남편에의 의존도가 높으며, 결과적으로 그들의 계급 위치는 남편의 계급 위치로 결정된다. 대체로 그 위치는 한국사회의 계층위계에서 하위를 점한다. 왜냐하면 남편들 대부분이 건설업과 같은 비정규직이거나 수입이 일정하기 않기 때문이다. 따라서 여성 결혼이민자의 경제활동이 가구 소득과 계급 위치에 끼치는 영향은 제한적일 수밖에 없다. 셋째, 여가와 문화의 측면에서 살펴보자. 한국사회는 오랜 기간 동안 순혈주의에 입각한 문화민족주의가 사회통합의 주요 이데올로기로 작동해 왔다. 따라서 외국인과 그 문화에 대해 배타적일 수밖에 없다.

이러한 상황에서 모국 문화에 대한 한국인들의 존중에 대해 다문화 주체가 느끼는 만족도는 낮을 수밖에 없다. 이로부터 문화다양성이 강조되는 새로운 비전의 수용 태도가 제시될 필요가 있다. 다문화 주체의 고유한 문화를 지켜 내는 일 외에, 이들이 일상에서 한국의 문화와 여가를 즐길 수 있도록 해야 한다. 그러나 현실적으로 다문화 주체의 일상은 한국 사람보다 문화적으로 풍족하지 못하다. 왜냐하면 TV 시청 같이 집 안에서 개별적으로 이루어지거나 종교행사 같이 동일 국적의 사람에게 국한된 사교활동의 비율이 높기 때문이다. 반면, 여행이나 스포츠 · 레저 활동, 창작 관련 취미활동은 한국 사람들에 비해 그 비율이 낮다. 이로부터 다양하지 못한 다문화 주체의 여가활동과 문화생활에 대한 만족도는 부정적일 수밖에 없다.

요컨대, 다문화 주체는 열악한 경제적 지위와 풍족하지 못한 문화생활을 영위하면서 계층위계상 하위에 위치해 있다. 따라서 이들을 삶의 주변부로 몰아가는 차별과 빈곤의 논리를 밝혀 내고 진정한 다문화주의가 구현될 방안의 모색은 시급한 과제라 하겠다.

## 1. 다문화사회로의 진입

'똘레랑스'(tolérance)로 상징되는 프랑스인들의 외국인에 대한 시선이 꽤나 과장되어 있다는 말이 있다. 즉, 관용의 프리즘으로 차별과 차이를 변별해 낸다는 똘레랑스가 프랑스에 거주하는 외국인에게 원활히 작동하지 않는다는 것이다. 오히려 군국주의와 파시즘으로 치달았던 이탈리아인들이 외국인에 대해 훨씬 더 유연한 자세를 갖고 있다. 이런 이야기는 객관적으로 검증되지 않는 한 일반화될 수 없지만, 종종 해외 배낭여행을 갖다온 사람들의 증언들은 위의 이야기를 한쪽 귀로 흘려보내지 못하게 만든다. 즉, 일정 부분 사실적 측면을 담고 있다.

큰 틀에서 보면 프랑스와 이탈리아 사람들 모두 서구 합리성의 망토를 두르고 있다. 즉, 여행자가 도움을 청하고자 먼저 말을 걸지 않는 이상 이들 나라 사람들 모두 별다른 관심이나 관여를 하지 않는다. 일명 '시민적 무관심'(civil inattention)이 발현된 양국 사람들의 이러한 태도는 서구 합리성이 배태한 개인주의를 반영한다. 그러나 여행자에 대한 이탈리아 사람들의 호의는 분명 프랑스 여행 때와는 다른 인상을 준다. 특히 지저분하고 왁자지껄한 거리의 생동감은 자못 한국의 길거리를 떠올리게 만든다. 로마사람보다 더 많은 관광객이 모인 트레비분수(Fontana di Trevi) 앞에 서면 '인종시장'이 무엇인지 강렬하게 느끼게 된다.

인사동을 걷는 외국인 역시 이러한 경험을 하는 것은 아닐까? 주말의 인사동은 '한국인 반(半), 외국인 반(半)'이라 할 정도로 다국적 거리를 형성한다. 여기서 요청되는 한국 사람들의 행위양식 역시 대중사회의 산물인 시민적 무관심으로 볼 수 있을까? 세계인으로서 취해야 할 행동규약이 새삼 필요한 시점이다. 그러나 이러한 행동규약의 요청은 단지 외국인 관광객을 대하는 것으로 한정될 수 없다. 즉, 한국사회에서 다문화 주체를 구성하고 있는 결혼이민자, 외국인노동자, 북한이탈주민을 대하는 한국 사람들의 태도 역시 근본적 변화가 필요하다. 이미 이들은 인사동이라는 관광지가 아닌 동네슈퍼와 목욕탕, 버스와 식당에서 볼 수 있기에,

관광객을 대하는 것과는 다른 인식과 태도가 요청된다.

2010년 6월 현재, 한국에 체류하는 외국인은 180개국에 121만 명으로 전체 인구 중 2.5%를 차지한다(법무부, 2010). 그러나 이 수치는 귀화자를 제외한 통계이기에, 이들 10만 명을 더하면 131만 명(2.7%) 정도의 외국인이 한국에 산다. 우리의 해외동포와 마찬가지로, 이들은 본국보다 더 나은 삶을 위해 한국으로 온 진취적 사람들이다. 그러나 이들을 대하는 한국인들의 태도는 이중적이다. 즉, 동남아시아를 포함한 개발도상국에서 온 외국인에게는 차별과 편견의 시선으로 대하려 한다. 이들은 누구나 기피하는 3D 업종의 노동력 부족을 해소하고 피폐된 농촌에서 힘겨운 시집살이를 한다는 점에서 '무임승차자'들이 아니다.

분명 다문화 주체에 대한 한국인들의 새로운 인식과 태도의 변화가 필요한 시점이다. 특히 순혈주의에 기초한 문화민족주의가 강력한 영향력을 발휘해 왔기에, 다문화 주체에 대한 보다 유연하고 개방된 태도가 필요하다. 그러나 현 시기 다문화 주체를 대하는 한국 사람들과 각종의 미디어들은 이들을 내국인이 아닌 '이방인'으로 만드는 측면이 강하다. 즉, 새롭게 취해야 할 전향적 자세가 '차별'에 기초해 취해진다는 점에서 문제를 여전히 안고 있다. 다문화 주체에 대한 새로운 인식과 태도는 이들을 한국인과 위계지어 보는 것이 아니라, 인종적 차이의 인정과 함께 내국인으로서의 권리를 동등하게 누릴 주체로 인식하는 데 있다.

그런 의미에서 다양성과 수용의 가치를 표방한 공존과 공생의 황금률을 가진 다문화주의의 정착과 구현은 시급한 과제라 하겠다. 하지만 한국사회의 현실은 이러한 다문화주의가 구조적으로 안착하기 힘든 상황에 처해 있다. 외환위기 이후 본격화된 신자유주의적 재구조화는 모든 대상을 시장과 상품화의 논리로 위계지었다. 즉, 경제적 경쟁력을 갖춘 사람이나 사물은 '좋은 것'으로 격상되었고 그렇지 못한 사람이나 사물은 '나쁜 것'으로 낙인찍혔다. 이 속에서 다문화 주체에 대한 정치 경제적 · 사회 문화적 차별과 배제는 구조화되었고, 향후 삶의 질 추락과 함께 빈곤층의 구성인자로 내정되어 있다. 내국인조차 계층 · 계급별로 새롭게 재편 · 분할되는 상황에서 다문화 주체가 거처하게 될 집은 더욱 열악할 수밖에 없다.

이로부터 다문화 주체가 어떤 과정을 통해 차별을 겪고 있는지 규명하기 위해서는 신자유주의 재구조화가 야기한 문제부터 살펴보아야 한다. 왜냐하면 IMF 한파가 끼친 한기(寒氣)는 이들에게도 빈곤이라는 치명적 동상(凍傷)을 입혔기 때문이다. 그런 의미에서 외환위기 이후 전개된 신자유주의적 재구조화가 어떻게 한국사회의 계층화를 새롭게 재구성하는지 살펴보고, 이러한 메카니즘이 다문화 주체에게 어떤 영향을 끼쳤는지 검토하는 일은 의미 있다 하겠다. 다문화 주체가 겪는 불평등과 차별은 고용과 임금, 결혼과 가정, 여가와 문화 등의 측면을 통해 구체적으로 검토될 수 있다.

## 2. 계층화 · 계급화의 경제적 논리

다문화 주체의 차별 과정과 빈곤의 재생산을 이해하기 위해서는 한국사회에서 진행 중인 계층화 · 계급화 논리부터 규명해야 한다. 왜냐하면 구성원의 분할과 재배치를 강제하는 구조적 요인이 다문화 주체에게도 그대로 적용되기 때문이다. 오히려 다문화 주체는 이러한 사회구조적 결정력에 한국인보다 더 구속된다고 볼 수 있다. 왜냐하면 이들이 처한 열악한 경제적 지위와 정치적 소외, 문화적 편견이 복합적으로 작용하면서 '인종'과 '민족'이라는 차별 요인이 추가되기 때문이다. 특히 이러한 차별 요인은 근래에 들어 더욱 폭력적으로 작용하고 있다. 바로 무한경쟁이 만든 삶의 팍팍함이 다문화 주체에 대한 한국인들의 관용을 한층 얼어붙게 한 것이다.

다문화 주체는 말할 것도 없고 한국인들 내에서조차 격렬하게 분화 · 분리되면서 형성된 커다란 집단을 '사회계층'(social stratification)이라 부른다. 즉, 사회계층이란 서로 다른 집단 사이의 구조화된 불평등인데, 개인과 집단은 계층 모형상의 자신의 위치에 근거하여 차별적으로 사회적 자원과 보상에 접근한다. 이때 사회계층의 형성에 영향을 미친 요인으로는 경제적 부 이외에 성, 연령, 학력, 출신지,

종교적 신념, 인종 등이 있다. 한편 '계급'(class)은 공통된 경제적 자원을 가진 사람들의 집단으로서 집단들 사이의 경제적 차이에 의해 결정된다. 즉, 계급이란 물질적 자원의 소유와 통제에 의한 불평등을 통해 형성되며, 이들이 소유한 자원은 자신이 향유할 생활양식에 결정적 영향을 미친다. 계층과 달리 계급은 법이나 종교에 기초하지 않을 뿐더러 세습적 지위 또한 아니다. 즉, 태어나면서 주어진 것이 아니라 부분적으로 성취된 것이다. 따라서 계급은 다른 체계들(노예제, 카스트, 신분제)보다 유동적이며 계급간 구분도 명확하지 않기에, 서로 다른 계급 성원간의 통혼은 아무런 공식적 제한 없이 이루어질 수 있다.

그러나 현 시기 한국사회에서 진행되는 집단들 간의 불평등 과정은 과거로 회귀하는 듯하다. 즉, 양반과 평민이라는 신분제적 흔적이 노력을 통해 보상을 얻는 성취지위의 근간을 잠식해 가고 있다. 이른바 '부와 빈곤의 세습을 통한 사회양극화'가 한국인을 새롭게 분류 · 배치하고 있는 것이다. 이러한 과거로의 퇴행은 어디에서 비롯되었는가? 그 기원은 1997년 외환위기 이후 본격화된 신자유주의적 재구조화에 있다. 당시 제시되었던 재구조화의 처방은 신자유주의 세계화의 코드에 맞게 한국사회를 대대적으로 구조조정하는 것이었다.[1] 그런데 당시의 외환위기는 자본 축적의 구조적 모순으로부터 심화된 결과이다. 이는 이윤율이 1980년대 말부터 1997년 위기 직전까지 저하한 사실을 통해 입증된다. 이후 전개된 신자유주의적 재구조화의 본질적 측면은 이윤율의 회복을 위한 자본의 총공세로서, 이 과정에서 노동자계급에 대한 착취의 강화와 경제적 종속은 더욱 심화되었다.[2]

이후 한국경제는 외환위기에 따른 내수시장 침체를 타개하기 위해 수출의존도를 높였다. 그러나 이러한 수출의존도의 심화는 한국경제를 치열한 국제경쟁의 대열로 편입시키게 했고, 그 미래를 더욱 불확실하게 만들었다. 이로부터 기업들

---

1) 신자유주의 세계화의 흐름과 압력은 외환위기 이후에 갑자기 나타난 것은 아니다. 이미 그 시작은 1980년대까지 거슬러 올라간다. 1980년대 한국경제는 대량생산 · 대량소비를 기반으로 한 산업구조가 자본집약적 산업과 기술 기반의 고효율 생산으로 바뀌어 가는 세계경제의 변화에 직면했다. 개방과 산업구조 조정이라는 방향에서 추진된 축적 전략은 '3저(低)' 속에서 잠시 호황을 누렸지만 곧 축적 위기에 다시 빠져들었다. 이로부터 '신경제정책'이 도입되었는데, 이는 구조조정을 본격화한 것으로, 수입자유화와 자본자유화를 중심으로 추진되었다.

2) 정성진(2006), "한국 자본주의 축적의 장기 추세와 위기 : 1970-2003", 한국 자본주의의 축적체제 변화: 1987-2003, 한울, pp. 18-21.

은 장기적 성장을 지향하기보다는 단기수익 확보에 열중하기 시작한다. 즉, 투자와 팽창을 통한 장기적 이윤량의 확보보다는 내부 규모 축소와 비용절감을 통한 단기적 이윤 극대화로 경영전략을 변경시켰다. 이제 경영합리화라는 미명 아래 조직 혁신, 임금규모 축소, 인원 감축, 정규직의 축소와 비정규직으로의 대체 같은 구조조정이 '시대정신'으로 자리잡기 시작했다. 더 나아가 기업들은 대자본의 수익 획득 전략을 변경시켰다. 즉, 가치이전(다른 곳에서 생산된 가치를 자신에게 이전하는 전략)이 보다 중요해지면서, 연구개발 및 노하우의 독점과 유통망 장악에 힘쓰기 시작했다. 또한 주식과 코스닥 시장에서 자신을 상품으로 거래(상장)함으로써 생산시장보다 금융시장에서 이윤의 극대화를 노렸다.

그 결과 대기업들은 제품의 기획, 브랜드, 디자인, 마케팅에 집중했고 그 외의 생산 기능들을 외부로 이전시키며 가치생산보다 가치실현을 최상의 목표로 설정했다. 이는 곧 기업 내부의 변화, 즉 직접적 생산을 담당하는 생산직 비중의 현격한 감소와 사무 관리직 및 전문가 직종의 증가를 야기한다.[3] 그러나 생산으로부터의 일탈 경향에도 불구하고 대기업들의 생산 기능에 대한 통제는 훨씬 강화되었다. 왜냐하면 상품연쇄의 핵심 지점이라 할 서비스 영역을 장악했기 때문이다. 즉, 대기업들은 상품연쇄 내의 불균등한 권력관계를 활용하여 하위 기업들에게 납품단가 인하와 물량 조절을 통해 지속적인 비용 절감의 압력을 행사했다. 최근 문제가 되고 있는 원하청 간의 불공정거래는 이와 같은 정황을 반영한다. 이후 일방적 가치이전의 압력에 기인한 대기업의 비용 절감 요구는 하위 기업의 수익성 압박을 심화시켰고, 이에 대해 하위 기업들은 자신들이 고용한 노동자를 대상으로 비용절감에 나섰다.[4]

이로부터 노동자들의 삶 전반이 저하되는 불안정화가 초래되었다. 기업 내, 기업 간 노동자 분할 심화(노동시장 분절)는 위와 같은 정황을 반영한다. 즉, 원하청 간의 임금 격차의 확대뿐 아니라, 개별 기업 내부에서도 기존 노동자와 신규 노동자, 정규직과 비정규직 노동자, 핵심 노동자와 주변 노동자 집단 간에 다양한 분할이 생겨났다. 이 같은 노동자의 지위 불안은 곧 사회양극화라는 사회 전체의

3) 전국불안정노동철폐연대(2009), 비정규직 없는 세상, 메이데이, pp. 61-68.
4) 전국불안정노동철폐연대(2009), 같은 책, pp. 89-90.

불안정성으로 이어졌다. 가령, 도시근로자의 소득분배 불평등은 1990년대 중반까지 완화되다가 1997년 이후 다시 악화되었다. 또한 2009년의 취업인구비율인 고용률은 58.6%로 2000년(58.5%) 이후 가장 나빠졌다.[5] 한편 경제 불황으로 구직을 포기한 사람이 늘면서 실업자 규모는 400만 명 안팎에 이르고 있다.

청년실업은 위와 같은 경제 불황을 단적으로 보여주는 상징적 지표이다. 왜냐하면 청년세대의 원활한 노동시장으로의 진입은 노동생산성 향상에 결정적일 뿐 아니라, 이들의 확신에 찬 미래 설계는 곧 한국사회의 발전을 가늠할 초석이기 때문이다. 2010년 기준, 급속한 경기 회복에도 불구하고 대졸 이상 실업자는 34만 6,000명으로 2000년 관련 통계 작성 이후 가장 많았다. 2000년 대졸 이상 실업자가 23만 명이었다는 점을 감안하면 불과 10년 만에 11만 6,000명이 늘어난 셈이다. 이와 같은 높은 청년실업률은 20대 니트(NEET)족의 증가로 이어졌다. '니트족'이란 교육과 훈련도 받지 않고 일도 하지 않는 청년세대를 지칭한다.[6] 20대 니트족은 2007년 102만 8,193명에서 2008년 104만 1,581명, 2009년 106만 7,125명, 2010년 108만 432명으로 매년 2만 명씩 증가하고 있다. 같은 기간 20대 인구가 30만 5000명 이상 감소한 것을 감안하면 큰 폭으로 증가한 셈이다. 이러한 니트족의 증가는 취업준비자와 실업자가 줄어든 반면 구직을 단념하고 장기 실업상태에 놓인 청년들의 증가를 의미한다는 점에서 문제가 심각하다.

**표 9-1** **연도별 대졸 이상 실업자 수**

(단위 : 천명)

| 연도 | 남자 | 여자 | 합계 | 연도 | 남자 | 여자 | 합계 |
|---|---|---|---|---|---|---|---|
| 2001년 | 158 | 75 | 233 | 2006년 | 162 | 110 | 272 |

---

5) 이렇게 고용상태가 악화된 이유는, 특히 신규 채용률이 눈에 띄게 확대되지 못한 것은 자본의 유기적 구성이 고도화된 상황보다는, 새로운 고용형태의 창출로서 초착취가 구조화된 데에 기인한다. 1996년 정규직과 비정규직 노동자 비율이 57 : 43이었던 것이 2002년에 이르러 44 : 56으로 완전히 역전되는 현상이 나타났다. 이러한 변화는 비정규직 노동의 확장을 통해 초과이윤을 획득하는 자본축적방식을 대기업에서 집중적으로 사용한 결과라 할 수 있다.

6) 니트족(NEET)은 "Not in Education, Employment or Training"의 약어로 선진국에서 청년 고용실태를 파악하기 위해 실업률 보조 개념으로 1999년 영국에서 처음 사용되었다.

| 2002년 | 148 | 76 | 224 | 2007년 | 177 | 99 | 276 |
|---|---|---|---|---|---|---|---|
| 2003년 | 155 | 98 | 253 | 2008년 | 164 | 104 | 268 |
| 2004년 | 148 | 104 | 252 | 2009년 | 202 | 120 | 322 |
| 2005년 | 158 | 103 | 261 | 2010년 | 204 | 142 | 346 |

출처 : 통계청.

위와 같은 과정을 통해 한국사회에서는 시장논리의 전면화와 자유경쟁이 삶의 문법으로 안착되어 갔고, 모든 사회조직과 구성원들은 격심한 무한경쟁을 치르며 소수의 승자와 다수의 패자가 갈리는 냉혹함을 온몸으로 느끼며 살게 되었다. 이른바 가진 자 '20'과 못 가진 자 '80'으로 분리되는 '20 : 80의 사회'가 도래한 것이다. 이러한 사회 양극화는 곧 중간층의 붕괴와 빈곤층의 급속한 증가를 의미하는 바, 소득계층 구조를 피라미드형으로 만들어 놓았다. 통계청에 따르면, 2009년 빈곤층은 305만 8,000가구를 기록하면서 사상 처음 300만 가구를 넘어섰다. 2008년에만 13만 4725가구가 늘어났는데, 이는 전년 증가분의 2배 가까운 것으로, 빈곤층 증가 속도가 가파르게 상승하고 있음을 보여 준다. 이때 '빈곤층'이란 중위소득 해당 가구 소득의 절반에 못 미치는 계층으로 월평균 소득이 최저임금(주당 40시간, 월 80만원) 수준의 사람들을 지칭한다.

**표 9-2 연도별 빈곤층 변화**

| | 2006년 | 2007년 | 2008년 | 2009년 |
|---|---|---|---|---|
| 가구 수 (만 가구) | 269.3 | 285.0 | 292.3 | 305.8 |
| 비중 (%) | 16.7 | 17.4 | 17.5 | 18.1 |

출처 : 통계청.

빈곤의 심화와 재생산을 통한 사회 양극화의 광풍 속에서 대중의 삶은 더욱더 주변화되었다. 일명 '루저'(loser)의 대량 양산이 가속화되고 있는데, 이들은 바우만(Z. Bauman)의 표현을 빌리면 자본의 확대재생산에 불필요한 상대적인 과잉인구들이다. 이들은 자본의 가치생산으로부터 완전히 벗어나 있기 때문에 사회에 전혀 도움이 되지 않는 '쓰레기'와 같다. 이와 관련하여 아감벤(G. Agamben)은 이들을 '호모 사케르'(Homo Sacer)도 되지 못하는 쓸모없는 인간이라 말했다. 즉, 희생물로 제단에 바쳐진 호모 사케르는 적어도 부족의 질서 구축에 기여한다는 의미에서 나름의 사회적 가치를 지녔지만, 현재의 루저들은 이용과 착취의 대상도 되지 못한다는 말이다. 현재 이들은 이중적 생활을 요구받는다. 즉, 실낱같은 보상이라도 받겠다는 일념으로 무한경쟁체제에 뛰어들지만, 무한경쟁의 패배자로서 주변부로 추방되어 어떠한 법적 · 정치적 · 경제적 · 사회적 보호로부터 배제된다.

이로부터 한국인들은 두 가지 국민으로 분류되기 시작한다. 하나는 지배체제에 순응하는 대가로 국가의 보호를 받는 국민이고, 다른 하나는 완전히 쓰레기가 되어 국민으로서의 자격을 박탈당한 국민이다. 전자의 국민은 무한경쟁에서 살아남기 위해 자신을 기획 · 혁신하는 자기계발 주체로, 후자의 국민은 경제적 빈곤과 사회적 주변화로 배제되는 가운데 사회 안전의 파괴자로 분류된다. 특히 후자의 국민으로 분류되면 어떠한 제도적 보호를 받을 수 없기에, 그 자체로 불법적 존재가 되고 국가는 이들의 관리에 있어 법적 절차에 의존할 필요성을 느끼지 못하게 된다. 용산참사[7] 같이 공권력의 폭력성과 무자비성이 전혀 문제되지 않는 것도 이러한 정황에 근거하기 때문이다.

요컨대, 신자유주의적 재구조화가 강제한 한국사회의 계층화 · 계급화는 '20'이라는 1등 국민과 '80'이라는 2등 국민을 분리 · 재배치한 과정이었다. 한국인들 사이에서 1등 국민과 2등 국민으로의 분할이 강제되는 가운데, 다문화 주체는 '3등 국민'으로 또 다시 분할될 처지에 놓인다. 왜냐하면 이들의 열악한 사회 경제적 지위와 한국인들이 갖는 문화적 편견은 다문화 주체를 노골적으로 차별과 배제의 대상으로 만들 소지가 많기 때문이다. 이로부터 또 다른 문제가 되는 것은 2등 국민과 맺는 다문화 주체들의 관계이다. 왜냐하면 1등 국민과의 관계는 애초부터 단절되어 있다손치더라도, 다문화 주체들이 맺는 2등 국민과의 관계는 피착취자 사이의 갈등을 유발시키기 때문이다. 한정된 일자리와 치열해지는 경쟁은

---

7) 용산참사는 이명박 정부의 서민정책을 가늠케 하는 사건이었는데, 2009년 1월 20일 새벽 용산 4구역 철거민과 전국철거민연합회 회원 등 약 30여 명이 점거농성을 벌인 용산구 한강로 2가 남일당 건물 옥상에 경찰이 진압병력을 투입하는 과정에서 옥상 망루에 불이 붙어 농성자 5명과 경찰특공대원 1명이 사망한 사건이다.

2등 국민과 다문화 주체를 상호 경쟁 · 견제하게 만들며, 이로부터 물질적 이해관계를 둘러싼 갈등이 생겨날 수 있다. 정규직과 비정규직 노동자간의 '노노(勞勞) 갈등'이 문제된 바와 같이, 이들의 갈등은 민주주의, 인권, 노동운동의 발전에 있어 새로운 시한폭탄이 되고 있다.

## 3. 다문화 주체에 대한 차별의 논리

신자유주의적 재구조화가 강제한 계층화 · 계급화 과정은 빈곤의 나락으로 떨어진 대다수 한국인들의 분화 · 분리를 통해 진행되었는데, 다문화 주체는 계급과 함께 인종, 언어, 성적 요인이 결합되면서 2 · 3중의 차별과 곤경에 빠진다. 분명 인종은 '원래부터 다르다'는 뜻에서 '차이'(difference)의 목록에 들어가야 하지만, 무한경쟁체제에서는 삶의 경쟁력 확보를 위한 자원 획득에 걸림돌이 되는 '차별'(discrimination)의 목록에 기입된다. 더욱이 경제적 추락이 야기한 삶의 주변화와 불안정성이 만성화됨에 따라, 다문화 주체에 대한 2등 국민으로 분류된 사람들의 관용은 급속히 냉각되어 있다. 오히려 "내 일자리를 너희가 빼앗았다"라는 그릇된 박탈감 속에서 과거 나치즘에서나 볼 수 있는 배타적 민족주의의 악령이 다시금 고개를 들 형국이다.

따라서 인종과 계급을 중심으로 한 차별 과정과 이것이 치안정치의 단골 테마로 등장하게 된 원인의 추적은 시급한 과제라 하겠다. 아울러 이들을 마녀사냥의 제단에 올려놓으려는 사람들, 특히 2등 국민으로 분류된 사람들의 왜곡된 파퓰리즘의 폭력성도 함께 진단해야 한다. 이를 위해 다문화 주체에 대한 사회적 배제(social exclusion)가 어떻게 전개되고 있는지를 규명할 필요가 있다. '사회적 배제'란 구성원이 자신이 속한 사회에 충분히 포함되지 못하고 배제되는 방식을 말하는데, 여기에는 배제된 결과일 뿐 아니라 스스로 배제당하기를 선택한 결과 모두가 포괄된다. 따라서 사회적 배제는 인간 행위 및 책임과 환경을 형성하는 사회구조적 힘 사이의 상호작용 속에서 살펴보아야 한다. 구체적으로 다문화 주체에 대한 사회적 배제는 인종적 · 계급적 요인의 결합으로 차별을 만들어 내는 가운데 신자유주의적 지배체제의 변동(치안정치)과 그러한 사회에 살고 있는 구성원들의 상호작용(왜곡된 파퓰리즘)을 통해 전개되고 있다.

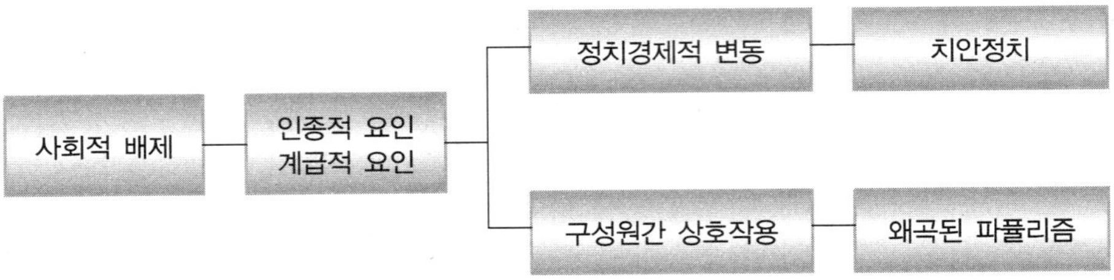


<그림 9-1> 다문화 주체에 대한 사회적 배제 메카니즘

먼저 인종과 계급 요인이 어떻게 중층 결정되어 다문화 주체에 대한 차별의 논리로 작용하는지를 살펴보면 다음과 같다. 대체로 한국인에게 다문화 주체는 북한이탈주민을 제외하면 동남아시아나 중국, 아프리카 같이 국적과 피부색이 다른 나라에서 온 사람들로 이해된다. 미국이나 유럽에서 온 백인들이 차별은커녕 '원어민 강사'로서 주가를 한창 올리고 있을 때, 이들에 대한 한국인의 차별적 시선은 분명 인종주의에 근거한다(함한희, 1995). 이러한 인종주의적 시선의 근저에는 "우리(한국인)가 그들보다 우월하다"는 인식이 있음은 주지의 사실이다. 물론 한국인과 다문화 주체 사이에는 외모를 비롯해 여러 가지 측면에서 차이가 존재한다. 차이가 자동적으로 차별의 근거가 되는 것은 아닌 바, 인종주의를 거칠 때 비로소 차별로 변한다(박경태, 2005).

이로부터 한국인들은 다문화 주체와의 신체적 차이를 정신적 능력의 차이까지 확대시켜 생각하면서 재능과 외모상의 우열을 가리려 한다. 이때 다문화 주체에 관한 열등함의 온갖 수사(修辭)들은 서구를 중심 · 표준으로 보고 아시아를 주변 · 이탈로 보면서 한국인과 다문화 주체를 문명 · 야만으로 규정하려 한 '역전된 오리엔탈리즘'이다(김원, 2005). 이로부터 한국인들은 스스로를 발전된 혹은 근대화된 주체로 인식함과 동시에 인종적 동질성을 위협한다고 느끼며 다문화 주체를 제어

하려 한다. 이러한 인종주의의 근저에 근대국가의 건설과정에서 위력을 발휘한 문화민족주의가 있음은 주지의 사실이다. '문화민족주의'란 민족이라는 담론을 통해 상징적 지배를 가시화하는 문화정치를 말한다. 한국이라는 국민국가는 순혈주의에 입각한 민족국가로서의 정체성을 활용하며 구축되었기 때문에 민족이라는 언표가 갖는 친화성은 매우 크다.

다른 한편으로 한국인에게 다문화 주체는 경제적 어려움을 벗어나고자 한국으로 온 가난한 나라의 사람들로 간주된다. 따라서 언어적 소통능력은 말할 것도 없고 변변한 전문기술 하나 없는 이들이 3D 업종에서 일하는 것은 어쩔 수 없다고 생각한다. 또는 농촌총각과 결혼해 살면서 피폐화된 한국 농촌의 피해를 고스란히 짊어져야 하는 것도 크게 문제될 것이 없다고 본다. 왜냐하면 이 모든 선택은 더 나은 삶을 위한 자발적 결단을 통해 이루어졌다고 보기 때문이다. 이러한 한국인들의 생각은 계층위계상 하층을 점하고 있는 다문화 주체에 대한 인식이라는 점에서 계급적 시선의 투사라 볼 수 있다. 즉, 직업과 지위를 통해 배분된 계층위계상의 위치를 통해 사람을 평가하고 있는 것이다.

문제는 이러한 사회적 편견과 경멸이 하나의 담론이 되어 다문화 주체의 일상을 지배하고 그들의 이미지와 정체성을 결정짓는 데 영향을 미친다는 점이다. 이는 조국근대화의 실질적 주역이었던 노동자들이 1970년대 당시 '공순이', '공돌이'라는 말로 비하된 사례를 상기시킨다(김원, 2006). 당시에 압축적 근대화를 통한 서구의 합리성이 급속히 유입되었지만, 유교적 신분질서가 남긴 잔재는 사회 곳곳에 남아 있었다. 육체노동에 대한 편견과 멸시 역시 이러한 습성의 잔재였기에, 공장노동과 열악한 근로조건, 어려운 생활 형편은 크게 문제될 게 없었다. 공장 내 생산직과 사무관리직 사이에 극단적인 차별이 존재할 수 있었던 것도 육체노동에 대한 이러한 시각과 무관하지 않다(박경태, 2005). 따라서 다문화 주체, 특히 3D 업종에 종사하는 외국인노동자에 대한 차별과 편견은 위의 맥락에서 이해될 수 있다. 그런데 인종적 편견과 육체노동에 대한 경시만이 이들을 옭아맨 족쇄는 아니다. 바로 노동시장 내에서의 분할, 즉 성, 연령, 숙련도, 결혼 여부 등의 요인 또한 3중 · 4중의 장벽이 되었다.

위와 같은 맥락에서 다문화 주체는 최하층계급(underclass)으로 추락할 가능성을 항시 내재하게 된다. '최하층계급'이란 계급 구조의 가장 밑바닥에 놓여 있는 사람들로서, 대부분의 사람들이 향유하는 생활양식으로부터 버려진 혹은 배제된 사람들을 지칭한다. 프랑스의 알제리인과 독일의 터키인 같이 차별받는 소수 인종집단이 이에 해당됨은 주지의 사실이다. 이들은 대개 장기 실업 상태거나 단기적인 취업과 실업의 반복, 노숙자와 같이 안정적 거주지가 없거나 장기간 국가의 복지급여에 의존하는 사람들이다. 미국에서는 도시 과밀 지구에 가난한 흑인들이 대거 거주함에 따른 흑인 최하층 계급이 형성되어 있으며, 영국에서는 흑인들과 아시아계 사람들이 최하층 계급에 편중되어 있다. 이로부터 발견되는 인종과 빈곤의 상관관계는 파키스탄과 방글라데시 출신자들의 빈곤 비율이 실업률과 더불어 높음을 규명한 1990년대 영국의 빈곤연구에서 확인된다. 또한 미국에서도 인종과 빈곤은 밀접히 연관되어 있는데, 흑인과 스페인계 이민자의 빈곤율은 백인의 빈곤율보다 3배 높은 것으로 나타났다.

다문화 주체에 대한 위와 같은 차별과 빈곤은 치안정치라는 지배체제의 정치과정과 대중(한국인 혹은 2등 국민)의 왜곡된 파퓰리즘을 통해 더욱 강화된다. '치안정치'란 시민사회의 제 요구를 민주적 절차(제도)를 통해 조정 · 관리하지 않고 공권력의 직접적 행사를 통해 지배체제의 안정과 재생산을 확보하려는 독선적 정치과정을 말한다. 이로부터 사태 해결을 위한 제도적 중재절차의 운용은 감성을 자극한 감정적 해결방식에게 밀린다. 즉, 사태에 대한 이성적 판단보다는 즉자적이고 표면적인 인상(印象)이 해결방식의 주요 수단이 된다. 사회적 이슈의 공론화는 대의(大義)가 아니라 윤리적이고 도덕적 공분에 따라 결정되기 시작한다. 대중의 왜곡된 파퓰리즘이 작동하는 지점이 바로 여기다. 맹목적 애국주의와 배타적 민족주의가 결합된 왜곡된 파퓰리즘은 쏠림현상이라는 실천형태를 통해 사태를 감정적으로 재단하고 특정 개인과 집단을 대상으로 마녀사냥을 전개하게 이끈다. 즉, 사실(fact)의 확인보다는 '악플' 같은 감정적 기표의 연쇄가 또 하나의 서사를 구축하면서 여론재판을 주도한다(김성일, 2007).

치안정치는 다문화 주체가 처한 열악한 환경과 삶의 절박함을 원료로 작동한다는 점에서 노골적이다. 즉, 그들을 삶의 주변부에 방치하다가도 상황에 따라 쓰고 버리는 소모품으로 만들면서 더 큰 지배력을 확보한다. 이와 같은 방식은 비정규직 노동자와 외국인노동자를 확대시켜 비용을 절감하고 이들의 불평등한 근로조건을 보호가 아닌 착취의 근거로 활용한 예에서 확인된다. 이러한 지배방식은 도덕적 결함과 윤리적 타락을 부각시켜 대중의 공분을 사게 한 다음, 즉각적인 공권력 행사를 통해 사태를 해결하는 방식으로 구체화된다. 이로부터 국가는 용산 참사 같은 저항을 '예외상태'로 만든 후, 신속한 즉결심판의 필요성과 정당성을 선전하며 즉각적 진압에 나선다. 왜냐하면 예외상태는 법의 효력을 정지시킴과 아울러 폭력적 해결책을 최우선으로 선택하게 만들기 때문이다.

위와 같은 정치과정은 한국인들로 하여금 보다 온건하게 혹은 보수적 태도를 갖도록 이끈다. 이러한 시민사회의 경직은 일차적으로 무한경쟁에서 밀려나 주변화됨에 따른 삶의 안정성 파괴에 기인하지만, 지배체제는 이것을 해결은커녕 가속화시키며 지배 정당성을 확보해 간다. 삶의 불안은 안전에 대한 희구로 이어지기에, 강력한 주체(곧 국가)의 보호에 대한 시민사회의 희구는 당연한 수순을 밟는다. 이로부터 '정상성'(주류질서)에서 벗어난 모든 것(타자화된 모든 것)들은 사회적 보호의 문제가 아니라 법과 질서의 문제로 분류된다. 가령, 시장에 참여할 수 없는 무능력은 범죄로 취급됨과 동시에 개인의 문제로 치부된다. 바우만이 말했듯, 위와 같은 과정을 통해 지배체제는 시장권력의 부상(신자유주의체제)으로 실추된 권위와 기능 축소를 일탈적 타자에 대한 공격을 통해 복원한다. 즉, 지배체제는 국가와 사회 안전에 대한 위협을 빌미로 불안을 상시화하고, 그에 대한 처방으로 사회적 소수 집단이나 사소한 문제들을 위협 요인으로 침소봉대(針小棒大)한 후, 즉각적인 공권력 투입을 공론화한다. 이때 치안정치의 제단에 오른 희생양에 다문화 주체가 선별될 수 있음은 주지의 사실이다.

대중의 왜곡된 파퓰리즘이 나타나게 된 근본 원인은 신자유주의적 재구조화가 초래한 사회양극화와 불안한 삶의 만성화에 있다. 즉, 무한경쟁에서 갈리는 승자와 패자의 엄연한 구별과 차별이 초래한 삶의 안정성 파괴에 기인한다. 이로부터 대중은 집단이 아니라 상호 경쟁해야 하는 개인으로 설정되는데, 이는 사회문제를 개인화하는 신자유주의의 정치논리로부터 연원한다. 이제 개인이 느끼는 왜소함과 무력감은 같은 처지에 놓인 사람을 동류로 인식하게 만들고, 이 같은 상황을 초래한 사람(세상)에게는 감정적으로 거부하는 집단적 증오를 심는다(김성일, 2007). 사회적 차이에 대한 인색함과 거부가 강화되는 가운데, 다문화 주체에 대한 대중의 태도 역시 예외일 수 없다. 이 속에서는 능력과 소질의 다양함 뿐 아니라 생각과 지향의 차이도 차별로 왜곡된다.

## 4. 다문화 주체의 주변화

### 1) 고용과 임금

한국으로의 외국인 노동인력 유입은 1986년 아시안게임과 1988년 올림픽 개최를 계기로 출입국 규제가 완화되면서 본격화되었다. 특히 1989년 10월 석탄협회가 사업자 단체를 중심으로 동력자원부에 외국 인력의 합법적 도입을 건의했고, 1990년 7월에는 전자공업협동조합이 베트남의 한국인 1세를 고용할 수 있도록 정부에 요청했다. 이후 1990년대 초반 주택 200만호 건설과 1992년 한·중수교는 외국인 노동력의 유입을 본격화시켰다(이태정, 2004). 당시 한국경제는 고부가가치 산업 위주의 투자가 진행되는 가운데 IT산업 등 선진국 형으로 산업구조의 재편이 이루어지고 있었다. 이에 따라 고도성장을 주도해 온 제조업 분야의 노동력 부족이 발생했는데, 그 충원은 외국인노동자의 유입을 통해 이루어졌다. 또한 경제성장에 따른 노동자들의 의식변화, 즉 생활수준 향상과 노동인구의 고학력화는 힘겹고 고된 노동을 꺼리게 만들었다. 특히 3D 업종에 대한 청년세대의 기피 현상은 중소기업을 중심으로 외국인노동자의 유입을 강력하게 유인했다.

꾸준한 외국인노동자의 증가는 고용허가제가 실시(2004)된 지 3년이 경과하면서 직면하게 된 고용 기한의 만료로 인해 미등록 외국인노동자의 급속한 증가로 이어졌다. 2007년 정부는 미등록 외국인노동자 수를 20만 명 선에 묶어 두기 위해 8월부터 대대적인 합동단속을 벌였는데, 그 실적이 미흡하자 11월부터는 단속을 더욱 강화하는 한편 〈이주노동자노동조합〉 지도부의 전격 체포를 감행했다. 그나마 보장되었던 합법적 지위가 박탈당함에 따라, 외국인노동자의 노동조건 및 임금지급은 더욱 열악한 상황으로 빠졌다. 왜냐하면 미등록 외국인노동자가 된다는 것은 불법체류자가 되는 것이기에, 이들에 대한 법적 보호와 지원 자체가 원천적으로 중단되기 때문이다.

이러한 제도의 틈새 속에서 고용주들은 비용 절감의 부담을 철저하게 이들에게 전가시켰다. 이로부터 외국인노동자는 3D 업종 이외에 사양 산업과 공해 유발 업종을 떠돌 수밖에 없게 된다. 실제로 소음, 분진 등 유해 환경에 노출된 경우가 많았는데, 32.2%의 외국인노동자가 산업재로 인한 부상을 당한 경험이 있다고 조사되었다(길철효 외, 2006). 구체적으로 이들은 수면이 불규칙하고 정신 건강이 좋지 않았으며 고혈압, 위장병, 관절질환 등을 앓고 있는 것으로 나타났다. 특히 여성 외국인노동자가 겪는 문제는 수면 위로 떠오르는 것이 더욱 어려웠다.

한편 외국인노동자들은 한국에서 일을 하다 실업을 하게 되면 해고된 후 2달 이내에 새로운 직장을 구해야 한다. 그러나 현실적으로 이들이 2달 내에 직장을 새로 구하는 것은 매우 어렵다. 더욱이 이들은 한국에 들어오는 과정부터 빚을 지고 들어오는 경우가 많다. 이러한 상황에서 외국인노동자들은 브로커에게 거액의 알선비를 제공하면서까지 취업에 매달린다. 하지만 이마저도 쉬운 일은 아니기에, 강제추방의 위험을 감수하면서까지 불법체류자로 남아 있게 된다. 노동법의 적용이 미칠 수 없는 사각지대로 주변화되는 가운데, 외국인노동자의 경제적 추락은 곧 한국사회에서 빈곤층으로의 유입으로 이어졌다.

**표 9-3　　총 불법체류자 현황 : 2009년 8월 기준**

<table>
<tr><th rowspan="3">총 불법 체류자</th><th colspan="5">단순 기능인력 관련</th><th colspan="3">단기 체류 관련</th><th rowspan="3">기타</th></tr>
<tr><th rowspan="2">산업연수 (D-3, E-8)</th><th colspan="3">비전문취업 (E-9)</th><th rowspan="2">취업 관리 (F-1-4)</th><th rowspan="2">사증 면제 (B-1)</th><th rowspan="2">단기상용 (C-2)</th><th rowspan="2">단기종합 (C-3)</th></tr>
<tr><th>합법화 조치 (E-9-1)</th><th>고용허가 도입 후 이탈 (E-9)</th><th>고용허가 특례 F-1-4 → E9</th></tr>
<tr><td>183,864</td><td>25,661</td><td>19,618</td><td>10,995</td><td>750</td><td>1,134</td><td>14,518</td><td>28,029</td><td>40,067</td><td>43,092</td></tr>
<tr><td rowspan="2">구성비</td><td>14.0%</td><td>10.6%</td><td>6.0%</td><td>0.4%</td><td>0.6%</td><td>7.9%</td><td>15.2%</td><td>21.9%</td><td rowspan="2">23.4%</td></tr>
<tr><td colspan="5">58,158명(31.6%)</td><td colspan="3">82,614명(45.0%)</td></tr>
</table>

출처 : 한국이민학회 정기학술대회 자료집, 2009.

### 표 9-4 연도별 · 국적별 미등록 외국인노동자 적발

(단위 : 명)

| 연도 | 계 | 타이 | 필리핀 | 베트남 | 중국 | 인도네시아 | 파키스탄 | 몽골 | 방글라데시 | 한국계 중국인 | 기타 |
|---|---|---|---|---|---|---|---|---|---|---|---|
| 2006 | 23,711 | 1,546 | 1,369 | 1,749 | 4,833 | 658 | 648 | 1,534 | 1,648 | 6,011 | 3,775 |
| 2007 | 22,546 | 1,608 | 1,227 | 1,677 | 5,817 | 557 | 451 | 1,607 | 1,462 | 4,569 | 3,571 |
| 2008 | 32,591 | 3,386 | 2,307 | 3,018 | 10,252 | 946 | 622 | 2,191 | 1,811 | 1,796 | 6,262 |

출처 : 법무부.

거주 이전의 자유와 일할 권리는 인간의 기본권이다. 그러나 국제적인 실제 상황에서 이러한 기본권은 국경을 경계로 체류 제한을 받는다. 비자가 없는 사람은 불법체류자가 되며, 비자 없이 일하는 사람은 미등록 외국인노동자로 살아갈 수밖에 없게 된다. 이들은 언제 강제 퇴거당할지 모르는 상황에서 늘 스트레스를 받으며 살아가야 한다. 국내에 장기 체류 미등록 외국인노동자가 늘어나면서 이들의 정주권과 자녀의 인권문제는 새로운 사회문제로 대두되었다. 특히 10년 이상 체류자의 경우, 본국의 가족과의 관계도 오랫동안 단절된 상태로 방치되고 있다. 자국에서 결혼한 사람들의 경우, 이미 가정이 파괴된 경우도 자주 발견된다(박천응, 2009).

### 표 9-5 국가별 · 연도별 불법체류자 강제 퇴거 현황

(단위 : 명)

| 연도 | 계 | 중국 | 베트남 | 타이 | 몽골 | 필리핀 | 우즈베키스탄 | 방글라데시 | 인도네시아 | 기타 |
|---|---|---|---|---|---|---|---|---|---|---|
| 2002 | 5,670 | 2,596 | 242 | 211 | 407 | 173 | 201 | 157 | 325 | 1,358 |
| 2003 | 5,861 | 3,356 | 205 | 139 | 369 | 176 | 151 | 217 | 156 | 1,092 |
| 2004 | 19,307 | 8,714 | 903 | 1,152 | 899 | 829 | 927 | 1,451 | 947 | 3,458 |
| 2005 | 38,019 | 15,159 | 2,770 | 2,896 | 1,992 | 2,233 | 1,631 | 3,771 | 1,577 | 5,990 |
| 2006 | 18,574 | 7,397 | 1,390 | 1,399 | 1,418 | 1,188 | 706 | 1,591 | 549 | 2,936 |
| 2007 | 18,462 | 7,294 | 1,398 | 1,609 | 1,495 | 1,079 | 747 | 1,517 | 504 | 2,819 |
| 2008.7 | 14,368 | 5,659 | 1,180 | 1,376 | 1,195 | 1,098 | 703 | 919 | 345 | 1,893 |

출처 : 다문화교육의 탄생, 박천응, 2009.

KDI에 이르면, 외국인노동자가 대만이나 홍콩보다 한국을 선호하는 이유는 임금이 주변국보다 높기 때문이다. 2008년 한국의 생산과 단순직종 외국인노동자 임금은 120만-150만원으로 대만(60만-70만원), 싱가포르(60만-90만원), 두바이(20만-30만원), 홍콩(30만-40만원)보다 훨씬 높다.[8] 고용노동부가 2010년 5월 30일을 기준으로 조사한 외국인노동자 임금은 70만-80만원이 37.87%로 가장 많았고, 80만-90만원이 32.82%, 90만-100만원은 19.03%로 나왔다. 한편 이들의 1주 평균 노동시간은 50.65시간이었고, 1주 평균 노동일은 6일로 조사되었다(이성미, 2010). 경남이주민센터가 2010년 조사한 연구에 의하면, 이들이 겪는 직장생활의 어려움으로 '낮은 임금 수준'(9.2%), '외국인에 대한 차별'(8.4%), '임금 체불'(7.2%), '빠른 작업속도'(5.2%), '장시간 노동'(4.0%)이 지적되었다. 특히 직장 내 차별과 관련한 외국인노동자의 불만은 동료 한국인 노동자와 비교하여 상여금 미적용, 근속기간 무시, 최저임금제에 묶인 임금 체계 등에 집중되어 나타났다. 이는 외국인에 대한 차별 문제가 주로 낮은 임금 수준과 장시간 노동 등 근로조건과 맞물려 있음을 의미한다(오마이뉴스, 2010년 12월 16일자 기사).

한편 직장 내 폭행 피해 역시 외국인노동자가 겪는 또 다른 차별이다. 같은 조사연구에서 응답자의 70.2%는 직장 내 폭행 경험이 '없다'고 했지만, 16.4%는 폭행 경험이 있는 것으로 나왔다. 고용허가제 취업자 중 무응답을 제외한 유효응답자 중에서 폭행 피해 경험이 있다고 답한 사람은 20.8%였다. 이는 국가나 공공기관이 관리 · 운영의 책임을 지고 있는 곳에서 더 많은 폭행이 이루어졌음을 보여주기에 문제의 심각성이 매우 크다. 폭행 가해자로는 '한국인 노동자'가 53.7%로 가장 많았고, '직장 관리자' 26.8%, '사장' 12.2%, '기타' 8.5%로 나왔다. 폭행 이유에 대해, '외국인이기 때문에 이유 없이 폭행을 당했다'는 응답이 29.3%로 가장 많았고, 다음으로 '한국어를 이해 못해서'가 25.6%, '말 · 행동을 상대방이 오해했다'가 24.4%, '작업 중 실수'가 15.9%의 순서로 나왔다(오마이뉴스, 2010년 12월 16일자 기사). 이로부터 직장 내 폭행이 주로 한국인 동료 노동자와의 갈등과 작업

---

8) 국제기준으로 보면, 이주노동자도 내국인과 같은 대우를 해 주기에 이들의 임금은 최저임금에 시간 외 근로수당을 더한 정도에서 결정된다. 한국과 대만의 최저임금은 각각 78만원, 56만원이다. 이에 비해 싱가포르, 홍콩, 두바이는 최저임금제가 없어 이주노동자의 임금이 상대적으로 적다.

중에 일어나는 언어 문제가 원인이었음이 밝혀졌다.

직장 내 성희롱 피해도 외국인노동자의 열악한 노동 현실을 이해하는 또 다른 항목이다. 아시아 지역 내 국가 간 노동이동은 이주의 여성화가 진행되어 국가 간 노동이동의 50% 이상이 여성 이주자에 의해 이루어지고 있다. 그러나 한국은 외국인노동자 중 여성의 비율은 30%인 남대여소(男大女小) 현상을 보인다(정진주, 2010). 이는 한국의 외국인노동자 유입이 주로 제조업의 3D 업종의 노동력 부족을 메울 인력을 중심으로 진행되었기 때문이다. 가부장적 노무관리가 지배적인 상황에서, 여성 외국인노동자가 겪는 차별은 구조적으로 남성 외국인노동자보다 심할 수밖에 없다. 그 중 하나가 성희롱 피해인데, 위의 조사에서 여성 응답자 중 9.3%가 '있다'고 답했고, 63.0%가 '없다'고 말했다. 이는 2009년 성희롱 피해 경험자 2.3%에 비해 증가한 수치이다. 성희롱의 구체적 내용에 대해 '추근거림'이 7.4%로 가장 많았고, '신체 접촉'이 3.7%, '성적 농담', '음란전화', '동침 요구', '성매매 요구', '기타'가 각각 1.9%로 나왔다(오마이뉴스, 2010년 12월 16일자 기사).

### 2) 결혼과 가정

현재 한국에 체류하는 결혼이민자는 67개국에서 온 181,671명인데, 여성 결혼이민자는 161,999명(89.2%)이고 남성 결혼이민자는 19,672명(10.8%)이다. 1990년대까지의 국제결혼은 한국 여성이 미국 남자나 일본 남자와 결혼하여 미국과 일본에 거주하는 것이 대부분이었다. 그러나 1990년 중반부터 한국 남성이 중국 조선족과 결혼하여 여성이 입국하는 사례가 증가하기 시작했고, 2002년 무렵부터는 국제결혼 중개업자들이 필리핀, 태국 등의 현지인과 사업제휴를 맺고 국제결혼 중개과정에서 거짓 정보와 과다한 중개 수수료, 룸살롱식 집단 맞선 등으로 끊임없는 문제를 발생시켰다(이성미, 2010).

2004년부터 현재까지 한 해 접수된 혼인신고 건수의 11%는 국제결혼이다. 이러한 증가 원인은 한국 여성들의 가치관 변화로 독신여성이 증가한데 있다. 여성에게 육아와 가사, 경제활동까지 해야 할 부담이 가중되자 아예 결혼을 포기하고 일을 선택하는 여성이 많아졌던 것이다. 이 같은 결혼시장의 수요 · 공급 불균형으로 인해 한국 남성들은 국제결혼을 선택할 수밖에 없었다. 국제결혼을 선택한 한국 남성은 대체로 안정적 직업이 없거나 소득이 낮고, 나이가 많을 뿐 아니라 부모를 부양하고 있다. 또한 신체적 · 정신적 결함이 있거나 이혼이나 사별 후 전(前) 부인의 자녀가 있어 재혼에 어려움을 겪는 경우가 많다. 결혼할 여성을 구하고 싶은 남성과 가난한 나라 여성의 한국행 결혼 욕구가 맞아 떨어지면서 국제결혼은 최근 들어 급증하고 있다(이성미, 2010).

위와 같은 상황은 결혼이민자의 대부분을 차지하는 외국인 여성의 사회 경제적 지위에 결정적 영향을 미친다. 왜냐하면 한국사회에서의 계층 · 계급 분할은 성적 불평등과 상당히 겹쳐져 있고, 대부분 여성들의 물질적 지위는 아버지나 남편의 물질적 지위와 밀접한 상관관계를 맺기 때문이다. 여권 신장이 상당히 이루어졌다고 하지만 여전히 가부장제라는 자기장 안에 젠더 문제가 위치한다. 가령, 여성은 시간제 업무에 종사하는 경우가 많으며 출산과 양육을 위해 오랜 기간 현직을 떠나 있어야 하기 때문에 지속적인 고용상태를 유지할 수 없다. 따라서 여성의 유급 노동은 남성과 비교할 때 상대적으로 덜 중요하게 인식되기 쉬우며, 경제적 지위는 남편과 같은 계급에 속한 것으로 간주되곤 한다. 물론, 여성의 유급 노동이 부분적으로나마 가구의 계급적 위치를 결정하고, 편모 가정 같이 부인의 직업이 가족의 생계유지에 결정적 영향을 미친다는 골드소르프(Goldthrope)의 설득력 있는 반론이 있지만 말이다.[9]

그러나 현재 급증하고 있는 국제결혼과 여성 결혼이민자들은 경제활동에 있어 남편에의 의존도가 높으며, 따라서 그들의 계급 위치는 남편의 계급 위치로 결정된다. 그리고 그 위치는 한국사회의 계층위계에서 하위를 점한다. 보건복지부(2005)의 조사에 의하면, 남편들 대부분이 건설업과 같은 비정규직이었고 수입이 일정하지 않아서 결혼이민자 가구의 절반 이상인 52.9%가 최저생계비 이하의 소득을 보였다. 또한 돈이 없어 생계를 거른 적이 있다는 가구도 15.5%나 되었고, 20% 이상이 의료보험 혜택을 전혀 받지 못하는 것으로 나타났다. 특히 낙후되고

9) 그 외에 골드소르프는 현대사회에서 여성의 소득이 가족의 경제적 위치와 생활양식의 유지에 꼭 필요하며, 남편과 부인의 직업이 다른 계급 범주에 속하는 혼합계급(cross-border) 같은 새로운 계급 유형이 나타나고 있다고 보았다.

보수적인 농어촌으로 시집을 간 여성 결혼이민자들은 더욱 그러했다. 지난 5년간 농림어업에 종사하는 남성의 국제결혼 중 농촌에 거주하는 여성 결혼이민자는 2005년에 38%, 2006년에 42.5%, 2007년에 41.3%, 2008년에 38.2%, 2009년에 35.2%로 조사되었다. 이 수치는 지난 5년간 10명 중 4명 정도가 국제결혼을 하고 있음을 의미한다.

**표 9-6 연도별 농립어업종사자와 외국인 아내와의 혼인**

(단위 : 명, %)

| 구분 | 2005 | 2006 | 2007 | 2008 | 2009 |
|---|---|---|---|---|---|
| 농림어업종사자 | 7,578 | 8,292 | 7,669 | 6,459 | 5,640 |
| 외국인 아내 | 2,883 | 3,525 | 3,171 | 2,472 | 1,987 |
| 혼인 비율 | 38.0 | 42.5 | 41.3 | 38.2 | 35.2 |

출처 : 통계청.

한 가지 주목할 점은 여성 결혼이민자의 계급 위치가 부분적으로 여성 자신에게 있다는 사실이다. 즉, 여성 결혼이민자 자신의 노동력 수준이 계급 위치의 결정요인으로 작용한다. 이는 베트남을 국적으로 갖는 여성 결혼이민자의 학력을 통해 입증되는데, 학력은 직업 선택에 결정적 영향을 미친다는 점에서 계급 측정의 중요한 지표가 된다. 왜냐하면 직업은 개인의 사회적 지위와 생애 기회, 물질적 복지 수준을 결정하기 때문이다. 대체로 베트남 출신 여성 결혼이민자의 최종 학력은 극히 낮으며, 이는 한국 남편과 비교할 때 더 낮은 수준에 해당된다. 따라서 이들 여성들이 한국에 와서 자신의 능력을 발휘할 기회를 노동시장에서 찾기란 매우 제한적일 수밖에 없다.

**표 9-7 베트남 여성과 한국 남편의 평균 학력**

(단위 : %)

| | 중학교 이하 | 중학교 | 고등학교 | 전문대 |
|---|---|---|---|---|
| 베트남 여성의 학력(부인) | 13.5 | 40.5 | 45.9 | |
| 한국 남성의 학력(남편) | 5.4 | 27 | 56.8 | 10.8 |

출처 : 다문화교육의 탄생, 박천응, 2009.

따라서 여성 결혼이민자의 경제활동이 가구 소득과 계급 위치에 끼치는 영향은 제한적일 수밖에 없다. 일반적으로 직업을 통한 경제활동은 유사한 수준의 사회적 이익과 손실을 경험하고 공통적인 생활양식을 공유하며 유사한 생애 기회를 갖게 한다. 낮은 노동력 수준을 지닌 여성 결혼이민자 역시 동일한 직업군(群)이 공유하는 의식과 태도, 생활양식을 공유하며 살아간다. 따라서 최근 논의되고 있는 여성 고용이 계급 분할에 미치는 영향, 즉 가구간 계급 분할을 강화하는 데 미친 영향력의 검토가 시급히 요청된다. 즉, 전문직 · 경영직에 종사하며 고임금을 받는 여성의 증가에 따른 고소득 맞벌이 가구를 한 축으로 하고 단순노무직에 종사하는 생계형 맞벌이 가구를 한 축으로 한 직선상의 소득 격차에 대해 면밀한 진단이 이루어져야 한다. 결혼이 유사한 혜택 혹은 불이익을 얻는 직업 내에서 이루어진다고 할 때, 결혼이민자 가구는 한국사회의 계층위계에 있어 하층을 충원 · 재생산하고 있다.

최근에는 높은 국제결혼의 증가와 맞물려 다문화가정의 이혼율이 급증하고 있다. 이는 다문화가정 내의 부부간 갈등이 심화되고 있음을 의미한다. 여성 결혼이민자에게 있어 이혼은 곧 생활의 불안정과 최하층 계급으로의 추락에 직면하도록 만든다. 왜냐하면 이혼은 위자료나 양육권, 취업 알선 등의 문제에 있어 보호 · 지원해 줄 안전망의 부재를 의미하기 때문이다. 일반적으로 한국사회에서 여성 결혼이민자의 가출과 이혼은 주로 '남성'의 입장에서 해석되어 왔다. 즉, 결혼을 유지하는 것은 여성의 몫으로 여겨지며 남성들이 어떤 문제를 일으켜도 여성들은 참고 감내해야 한다. 그러나 이러한 한국 남성의 고답적 태도는 곧 상호간의 몰이해와 가정불화라는 두 가지 갈등을 초래하면서 결혼을 파국으로 이끈다.

상호간의 몰이해를 야기한 요인으로는 저발전국에서 온 사람에 대한 차별과 편견, 신부가 도망 못하게 하기 위한 외부와의 철저한 차단, 언어적 장벽(말이 통하지 않은 상태에서의 국제결혼, 시간이 지나도 말이 통하지 않음이 초래한 갈등과 분노 폭발), 문화적 차이(가부장적인 남편의 태도와 시댁의 문화, 자녀의 소속과 양육 방식, 친족과의 관계), 한국생활에의 실망(배우자의 낮은 경제력과 직업의 불안정성, 농사일과 가사 부담), 낮은 사회적 성취감(국적을 받아도 외국인 취급, 단순노무직 같은 제한적 사회 진출) 등이 지적된다(박천응, 2009).

다음으로 가정불화를 이끈 요인으로는 남편의 가정폭력을 들 수 있다. 이때 가정폭력은 직접적인 물리적 폭력 이외에 언어적 모욕과 행동에 대한 일방적 통제 모두를 포괄한다. 가정폭력이 다문화가정에게서만 나타나는 현상은 아니지만, 한국사회에서 자신을 지지해 줄 인적 · 사회적 연계망이 부족한 여성 결혼이민자들은 한국 남성의 폭력에 노출될 가능성이 더 크다(김현미 외, 2007). 여성 결혼이주자를 대상으로 조사한 연구(2005)에 따르면, '모욕적인 말'이 30.5%로 가장 많았고, '물건 던짐'이 23.5%, '때리겠다는 위협'이 18.4%, '성행위 강요'가 13.8%, '세게 밀기'가 13.4%로 나왔다. 여성 결혼이민자의 국적에 따른 응답을 살펴보면, 중국 한족, 일본인, 태국 출신 여성들이 폭력을 많이 경험한 반면, 베트남 여성들은 상대적으로 적었다. 이 결과는 표본의 선정 방법, 응답한 여성들의 폭력에 대한 인식이나 민감도, 응답의 진실성 같은 요인이 미쳤음을 고려해 이해할 필요가 있다(황정미, 2010).

**표 9-8** **한국인 배우자의 폭력적 행동**

(단위 : %, 명)

| 여성 결혼이민자 조사 | | | 폭언 | 용돈 미지급 | 송금 금지 | 신체적 폭력 | 의처증 | 기타 | 해당 없음 |
|---|---|---|---|---|---|---|---|---|---|
| 전체 | | 829 | 6.2 | 5.3 | 2.8 | 2.3 | 2.2 | 4.1 | 82.5 |
| 거주지 | 도시 | 629 | 6.7 | 5.7 | 3.2 | 2.7 | 2.1 | 4.1 | 81.4 |
| | 농촌 | 200 | 4.5 | 4.0 | 1.5 | 1.0 | 2.5 | 4.0 | 86.0 |
| 출신국 | 조선족 | 367 | 5.7 | 5.7 | 2.5 | 2.7 | 2.2 | 4.4 | 83.1 |
| | 한족 | 87 | 2.3 | 1.1 | 3.4 | 2.3 | 2.3 | 4.6 | 83.9 |
| | 베트남 | 143 | 0.7 | 7.7 | 6.3 | 0.0 | 2.1 | 4.2 | 83.2 |
| | 일본 | 99 | 17.2 | 5.1 | 0.0 | 1.0 | 0.0 | 2.0 | 80.8 |
| | 필리핀 | 73 | 5.5 | 6.8 | 1.4 | 5.5 | 4.1 | 8.2 | 76.7 |
| | 기타 | 60 | 10.0 | 1.7 | 1.7 | 3.3 | 3.3 | 0.0 | 85.0 |

출처 : 설동훈 외, 결혼이민자 가족 실태조사 및 중장기 지원정책 방안 연구, 2006.

물론, 이혼율 증가에서 볼 수 있는 갈등이 모든 다문화가정에게 적용되는 것은 아니다. 보건복지부(2009)가 조사한 자료에 의하면, 여성 결혼이민자들은 배우자와 시부모의 관계에서 한국 여성보다 높은 만족도를 보인다. 즉, 여성 결혼이민자는 배우자와의 관계에서 '매우 만족'이 36.2%, '만족'이 37.6%, '보통'이 22.1%로 나왔다. 반면, 한국 여성은 '매우 만족'이 23.7%, '만족'이 37.0%, '보통'이 30.3%로 나왔다(보건복지가족부, 2009). 그러나 다문화가정의 이혼 건수는 2002년 1774건, 2004년 3300건, 2006년 6136건, 2008년 11255건으로 급증했다. 이를 국적별로 살펴보면(2008년 기준), 중국 여성이 5398명, 베트남 여성이 1078명, 필리핀 여성이 268명, 몽고 여성이 213명, 일본 여성이 205명, 캄보디아 여성이 178명, 기타 국적의 여성이 622명으로 나왔다. 이는 곧 다문화가정 내의 갈등이 점차 심화되고 있음을 의미한다.

### 3) 여가와 문화

인도네시아 출신의 안나 쿠스마는 가족들의 주말 외식에 참여하지 않고 혼자 집에서 식사를 한다. 왜냐하면 가족들이 삼겹살을 먹으로 가기 때문이다. 시어머니는 한국에 시집을 온 이상, 한국 사람이 되어야 한다며 돼지고기를 먹게 했다. 원래 무슬림은 돼지고기를 먹지 않기에, 그녀는 이 일로 인해 이혼할 생각까지 했다. 몽골에서 시집을 온 첸은 생선을 먹을 줄을 모른다. 몽골의 주식은 고기와 우유이기에, 그녀에게 생선은 낯선 음식이고 채식 위주의 한국 식단은 적응하는데 매우 힘들다. 특히, 출산했을 당시 계속 먹어야 했던 미역국은 바다 음식을 먹어 본 적 없는 그녀에게 산고(産苦)보다 더 힘겨웠다. 베트남 출신의 브이띠또란은 시부모에게 절을 하라는 동서의 말에 깜짝 놀랐다. 왜냐하면 베트남에서는 죽은 사람에게만 절을 하기 때문이다(이성미, 2010). 이 같은 상황에서 모국 문화에 대한 한국인들의 존중에 대해 다문화 주체가 느끼는 만족도는 낮을 수밖에 없다. 특히 수도권과 도시에 거주하는 다문화 주체에게서 부정적 의견이 많다(한국문화관광연구원, 2008b).

그런데 위의 사례들은 다문화 주체가 겪는 에피소드로 치부될 수 없다. 왜냐하면 이들 사례 속에는 다문화 주체가 한국문화와의 적응에서 오는 갈등의 일부가 표출되고 있기 때문이다. 따라서 올바른 다문화주의가 정착되기 위해서는 다문화 주체와 한국인과의 문화적 소통이 원활해야 한다. 그러나 이러한 기대는 현실적으로 실현되기 어렵다. 왜냐하면 한국사회는 오랜 기간 순혈주의에 기초한 문화민족주의가 사회통합의 주된 이데올로기로 작동해 왔기 때문이다. 우스운 일은 2006년 4월 하인즈 워드(한국계 미식축구선수)가 한국을 방문했을 때, "한국은 단일민족이 아니다"며 앞 다투어 보도한 언론의 행태이다. 이는 곧 순혈주의가 상황에 따라 임의적으로 선택 · 각색되는 이데올로기에 불과하다는 점을 입증한다.

실제로 한국사회는 다문화민족을 형성해 온 역사를 갖고 있다. 즉, 외세의 침략과 주변국들의 전쟁, 교역을 통한 타 민족의 이동이 활발했다. 275개 국내 성씨의 절반인 136개가 귀화 성씨이고 전체 인구의 20-30% 정도가 귀화인들의 후손이라는 점은 이를 증명한다. 최근에는 역사적 증거뿐 아니라 생물학적 연구를 통해서 한국이 다민족국가였음이 입증되고 있다. 대한생물학회지에는 한국인 213명의 미토콘드리아 DNA를 분석한 결과 14.5%가 남태평양 토착민에게 나타나는 유전형질을 가졌다는 논문이 실렸다. 또한 미술과 해부학을 통해 한국인을 북방계와 남방계로 분류한 연구에서도 20% 가량이 남방계의 특징인 진한 눈썹, 쌍꺼풀, 짧은 코와 큰 콧망울, 두터운 입술, 많은 수염, 네모난 얼굴, 굵은 머리카락, 검은 피부의 특징이 발견되었다(이성미, 2010).

따라서 순혈주의에 입각한 자폐적 민족주의는 더 이상 한국사회를 이끌 이데올로기가 될 수 없다. 특히 세계화 시대의 도래 속에서 활발한 국제교류가 진행되는 현 시점에서는 더더욱 그러하다. 이로부터 문화 다양성이 강조되는 새로운 비전이 제시될 필요가 있다. '문화 다양성'이란 생물계의 종(種) 다양성과 같이, 인류의 문화도 저마다의 고유한 가치와 의미가 있음을 인정하자는 의제이다. 또한 자폐적 민족주의와 함께 신자유주의 세계화가 강제한 문화의 상품화와 시장 독점에 맞서 소수자 문화를 보호 · 육성하자는 비판 담론이다(김성일 외, 2009). 이러한 문화 다양성의 가치가 실현될 조건이 마련될 때, 다문화 주체의 고유한 문화 역시 지켜지고 보존될 수 있다.

다문화 주체의 고유한 문화를 지켜 내는 일 외에, 이들이 일상에서 한국의 문화와 여가를 즐길 수 있도록 해야 한다. 왜냐하면 문화란 일차적으로 동시대인들이 만들어 낸 가치 · 상징체계인 만큼 현재성을 강하게 갖기 때문이다. 따라서 구성원으로서 당연히 누려야 할 삶의 충만은 일상에서 즐기고 누릴 수 있는 문화향수의

기회 증진으로부터 시작되어야 한다. 그러나 현실적으로 다문화 주체의 일상은 한국 사람보다 문화적으로 풍족하지 못하다. 왜냐하면 TV 시청 같이 집 안에서 개별적으로 이루어지거나 종교행사 같이 동일 국적의 사람에게 국한된 사교활동의 비율이 높기 때문이다. 반면, 여행이나 스포츠 · 레저 활동, 창작 관련 취미활동은 한국 사람들에 비해 그 비율이 낮다.

**표 9-9　　여가활용 : 이주민과 내국인 비교**

(단위 : %)

| 여가활동 | 이주민 | 내국인 | 여가활동 | 이주민 | 내국인 |
|---|---|---|---|---|---|
| TV · 비디오 시청 | 28.8 | 23.6 | 여행 | 1.3 | 4.8 |
| 휴식 | 25.8 | 20.1 | 컴퓨터게임, 인터넷 검색 | 1.2 | 7.2 |
| 사교 관련 일 | 16.9 | 11.4 | 봉사활동 | 0.9 | 0.5 |
| 가사일 | 13.1 | 13.4 | 자기개발 | 0.7 | 2.8 |
| 종교 활동 | 8.0 | 6.7 | 스포츠 활동 | 0.7 | 4.0 |
| 창작적 취미 | 1.4 | 1.4 | 기타 | 0.5 | 0.4 |

출처 : 한국문화관광연구원, 이주민 문화향수실태조사, 2008.

다양하지 못한 다문화 주체의 여가활동은 그 만족도에 있어서도 대체로 부정적일 수밖에 없다(53.6%). 또한 이들이 느끼는 만족도(46.4%)는 내국인이 느끼는 만족도(21.6%)보다 컸지만, 이는 문화생활에 대한 인식의 차이를 고려해 이해할 필요가 있다. 구체적으로 여성, 비수도권, 결혼이민자, 가족 동거자, 체류 기간이 길수록, 한국어 능력이 높을수록, 몽골 출신 이주민, 150만원 이상의 소득층에서 만족도가 높았다. 반면, 체류 기간이 짧을수록, 한국어 능력이 미숙할수록, 필리핀 출신 이주민, 100만원 미만의 저소득층에서 불만족 비율이 높았다. 이러한 결과는 다문화 주체에게 있어 외모, 소득, 결혼 유무, 언어 능력, 체류 기간, 주거 공간이 여가생활을 누리는 데 있어 주요한 자원이자 자격임을 입증한다(한국문화관광연구원, 2008a).

그렇다면 다문화 주체가 겪는 불만족 요인으로는 무엇이 있는가? 이에 대한 응답으로 시간 부족, 경제적 부담, 한국어 미숙, 적당한 취미 부재, 여가정보 부족,

건강 · 체력 부족이 순서대로 지적되었다. 이는 경제적 부담을 주된 이유로 응답한 내국인과 대조를 이룬다. 다문화 주체에게 있어 '시간 부족'은 시간 외 노동의 과잉 부과 및 한국적 상황에 맞는 유휴 시간의 제대로 된 활용이 미숙한 데서 비롯된다. 또한 언어 자체가 의미작용의 주된 문화 요소라는 점에서 '한국어 미숙'은 원천적인 문화 이해의 장벽임을 알 수 있다. 이러한 불만족 요인들은 결국 여가 및 문화생활에서의 장애와 문화향수의 불평등으로 이어진다는 점에서 문제가 있다.

**표 9-10 여가활동 불만 이유 : 이주민과 내국인 비교**

(단위 : %)

| 여가활동 불만 이유 | 이주민 | 내국인 | 여가활동 불만 이유 | 이주민 | 내국인 |
|---|---|---|---|---|---|
| 시간 부족 | 39.6 | 24.6 | 건강 · 체력 부족 | 3.0 | 6.5 |
| 경제적 부담 | 28.8 | 58.5 | 교통 혼잡 | 2.5 | 2.7 |
| 한국어 미숙 | 10.3 | 0.0 | 동행인 부재 | 2.3 | 1.4 |
| 적당한 취미 부재 | 4.1 | 2.9 | 시선 부담 | 2.3 | 0.0 |
| 여가 정보 부족 | 3.4 | 1.4 | 기타 | 3.6 | 1.1 |

출처 : 한국문화관광연구원, 이주민 문화향수실태조사, 2008.

다문화 주체의 문화예술 관람은 영화, 공연, 미술전시회, 대중예술 등 다양하지만, 특히 영화 관람에 집중되어 있다. 이는 내국인의 영화 관람률보다는 낮지만, 다른 장르의 관람률과 비교해 보면 압도적 수치이다. 이 같은 결과는 정보 및 장소의 접근성이 상대적으로 뛰어난 영화와 달리 '애써 찾는' 노고를 아끼지 않아야 할 다른 장르의 특수성에 기인한다. 한편, 문화예술 관람은 수도권, 도시지역, 여성, 30-40대, 결혼이민자, 가족 동거자, 체류 기간이 길수록, 한국어 능력이 높을수록, 필리핀 출신의 이주민, 소득이 높을수록 높았다. 반면, 다른 외국인 친구 동거자, 몽골과 베트남 출신의 이주민들에게서 낮은 관람률이 나왔다. 이들이 겪는 장애요인으로는 시간 부족, 경제적 부담, 한국어 미숙, 정보 부족, 교통 불편, 볼거리 부족 등이 지적되었다(한국문화관광연구원, 2008b). 이는 여가활동에서 살펴본 바와 유사한 장애요인들이 문화생활에서도 비슷하게 나타나고 있음을 보여 준다.

표 9-11 문화예술 관람의 어려움 : 이주민과 내국인 비교

(단위 : %)

| 문화예술 관람의 어려움 | 이주민 | 내국인 | 문화예술 관람의 어려움 | 이주민 | 내국인 |
|---|---|---|---|---|---|
| 시간 부족 | 33.1 | 30.0 | 볼거리 부족 | 1.9 | 18.2 |
| 경제적 부담 | 27.3 | 30.0 | 동행자 부재 | 1.1 | 1.1 |
| 한국어 미숙 | 15.4 | 0.0 | 시선 부담 | 0.8 | 0.0 |
| 정보 부족 | 12.5 | 12.7 | 주변의 만류 | 0.6 | 0.0 |
| 교통 혼잡 | 5.9 | 4.7 | 기타 | 1.4 | 3.3 |

출처 : 한국문화관광연구원, 이주민 관련 문화프로그램의 현황 분석과 개선방안에 대한 연구, 2008.

한편, 한국 내에서 모국의 문화향유 여건에 대한 만족도는 매우 불만족한 것으로 조사되었다. 이는 다양한 나라의 문화를 소개하지 않는 매체 및 공연문화의 한계에서 비롯된다. 또한 한국을 '문명국'으로 설정하고 그 외의 아시아 국가들(일본 제외)을 '미개국'으로 바라보는 역전된 오리엔탈리즘의 반영이라 할 수 있다. 대체로 다문화 주체들은 대중매체를 통해 모국의 문화예술을 접하고 있었는데, TV(45.3%)와 인터넷(17.9%), 비디오(13.0%)와 라디오(7.6%)가 주요 매체들이었다(한국문화관광연구원, 2008b). 특히 TV를 통한 모국 문화의 접근은 압도적이었는데, 이는 TV라는 대중매체의 보편적 보급과 TV 시청이 생활문화로 정착된 정황을 반영한다.

향후 다문화 주체가 관람하고 싶은 것으로 지적된 대상으로는 모국의 영화 및 대중예술행사, 한국영화 및 대중예술행사들이었다. 대체로 비수도권, 농촌, 20대, 모국인 친구 동거자, 비조선족, 필리핀 출신 결혼이민자들이 모국의 영화를, 수도권, 도시, 거주 기간 1-2년, 몽골 출신, 소득이 150-200만원 미만인 사람들이 한국영화를 보고 싶어했다. 또한 수도권, 결혼이민자, 가족 동거자, 200만원 이상

소득층에게서 모국의 공연을, 수도권, 도시, 40대 이상, 단독 거주, 거주 기간 2-3년, 조선족, 태국 출신 이주민들이 한국의 대중예술행사를 보고 싶어했다.

**표 9-12　　관람하고 싶은 예술행사**

(단위 : %)

| 관람 대상 | | 관람 대상 | |
|---|---|---|---|
| 모국 영화 | 26.0 | 한국 대중예술행사 | 10.3 |
| 모국 대중예술행사 | 22.8 | 관심 없음 | 9.8 |
| 한국영화 | 15.4 | 한국 공연 | 4.6 |
| 모국 공연 | 11.2 | 기타 | 1.0 |

출처 : 한국문화관광연구원, 이주민 관련 문화프로그램의 현황 분석과 개선방안에 대한 연구, 2008.

## 5. 차별에서 차이로

올림픽에서 언제나 1등을 하는 나라는 미국이다. 비록 많은 수의 금메달이 미국이 보유한 엄청난 경제력에 의존하지만, 그것만으로 미국의 압도적 우위를 설명할 수 없다. 스포츠의 꽃이라 불리며 미국에게 메달밭인 육상의 선수들을 보라! 거의 대부분이 흑인들이다. 또한 '아트사커'라는 새로운 기술로 월드컵을 제패한 프랑스 축구를 보라! 당시 우승의 주역이었던 지단, 앙리, 트레제게의 피부색은 백인이 아니다. 하지만 그들은 미국과 프랑스를 모국으로 뛰었다.

이제 한국도 올림픽과 월드컵에서 좋은 성적을 내려면 '단군의 자손'만으로는 부족하다. 해외동포와 함께 한국에 거주하는 다문화 주체가 국가대표로 뽑혀야 한다. 혹은 해외의 우수 선수들도 귀화해 국가대표로 뛸 수 있어야 한다. 더 이상 애국가를 외워 부르고 쓸 수 있다는 능력이 귀화의 충분조건이 되어서는 안 된다.

한국인들도 (특히 성인) 잘 모르는 애국가를 외국인에게 강요하는 것은 그야말로 기가 찬 일인 것이다.

올림픽과 월드컵에 잠시 잠깐 열광하기 위해 유연한 다문화정책을 갖자는 것은 아니다. 이미 다문화 주체들은 산업현장에서 노동력 부족을 채워가며 한국경제의 일익을 담당하고 있다. 또한 무너져 가는 농촌에서 며느리로서 억척스럽게 농사일을 해내며 새로운 활력의 주역이 되고 있다. 1.15명의 최저 출산율을 보이는 상황에서 이들은 아이를 낳으며 인구 감소국의 나락에 빠질 한국사회를 그나마 버티게 해 주고 있는 것이다. 따라서 이들은 새로운 버전의 '산업역군', '새마을 지도자', '다산(多産)의 여왕'으로 불릴 자격이 충분하다.

결코 무임승차를 하지 않았음에도 불구하고 이들에 대한 한국사회와 사람들의 태도는 폐쇄적이고 진부하며 매우 불합리하다. 최소한 다문화 주체가 한국사회에 기여하는 만큼의 보상이 주어져야 하지 않는가? 그러나 최소한의 보상만으로는 다문화 주체가 겪는 불평등을 해소할 수 없다. 무엇보다도 '우리'와 '그들'을 '차이'가 아닌 '차별'로 구분짓는 대중의 왜곡된 시선이 사라져야 한다.

더욱이 이들은 신자유주의적 재구조화가 초래한 사회양극화 속에서 '80'에 속하는 똑같은 처지의 사람이다. 그런 의미에서 온정주의에 입각한 시혜적 배려는 그 자체로 한계를 가질 수밖에 없다. 보다 적극적인 차원에서 공통의 물적 이해관계를 공유하고 연대할 동지(同志)로서 보아야 한다. 이러한 계급연대야 말로 신자유주의의 광풍을 막아 내고 모든 구성원이 나름의 존재적 가치를 인정받고 살아갈 실질적 대안이다.

### 용어해설

**시민적 무관심(civil inattention)** : 두 사람이 스쳐 지나갈 때, 일부러 무관심한 태도를 보임으로써 상대방이 아무런 정신적 긴장 없이 보행을 계속하도록 만드는 사회적 상호작용의 하나이다. 이러한 시민적 무관심은 단순한 무시가 아니라 온전한 보행을 보장하는 적극적인 배려의 행동이다.

**사회계층(social stratification)** : 서로 다른 집단 사이의 구조화된 불평등을 말한다. 이 속에서 사회는 여러 층위(strata)로 이루어진 위계를 갖는데, 위로 올라갈수록 더 많은 혜택이 주어지고 밑으로 내려갈수록 감소한다.

**계급(class)** : 집단들 사이의 경제적 차이에 의해 결정, 즉 물질적 자원의 소유와 통제에 의한 불평등을 통해 형성된다. 이들이 소유한 자원은 자신이 향유할 생활양식에 결정적 영향을 미치는데, 직업과 부를 동시에 소유한다는 것은 계급 차이의 중요한 기반이 된다.

**최하층계급(underclass)** : 계급 구조의 가장 밑바닥에 놓여 있는 사람들로서 일반인들이 향유하는 생활양식으로부터 버려진 혹은 배제된 사람들을 지칭한다. 미국과 영국의 경우, 차별받는 소수 인종집단이 이에 해당된다.

**사회적 배제(social exclusion)** : 사람들이 그들이 속한 사회에 충분히 포함되지 못하고 배제되는 방식을 말하며 인간 행위 및 책임과 환경을 형성하는 사회적 힘 사이의 상호작용 속에서 발생한다. '최하층계급'보다 폭넓은 개념으로써 배제의 메카니즘이라는 과정을 강조하기 위해 사용한다.

**문화민족주의** : 민족을 매개로 사회통합을 이끌어 내는 이데올로기이다. 문화민족주의는 문화적 재현을 통해 구체적으로 경험된다는 의미에서 물질성을 갖는다. 문화민족주의는 추상적인 이념으로서가 아니라, 대중의 일상을 물리적으로 재배치하고 의미체계를 재조정하면서 구체적인 경험으로 의미화된다. 따라서 문화민족주의는 구체적 삶으로서의 살아진 경험을 통해 구체화된다.

**치안정치** : 신자유주의적 지배체제가 구사하는 정치과정으로서, 사회적 소수자나 일탈자에 대한 도덕적 공분을 일으켜 즉각적인 공권력을 구사하는 공포정치의 한 형태이다. 이로부터 절차적 민주주의라 할 대화·타협의 제도적 중재 장치는 유명무실해지고, 호도된 여론을 통한 공권력의 남용이 일반화된다.

**미등록 이주노동자(undocumented migrant)** : 불법적 입국 혹은 비자 만료로 인해 체류 허가를 더 이상 받지 못한 외국인노동자를 말한다.

## 생각해 볼 문제

1. 다문화 주체가 빈곤층으로 추락할 가능성이 많은 이유를 사회구조적 측면에서 논의해 봅시다.
2. 다문화 주체가 겪는 다양한 차별을 구체적인 사례를 통해 살펴봅시다.
3. 다문화 주체가 일반 대중과 맺는 사회적 관계의 두 측면, 즉 친화적 관계와 갈등적 관계가 어떤 상황에서 맺어질 수 있는지 구체적인 사례를 들어 논의해 봅시다.
4. 다문화 주체의 노동 경쟁력을 높일 수 있는 방안을 제시해 봅시다.
5. 다문화가정의 갈등을 일으키는 다양한 요인들을 살펴보고 그 해결방안을 모색해 봅시다.
6. 다문화 주체의 문화가 보존·공존할 수 있는 문화적 방안을 찾아봅시다.
7. 다문화 주체에게 소개할 만한 한국문화는 어떤 것들이 있는지 살펴봅시다.

### 더 읽어 볼 책

박천응(2009), **다문화교육의 탄생**, 국경없는 마을.
윤인진(2004), **코리언 디아스포라**, 고대출판부.
이성미(2010), **다문화 코드-코리언 드림 해법 찾기**, 생각의 나무.
평택대학교 다문화가족센터 편(2010), **다문화가족복지론**, 양서원.

## 참 고 문 헌

김성일(2009). **문화다양성협약과 한국영화**, 커뮤니케이션북스.
______(2007). **대중의 형성과 문화적 실천의 고원들**, 로크미디어.
김 원(2005). 한국사회 이주노동을 둘러싼 담론 분석, **정신문화연구** 99호.
______(2006). **여공 1970 그녀들의 反역사**, 이매진.
박경태(2005). 이주노동자를 보는 시각과 이주노동자 운동의 성격, **경제와 사회** 67호, 한울.
이태정(2004). 외국인 이주노동자에 대한 사회적 배제 연구, 한양대 석사학위논문.
정진주(2010). "아파도 쉴 수 없고 말할 수 없어요" : 이주 여성 노동자의 일과 건강, (이화여자대학교 한국여성연구원), **국경을 넘는 아시아 여성들-다문화사회를 만들다**, 이대출판부.
조현성 외(2008). 2008 이주민 문화향수실태조사, 문화체육관광부.
황정미(2010). 결혼 이주 여성의 가정폭력 경험 : 성별 위계와 문화적 편견 (이화여자대학교 한국여성연구원), **국경을 넘는 아시아 여성들-다문화사회를 만들다**, 이대출판부.
함한희(1995). 한국의 외국인노동자 유입에 따른 인종과 계급문제, **한국문화인류학** 28.
홍기원 외(2008). 이주민 관련 문화프로그램의 현황 분석과 개선방안에 대한 연구, 문화체육관광부.

제10장

# 다문화사회복지와 편견 · 차별

1. 다문화사회에 있어서의 복지
2. 다문화복지사회와 다문화사회 복지
3. 사회복지 수혜대상으로서 다문화가족
4. 다문화사회에서의 편견과 차별
5. 다문화복지사회를 향하여

**〈학습 목표〉**

1. 한국에서의 다문화사회를 구성하는 사람들은 어떤 속성을 가지고 있는지 이해한다.
2. 다문화가족, 외국인근로자, 외국인유학생, 외국국적동포들에게 지원되는 사회복지정책 및 실천을 어떤 것인가를 확인한다.
3. 다른 문화와 다문화 구성원에 대해서 가지고 있는 고정관념, 편견, 차별적 태도가 심리적으로 형성되는 것을 이해한다.
4. 다른 민족, 문화에 대해서 가지고 있는 편견을 해소하기 위한 이론은 어떤 것이 있는지를 학습하고, 스스로 가능성을 탐색한다.

## 요약

다문화복지사회(Multiple-Cultural Welfare Society)란, 다른 여러 문화가 공존가능하다는 다문화주의를 이념적 기초로 해서, 문화의 기반이 되는 일상적 삶의 기회가 평등하게 보장되는 사회이다. 한국도 이미 다문화사회에 돌입하였다고 할 수 있을 정도로, 인구구성에 있어 다양한 배경을 가진 이주자들이 차지하고 있는 비율이 높아지고 있다.

한국사회의 다문화 구성원을 보면, 결혼이주자, 외국인근로자가 차지하는 비율이 높지만, 그 중에서는 문화적으로는 동질성을 가지고 있는 중국의 조선족이나 탈북주민들의 수도 증가하고 있다. 사회복지 차원에서 보면, 이런 한국의 다문화 구성원들 모두가 사회복지 수혜의 대상은 아니다. 수급의 보편주의적 관점에서 이들 중 한국국적을 가진 사람들은 일반국민과 동등한 수혜를 누릴 수 있지만, 그렇지 못한 구성원들은 제도적으로 선별적으로만 혜택을 받을 수 있다. 따라서 현재 '다문화가족지원법', '외국인근로자 고용 등에 관한 법률', '북한이탈주민의 보호 및 정착지원에 관한 법률', '외국유학생 보험' 등 이들의 조건과 형편에 맞는 법을 제정하여 사회복지 정책, 그리고 프로그램을 세워서 시행하고 있다.

그러나 이런 법적 · 제도적 정책을 시행하는 만으로 바람직한 다문화복지사회를 만들어 가기는 어렵다. 즉 문화적 차원에서의 상호수용과 통합의 의식이 뒷받침되지 않으면 안 될 것이다. 이런 문화적 통합, 상호수용의 의식을 형성하는 장애물이 바로 다문화 구성원에 대해 우리사회가 가지고 있는 고정관념, 편견, 차별적 태도이다. 법적 · 제도적 차원에서의 다문화가족이나 외국인근로자 등에 대한 사회복지정책과 실천도 중요하지만, 이상적인 다문화복지사회를 이루어 가기 위해서는 사회심리적 차원에서의 편견과 차별의식을 해소하는 것이 무엇보다도 중요하다. 특히 단일민족 역사관을 강조해 온 우리민족 교육은 타문화, 타민족에 대한 편견의 주요 원인이라고 할 수 있다.

편견의 형성에 대한 이론들을 보면, 주로 세 가지 차원에서 접근하고 있는데, 첫째는 사회학적 관점으로서, 편견을 현실적 집단 갈등으로 보며, 둘째로는 사회문화적 · 학습이론적 접근으로서, 편견은 사회문화적 학습을 통해 습득된 규범의 일부라는 입장, 셋째, 심리학적인 개인간 이론에서는, 편견의 원인은 심리적 내적 요인에 의해서 발생하며, 개인의 심리적 과정을 통해 편견적 태도가 형성된다고 본다. 이런 편견을 감소하는 사회심리학의 주요 이론으로는, 편견감소에 대한 접촉가설(Contact Hypothesis)의 관점, 접촉을 통한 사회적 카테고리(social category) 변화의 관점, 그리고 간접적 접촉가설(indirected-contact hypothesis) 혹은 확장접촉(extended contact) 가설 모델이 있다.

따라서 본 장에서는 한국적 다문화사회의 현실에 따라서 사회복지 차원에서 시행하고 있는 법, 제도 그리고 구체적인 사업과 프로그램에 대해 살펴보고, 다음으로 바람직한 다문화복지사회 구현에 주요한 장애물인 타민족, 타문화에 대한 고정관념, 편견, 차별적 태도를 줄이는 사회심리학적 주요 이론을 소개할 것이다.

# 1. 다문화사회에 있어서의 복지

법무부의 자료에 의하면, 2016년 6월 30일 기준으로 국내 체류외국인 수가 최초로 200만 명을 돌파하여 2,001,828명에 이르게 되었다고 한다. 이것은 우리나라 전체 인구의 약 3.9%에 해당되며, 이런 추세가 지속될 경우 향후 5년 내 체류외국인의 수는 300만 명을 넘어 전체 인구의 5.8%를 차지하게 될 것으로 예상하고 있다.[1] 이 수치는 OECD 국가에 비해서 아직 높은 편은 아니지만 우리나라도 점차 서구와 같은 다문화사회에 진입하고 있다는 것을 말한다.[2] 통계청의 추계에 의하면, 2021년에 이르면 우리나라 인구(51,566,389명) 대비 외국인 비중은 5.82%에 이르게 되어서, OECD의 현재 평균(5.7%)을 상회할 것으로 예상하고 있다.

국내 체류외국인 구성은 국제결혼 등에 의한 다문화가족과, 외국인노동자, 외국인유학생, 외국국적동포, 탈북주민 등으로 이루어져 있는데, 그 중 가장 높은 비율을 차지하고 있는 다문화가구의 경우, 2015년도 여성가족부 발표에 의하면 28만여 가구[3]에 이르고 있으며, 이것은 2012년도 조사결과에 비해서 4.3% 증가하였고, 특히 만 9~24세 자녀 수는 24% 증가하였으며, 점차 그 비율이 높아질 것이라고 예측하고 있다. 이처럼 한국도 점차 다문화사회로 나아가고 있어서 이에 따라 여러 가지 다문화정책이 정부 차원에서 시행되고 있고, 복지정책에 있어서도 다문화가족은 주요 대상이 되어 있다.

일반적으로 사회복지란, 미성년자, 고령자 및 장애우 등 생활에 있어 지원을 필요로 하는 사람들이나 경제적 궁핍자, 홈리스 등에 대해서 생활의 질을 유지, 향상하기 위한 서비스를 사회적으로 제공하는 것 혹은 그것을 위한 제도나 설비를 갖추는 것이라고 할 수 있다. 협의의 의미로는 장애우나 편부모가족, 소년소녀가

---

1) 법무부 보도자료(2016. 7. 21).
2) OECD 주요 국가의 전체인구 대비 외국인 비율을 보면, 프랑스(6%), 캐나다(6%), 영국(8%) 등이다.
3) 여성가족부 발표에 따르면, 전국 다문화가구수는 278,036가구로 추정되며, 이것은 2012년(266,547가구)에 비해 4.3% 늘어났고, 특히 만 9-24세 자녀의 수가 82,476명으로 24% 증가한 것이다. 여성가족부, '2015년 전국다문화가족실태조사', 2016. 04.

장 등 사회적 약자라고 판단되는 국민에 대해서 공적인 지원을 하는 제도를 가리키며, 아동복지법이나 장애인복지법 등으로 규정된 사회보장의 한 분야이다.

그러나 사회복지의 수혜대상이란 측면에서 보면, 다문화가족 혹은 다문화가구 구성원 전체가 일괄적으로 사회복지의 수혜대상이라고는 볼 수는 없을 것이다. 물론 사회복지 자원할당의 보편주의(universalism)적 관점에서 본다면, 국민으로서 다문화가족 구성원들은 모두가 평등하게 복지서비스를 받을 자격을 갖고 있지만, 한편 선별주의(selectivism)[4]적 관점에서 보면, 다문화가족 중에서는 욕구나 자산이란 기준에서 볼 때 사회복지 수급의 대상이 아닌 경우도 있기 때문이다.

한편 바람직한 다문화사회를 위해서는 이런 제도적 차원만이 아니라 보다 근본적인 문제해결에 임할 필요가 있다. 그것은 또 다른 차원, 즉 문화적 차원에서의 사회복지 실천문제로서 이상적인 다문화사회의 구현을 위한 근본적인 과제라고 할 수 있다. 즉 다문화사회에서 발생하는 사회문제의 근원으로서 차별과 편견을 해소하는 것이다. 제도적 차원에서의 다문화사회복지를 위한 여러 정책이 시행되고 있지만, 다문화가족에 대한 우리사회의 근본적인 시각과 인식에 있어 자문화중심주의에 의한 편견과 차별이란 문화적 차원에서 발생하는 문제에 대한 해결이 보다 시급한 당면한 과제일 것이다.

이 장에서는 먼저 사회복지의 수급대상으로서 다문화가족 구성원에게 이루어지고 있는 다문화복지정책, 즉 제도적 차원에 관해서 구체적으로 살펴보고, 다음으로 문화적 차원에서의 다문화에 대한 편견, 차별을 해소하는 방안에 대한 이론을 소개할 것이다.

## 2. 다문화복지사회와 다문화사회 복지

다문화사회란 일정한 공간적 영역 속에 문화적으로 상이한 민족, 종족들이 서로

4) 박경일(2016). 사회복지정책론. 공동체, 118쪽.

어울려 공생하는 공동체라고 할 수 있다. 여기에는 문화적 차이와는 관계없이 국민이란 법적, 제도적인 자격을 가진 성원들이 공존, 공생하는 사회를 말한다. 이런 일반적인 다문화사회에 대한 정의 이외에 최근에는 다문화복지사회(multiple-cultural welfare society)란 용어가 사용되고 있는데, 이것은 다른 여러 문화가 공존가능하다는 다문화주의를 이념적 기초로 해서, 문화의 기반이 되는 일상적 삶의 기회가 평등하게 보장되는 사회라고 규정할 수 있다. 이것은 세계화의 과정 속에서 빈번한 인적, 물적 교류가 가져온 다민족, 다국민 공동체가 세계 각지에서 형성되어 가는 가운데에서 주류문화(host-culture)가 다양한 민족들의 하위문화(sub-cultures)를 일방적으로 억압하고, 주류문화를 강요하는 문화적 식민주의적 태도를 견지하는 것이 아니라, 문화적 상대주의(cultural relativism) 혹은 문화다원주의적 입장에서 소수 민족과 문화적으로 공생, 공존을 지향하는 사회를 말한다.

한편 이와 유사하면서도 그 의미에 있어 다소 차이가 있지만, 보다 현실적인 견지에서 제시된 다문화공생사회(multicultural symbiotic societies)라는 용어도 등장하였다. 이것은 한 국가 내에서 국적이나 문화적 배경이 다른 외국인(외국인 노동자, 결혼이주자, 유학생 등)의 기본적 인권이 보장되는 사회이며, 외국인이 지역 경제활동에 중요한 역할을 하며, 더욱이 지역시민들과의 상호이해를 통하여 차별과 편견 정도가 낮은 사회를 가리킨다. 즉 복수의 다른 민족, 다른 문화를 서로 승인하여 공존이 가능한 인류 역사상 오래전부터 지향해 온 이상적인 사회를 말하는 것이다.

다문화복지사회와 다문화공생사회는 기본적으로 문화적 상대주의와 문화다원주의를 이념적 기반으로 하며, 평등과 인권이란 보편적 가치를 구현하는 것을 목적으로 한다는 점에서 차이는 없다. 그러나 다문화공생사회가 다양한 민족, 종족, 국민이 어울리는 삶을 추구하는 공동체 형성을 추구한다는 하나의 이상이라고 한다면, 다문화복지사회는 이런 이상적인 사회를 위해서 구체적 · 제도적 · 법적인 도구와 제도를 만들어서 하나씩 실천해 가는 사회라고 할 수 있다. 즉 다문화복지사회란 다양한 문화를 가진 민족, 종족들이 근대적인 국가라는 제도 속에서 국민이란 법적 자격을 가지게 됨으로써, 국민으로서 누려야 할 혜택과 수급을 평등하게 향유하는 사회를 추구하는 것을 말한다. 따라서 다문화복지사회는 세계화의 진행과 함께 다양한 문화적 배경을 가진 사람들이 이동하고, 모이는, 즉 다문화사회가 형성되고 있는 세계 여러 국가에서 정책적 대안들을 만들고, 그것을 실천하는 오늘날의 현실을 반영한 것이다.

한편 이런 다문화사회에 있어 구체적인 사회복지정책과 실천활동에 있어서의 주체와 대상이란 관점에서 보면, 문화적 지배집단이 주체가 되고 다른 소수집단 모두가 대상 또는 수혜자가 되는 것은 아니다. 앞서 살펴본 바와 같이, 국민이란 법적 자격을 가진 문화적 소수집단과, 일시적 혹은 임시로 체류하는 외국인에 대한 복지정책과 수급에는 차이가 있기 때문이다. 따라서 제도적 차원에서는 이런 법적 자격에 따라서 사회복지 정책, 그 대상의 범위 그리고 수혜 및 수급의 정도에 있어서는 차이가 있을 수밖에 없다.

## 3. 사회복지 수혜대상으로서 다문화가족

### 1) 한국 다문화사회의 구성속성에 따른 분류

한국의 다문화사회 구성은 캐나다, 미국, 영국 등 서구의 다민족국가와는 다른 몇 가지 특징을 가지고 있다. 한국에서 다문화가족이 수치상 두드러지게 된 것은 국내 사정과 맞물려서 국제결혼이 성행하게 된 80년대 후반부터이다. 이후 외국인 근로자 그리고 탈북민들의 증가로 인해서 한국적 다문화사회는 특수한 구성적 속성을 보여주고 있다. 즉 일반적인 이민이 주류를 이루고 있는 미국, 캐나다 및 유럽 일부국가들과는 달리, 한국의 다문화사회 구성은 국제결혼 등에 의한 다문화가족, 외국인근로자, 외국인유학생, 외국국적동포 그리고 탈북주민 등으로 구성되어 있다. 2015년 기준으로 국내 다문화가족 및 외국인 현황을 보면, 다음과 같다.

**표 10-1　　국내 다문화가족 및 외국인 현황**

| 총계(명) | 다문화가족 | 외국인근로자 | 외국인유학생 | 외국국적동포 | 기타 |
|---|---|---|---|---|---|
| 2,106,604 | 887,804명 | 573,378 | 82,181 | 216,213 | 347,028 |

출처: 다문화가족수, 통계청「2015년인구주택총조사」, 다문화가구통계
그 외, 행자부,「2015년 외국인주민 현황조사」

우선 국제결혼에 의한 다문화가족 구성을 보면, 2015년 기준으로 결혼 · 귀화자의 출신국적은 중국(한국계)이 30.8%, 중국 22.4%, 베트남 20.8%로서 중국과 베트남 출신이 70% 이상을 차지하고 있다.

다음으로 외국인근로자, 즉 국내 취업외국인의 경우에는, 〈표 10-1〉 2015년의 자료에는 573,378명이었으나 2016년도에는 608,867명으로 증가하였는데, 그 내용을 보면 고용허가제(2004년 8월 시행) 도입으로 비전문취업이 274,493명, 방문취업(2007년 3월 시행) 도입으로 271,112명이 체류하고 있어, 단순기능 인력 증가가 취업자격 체류외국인 증가의 주요 원인인 것으로 나타나 있다. 또한, 전문인력 자격은 2000년 18,470명에서 48,273명으로 약 3배 늘어났다.

외국인유학생은 2016년도 6월 기준으로 보면, 이 역시 전년도보다 증가한 101,601명으로서 중국(59.5%), 베트남(10.3%), 몽골(5.4%), 일본(2.5%) 등의 순으로 172개국으로부터 유학생들이 국내에 체류하고 있다.

한편 국내에 체류하고 있는 외국국적동포 수는 2015년 11월 기준으로 216,213명이다. 기타 외국인으로는 불법체류외국인이 약 20만여 명이 체류하고 있는 것으로 추정된다. 불법체류자의 체류자격별 유형으로 나누어 보면, 사증면제 28.3%, 관광통과 9.6%, 단기방문 21.5% 등 단기자격으로 입국한 후 불법체류하는 비율이 59.4%를 차지하고 있는 것으로 나타났다.[5)]

이외에 우리와 언어와 같은 상징적 문화 측면에서는 동질성을 가지고 있으면서도, 60여 년이란 기간 동안 단절된 북한에서 이탈하여 국내에 들어온 탈북주민이 우리사회에서 차지하는 비율도 높아지고 있다는 점이다.

5) 행자부 지방행정실 사회통합지원관「지방자치단체 외국인주민 현황조사결과」, 2016. 11.

## 2) 다문화 구성원과 사회복지 수혜

이와 같이 우리사회의 다문화 구성원들의 속성은 몇 가지로 분류되지만, 그들 대부분은 한국사회에서는 소위 사회적 약자의 범주에 속한다. 따라서 다문화 구성원들은 사회복지의 수혜 대상이 되지만, 법적으로 한국국적을 취득한 자들은 사회복지법의 혜택을 받을 수 있지만, 그렇지 못한 다문화 구성원들은 사회복지법, 즉 사회보장법, 사회보험법, 공공부조법에 의해서 법적으로 보장받을 수 있는 길은 제한적이라고 할 수 있다.

이런 현실에 대처하기 위해서 한국국적이 없는 다문화 구성원들을 위한 특별법안과 제도, 그리고 국내 거주하는 외국인들을 위한 여러 가지 제도를 만들어서 운영하고 있다. 현재 우리나라에서 다문화 구성원들을 위해서 시행되고 있는 법 · 제도를 보면 다음과 같다.

**표 10-2　다문화 구성원을 위한 법 · 제도**

| 다문화가족 | 외국인근로자 | 탈북주민 | 외국인유학생 |
|---|---|---|---|
| 사회복지법(*국적취득자에 한함) | | | |
| 다문화가족지원법 | 외국인근로자 고용 등에 관한 법률 | | |
| | | 북한이탈주민의 보호 및 정착지원에 관한 법률 | |
| | | | 국민건강보험, 실손의료비(민영보험) |

첫째, 다문화가족 구성원에 대해서는 2006년부터 관련 정책의 입안과 개정을 거듭하여, 2016년 3월에 개정된 법안을 보면, '다문화가족'을 결혼이민자(「재한외국인 처우 기본법」 제2조 3호)와, 대한민국 국적을 취득한 자(「국적법」 제2조~4조)로 이루어

진 가족으로 규정하고 있다. 따라서 이 규정에 의해서 국적을 취득한 다문화가족 구성원의 경우에는 일반국민과 동등하게 사회복지 수혜의 자격을 가지게 된다. 그러나 결혼이민자들처럼 한국문화에 익숙하지 못한 경우에는, 문화적 갈등과 혼란을 겪게 되며, 그런 문제를 해결하기 위해서, '제6조'에 생활정보 제공 및 교육 지원, 그리고 인권과 관련해서는 '제8조' 가정폭력 피해자에 대한 보호, 지원, 그리고 '제9조' 의료 및 건강관리를 위한 지원, '제10조' 아동 및 청소년 보육 · 교육 지원, '제11조' 다국어에 의한 서비스 제공을 국가와 지자체의 책무로 명문화하고, 이를 지원하는 기관으로서 '제12조'에 국가 또는 지자체가 다문화가족지원센터의 설치 · 운영을 하도록 규정하고 있다.

이런 다문화가족지원정책은 국적을 취득한 결혼이민자 혹은 귀화자에게 기본적인 사회복지 수혜 이외에 문화복지 차원에서 그들이 한국사회에 문화적으로 적응하여 통합되는 것이 필요하기 때문에 시행하고 있는 것이다.

여성가족부와 지자체의 지원 하에서 설치, 운영되고 있는 다문화가족지원센터는 2016년 11월 현재 전국에 220여 개가 있으며, 주요 사업내용을 보면, 다문화가족구성원들의 한국사회에 적응, 통합하는 것을 목적으로 하고 있다.

**표 10-3 다문화가족지원센터 주요 사업내용**

| 주요사업 | 내용 | 목적 |
|---|---|---|
| 한국어교육 | 결혼이민자 및 중도입국자 한국어 교육 | 한국 문화적응 및 취업활동 준비 |
| 가족교육 | 배우자-자녀 교육, 이중언어 환경 조성, 아버지(어머니)교육 | 가족통합 및 다문화가족 환경 조성 |
| 배우자 부부교육 | 배우자 동반 부부교육 | 한국 가부장제적 환경 개선과 성평등 인식 |
| 인권교육 | 다문화 이해, 인권감수성 함양 교육 | 인권의식 고취, 인권문제 발생 시 대처 방법 |
| 사회통합교육 | 취업기초 소양교육, 다문화가족 나눔 봉사활동 | 사회구성원으로서 권리, 의무, 책임의식 함양 |
| 상담 | 개인/가족/집단상담, 법률상담 | 원만한 가족생활, 법적 문제 대처 및 해결 방법 |
| 방문교육 | 개별방문을 통한 한국어, 부모교육 | 한국생활 적응 및 자녀양육 |

| | | |
|---|---|---|
| 언어발달지원 | 자녀 언어발달 교육, 부모 상담 · 교육 | 다문화 자녀의 언어발달, 사회화 |
| 통번역서비스 | 다문화가족의 모국어의 통번역 | 국내정착, 초기정착 단계에서의 의사소통 문제해결 방안 |

둘째, 외국인근로자에 대한 사회복지 차원의 제도 및 프로그램은 '외국인근로자 고용 등에 관한 법률'에 의거하여 시행되고 있다. 2009년도에 개정된 이 법안을 보면, 외국인근로자를 '대한민국의 국적을 가지지 아니한 사람으로서 국내에 소재하고 있는 사업 또는 사업장에서 임금을 목적으로 근로를 제공하고 있거나 제공하려는 사람'으로 규정하고 있다. 이 법안의 '제6조'부터 '제12조'까지는 고용절차에 관한 항목이며, '제13조'부터 '제21조'까지의 고용관리에 관한 조항이다. '제13조(출국만기보험 · 신탁)' 조항은 "출국만기보험 등에 가입한 경우 「근로자퇴직급여 보장법」 제8조 제1항에 따른 퇴직금제도를 설정한 것으로 본다"라고 하여, 노동복지 차원에서 외국인근로자를 보호하고 있고, '제14조(건강보험)' 조항에 "고용된 외국인근로자에게 「국민건강보험법」을 적용하는 경우 사용자는 같은 법 제3조에 따른 사용자로, 사용자에게 고용된 외국인근로자는 같은 법 제6조 제1항에 따른 직장가입자로 본다"라고 하여 '국민건강보험'의 수혜 대상자로 규정하고 있다.

이 법안에 따라서 외국인근로자도 4대보험 가입 대상자로 되어 있으나, 국내 근로자와 동등하게 적용되지는 않는다. '국민건강보험'과 '산재보험'은 필수 의무가입이지만, '고용보험'은 체류자격에 따른 선택적 가입[6]이며, '국민연금'은 국가간 상호주의에 따라서 가입대상[7]이 된다.

한편 동 법률 '제22조(차별금지)' 조항은 "사용자는 외국인근로자라는 이유로 부당하게 차별하여 처우하여서는 아니 된다"라고 되어 있으나, 세부적인 규제나 처벌 항목은 제시되어 있지 않고, 다소 추상적으로만 차별금지를 규정하고 있다.

6) 고용보험의 경우, 체류자격에 따라 임의적용은 단기취업(C-4)을 비롯하여 11개 체류자격에 해당되며, 강제적용은 거주(F-2), 영주(F-5), 결혼이민(F-6) 자격에게 적용되며, 외교(A-1), 산업연수(D-3), 일반연수(D-4) 등 18개 체류자격에는 적용대상이 아닌 것으로 되어 있다.

7) 국민연금의 경우, 체류자격이 문화예술(D-1), 유학(D-2), 산업연수(D-3), 일반연수(D-4), 종교(D-6), 방문동거(F-1), 동반(F-3), 기타(G-1)는 해당되지 않으며, 연금제도가 없거나 확인되지 않은 국가출신 근로자들은 당연가입대상으로 되어 있다.

이와는 별도로, 외국인근로자를 고용하기 위해서는 "고용허가제"에 의거하여 가입해야 하는 '고용허가제 4대보험'이 있다.[8)]

표 10-4 고용허가제 4대보험

| 구분 | 출국만기보험 | 보증보험 | 귀국비용보험 | 상해보험 |
|---|---|---|---|---|
| 도입 목적 | 중소기업의 퇴직금 일시지급에 따른 부담 완화 | 체불임금 보증 | 출국시 필요한 비용 충당 | 업무상 재해 이외에 상해나 질병사고에 대비 |
| 도입 법적 근거 | 외국인근로자 고용 등에 관한 법률 제13조 | 외국인근로자 고용 등에 관한 법률 제23조 | 외국인근로자 고용 등에 관한 법률 제15조 | 외국인근로자 고용 등에 관한 법률 제23조 |
| 보험가입자 | 사용자 | 사용자 | 근로자 | 근로자 |
| 피보험자 | 근로자(이탈, 1년미만 근무시 사용자에게 지급) | 근로자 | 근로자 | 근로자 |
| 보험료 납부 | 고용허가서상 월평균 임금의 8.3% 매월 납입 | 1명당 2만원 내외 1년 1회 납부 | 40~60만원(국가별 차이) 일시금 납부 | 성별, 연령, 체류기간에 따라 개인별 상이/일시금 납부 |
| 가입기간 | 근로계약 효력발생일로부터 15일 | 근로계약 효력발생일로부터 15일 | 근로계약 효력발생일로부터 80일 | 근로계약 효력발생일로부터 15일 |
| 보장내용/보험금 지급내용 | 퇴직급여 적립 사업장 이탈없이 1년 이상 근무한 외국인근로자의 출국시 또는 사업장 변경시 | 임금체불 발생시 최대 200만원 | 출국시 납부금 전액(단 일시출국 제외) | 업무상 재해 이외의 사망, 장애<br>-상해: 최대 3000만원<br>-질병: 최대 1500만원 |

위의 출국만기보험, 보증보험은 노동복지 차원에서 외국인근로자를 대상으로 시행하고 있는 복지제도이며, 귀국비용보험은 외국인근로자라는 특수한 위치에 대해 일정한 근로기간이 끝난 후 귀국을 보장해 주기 위한 제도이다.

셋째, 탈북주민에 대해서는 2016년 11월 15일 개정된 '북한이탈주민의 보호 및 정착지원에 관한 법률'에 의거하여 보호, 정착, 취업을 위한 사업과 프로그램을 실시하고 있다. 이 법률에 의하면, 북한이탈주민은 "군사분계선 이북지역에 주소, 직계가족, 배우자, 직장 등을 두고 있는 사람으로서 북한을 벗어난 후 외국 국적을

8) 한국산업인력공단 EPS외국인고용지원 http://www.returnjob.or.kr.에서 발췌 정리한 것임.

취득하지 아니한 사람"이며, 이 조항에 따라 "보호 및 지원을 받는 북한이탈주민"을 보호대상자로 규정하고 있다.

이 법률의 '제4조의 2(국가의 책무)' 조항에서는, "국가는 보호대상자의 성공적인 정착을 위하여 보호대상자의 보호 · 교육 · 취업 · 주거 · 의료 및 생활보호 등의 지원을 지속적으로 추진하고 이에 필요한 재원을 안정적으로 확보하기 위하여 노력하여야 한다"고 하여 탈북주민에 대한 지원을 국가의 책무로 규정하고 있다. 이 법률에 근거하여 1999년 7월에 통일부 산하에 '북한이탈주민정착지원사무소(하나원)'를 개소하였다. 하나원은 탈북주민을 일정기간(2012년 3월 이후 12주) 동안 수용하여 국내 적응을 위한 교육을 하고, 취업 및 생활을 지원하는 역할을 하고 있다.

**표 10-5 하나원의 개소와 수용인원**

| | 위치 | 개소일 | 수용인원 | 비고 |
|---|---|---|---|---|
| 제1하나원 | 경기도 안성 | 1999. 7. 8 | 750명 | |
| 성남분원 | 경기도 성남 | 2002. 9.30 | 100명 | |
| 시흥분원 | 경기도 시흥 | 2006. 3.15 | 100명 | |
| 양주분원 | 경기도 양주 | 2009. 7. 3 | 250명 | 민간시설 임차, 성인남성 전용 |
| 제2하나원 | 강원도 화천 | 2012.12. 5 | 500명 | |

또한 동 법률 '제30조(북한이탈주민지원재단)'에는 정부가 북한이탈주민에 대한 보호 및 정착을 위하여 북한이탈주민지원재단을 설립하는 것을 책무로 규정하고 있고, 이에 따라 2010년 9월에 '남북하나재단'이 통일부 산하 기타 공공기관으로 설립되었다. 정착지원사업으로는 '초기정착', '일자리', '교육 · 청소년', '의료건강', '가족복지'사업을 하고 있는데, 설립과 운영은 동 법률 제30조에 따라서 정부 출연 및 보조[9]와 기부와 후원금[10]을 통해서 실시하고 있다. 남북하나재단의 주요 사업

9) 동 법률 제30조 ⑦항 "정부는 재단의 설립 · 운영에 필요한 경비를 예산의 범위에서 출연 및 보조할 수 있다"라고 규정하고 있다.

10) 동 법률 제30조 ⑨항은 "재단은 필요하다고 인정하는 때에는 통일부장관의 승인을 받아 「기부금품의 모집 및 사용에 관한 법률」에 따라 기부금품을 모집할 수 있다"라고 규정하고 있다.

내용은 다음과 같다.

**표 10-6 남북하나재단의 주요 사업내용**

| | 지원사업 | | 내용 |
|---|---|---|---|
| 초기정착 | 정착도우미 | | · 전국 23개 지역적응센터(하나센터)에서 초기정착 안내 및 지원<br>· 민간단체 자원봉사자로 구성, 하나원 수료자들을 거주지로 안내, 수시 방문 및 생활안내 활동 |
| | 생활안정키트 및 가전제품 지원 | | · 하나원 수료자에게 전입 초기 생활필수품과 100만원 상당 가전제품 교환권 제공 |
| | 전문상담(하나센터) | 지역적응센터 | · 지역적응센터에서 2주(60시간) 초기정착교육, 취업, 상담 관리 |
| | | 전문상담사 | · 심리, 취업, 의료, 교육, 복지 등 종합상담 서비스(찾아가는 서비스)<br>· 전국 100여 명 활동 중 |
| | 24시간콜센터(종합상담센터) | | · 종합상담센터(1577-6635)로 24시간 연중 무휴로 교육, 취업, 심리, 주택, 의료, 지원제도, 법률의 전문적 상담 서비스 |
| 일자리 | 취업지원센터 | | · 구직등록, 알선, 사후관리 |
| | 취업역량강화 | | · 청년취업아카데미, 청년세대취업지원 바우처, 전문직종특화 사업, 온라인 배움터 자격취득 교육 |
| | 사회적 기업 | | · 통일형 예비 사회적 기업 지정, 지원 |
| | 영농 및 창업 | | · 영농실습 지원(월20일, 일 8시간 이상 현장실습학습)<br>· 농촌정착커뮤니티 형성 지원(집들이 행사 등 지원)<br>· 창업농가 운영자금 지원<br>· 영농컨설팅(농촌진흥청과 연계)<br>· 창업지원(예비창업자 및 기존 창업자) |
| 교육 · 청소년 | 청소년 교육 · 장학 | | · 학비 및 생활비 보조, 대학생 해외연수 지원, 화상영어교육 지원, 방문학습 지원, 정보화교육 |

| | | |
|---|---|---|
| | 청소년 교육 · 보호시설 지원 | · 비영리민간단체 선정 후 지원<br>· 대안교육시설, 방과후 공부방, 그룹홈 |
| | 탈북대학생 통일 미래리더 육성 | · 진로진학 지도, 예비대학 운영, 대학생리더 육성<br>· 통일 미래리더 네트워크 구축<br>· 탈북학생 전담 코디네이터 운영 |
| | 정착지원 전문인력 양성 | · 북한이탈주민 정착지원 실무자 양성 |
| 의료건강 | 의료비 지원 | · 3일 이상, 본인 부담금 납부금액 30만원 이상인 경우<br>· 일반 질병, 출산, 희귀난치병 지원 |
| | 치과(완전틀니) 지원 | · 1인 1회 최대 100만원 지원 |
| 가족복지 | 쉼터 시설 운영 | · 주택미배정자 공동생활시설(총 14개소) |
| | 무연고 청소년 그룹홈 운영 | · 무연고 탈북청소년 공동생활시설(총 13개소) |

이처럼 북한이탈주민에 대해서는 사회복지 수혜라는 차원에서 보면, 보편주의, 즉 대한민국 국민으로서 수혜의 권리를 가지고 있는 것으로 인정하여 일반적인 사회복지의 혜택을 받을 수 있으며, 거기에다 남북 분단이란 우리의 특수한 현실을 고려하여 특별한 혜택을 받을 수 있는 법, 제도, 프로그램이 운영되고 있다.

이것은 탈북 후 입국한 북한이탈주민은 일단 한국국민으로 인정받음과 동시에, 같은 민족으로서 동일한 문화를 가지고 있다고 간주하기 때문이다. 다만 분단 60여 년이란 기간에서 발생한 문화적 차이를 극복하여 문화적 동질성을 가지도록 탈북주민에게는 보편적인 사회복지 수혜 이외에 특별한 제도, 프로그램을 운영하고 있는 것이다. 다만 탈북 후에 제3국에서 생활한 기간이 10년이 지나서 입국한 북한주민, 그리고 북한주민을 증명할 수 있는 근거가 없는 소위 무국적 탈북자의 경우에는 보호대상에서 제외되어 이런 혜택을 받을 수 없다는 것이 문제로 남아 있다.

마지막으로 외국인 유학생의 경우를 보면, 2016년 6월 기준으로 10만 명을 넘었으며, 이들이 국내에서 유학생활하기 위해서는 대부분 대학에서 '국민건강보험'이나 '국내주재 외국인보험(체류자격 D-2)' 가입을 필수조건[11]으로 하고 있다. 그러나 건강보험의 경우에는 상대적으로 보험료가 비싸며, 유학생의 경우 국내주재 외국인보험 중 유학생보험 상품에 가입하는 경우가 많다. 그러나 상대적으로 이 유학생보험은 자부담이 높은 편이다. 대체로 보상금 1000만 원의 상품(연간 보험금 약 10만 원)에 가입하는데, 이 경우 해외치료비(국내 사고 발행 후 본국에서 치료시)는 전액 보상되지만, 입원치료비는 90%, 통원치료비는 하루 25만 원까지 보상하며, 의원 1만 원, 준종합병원 1만 5천원, 종합병원은 2만 원을 본인이 부담해야 하고, 약제조는 처방전당 5만 원까지 보상하며, 8천원을 본인이 부담하는 것으로 되어 있다.

## 4. 다문화사회에서의 편견과 차별

이처럼 한국의 다문화 구성원들에 대한 사회복지 법, 제도 및 프로그램은 그 구성속성에 맞추어서 차별적으로 설립, 시행되고 있다. 그 중에서도 차지하는 비율이 상대적으로 높은 다문화가족과 외국인노동자에 대해서 다양한 사회복지 제도 및 프로그램이 시행되고 왔으며, 2000년대 후반에 들어와서는 다문화 2세대와 중도입국자 청소년이 급증함에 따라서 새로운 정책과 제도 정비에 임하고 있다.

이런 법적 · 제도적 차원에서 다문화사회 구현을 위한 여러 정책, 프로그램을 시행하여 왔지만, 한편 다문화가족 및 외국인노동자, 그리고 탈북주민에 대한 사회적 인식은 아직 크게 바뀌지 못한 것이 현실이다. 이것은 우리에게 남아있는 혈연중심주의적인 단일민족사관과, 인종적 편견 그리고 과거사에 비롯된 반일정서, 개도국 출신자에 대한 경제적 차별 등이 우리 의식 속에 자리잡고 있기 때문이

11) 국내 대학에 따라서는 이 2가지 보험에 가입하지 않은 유학생에 대해서는 장학금 등에 제한을 두고 있다.

다. 물론 이런 편견과 차별의식을 해소하기 위해서 여러 가지 교육프로그램과 홍보, 그리고 대중문화물을 통한 간접교육 등을 실시해 왔으나, 우리의 이런 자민족 중심주의적 문화적 편견과 이에 따른 타문화에 대한 차별의식은 다문화복지사회를 구현하는 데에 근본적인 장애가 되어 있다.

법적 · 제도적 차원에서의 다문화가족이나 외국인근로자 등에 대한 사회복지 정책과 실천도 중요하지만, 이상적인 다문화복지사회를 이루어 가기 위해서는 이런 사회심리적 차원에서의 편견과 차별의식을 해소하는 것이 무엇보다도 중요하다. 이런 다문화사회에서의 편견과 차별의 원인 규명 및 해소에 관한 사회심리학적 주요 이론에 대해서 살펴보기로 한다.

### 1) 편견과 차별의 형성

우리는 타인이나 타집단을 판단하고 평가할 때, 판단의 기준으로서 고정관념(stereotype)과 편견(bias) 그리고 차별(discrimination)과 같은 심리적 기재가 작용하게 된다. 고정관념은 환경의 변화에도 불구하고 수정되지 않고 왜곡된 상태로 심어져 있는 고정된 생각과 태도를 말하여, 이것은 일정한 대상에 대해서 어떤 개인(집단) 속에서 공통적으로 받아들여지고 있는 관념으로서 고정적인 준거틀(frame of reference)에 의한 판단에 따라서 생성되는 것이다.

한편 고정관념이 논리적 비판을 받으면 동요하고 붕괴되기 쉬운 반면에, 어떤 명확한 논리적 · 도덕적 근거가 없음에도 불구하고, 논리적 비판이나 설득에 의해서 쉽게 변화하지 않는 사고, 감정 그리고 그것들을 표현하는 의견의 총체를 편견이라고 부른다. 편견은 고정관념과는 달리 전해들은 것이 아니라, 유년기 가족에서의 교육, 동료집단 속에서 얻은 선입적 태도가 고정화된 것이다. 차별은 이 편견이 구체적인 행동으로 표현되는 것을 말한다.

이런 편견의 형성에 대한 이론들을 보면, 주로 세 가지 차원에서 접근하고 있는데, 첫째는 사회학적 관점으로서, 편견을 현실적 집단 갈등(realistic group conflict)의 산물로 본다. 즉 두 집단이 부족한 자원을 차지하기 위해서 경쟁하고, 서로 위협하여 적대감을 가지게 됨으로서 상대방에 대한 부정적인 사고, 감정, 의견을 표현하게 된다는 입장이다. 둘째로는 사회문화적 학습이론(sociocultural learning)적 접근으로서, 편견은 사회문화적 학습을 통해 습득된 규범의 일부라는 입장이다. 셋째, 심리학적인 개인간 이론(interpersonal theory) 접근으로, 편견의 원인은 특정 개인의 퍼스낼리티, 태도 및 인지 구조와 같은 심리적 · 내적 요인에 의해서 발생하며, 편견의 심리적 역동성(inner dynamics)을 전제로, 개인의 심리적 과정을 통해 편견적 태도가 형성된다고 본다.

다문화사회에서는 주류문화층이 다른 소수문화층에 대해서 편견을 가지는 것이 일반적인 현상이다. 사회심리학적으로 보면, 이런 현상은 개인이나 집단이 심리적인 차원에서 가지게 되는 내집단(in-group)과 외집단(out-group) 의식에서 비롯된다. 이 개념은 일찍이 섬너(Graham Sumner)가 제시한 것으로, 인간의 주관적인 동일시를 기준으로 특정한 개인이나 집단에 대해서 내 · 외집단으로 구분하는 심리적 메카니즘을 가리킨다. 내집단이란, 소속된 집단을 자신과 동일시하여, 소속감, 심리적 애착과 신뢰를 가지는 집단으로서 우리집단(we-group)이라고 스스로 칭하는 경우다. 반면에 외집단은 스스로 심리적으로 소속감을 가지고 있지 않는 집단으로서 그들 집단(they-group)이라고 칭하는 경우다. 물론 이 구분에는 명확한 한계가 있는 것이 아니라 개인의 심리적 차원에서 형성되는 것이므로 한 개인에게 있어 내집단은 가까운 곳에서 먼 곳으로 확대되는 일종의 동심원 형태를 취한다는 것이다.

이 내 · 외집단 심리적 메카니즘이 중요한 것은, 이것이 인종, 민족 차원에 적용될 때 자민족중심주의(ethnocentrism)적 성향이 나타나게 되며, 따라서 다문화가족이나 외국인근로자 등에 대한 편견을 형성하는 기초가 된다는 점이다.

종종 우리는 주변에서 그리고 직접 다문화가족이나 외국인근로자 등에 대해서 가지게 되는 편견이나 차별의 상황을 경험하거나 느끼곤 한다. 그리고 그런 편견과 차별은 이전부터 우리의 의식 속에 축적된 학습이나 지식, 정보에 의해서 의식적 혹은 무의식적으로 형성된 상대에 대한 이미지를 기준으로 그들을 평가, 판단하고 있는 것이다. 즉 그런 이미지에 따라서 그들을 내 · 외집단으로 심리적으로 구분하고, 긍정적이거나 혹은 부정적인 평가, 편견, 태도를 취하게 되는 것이다.

### 2) 편견 및 차별 해소에 관한 사회심리학적 이론

편견 연구의 개척자인 알포드(G. W. Allport)에 의하면, 편견이란 어떤 집단에 소속된 사람에 대해서, 그 사람이 그 집단에 소속된 것만으로, 또 그 집단이 바람직하지 못한 특징을 갖고 있다고 생각하여, 그 사람 개인에 대한 혐오나 적의적 태도를 가지는 것[12]이다. 또 하딩(Harding) 등은 편견을, 어떤 외집단 및 그 성원들에 대한 부정적인 태도라고 정의하고, 편견은 인지적 성분, 감정적 성분 그리고 행동 성분으로 구성된다고 한다. 인지적 성분이란, 특정한 사회집단이나 그 성원에 대해서 가지고 있는 지식, 신념으로서 과도하게 단순화 혹은 과장된 고정관념이다. 감정적 성분은, 이런 인지적인 고정관념에 부정적인 평가가 감정이 더해지는 것으로서, 편견이란 부정적 의식을 형성하게 되는 것이다. 행동 성분은 감정적 성분을 행동으로 옮기는 것, 즉 차별행동을 취하게 되는 심리적 준비상태에 돌입하는 것이다.[13]

편견은 결국 인간이 사회에 적응하며 살아가는 가운데 경쟁과 갈등에서 지배적인 위치를 차지하기 위해서 발생하는 심리적 부산물이며, 무의식적으로 발생하는 것이다. 다문화사회에서 살아가는 개개인들도, 이런 경쟁과 갈등의 상황 속에서 자신에게 유리하다고 주관적으로 판단하여, 의식적으로 혹은 무의식적으로 상대에 대한 부정적 의식, 즉 편견을 가지게 된다. 그러나 다문화사회에서의 편견은 사회통합의 장애물이며, 심지어는 사회존립을 위협하는 요소가 될 수도 있다. 따라서 바람직한 다문화사회가 유지, 존속, 발전하기 위해서는 여러 가지 법적, 제도적 차원에서의 정책, 프로그램 등을 실시하는 것도 중요하지만, 사회구성원들이 가지고 있는 상대에 대한 편견을 감소, 저하하는 방안도 병행되는 것이 바람직할 것이다.

---

12) Allport, G. W.(1954). *The nature of prejudice, Cambridege*, MA: Addison-Wesley, p. 8.

13) Harding. J., Proshansky, H., Kutner, B. & Chein, I.(1969). "Prejudice and ethnic relation." in Lindzey, G. & Aronson, E.(ed.) *Handbook of Social Psychology:* Vol. 5(2nd ed.), pp. 1021-1026, Reading, MA: Addison-Wesley.

### (1) 편견 감소에 대한 접촉가설(contact hypothesis)의 관점

접촉가설은 편견을 줄이는 방법으로 상대방과 접촉하는 것이 중요하다는 관점에서 출발한다. 즉 편견은 상대에 대한 무지와 오해에서 비롯되는 것이기 때문에, 실제로 상대와 대면적 접촉(face-to-face)을 통해서 상대방의 실제적 모습과 상황을 인식한다면, 편견은 개선될 것이라는 논리이다.

그러나 실제로 접촉만을 통해서 편견은 감소되지는 않기 때문에, 몇 가지 조건이 필요하다. 첫째는 상대와 대등한 지위, 위치에 있어야 한다는 것이다. 만일 상하관계에서 접촉을 한다면, 서로 간에 편견과 적대심은 오히려 증가할 가능성이 있기 때문에, 대등한 관계에서 접촉한다면, 서로의 유사성을 발견하고, 친근감을 가지게 되어서 편견이 감소되는 효과가 발생한다는 것이다. 둘째, 서로 간에 공통의 목표가 있는 것이 효과적이다. 예를 들면, 서로 협력 없이는 달성할 수 없는 공통의 목표가 있고, 그 목표를 위해서 접촉을 할 때, 상대방에 대해서 가지고 있는 편견이 효과적으로 감소한다는 것이다. 즉 공통의 목표를 우선적으로 두고, 그 목표달성을 위해서 공동작업이나 활동을 하는 상황이 되면, 상대방에 대해 가지고 있던 편견은 공통의 목표에 흡수된다는 것이다. 셋째 조건은 접촉을 규제하는 것, 즉 법적, 제도적으로 접촉을 공식화한다면, 편견이 효과적으로 감소된다는 것이다. 넷째, 밀접한 접촉 상황을 만들어야 한다는 것이다. 즉 접촉의 빈도, 강도, 기간을 확보하여 상대에 대한 정확한 정보를 획득할 수 있게 하면, 서로 간에 유사성을 발견하고, 이것이 공감, 호의로 이어질 수 있다는 것이다.

그러나 이 접촉가설에서는, 접촉을 통해서 어떻게 편견이 저하되는가, 그리고 언제, 어떻게 접촉해야 하는가, 어떤 조건과 상황 하에서 하는가에 대해서는 심도 있게 다루지 못하고 있다는 문제점이 있다.

### (2) 접촉을 통한 사회적 카테고리(social category) 변화의 관점

접촉가설의 문제점을 보완하기 위해서 제시된 것이 사회적 카테고리 변화가설이다. 사회적 카테고리란, 사회적 혹은 선천적으로 형성된 어떤 속성(연령, 성별, 인종, 외국인 등)을 분류하고, 거기에 따라 개인이나 집단을 그 카테고리의 일원으로 간주하는 것을 말한다. 개인은 한 번에 다수인의 정보를 파악하기는 어렵기 때문에, 어떤 특징을 중심으로 카테고리화(categorization)해서, 상대방에 대한 정보를 단순화, 정리함으로써, 그에 대한 정보처리(파악이나 처리)에 있어 인지적 부담이나 시간을 절약하게 된다. 이런 카테고리화를 할 때는, 시각적 특징(외모, 성별, 연령 등)을 기준으로 하는 경우가 많고, 심리적으로 내 · 외집단을 정할 때도 이런 카테고리를 기준으로 한다는 것이다. 이렇게 형성된 카테고리에 의해서, 같은 카테고리에 속하는 사람들 간에는 실제 이상으로 비슷하다고 착각하는 카테고리 동화효과가 나타나며, 또 다른 카테고리에 속하는 사람에게는 실제 이상으로 다르다고 착각하는 카테고리 대비효과가 발생한다. 특히 이 대비효과는 획일적이고 과장된 이미지를 만들어 내어서 상대에 대한 편견의 근원이 된다는 것이다.

이런 접촉을 통한 사회적 카테고리 변화라는 관점에서 제시된 것이 접촉을 통한 카테고리 변화 단계론으로, 1단계는 초기접촉 단계로 탈-카테고리화(decategorization), 2단계는 확립된 접촉단계로 명백한 카테고리화(salient dategorization), 그리고 3단계는 집단의 통합단계로서 재-카테고리화(Recategorization) 과정으로 구성된다.14)

| 초기 접촉 | | 확대된 접촉 | | 집단의 통합 |
|---|---|---|---|---|
| 탈-카테고리화 | | 명백한 카테고리화 | | 재-카테고리화 |
| 목표<br>불안의 저하<br>일반화되지 않는<br>호의, 지식의 축적 | ⇨ | 목표<br>호의, 지식의 일반화 | ⇨ | 목표<br>편견 감소<br>편견 형성의 제약 |

첫째, 탈-카테고리화 단계는, 일반적으로 개인은 상대집단과 그 구성원을 평가할 때, 상대집단에 대해서 형성된 사회적 카테고리를 기준으로 평가하게 되어서 상대에 대한 편견과 부정적 고정관념을 갖게 된다. 따라서 편견을 감소하기 위해

14) 浅井暢子(2012). "偏見低減のための理論と可能性", 横田雅弘他4人『多文化社会の偏見・差別』, 東京: 明石書店, 110-119.

서는 이런 사회적 카테고리를 벗어난 개인적 존재로서 외집단 성원과 접촉하는 개인화(personalization)된 접촉 상황을 만드는 것이 필요하다는 것이다. 개인 대 개인의 접촉은 기존의 상대집단에 대해 형성된 카테고리에 기초한 판단 및 정보처리 억제하고, 상대의 개인적인 특징에 초점을 맞추게 되며, 반복적인 접촉을 통해서 고정관념, 편견과는 다른 측면이 있다는 것을 인지하게 된다는 것이다. 즉 카테고리에 의한 구별이 아니라, 외집단 성원을 한 개인으로서 인식하게 되어서 외집단 성원에 대한 편견, 고정관념도 감소한다는 것이다.

그러나 이 단계에서는 접촉 상대로부터 편견, 고정관념을 줄이는 정보를 얻더라도, 그를 예외적인 인물(sub-type)로 간주하여, 집단 전체에 대한 태도는 변하지 않은 가능성이 있다.

두 번째 명백한 카테고리화 단계는, 개인평가를 통해서 얻은 지식을 상대가 속한 외집단 전체에 확대, 일반화하는 단계이다. 이것은 접촉한 상대 이외에 상대방이 소속된 집단의 다른 성원들과도 접촉하여 접촉을 확대함으로써, 외집단 성원들의 다양성을 인식하여 편견을 줄이게 된다는 것이다. 이 단계에서 중요한 것은 내집단과 외집단의 카테고리를 분명하게 구분하여, 접촉 개인에게서 얻은 긍정적인 측면을 외집단에 확대 · 적용하여 평가하여 편견을 줄이는 것으로서, 결코 내집단과의 유사성이나 친근성 등을 느끼는 것은 아니라는 점이다.

세 번째, 재-카테고리화 단계에서는 내집단의 영역을 외집단에 확대 적용하여 집단의 통합이 이루어지는 단계이다. 이 단계에서는 편견의 감소를 위해서 외집단을 아우르는 상위 카테고리를 형성하는 것이다. 즉 더 큰 카테고리를 설정하여 심리적으로 외집단을 내집단 속에 수용하는 것이다. 이렇게 하기 위해서는 공통의 목표를 설정하는 방법이 효과적이다. 예를 들면, 다문화사회에서 다문화 자녀와의 공동과제를 수행하게 하는 것은 서로의 편견을 줄이는 효과적인 방법이다.

그러나 이 접촉을 통해서 사회적 카테고리를 변화시킴으로써 편견을 줄이는 데에는 몇 가지 한계가 있다. 첫째, 개인 대 개인 접촉을 통해서 상대집단에 대해서 가지고 있던 사회적 카테고리가 긍정적으로 변화하기도 하지만, 반대로 접촉을 통해 부정적인 인식을 가지게 된다면, 기존에 가지고 있던 외집단에 대한 편견은 강화될 수도 있다는 점이다. 둘째, 접촉한 상대를 예외적인 인물로 간주할 경우,

외집단 전체 성원에 대한 편견은 변하지 않을 가능성이 있다. 셋째, 내집단 카테고리를 확대해서 외집단을 내집단에 포함시킬 경우, 원래 내집단의 정체성이 불명확하게 될 가능성이 있으며, 편견의 종류(인종, 성별 등)에 따라서는 내집단을 확대할 수 없는 경우도 있다는 점이다.

한편 직접 접촉이 아닌 간접적 접촉을 통해서 편견을 줄이는 모델도 제시되었는데, 이것은 자기집단 속에 외집단 성원과의 친분이 있는 성원이 있고, 그 성원이 외집단 성원과 호의적으로 접촉하는 것을 듣거나 보았을 때, 그 외집단 성원에 대한 편견이 감소할 수 있다는 것이다. 이것을 간접적 접촉가설(indirected-contact hypothesis) 혹은 확장접촉(extended contact) 가설 모델이라고 한다. 이것은 내집단 동료를 통해서 외집단에 대한 정보를 얻으면, 외집단 성원에 대해서 일종의 대리 접촉을 하는 것으로, 스스로도 외집단 성원과 우호적인 관계를 맺으려는 인식이 발생하며, 잠재적인 동료로 인식하게 됨으로써, 편견이 개선된다는 것이다.

## 5. 다문화복지사회를 향하여

다문화복지사회는 문화적 배경이 다른 다양한 인종, 민족이 어울려서 모두가 평등하고 자유롭게 일상적 삶을 영위하는 사회이다. 물론 이런 사회는 비현실적이며 이상에 지나지 않는다는 견해도 있을 수 있지만, 평등, 자유, 권리를 누리며 살아가는 것이 인간적인 삶이라고 한다면, 다문화복지사회는 우리가 만들어 가야 할 미래 사회상이라고 할 수 있다.

우리나라도 금후에 서구 국가들과 마찬가지로 다양한 문화를 가진 민족들과 공생, 공존해야 하는 시대를 맞이할 수밖에 없을 것이다. 그러나 우리민족의 단결과 통합의 상징인 유구한 역사를 가진 단일민족이란 의식은 이런 다문화복지사회 구현에는 하나의 장애물로 작용하고 있다는 것을 부정할 수는 없다. 그렇다고 해서 이런 단일민족 의식을 포기하고 다양한 민족들의 문화를 수용하는 것 또한 민족정체성 약화라는 관점에서 보면 쉽게 받아들일 수 없는 것이다.

세계화라는 시대적 흐름에 따라서 인적 교류가 활발해지고, 자본주의 시장경제 시스템이 국경을 넘어서서 확장되어 온 현 시점에서 보면, 앞으로 당분간은 세계 각지에서 여러 민족, 종족들이 모이고, 이동하는 경향은 계속될 것이다. 따라서 문화적 갈등, 편견, 차별의 해소를 위해서 세계 각 국가와 지역에서는 여러 가지 정책을 만들어서 시행할 것이다. 한국의 경우, 이런 세계적인 추세와 함께, 일제강점기나 남북분단과 같은 역사적 · 시대적 상황으로 인해서 다문화사회 형성은 특수한 형태를 취하게 될 것이며, 거기에 맞추어 대처해 나갈 필요가 있다. 사회복지 차원에서 보면, 인간으로서 향유할 보편적인 가치인, 자유, 평등, 인권 등은 물론 이런 한국적 상황에 맞는 사회복지 제도 및 실천 방안을 추구해야 할 필요가 있는 것이다.

그 뿐만 아니라 문화적 통합이란 차원에서도 결혼이주자, 외국인근로자, 탈북주민 등 우리사회의 다문화 구성원들에 대한 고정관념이나 편견, 차별을 해소하기 위한 의식변화도 공적 교육 프로그램만이 아니라 일상생활에서의 교육을 통해서 지속적으로 노력해 나가야 할 것이다.

### 용어해설

**자원할당의 선별주의** : 사회복지 급여나 서비스의 수급 시에 자산조사 혹은 욕구조사를 하여 선별적으로 혜택을 주는 경우를 말한다.

**자원할당의 보편주의** : 자산이나 욕구와 관계없이 모든 국민에게 급여나 서비스를 제공하는 것을 말한다.

**주류문화** : 한 사회에 다수가 가지고 있는 지배적 문화로 전체 사회문화를 대표하는 것으로 간주되는 문화이다.

**하위문화** : 한 사회를 구성하는 문화는 여러 가지 다양한 차원과 기준의 하부문화들의 통합에 의해서 구성되는데, 그 구성의 부분이 되는 문화, 예를 들면 청년문화, 지역문화 등이다.

**자민족중심주의** : 자신의 문화를 기준으로 다른 문화를 평가, 판단하는 태도를 말하며, 자문화를 기준으로 타문화를 폄하, 왜곡하는 경향이 있다.

**문화적 상대주의** : 타문화를 평가할 때, 다른 문화는 그들의 문화적 가치를 기준으로 평가해야 한다는 문화적 상대성을 강조하는 입장이다.

## 생각해 볼 문제

1. 한국의 다문화사회는 서구와 어떤 차이가 있는가?
2. 현행 다문화가족, 외국인근로자, 탈북주민, 외국유학생에 대한 사회복지 정책과 실천에는 어떤 문제점이 있는가?
3. 우리 주변의 다문화 구성원에 대해서 스스로는 어떤 편견을 가지고 있는가? 그리고 그런 편견을 해소하기 위해서 스스로 어떤 노력을 해야 하는가?

## 더 읽어 볼 책

최명민 외 3인 공저(2015). 다문화사회복지론. 학지사.
김동진 외 2인 공저(2013). 다문화복지론. 공동체.

# 참 고 문 헌


여성가족부(2016.04). 2015년 전국다문화가족실태조사.

박경일(2016). 사회복지정책론. 공동체.

Allport, G. W.(1954). *The nature of prejudice, Cambridege,* MA: Addison-Wesley.

Harding. J., Proshansky, H., Kutner, B. & Chein, I.(1969). "Prejudice and ethnic relation." in Lindzey, G. & Aronson, E.(ed.) *Handbook of Social Psychology:* Vol. 5(2nd ed.), MA: Addison-Wesley.

浅井暢子(2012). "偏見低減のための理論と可能性", 横田雅弘他4人『多文化社会の偏見・差別』, 東京: 明石書店.

법무부 보도자료(2016. 7. 21)

행자부 지방행정실 사회통합지원관「지방자치단체 외국인주민 현황조사결과」, 2016. 11

한국산업인력공단 EPS외국인고용지원 http://www.returnjob.or.kr.

KOSIS 국가통계포털

# 저자 소개

## ✍ 권금상

충남대학교에서 교육사회학을 전공하고 「미디어에 나타난 이주아동 인권의 사회교육적 함의」로 교육학 박사학위를 받았다. 서울 YMCA 어린이영상문화연구회, 문화연대, 공영방송 KBS 시청자평가원 등 시민사회 주권운동 활동을 해 왔고, 현재는 충남여성정책개발원에서 다문화정책팀 연구위원으로 재직하고 있다. 저서로는 『대한민국어린이보고서』, 공동저서 『217 한국사회를 바꿀 진보적 정책대안』이 있다.

## ✍ 김성일

경희대학교 후마니타스 칼리지 교수. 고려대학교에서 사회학을 전공하고 「대중의 탈근대적 변환과 참여적 군중에 관한 연구」로 사회학 박사학위를 받았다. 현재 (사)문화사회연구소 소장으로 있으며 문화정책, 문화이론, 대중문화 관련 세미나, 강좌, 집필활동을 하고 있다. 주요 저서로 『대중의 형성과 문화적 실천의 고원들』이 있고, 공동저서로 『문화다양성협약과 한국영화』, 『217, 한국사회를 바꿀 진보적 정책대안』, 『스포츠 어떻게 읽을 것인가』 등이 있다.

## ✍ 선우현

청주교육대학교 윤리교육과 교수. 서울대학교 철학과 대학원에서 「합리성이론으로서 하버마스의 비판적 사회이론」으로 철학박사학위를 받았다. 저서로 『사회비판과 정치적 실천』, 『우리시대의 북한철학』, 『위기시대의 사회철학』, 『한국사회의 현실과 사회철학』, 『자생적 철학체계로서 인간중심철학』, 『평등』, 『홉스의 리바이어던』 등이 있으며, 역서로 『하버마스』, 『평등』, 『다원적 평등』(공역) 등이 있다.

## ✍ 성용구

공주사범대학 교육학과를 졸업하고 충남대학교 대학원에서 교육사회학을 전공하여 교육학 박사학위를 받았다. 현재 대구교육대학교 교육학과 교수이며 다문화교육센터장이다. 주요 논문으로 「결혼이주여성 지원정책의 체계적 개선」, 「우리나라 다문화 정책의 방향설정」 등이 있으며 저서로 『새로운 교육사회학』, 『프로젝트접근법』(공저) 등이 있다.

✍ 엄수영

중국 연변대학교 사회과학기초부 조교수를 거쳐 충남대학에서 교육학 박사를 하였다. 한국에서는 충남대학교의 교육연구소 연구원과 중부대학교 강사 활동을 했다. 현재는 중국연변대학교 심리학과 부교수로 재직하고 있고 2012년 TEXAS TECH UNIVERSITY 방문교수로 있다.

✍ 이광규

서울대 명예교수, 문화인류학 전공. 비엔나대 인류학박사. 30여 년 서울대 근무. 정년퇴임 후 재외동포재단 이사장 근무. 저서 『한국가족의 구조분석』, 『재일한국인』, 『재미한국인』, 『재중한인』, 『재소한인』, 『재외동포』 등이 있다.

✍ 이용승

고려대학교에서 「다문화주의의 정책유형 결정요인 분석: 미국과 캐나다를 중심으로」로 박사학위를 받은 이후 현재는 대구대학교 기초교육대학 다문화연구소에서 한국사회의 다문화현상과 다문화주의에 대하여 연구하면서 학생들을 가르치고 있다. 저서로는 『새로운 북한정치의 이해』(공저)가 있다.

✍ 조광제

(사)철학아카데미 운영위원 교수. 총신대 신학과를 졸업하고 서울대학교 철학과 대학원에서 「현상학적 신체론, E. 후설에서 M. 메를로-퐁티에로의 길」로 철학박사학위를 받았다. 2000년 3월에 시민대안학교 〈철학아카데미〉를 설립하여 지금까지 운영해 오고 있다. 한국프랑스철학회 회장을 한 적이 있다. 저서로는 『몸의 세계, 세계의 몸』, 『의식의 85가지 얼굴』, 『쉬르필로소피아, 인간을 넘어선 영화예술』, 『존재이야기』, 『철학라이더를 위한 개념어 사전』, 『미술 속 발기하는 사물들』, 『플라톤, 영화관에 가다』 등이 있다.

✍ 차성란

현재 대전대학교, 아동교육상담학과 교수로 재직 중이다. 전 대전광역시 건강가정지원센터, 다문화가족지원센터장을 역임하였다. 현재 한국가족자원경영학회 학술이사이며 충남다문화컨설팅 위원으로 지역사회의 가족정책과 다문화정책 분야에서 활동하고 있다. 저서로는 『글로벌 시대의 생활 예절』, 『가족과 문화』(공저)가 있다.

## ✍ 남춘모

현재 대구가톨릭대학교 사회학과 겸임교수, 영남리서치 대표이다. 일본 도쿄도릿츠(東京都立)대학에서 「유교윤리와 근대화」로 사회학박사 학위를 받았다. 논문 및 저서로 『한국 속 일본계종교의 현황』(공저), 『전후 70주년, 한일 수교 50주년』(공저), 『방법으로서 사상사』(역서), 「영남지역 다문화가정의 종교적 상황과 가족통합, 가족정체성과의 상관관계 분석」 등이 있다.


**10가지 접근**

**다문화사회의 이해** - 개정판 -

2017. 3.

초판발행 2012년 8월 25일
개정1쇄 2017년 3월 10일

저 자 권금상 · 김성일 · 선우현 · 성용구 · 엄수영
이광규 · 이용승 · 조광제 · 차성란 · 남춘모

발행인 김 현 태
발행처 태영출판사

주 소 (08301) 서울 구로구 구로동 104-10 동남오피스텔 201호
전 화 02 · 839-3757, 839-3752
팩 스 02 · 837-3754
등 록 2005년 5월 30일 제12-421호
http://www.taeyeongbook.co.kr
E-mail tys2005@hanmail.net
ISBN 978-89-6302-211-6 93370
정 가 값18,000원

NAVER 태영출판사

* 잘못 만들어진 책은 교환해 드립니다.